廉薇・辺慧・蘇向輝・曹鵬程

アントフィナンシャル

1匹のアリがつくる新金融エコシステム

永井麻生子訳

みすず書房

蚂蚁金服

从支付宝到新金融生态圈

廉薇 边慧 苏向辉 曹鹏程

アントフィナンシャル◈目次

第Ⅲ部　金融の勢力図を塗り替える

凡例

＊　本書の内容ならびに法人・組織名、サービス名、役職等の肩書きはすべて原書出版（2017年7月）時点のものである。日本語版出版（2019年1月）時点で変更が確認されている場合も、すべて原書のままとしている。

＊　訳注および補注はすべて〔　〕で示した。

アントフィナンシャル
年表

2003.10.18	「保証取引」第1号が成立
2004.12.08	アリペイ（中国）ネットワーク技術有限公司設立
2004.12.29	アリペイの口座システムの運用を開始
2005.02	アリペイによる取引リスクの全額補償サービスを開始
2005.05	アリペイ、決済UIをリリース 独立した第三者決済サービスとなる
2007.08.28	アリペイ、国際化に着手
2008.10.25	アリペイ、公共料金納付サービスを開始
2009.05	アリペイ、モバイルクライアント ver.1 をリリース
2010.03	ラクダ大会
2010.05	信用貸付サービス「阿里信用貸付」をリリース
2010.06.08	浙江阿里巴巴小額貸款股份有限公司（浙江阿里小貸）を設立
2010.12	アリペイ、「スピード決済」をリリース
2011.05.26	決済業務のライセンスを取得
2011.06.11	重慶市阿里巴巴小額貸款股份有限公司（重慶阿里小貸）を設立
2011.07	アリペイ、モバイルアプリによるQRコード決済業務を開始
2013.03	浙江アリババが阿里小微金融服務集団の設立準備に着手 （2014.06に「アントフィナンシャル」に改称）
2013.06.13	「余額宝」をリリース
2014.04.10	「招財宝」をリリース
2014.10.16	アントフィナンシャル・サービスグループ設立
2014.11	金融クラウド技術を公開
2014.12	「花唄」サービス開始
2015.01.08	芝麻信用管理有限公司設立
2015.04	「借唄」サービス開始
2015.06.25	浙江網商銀行（マイバンク）開業
2015.07	アントフィナンシャル、シリーズAラウンドで資金調達
2015.08.18	「アントフォーチュン」を正式リリース
2015.09	保険事業部を設立
2016.04	アントフィナンシャル、シリーズBラウンドで資金調達
2016.08	「螞蟻森林」サービス開始
2017.04.18	「キャッシュレス連盟」を設立 5年間で中国のキャッシュレス化推進を宣言

アントフィナンシャル
業務分野および基盤構造

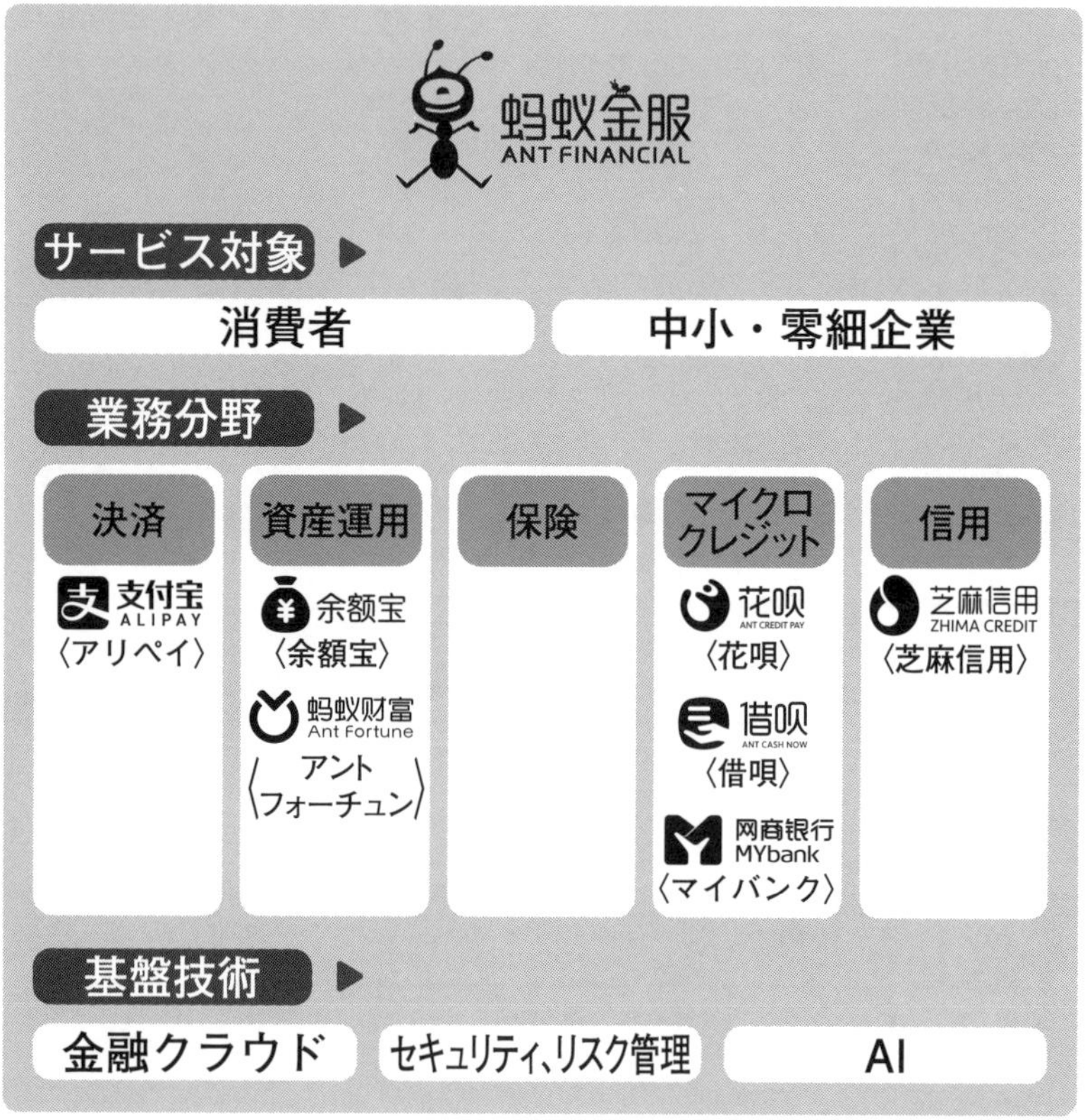

序文　「アントフィナンシャルは生きた金融の発展史である」

北京大学デジタル金融研究センター主任　黄　益平《ホアン・イーピン》

『アントフィナンシャル』は、北京大学デジタル金融研究センターが企画、執筆した初のフィンテック企業に関する書籍である。われわれがアントフィナンシャルを「デジタル金融企業叢書」の最初の題材に選んだのは、この企業がわれわれの生活を変えたからに他ならない。中国人は、自分たちが利用しているデジタル金融サービスに慣れてしまい、その存在を疑うことさえなくなっているが、携帯電話で完結する行為の種類を外国の友人に紹介すると、こちらが嬉しくなるような驚きに満ちた反応が返ってくる。お年玉のやりとり、電気代の支払い、航空券の購入、フードデリバリー、資産運用商品への投資、借入申請といった行為を、われわれは毎日スマートフォン一つで行っている。あるとき、ショッピングモールの近くで物乞いに声をかけられ、「金を持っていない」と答えたら、スマホを出して「QRコードを読み取ればいい」と言われたことさえある。アントフィナンシャルはフィンテックの最初の発明者ではないが、今日では世界最大のフィンテック企業となっている。アントフィナンシャルがなければ、フィンテック業界は今日のような姿になっていなかっただろう。

人によって、アントフィナンシャルのイメージはさまざまだ。「イノベーティブ」「強欲」「型破り」「謙虚」「横暴」「無力」「慎重」「過激」……。われわれは、全く相反する言葉によってアントフィナンシャルの印象が語られるのを耳にする。それは恐らく、アントフィナンシャル自体が変化に満ちた多面性のある企業であり、その業務モデルがまだ成熟に至っていないためであろう。将来、この企業がどのような変化を遂げるかは、まだ多分に不確実性がある。しかし、ゼロから始まり、いまや私たちの日常生活の一部になっているこの企業を理解することには、間違いなく意義がある。現在すでにアントフィナンシャルに関する記事や書籍が存在しており、精力的に時代の潮流を牽引するこの企業に対する理解を助けてくれる。しかし、客観的に見ると、そのなかには著者の頭の中で考えられたロジックのみに依拠して書かれたものもあり、アントフィナンシャルの真実の物語であるとは限らない。

われわれの本書に対する定義は、「ベストセラーの専門書」だ。そのためには、内容の充実はもちろん、記述も正確でなければならない。また、読みやすさはあらゆる良書の必須条件である。翻って本書を見ると、なかには、思わず笑みがこぼれるようなエピソードも多く含まれている。例えば、アリペイの取引第1号が成功するまでの過程の描写はかなりよく書かれている。まず、タオバオの財務係の若い女性社員が「保証取引」チームの仕事場に駆け込んできて、初の取引が来たことを知らせる。そして、その後2分も経たないうちに、彼女はまたやってきて、買い手の気が変わったから返金してほしいと告げる。だが、この女子社員が客を諄々と説得し、最終的に「保証取引」第1号は流れずに済むのである。この下りの行間からは、現場のドラマチックな感情の動きが読み取れる。

もちろん、本書は文学作品ではなく、執筆チームの最も中核的なミッションは、アントフィナンシャルの十数年にわたる発展の過程を忠実に書き記すことである。アントフィナンシャルは、独立した立場でアントフィナンシャルの発展に影響を与えた重要な出来事、とりわけいくつかの重要な岐路における思考や選択、逡巡については、客観的かつ明確に読者に提示しなければならない。そのため、執筆チームは、アントフィナンシャルの現在および過去のリーダーたち、他分野の専門家などにインタビューを行い、具体的な発展の過程とその細部について事実の追求を重ねた。また、本書では、アリペイの支配権の移転やアリペイアプリ内のソーシャル機能「圏子《チュエンズ》」が引き起こした不祥事などのいくつかのデリケートな事件についても描かれている。当然ながら、本書で記述している出来事が事実に近いか否かは、身をもってそれらの出来事を経験した人にしか分からないことだが、執筆チームはできるかぎり客観的にこれらの事件を記録し、価値判断に関しては読者に委ねている。

『アントフィナンシャル』は金融の発展史を記した本である。本書には、アントフィナンシャルの2003年10月から2017年4月までの発展の道程が克明に記録されている。また、「アリペイ」の誕生、「余額宝《ユーウーバオ》」のリリース、「アントフィナンシャル・クラウド」の正式な運用開始、「芝麻《ジーマ》信用」の誕生、「網商銀行《ワンシャン》」（マイバンク）の開業、キャッシュレス連盟の結成など、アントフィナンシャルが経てきた一つひとつの重大なブレイクスルーと挫折が、ここにほぼ再現されている。それに増して重要なのは、アントフィナンシャルの歴史を読むことで、われわれが金融の発展史をたどり直すことができることだ。その理由は、アントフィナンシャルの発展の足跡が、無から有を生み、小から大となり、シンプルなものから複雑さを増していくという過程を経ているためであろう。

金融史の書籍は、通常、金融業の起源を紀元前2000年のバビロニアや紀元前6世紀のギリシャの寺院における通貨の保管や融資業務にまで遡る。イェール大学のロバート・シラー教授によると、現代の銀行の起源は金細工師である。潤沢に金《きん》を持つ顧客たちはその一部を金細工師に預け、一定の見返りを得る。金が必要な顧客は、金細工師から一時的に金を借り、一定の費用を支払う。金細工師は両者の間で信用仲介役を担い、利ざやを稼いでいた。これが現代の銀行の前身である。しかし、このプロセスが生まれたのは紀元前で、今日のわれわれは金融の教科書の中でしか、最初に金融が生まれたロジックを理解することができない。

アントフィナンシャルは、実際の生活の中で金融の誕生と発展の過程を復習するチャンスを与えてくれる。アリババはなぜ「アリペイ」を生み出したのか？　その物語は、バビロニアの寺院の物語につながっている。金融取引の始まりはすべて実体経済のニーズから引き出されたものだ。アリババがインターネットショッピングのプラットフォームを作ると、決済の問題を解決する必要が生じた。しかし、決済をめぐる問題の根源は「信用」にある。技術的にも、意欲においても、当時の商業銀行ではタオバオの抱えていた問題に満足のいく解決方法を提示することができなかった。なぜなら、タオバオの取引件数は莫大であったものの、その1件あたりの金額は少額であり、人の手でこれらの決済処理を行えばハイコスト、ローリターンになってしまうからだ。そこで、アリババは保証を提供し、アリペイにユーザーの口座を作り、デジタル技術によって取引のスピードと確実性を高めると同時に、コストも削減した。これらはまさに実体経済のニーズに即したものである。

アントフィナンシャルの物語は大変複雑で、浮き沈みが激しいため、この企業の歩みを正確に理解するのは難しい。しかし、ミクロ経済学では、すべての企業は自らを縛る規定された条件の下で期待値の最大化を追求するものとされている。アントフィナンシャルも例外ではない。アリババとアントフィナンシャルの上層部はしばしば、インクルーシブファイナンスを発展させ、貧しい人々に金融サービスを提供し、世界からやりにくい商売をなくすというメッセージを発している。筆者は彼らの誠意や思いをみじんも疑うものではないが、結局のところ、アントフィナンシャルの経営の目的も他の企業と同様、利益の最大化にある。この一点がなければ、アントフィナンシャルという企業は存続できない。貧しい人々に金融サービスを提供し、市場シェアを拡大することは、すべて上述の目的を追求するために採られる経営戦略なのだ。正確に言うと、それらは手段であって目的ではないのである。

アントフィナンシャルの営業活動は、金融環境やデジタル技術、行政上の監督をはじめとする一連の条件による拘束を受ける。この三つの条件の変化が同社の生存可能性と発展の道筋を決めると言っても過言ではない。

第一に、中国の金融システムは巨大であるが、そのサービスは充分には行き届いておらず、広大な空白地帯が存在する。今日すでに金融機関と金融資産は多様化しており、その数も莫大である。しかし、この金融システムのサービス対象はかなり限定的で、大企業および国有企業、純資産総額が100万ドル以上という富裕層が主流である。金融機関は通常、所得上位20%の顧客にのみサービスを提供することを望む。これは世界的な現象だが、中国では特に、財産権の軽視や利率の統制、不良資産に対する審査の硬直化等が要因となり、中小企業および低所得者層に対する金融サービスの不足が深刻化している。例えば、われわれが以前浙江省で行った調査では、銀行からの貸付を受けられたのは零細企業全体の20%のみであった。また、中央銀行（中国人民銀行）の信用調査システムには8・8億人の情報が登録されているが、そのうち貸付を受けた記録があるのは3・8億人のみだ。このような金融環境が活発なインフォーマル金融を生み出し、アントフィナンシャルやデジタル金融の成長の肥沃な土壌となったのである。

その一例が、マイクロクレジット事業を行う「阿里小貸《アーリーシャオダイ》」である。当時、アリババはタオバオ上のネットショップの多くに資金調達のニーズがあることに気づき、彼らが融資を受けられるよう、自ら商業銀行との提携を模索した。しかし、それらのネットショップの多くは商業銀行の融資条件を満たすことができなかったため、アリババが仲介した１００社のうち、２～３社しか貸付を受けられないということも常であった。これでは焼け石に水である。そのため、アリババはネットショップの経営活動およびキャッシュフローなどのデータ分析を通じて、その信用状況を判断することにした。阿里小貸の誕生が実体経済のニーズを満足させるためのものであったことは明らかだが、そうしたニーズの出現はそもそも、既存金融機関の零細企業および低所得者層に対する金融サービスの不備という問題とかなり深く関わっているのだ。また、資産運用サービス「余額宝」もそうである。中国の金融システムは、一般庶民の投資ルートの不在という問題も抱えていた。富裕層は専門的な資産運用サービスを受けられるが、十億人以上を占める一般庶民は、銀行に資金を預けるか、不動産を購入する以外に選択肢がない。少額の資金を運用する方法はさらに少ない。余額宝の誕生は、庶民にマネー・マーケット・ファンド（ＭＭＦ）の比較的高いリターンを享受できるチャンスを生み、同時に「投資したお金を随時決済に利用したい」というニーズにも応えた。余額宝は、２０１３年6月のリリース以降急速に成長し、提携先の天弘基金を無名の弱小ファンドから一躍、国内市場のトップ企業へと押し上げた。この急成長は、当時の特殊な金融状況、すなわち市場における資金不足と関係がある。当時は、短期金融市場の翌日物金利が一時10%以上に達することもあったのだ。それから数年後、余額宝の人気が低迷したのに伴い、アントフィナンシャルはさらに広範な投資商品を擁する「アントフォーチュン」（螞蟻聚宝。のちに、螞蟻財富に改称）を誕生させた。

アントフィナンシャルを左右する第二の要素は、デジタル技術の急速な進歩である。デジタル技術の進歩は、アントフィナンシャルの「金融の夢」に「技術」という支柱を与えた。まず、なぜ既存金融機関が所得が低い80％の顧客へのサービスを忌避するのかを考えてみよう。それは、それらの顧客が往々にしてハイリスクであり、信頼できる情報もないからである。また、抵当に入れられる資産もないため、これらの顧客に金融サービスを提供することは、顧客獲得のためのコストが嵩むだけでなく、信用評価も難しい。デジタル技術の中核はスマートフォンとビッグデータ分析である。スマートフォンによって大量の潜在顧客に直接アプローチすることが可能となり、実店舗を設置して顧客を獲得する必要がなくなったため、顧客獲得のためのコストを削減できるようになった。ビッグデータ分析では、顧客に対面せずともその信用状況を評価することができ、インターネットプラットフォームのロングテール効果によって、金融サービスの限界費用をほぼゼロにまで抑えられる。すなわち、デジタル技術の最大の優位性は、インクルーシブファイナンスの発展をサポートできる点にあるのだ。高度に進化したデジタル技術がなければ、デジタル金融は今日のようなレベルに到達することはできなかったし、アントフィナンシャルも現在の規模にまで成長することは不可能だっただろう。

テクノロジーの作用は、アリペイの成長過程においては一目瞭然である。アリペイは2003年にリリースされ、約5年かけてユーザー数1億人を突破した。2009年、最初のモバイルクライアントを世に送り出すと、アリペイはほぼ「一人に一つ」の決済ツールとなった。2016年、アリペイの登録ユーザー数は8億人を超え、実名認証済み〔中国ではサービスの利用にあたり、利用者本人の氏名や身分証情報の登録が課される場合がある〕ユーザー数は4・5億人となった。これと同様に、コンピューティング技術の進歩も極めて重要である。アントフィナンシャルのデータによると、アリペイの決済取引1件当たりのコストはすでに0・02元以下まで抑えられている。1秒当たりの処理件数は、2010年には最大で数百件程度であったのが、現在では12万件／秒に達しており、いまなおその能力は急速に伸びつづけている。日本のとあるスーパーマーケットの店長は、アリペイ、あるいはその競合相手であるテンセントのウィーチャットペイ（微信支付《ウェイシンジーフー》）での支払いを歓迎しているという。銀聯カードの加盟店手数料が3％と高いのに対し、アリペイとウィーチャットペイの手数料は0・1%しかかからないからだ。

　阿里小貸と網商銀行では、「申請3分、与信1分、関与人員0」の「310モデル」を実現したが、これには、潜在顧客に対する信用調査がすでに完了しているという前提条件があった。既存金融機関の信用評価において問題であったのは、零細企業および低所得者層の信用リスクを分析する有効な方法がなかったことと、社員を派遣して行う調査には高いコストがかかることであった。こうした難題の解決を支えたのがビッグデータ分析である。現在までに、阿里小貸は500万以上の顧客に貸付を行っているが、その平均金額は3万元以下、平均融資期間は7カ月である。網商銀行は1000万の零細企業にサービスを提供するという目標を掲げているが、それはビッグデータ分析によって初めて実現できる規模だと言えよう。現在、彼らは地方政府を説得し、企業登記情報、納税額、給与や公共料金の支払い状況等のデータを利用して企業情報の共有プラットフォームを構築しようとしている。アントフィナンシャルはすでに、2015年に芝麻信用を設立し、個人を対象とした信用システムを構築している。

　アントフィナンシャルの将来を左右する第三の要素は、中国の行政上の管理・監督方針がフィンテックのイノベーションに発展の可能性を与えると同時に、リスクをもたらすということである。フィンテック業界が急成長を始めたばかりの頃、一部の専門家は、「ジャック・マーの金融における成功はコピー不可能である。なぜなら、それは実質的に規制のアービトラージ〔金融機関等が金融規制の回避を目的として他の管轄権に活動を移すこと〕にすぎないからだ」と明言していた。その含意は、国による管理・監督が厳格化すれば、目下は快進撃を続けるフィンテック業界も跡形もなく消し去られてしまうだろう、というものであった。しかし、現在のところ、このような判断は現実からやや乖離している。とはいえ、中国のフィンテックの発展はたしかに監督当局の相対的に寛容な政策環境に負うところが大きい。そもそも、監督当局がインターネット企業の金融業務への参入を許さなければ、アントフィナンシャルは存在し得なかった。例えば、P2P融資プラットフォームのモデルは最初、イギリスとアメリカで誕生したものだが、一定の成功を収めているのは中国のみである。中国初のP2P融資プラットフォームである「拍拍貸」(PPDAI)がスタートしたのは2

007年だが、監督部門は2016年半ばになってようやく正式に暫定管理規則を公布した。つまり、この業界は9年近くにわたって野放しにされていたということだ。

網商銀行などの個別の業務を除けば、アントフィナンシャルの多くの業務は「先にやって、後で認可を得る」スタイルである。例えば、アリペイは2003年にリリースされたが、中央銀行が交付する正式な決済業務の許可証（ライセンス）は、2011年になるまで取得していなかった。中国の監督当局がフィンテック企業のイノベーションを一撃で壊滅させなかったのは、それらの革新的な業務が実体経済に与える価値を認めたからにほかならない。QRコード決済の試行と合法化にも、同様のロジックがはたらいている。当初、監督当局はQRコード決済の安全性に懸念を抱いていたが、その実際の運用中に得られた成果を目の当たりにしたことで、これを認可し、標準化しようと決めたのである。2015年1月5日、中国人民銀行が八つの企業に個人信用調査業務の準備作業を許可する旨を通知すると、アントフィナンシャルはすぐに芝麻信用管理有限公司を設立した。中国の監督当局がイノベーションを容認してきた手法は、世界で採用されているレギュラトリー・サンドボックス方式〔政府が革新的な新事業を育成する際に、現行法の規制を一時的に停止する規制緩和策〕に通ずるものがある。つまり、リスクを注視しつつ、イノベーションを容認するというやり方だ。

監督当局の方針に左右されたデジタル金融業務のもう一つの典型例が網商銀行である。自らの銀行を持つことは、アリババとアントファイナンシャルの長年の夢の一つであった。アリババは早い時期に、商業銀行と具体的な提携計画を進めていたが、誰が主導権を握るかという問題をめぐって決裂し、この計画は流れてしまった。アントフィナンシャルが主導する網商銀行は、中国人民銀行が認可した最初の民営銀行5行の候補に入っていたが、設立準備の手続きがうまく進まなかった。持株比率に制限が課されていたため、アントフィナンシャルは投資に見合うリターンが得られないと考えたのだ。網商銀行を設立した後にも、監督当局からオンライン口座開設の認可が得られないという問題が降りかかった。インターネット上でのみ金融サービスを提供する網商銀行に対するこの制約の影響の大きさは誰の目にも明らかであった。営業開始から2年以上が経っても、網商銀行は真の意味での銀行顧客を得られていない。監督当局の方針が変わらなければ、網商銀行が将来、アントフィナンシャルの重要な業務分野へと成長することは難しいだろう。

アントフィナンシャルのストーリーの終わりはまだ遠い。アントフィナンシャルは過去の成長の過程でも数々の問題を解決してきたが、さらに多くの未解決の問題があり、新しい問題も派生してきている。これらの問題を確実に解決できるか否かが、アントフィナンシャルの将来の発展の道筋と、最終的に同社がどのような企業になるのか、そして、金融システム全体に対してどのような影響を与え得るのかを決定づけるだろう。

ビッグデータを例にとると、まだ多くの課題が存在することが分かる。第一に、アリババやテンセントのような企業が所有するデータであっても、それは企業のデータにすぎない。金融戦略をサポートするために、企業はいかにして政府と連携し、真のビッグデータを構築することが可能だろうか。第二に、どのようにしてプライバシーの保護とイノベーションのバランスをとるか、という問題がある。世界のどこにも、まだ模範とすべき成熟した先例はない。アントフィナンシャルと他の中国のデジタル金融企業はともに協力して同じ道を歩んでいくことができるだろうか。第三に、アントフィナンシャルと他のいくつかの企業はそれぞれ自社のデータベースを拡張しつつあるが、その作業はかなり困難である。しかし、そのことと同様に注目すべきなのは、一企業が企業と個人に関する大量のデータを掌握した場合に、そのデータから生じる経済と社会に対する安全性リスクに懸念がないことを、いかに市民と政府に対して保証できるかという点だ。

国の監督方針の不確実性はさらに突出している。監督当局が芝麻信用に信用調査業務のライセンスを交付するのか、網商銀行にオンライン口座開設を許可するのかなどといった広く注目されている問題以外にも、監督側と被監督側がはっきりと認識していない問題が数多く存在する。例えば、余額宝に追随して生まれた「宝宝類」と呼ばれる多くの金融商品は、資金を銀行システム外部の循環へと導き、資産の流動性を高めることができる。これらは、通貨政策の戦略策定に対する新たな挑戦である。また、目下、中国で敷かれているのは、業種ごとに管理・監督を行うシステムであるが、デジタル技術と金融を結びつけたフィンテックは、誕生した当初から「混業経営」（金融業において銀行、証券会社、保険会社等の業務が相互に入り交じり、本来の業務範囲を超えて営業活動を行うこと）という特徴を備えている。監督当局がこうしたフィンテックをいかに管理するかということも新たな課題となるだろう。アントフィナンシャルのようなシステムに重きを置くデジタル金融企業にとって、当局による監督の問題はさらに複雑さを増すだろう。また、ロボアドバイザーを含め、ビッグデータ分析が金融行動の同質化や、相場の波の拡大を招く可能性はないのだろうか。これらの問題を研究し、対応していくことが、将来のアントフィナンシャルの成長モデルにも影響を及ぼすと考えられる。

最近、アントフィナンシャルは再び重大な戦略の調整を行った。「金融業界の「天猫《ティエンマオ》」を作る」という目標を掲げたのである。これはすなわち、他の金融機関に金融商品の取引プラットフォームを提供するだけで、自らは金融商品を作らず、新たに金融業務に関するライセンスを取得しないという方針を示している。この戦略は大方において実行可能であろうが、やはり多くの制約がある。オンラインショッピングサイトの天猫（Tmall）で売買されている商品と異なり、金融商品には情報の非対称性という特徴がある。信用文化がまだ充分に成熟していない環境下で、アントファイナンシャルは金融取引における双方間の信用の問題をサポートすることができるのだろうか。また、アントフィナンシャルはすでに多くの金融業務のライセンスを取得しているが、アントフィナンシャルによる商品販売プラットフォームの経営の公平性をいかにして他の金融機関に理解してもらうかという課題もある。

このように、アントフィナンシャルの今後の発展の道程においては、企業戦略と経営環境が相互に作用しつづけることとなることが予測される。アントフィナンシャルが最終的にどのような企業になるのかについては、まだ大きな不確実性がある。しかし、確実なのは、アントフィナンシャルがどのように進化したとしても、その結果が多くの人々の生活に影響を及ぼし、中国の金融構造を変化させるだろうということだ。したがって、本書を読むことは、金融の発展史を読むことであり、今まさに生活に起きている変化について読むことであり、そして何よりも、中国と世界の金融の未来を読むことであるのだ。

アントフィナンシャル——1匹のアリがつくる新金融エコシステム

はじめに

インターネット、ビッグデータ、クラウドコンピューティング等のテクノロジーは、たった数年のうちに中国の金融業に革命的な変化をもたらした。その発展のスピードは思いもよらないものだった。既存金融機関は、押し寄せるテクノロジーの荒波のなかで変化に苦しみつつも、積極的にＩＴを取り入れようとしている。その一方では、新興のフィンテック大手が続々と台頭している。その代表格がアントフィナンシャル・サービスグループ（螞蟻金融服務集団 Ant Financial Services Group）だ。

アントフィナンシャルはインターネット大手のアリババ・グループ（阿里巴巴集団）から「アリペイ」（支《ジー》付宝《フーバオ》 Alipay）として誕生し発展してきた。業務範囲は銀行、保険、決済、資産運用、信用調査など金融の各分野におよび、全世界の6億人の消費者と数千万の小零細企業にサービスを提供している。現在、企業評価額を見ても、ライセンスの取得数を見ても、アントフィナンシャルは中国最大のフィンテック企業であり、さらに言えば、すでに世界で最も評価額の高いフィンテック企業に成長している。中国において金融という分野はすこぶる独占的であり、アントフィナンシャルをはじめとする新興フィンテック企業が狭い間隙を縫って急速に台頭してきたことは奇跡とさえ言えよう。

アントフィナンシャルの急成長の軌跡を観察すると、イノベーションの後押しがあったことに加えて、マクロな要因が深く関わっていたことが分かる。中国経済が投資主導の経済から消費主導の経済へと転換し、金融市場化改革が急速に推進されたことによって、以前は抑制されていた零細企業や個人の金融ニーズが解放されて大衆消費ブームに火がつき、一般庶民が運用にまわす財産や人に貸すお金を持てるようになったのだ。さらに重要なのは、アントフィナンシャルが「インクルーシブファイナンス」という理想を掲げたことである。アントフィナンシャルはテクノロジーによって金融を再構築し、金融コストの削減と経営効率化を促進することで、誰もが平等に享受できる金融サービスを世界中に提供することに価値を置いている。この価値観はアントフィナンシャルの発展の歴史において貫かれている。

アントフィナンシャルは一時期、「転覆者」と渾名されていた。資産運用サービス「余額宝《ユーウーバオ》」が一夜にして大流行となり、「浙江網商《ワンシャン》銀行」（マイバンク）が開業し、さらにはアントフィナンシャルが金融分野のほぼすべてのライセンスを続けざまに取得したことで、既存金融機関が強い不安を抱くようになったのだ。しかしながら、アントフィナンシャルには、その誕生当初から既存金融機関と一線を画すDNAがあった。アリペイから余額宝、網商銀行、信用スコアリングサービス「芝麻信用《ジーマシンヨン》」（Zhima Credit）に至るまで、アントフィナンシャルは一貫して「小さな」世界にこだわり、優良な金融サービスを享受できていない80%もの膨大な一般消費者と小零細企業へのサービス、すなわち「マイクロファイナンス」に力を注いできた。これこそが、「アント」〔螞蟻金服の「螞蟻」は中国語で「アリ」の意味〕の語を社名に冠する所以である。「われわれは「小さな」世界にしか興味がありません。アリのようにちっぽけでも、心を一つにして協力すれば驚くべき力を発揮できます。道なかばであきらめてしまうことは決してありません」。アントフィナンシャルの彭蕾《ポン・レイ》（ルーシー・ポン）董事長は、公の場でこれまで何度も「アント」という言葉の含意をこのように説明してきた。

その驚くべき力は、一般人の私たちも身をもって感じることができる。モバイル決済はここ数年で急速に発展し、中国人の生活スタイルを一新しつつある。いまやほとんどの人は外出時にスマートフォンさえ持っていれば何でも簡単に処理できてしまう。「キャッシュレス社会」はすぐ手の届くところまできているのだ。資産運用は、かつては金持ちの特権と考えられていたが、余額宝の登場は「1元あれば運用できる」という言葉を現実のものとした。さらに、余額宝は消費シーンと直接つながったことで一般庶民の資産運用への熱意を最大限に刺激し、資産運用市場に激烈な変革を巻き起こした。また、「阿里小貸《アーリーシャオダイ》」や網商銀行が基盤とする、ビッグデータに基づく信用調査やリスク管理システム、インターネット金融といったモデルは、小零細企業への融資という世界的な難題に一つの新たな解を出した。さらに、アントフィナンシャルの「花唄《ファーベイ》」（Ant Credit Pay）や「借唄《ジエベイ》」（Ant Cash Now）、「消費保険」をはじめとする消費者金融の発展は目覚ましく、大衆の消費に対する観念の転換と潜在的な消費ニーズの解放を後押しした。信用スコアリングの芝麻信用も、〈デポジット免除＋後払い〉という方法によってさまざまな業界の既存の枠組みを壊し、消費者と企業の関係性に革命的な変化をもたらした。こうしてアントフィナンシャルは、信用の利便性と汎用性を誰も気づかないうちに人々の生活に忍び込ませていったのだ。

「よい金融」とは何か？　経済学者のロバート・シラーは「金融は金を稼ぐためにあるのではない」と言っている。しかし、「金は眠らない」といわれる米国のウォール街であれ、しばしば「脱実向虚」〔実体経済から乖離し非実体経済へと向かうこと〕、「金融空転」〔実体経済に入るべき資金が金融システムの内部を循環すること〕という現象が起こる中国の金融業であれ、金融が生活や商業における実際の金融ニーズから乖離し、利益を追求する道具になり果てていると、しょっちゅう社会から非難を浴びているではないか。金融が存在する最大の意義は、より多くの零細企業や個人消費者に、誰もが享受できる金融サービスを提供して理想社会の建設者となることであり、ピラミッドの頂点にいる大企業や金持ちだけに奉仕することではないのだ。

中国では、以前は金融の中心が実体経済から乖離しており、その上、金融抑圧政策が採られていたため、金融システムが提供するサービスは社会のニーズを満足させるにはほど遠かった。インターネット時代に入ってからは、テクノロジーと金融が次第に融合し、実体経済にコミットする能力が加わったことに伴って、金融のチャネルも変化し、そのやり方も変わりつつある。実体経済から生まれる金融は日々増えており、それにより「脱実向虚」の金融が実際の金融ニーズへと回帰しはじめている。

今日から見れば、アントフィナンシャルは、ユーザーの抱える問題を解決し、金融サービスの死角を埋め、ユーザーの現実的な金融ニーズを満足させようとする不断の努力の過程において徐々に成長を遂げてきたと言える。その発展史は、誰も歩んだことがなく、恐らく歩みたいとも思わないであろう道であった。現在、アントフィナンシャルは多くの許可証（ライセンス）を取得しているが、その過程は実験農場を一枚一枚開墾していくようなものであり、自ら進んで「最初に蟹を食べる人」〔中国語で、勇気を持って物事の先鞭をつけることの喩え〕を買って出ているようなものだった。しかし、アント自身は、自ら前面に出て直接金融サービスを提供しようとは考えていない。金融機関とじかに渡り合おうなどとも思っていない。金融機関と互恵的なウィンウィンの協力関係を築こうとしているのだ。

テクノロジーの発達が中国の金融業に大きな影響を及ぼしているなかで、アントフィナンシャルをはじめとする新興フィンテック企業と既存金融機関は、徐々に融合し共生する方向へと向かいつつある。アリババはプラットフォーム戦略によってＥＣ分野で「淘宝《タオバオ》」（Taobao）と「天猫《ティエンマオ》」（Tmall）を成功させたが、アリババの決済システムから派生したアントフィナンシャルにも、同じ流れをくんだプラットフォーム志向がある。アリババがＥＣ分野でエコシステムを築き上げたのと同様に、アントフィナンシャルは金融業においてインターネット金融のオープン・エコシステムを構築しようとしている。アントが目指すのは、インターネットの発想や技術を用いて外部に開かれたプラットフォームを作り、クラウドコンピューティング、ビッグデータを基盤技術として体系的な信用システムとリスク管理システムを構築することによって、金融機関などの提携パートナーがこのプラットフォーム上で自由かつ活発に活動できるようサポートすることだ。それと同時に、アントフィナンシャルは、クラウドコンピューティングやビッグデータといった自らの強みを提携パートナーに継続的に提供しつづけることで、提携先金融機関のインフラのアップグレード、コスト削減、経営効率化をサポートしようとしている。

「利他的であること」「シェアできること」「オープンであること」。これが、過去のニュービジネスと一線を画すインターネット時代のビジネスの特徴である。のちにアントフィナンシャルが打ち出す「インターネット推進器計画」「春雨計画」「螞雲《マーユン》計画」などのプロジェクトで、この三つの理念を体現していないものはない。

したがって、アントフィナンシャルがなぜわざわざ「われわれは「テックフィン」（技術金融）企業である」——ファーストネームは「技術」であって「金融」ではない——と表明するに至ったのか、そうして自らを流行りの「フィンテック」（金融技術）という概念から区別しようとしたのかを理解するのは難しいことではない。「テックフィンとは、テクノロジーによって金融機関のアップグレードをサポートすることです。以前はみなピラミッドの頂上の顧客を奪取しようと身構えていましたが、現在ではイノベーションによって、決済や信用貸付、現金管理といった金融ニーズはあったもののサービスを受けられていなかった層もカバーできるようになりました。イノベーションが市場規模を拡大したのです」とアントフィナンシャルの井賢棟《ジン・シェンドン》（エリック・ジン）CEOは言う。現在、技術提供はすでにアントフィナンシャルの重要な業務の一つになりつつある。また、同社がさまざまなものをつなぎ合わせるための重要な「接着剤」でもあり、今後高い成長性を維持しつづけるための重要な要素でもあるのだ。

事実、決済や資産運用、保険、信用貸付などといった表層にあらわれている個々の具体的な業務に比べると、水面下に隠れている信用システムとリスク管理システムを中核としたシェアリング・プラットフォームにこそ、社会のさまざまな層にサービスを行き渡らせるという包摂的価値が秘められている。この価値は、テクノロジーによって金融にさまざまな能力を与えるというのは物事の始まりにすぎず、テクノロジーが金融によりよいサービスを行わせ、ビジネスと生活のアップグレードを促すことこそが正しい発展の方向性であるというアントフィナンシャルの考え方にも体現されている。

インクルーシブファイナンスという理想を抱き、テクノロジーによって金融を再構築してきたアントフィナンシャルの成長のプロセスは、中国におけるフィンテックの発展史の縮図と見なすことができる。さらに、同社はいままさに中国でのインクルーシブファイナンスの経験を世界へと広げようとしている。こうした事情を背景に、北京大学デジタル金融研究センターのアレンジの下、同センターの黄益平《ホアン・イーピン》主任、王海明《ワン・ハイミン》副主任らがフィンテック分野でケーススタディに値する実践としてアントフィナンシャルを選び、執筆チームを組織した。本書は呂暁慧《ルー・シアオホイ》先生の指揮の下、廉薇《リエン・ウェイ》、辺慧《ビエン・ホイ》、蘇向輝《スー・シアンホイ》、曹鵬程《ツアオ・ポンチョン》の各氏が執筆を担当し、1年近くに及ぶ取材、研究に基づいて完成されたものである。テクノロジーが日々進歩する今日において、分裂と変化を続けるインターネット経済には大きな不確実性がある。本書は現時点での一つの観察と総括にすぎず、われわれにはアントフィナンシャルという急速に成長し変化している企業の性質を定義づけることも、その未来や将来性を予測することもできない。ともすれば、いずれ「フィンテック」や「インターネット金融」という言葉さえ消失し、将来的に金融全体がテクノロジーに拠って立つことになるかもしれない。われわれは、フィンテックが将来さらに素晴らしい金融社会をもたらすことを期待している。

第I部　ゲームチェンジャー・アリペイ

第1章　アリペイの誕生

「風はそよ風から、波は漣《さざなみ》から」という言葉がある。2003年、タオバオ上の取引の安全性を保証するために生まれた決済システム「アリペイ」は、細かいモデルチェンジを繰り返し、オンライン取引における「信用」という大問題を解決したことで、その後の中国のネットショッピングとインターネット金融のめざましい発展を後押しした。「信用」によってサービスの利用障壁を下げるというアリペイが誕生当初から追い求めてきた夢が、いまや現実となっているのだ。

毎年11月11日「独身の日」に開催されるECセールイベント「双11」を乗り越えるため、アリペイは精神的にも技術的にも信頼のおけるものにまでチームを鍛え上げた。アリペイは最高取引額の記録を更新しつづけ、強大なポータルサービスとなり、のちのアントフィナンシャルの設立と発展の礎となった。

1　誕生

「保証取引」第1号

2003年10月18日、西安工業学院の学生焦振中《ジァオ・ジェンジョン》は、アリババのC2C（消費者間取引）ショッピングサイト「タオバオ」（淘宝網《タオバオワン》）で７００元ちょっとの富士フイルムの中古カメラを購入した。このカメラの元の持ち主崔衛平《ツイ・ウェイピン》は当時、横浜に留学していた。この３０００キロ以上離れた所にいる見ず知らずの2人の若者の間に売買を成立させたのが、アリペイの前身にあたるタオバオの「保証取引」機能だ。しかし、その第一歩も、順調に踏み出したわけではなかった。

当時、中国国内の電子商取引（ＥＣ）は始まったばかりで、２００３年5月にサービスを開始したタオバオ上での取引数もごくわずかだった。Ｃ2Ｃのオンライン取引の方法は二通りしかなかった。同じ都市内で売買双方が直接会って取引する方法と、遠隔地に送金する方法だ。しかし、赤の他人同士の間には、地理的な距離だけでなく、「信用」という障害が横たわっていた。

この取引は、実際には次のようなプロセスで進められた。買い手・焦は先に代金を支払うのがいやだったし、カメラの持ち主・崔も先に商品を発送するのはいやだった。つまり、双方がお互いを信用して取引を成立させる方法がないことが最大の問題だったのである。当初、崔はカメラを西安の友人に送り、その友人から焦に渡してもらおうとしたが、結局この計画は流れてしまった。

どうしようかと悩んでいた崔は、そのとき偶然、タオバオが始めたばかりの「保証取引」という機能が目にとまった。これは売り手も買い手も信頼できるよい方法かもしれない。そう考えた崔は焦に支払い用のリンクを送信した。この瞬間、杭州のタオバオ社では、財務部の若手女性社員が「保証取引」チームのオフィスに駆け込んできて、顧客が「保証取引」を利用したことを伝えた。「初仕事だ！　ちょっと見せて！」そのとき、オフィスにいた社員たちは目の前がぱっと明るくなったように感じたという。

しかし、喜びは束の間だった。2分も経たないうちに、この女性社員はまた駆け込んできこう言った。「買い手のお客様が、買いたくないから返金してくれって！」その後、この社員が焦振中を説得した結果、最終的に焦は返品を取りやめ、ここに「保証取引」第1号が成立することとなった。

「このような紆余曲折を経て、人と人との信用がいかに重要か、また、信頼関係を結ぶのがいかに大変かということを知りました」。アリペイ創業の立役者である倪行軍《ニー・シンジュン》は、十数年たった今でもこの話をすると涙が出るという。信用は遠隔地取引の要だ。信用を築くこと、これこそが「保証取引」を端緒とするアリペイの第一の使命であった。

すべては信用のために

2003年4月、馬雲《マー・ユン》（ジャック・マー）は秘密裏に9人のチームを任命し、杭州湖畔花園のとある小さな建物、すなわちアリババ創業の地に駐在させた。その後1カ月の昼夜を問わぬ奮闘を経て、5月10日、タオバオが正式にリリースされた。当初サイトに出品されていた200点以上の商品はすべてエンジニアたちが家から持ち寄った不要品だった。ところが20日後、タオバオの登録ユーザー数は1万人に達し、同年7月7日にはアリババがタオバオに1億元を投資すると発表した。

当時、タオバオには多くのアクセスがあり、業務に関する問い合わせも多く、大量の注文が来ていた。しかし、売買双方が互いを信用できないという理由で、なかなか取引が成立しないというのが実情であった。遠隔地取引における売買双方間の信用問題を解決する方法として「保証取引」というやり方を考え出すまで、タオバオチームはひたすら悩み続けていた。アメリカのペイパル（PayPal）の決済システムの研究にとどまらず、テンセントの仮想通貨「Q幣」を真似た「タオバオ幣」まで考え出した。しかし結局すべてうまくいかなかった。

このとき、世界で最も規模が大きく、最も成功している決済企業は間違いなくペイパルだったが、ペイパルの決済方法をタオバオに適用することはできなかった。厳密に言えば、中国の当時のＥＣ環境に適用できなかったのである。アメリカではすでに信用システムが整備されており、アメリカ人がオンライン決済時に心配するのは売買双方の信用問題ではなく、クレジットカードの高額の取引手数料であり、個人情報や詳細な財務情報の漏洩であった。また、中国で最初の第三者決済（中国において、購入者と販売者に対して第三者的立場に立つ独立機関が銀行と契約を結び、銀行システムと接続した決済プラットフォーム上で決済サービスを提供することをいう）プラットフォームで、複数のキャッシュカードに対応したオンライン決済サービスを最初に提供した「ペイ・イーズ」（首信易《ショウシンイー》）が採用していたのはゲートウェイ方式で、加盟店と銀行等の決済機関を結びつける役割を担っていた。しかし、このような単純な決済ツールでは、オンライン取引における信用問題を解決することはできなかった。その後に登場した「環迅支付《ホワンシュンジーフー》」（ＩＰＳ）や「チャイナペイ」（銀聯電子支付服務有限公司）といった第三者決済プラットフォームのモデルも基本的にはペイ・イーズと同じで、参考にできるものはなかった。

　では、タオバオはどうしたのか？　当時、アリババには「誠信通《チョンシントン》」という中小企業向けのオーダーメイド型の取引保証サービスがあった。誠信通会員になるためには最初に第三者認証機関の審査を通過しなければならず、その時点で企業の身元が明らかになるので、正規会員の間では信用問題は発生しない。これが実質的に第三者保証として機能していたのだ。タオバオチームは、この発想を踏襲し、発展させる価値があると考えた。

「アリペイは、みんなで話し合って生み出したものです。誰かの第六感で出てきたアイディアではありません」と、タオバオ創業の功労者である孫彤宇《スン・トンユー》は言う。当時、彼は想像力をフル回転させて毎日のように仲間と議論し、さらにはタオバオのＢＢＳで売り手、買い手双方の書き込みをチェックしていた。議論、試行、方向転換というプロセスを何度も繰り返すことで、タオバオチームのコンセプトは次第に明確になって

図 1-1　「保証取引」フロー

いった。取引フローを変えてみてはどうだろうか？　まず、買い手が注文した商品の代金をタオバオに支払う。タオバオは売買双方の間に立ち、一時的にその代金を保管する。その後、売り手に商品を発送するように伝え、買い手がその商品を受け取り、問題がないことを確認してから、タオバオが売り手に代金を支払うのである（図1-1参照）。

この信用仲介モデルにより、オンライン取引における商品と代金の受け渡しにおける信用問題は解決し、ユーザーのネットショッピングに対する懸念は解消された。これが「保証取引」のロジックで、実際のところ複雑なイノベーションでも何でもない。しかし、タオバオや今日のアントフィナンシャル、ひいては中国のEC、インターネット金融全体にとって、このモデルの意義は計り知れない。天地をひっくり返すような変化の源は「保証取引」という些細な取引モデルの変革にあったのだ。

アリババの公式ドキュメンタリー「ドリームメイカー」の中でジャック・マーは次のように言っている。「見ず知らずの人からモノを買う。見ず知らずの人に荷物を託し、まったく知らない人があなたの荷物を送り届ける。タオバオが中国社会に与えた最も大きな変化は「信じて任せる」ということだ」。これを現在私たちがより正確に表現するならば、こうだろう。「中国の人々の信用問題に真の解決をもたらしたのは、「保証取引」に源を発するアリペイである」。

「保証取引」という構想ができると、その開発は、2003年9月に入社したばかりの倪行軍に託された。国有企業出身で、技術と財務の両方の業務経験があった倪は、この難問に果敢に取り組み、一人何役もの大奮闘を見せた。当時の倪は、コードを途中まで打ったところで、画面をタオバオのBBSに切り替え、ユーザーの書き込みに素早く返事をした。電話が鳴ればすぐに「サービスセンター」に変身し、「保証取引」に関するあらゆる質問に親切に答えた。NBAスーパープレイヤーのコービー・ブライアントのお決まりのセリフ、「君は明け方4時のロサンゼルスを見たことがあるかい？」に倣えば、倪行軍にとってはさしずめ「君はたった3人のアリペイチームを見たことがあるかい？」といったところだろう。「保証取引」がリリースされて間もない頃、チームにはたった3人しかいなかった。一人は財務担当、一人は会計係、一人は出納係。「保証取引」に係る財務・決済業務はすべてこの3人が行っていた。

倪行軍はいまやアリペイの象徴《アイコン》の一人だ。アントフィナンシャル本社ビルの1階ロビーには、ぎっしりとコードが書かれた横罫紙が展示されている。これは、「保証取引」の開発中に倪行軍が書いたコードの最初の数行である。

高額広告枠を占拠する「迷金《まいご》のお知らせ」

「保証取引」を成立させるためには、買い手と売り手をつないだり、銀行口座をリンクさせたりする必要がある。したがって、「保証取引」では資金の回転期間が長くなり、そうなると売り手の経営が苦しくなるため、「保証取引」を選ぶ売り手はきわめて少なかった。

当時の状況について、倪行軍は「ただただ見るに堪えなかった」という。資金の回転期間が長いと、売り手には買い手が支払いをしたかどうかが分からず、商品発送の判断ができない。すると、買い手も待てど暮らせど商品が届かないので、返金を要求することになる。

「保証取引」の完了までには、大きく分けて三つのステップがある。第一段階では、買い手が商品を注文し、代金を支払う。タオバオは、買い手がタオバオの口座に入金したかを銀行に確認しなければならない。当時はネットバンク経由で振込をする必要があったため、中1日あるいは休日を1日はさんでやっと確認できるというのが常で、郵便振込の場合はさらに時間がかかった。第二段階は出荷だ。当時はまだスピーディーな配送を叶える物流網が整っていなかったので、出荷から配達までに5〜7日かかるのが普通だった。第三段階は、買い手が荷物の受領を確認してアリペイに通知するステップだ。市場が未成熟なため、多くの買い手が通知を忘れ、売り手が代金を手にするまでの時間がさらに延びる。このようにしていると、一つの取引が完了するのに半月はかかるのである。

さらにこのプロセスでは、ユーザーがタオバオの銀行口座に代金を振り込んだ後、タオバオが仲介者として取引が円滑に進むよう調整を行っていた。そのため、帳簿の照合などの作業の多くは人の手でやらなければならなかった。例えば、振込を担当するチームは、毎日その日のすべての出入金を逐一照合しなければならなかった。当時のアリペイの出入件数は1日当たり４０００〜６０００件だった。

ユーザーのなかには珍しい名前の人もいる。銀行のフォントリストにない「垚」や「焱」といった字はピンイン〔アルファベットで表記される中国語の発音表記法〕で表記され、「玥」のような字は「王」と「月」に分けて入力されていた。こうなるとユーザーのログインアカウントとキャッシュカードの名義が合致せず、口座振替ができない。注意深いユーザーであれば、振込操作の際に「私の名前は王「玥」です」と注意書きをするが、銀行口座には「王王月」としか表示されない。担当者が照合する際に注意書きを見ていれば、ユーザーの名前を修正し、引き落としができる。しかし、ユーザーが注意書きをしていなかったり、あるいは他の何らかの理由で口座振替ができなければ、スタッフはその一つひとつをチェックして、「氏名の不一致」「アカウント名の入力ミス」

などと取引エラーの原因を書いて、顧客に通知しなければならない。

また、決済の担当者は、取引ごとに手作業で記帳し、送金情報の備考欄にあるタオバオIDや注文番号、買い手の氏名等を照合した後、商品を発送するよう売り手に通知しなければならない。しかし実際の操作では、ユーザーが注意書きを忘れたり、書かれている情報が銀行間の移動の過程で消えてしまったりすることも多い。このようになるともうお金と取引を引き合わせることはできない。では、どうするか？　タオバオのトップページに「迷金《まいご》のお知らせ」を出して、送金主を探すのだ。それもいちばん広告費の高い枠に。

人力でしなければならないことはこれだけではない。ユーザーの資金管理を担当するスタッフは、毎日、銀行が取引ごとに発行する大量の振込明細書を一枚一枚手作業で整理しなければならない。資金の振り分けを担当するスタッフは、毎朝定時より1時間早く出社して、アリペイの全国10行分の銀行口座を確認し、過去の口座記録と自らの経験に基づいて各口座の残高を調整し、すべての口座の残高がその日に出金するであろう金額を上回るようにしておかなければならない。

このようにさまざまな問題があったものの、倪行軍や彼の同僚たちは、買い手の「保証取引」に対する愛着がみるみるうちに高まっていくのを見ると嬉しかったし、市場においても、「保証取引」に対応しているネットショップは消費者の支持を得やすく、急激に売り上げを伸ばしていた。タオバオでは２００４年初頭までに、「保証取引」によって売買できる商品が全体の70％に達した。

「保証取引」から「バーチャル口座」へ

「保証取引」に対応した商品が増えるにしたがって、新たな問題も出てきた。当時アリペイと提携していた中国工商銀行西湖支店の業務負担が日増しに大きくなっていったのだ。２００４年下半期のタオバオの１

日当たりの取引件数は8000件で、銀行では取引ごとに書類を作成しなければならなかった。支店の行員が2人がかりで対処しても1日に処理できるのは最大で4000件が限界だった。急速に伸びていく取引件数を目の当たりにした中国工商銀行西湖支店は、タオバオに提携解消を求めてきた。

タオバオはすぐさま臨時の解決策を講じた。1日当たりの取引件数が多い売り手に限り、複数の取引分の代金を併せて支払い、一本化して銀行に確認することで、重複作業を減らそうとしたのだ。この方法によって銀行の作業量は半減した。しかし、その後たった2カ月で、この方法で銀行に処理させる取引件数も8000件を超えるようになった。

同時に、高騰する振替コストはタオバオにとって耐えきれないほどの負担となった。当時は、タオバオの「保証取引」専用口座から出金する度に手数料がかかった。振替コストを下げるには、複数の取引分を一本化して振替回数を減らす必要があった。

この問題に解決のヒントをもたらしたのは、タオバオのユーザーだった。「保証取引」チームが帳簿の突き合わせをする際、いつも「払い戻し不要。払い戻し分をアリペイにプールして、次の取引の時に使ってほしい」と伝言を書き残しているユーザーがいたのだ。しかし、そのお金をどこにどうやってプールしておいたらよいのだろう?

そこで考案されたのが、「保証取引」用のバーチャル口座だ。ユーザーが自分のバーチャル口座を持てば、買い手はそこに代金を振り込むことができる。売り手は取引が成立するごとにその代金を受け取ることができ、自動的にバーチャル口座に入金される。また、そのお金は使いたいときにまとめて銀行口座に振り替えることができる。こうすれば、決済効率は格段によくなり、振替コストも下げられる。この方法はのちに有効であることが証明される。アリペイの1日当たりの取引件数はいまや数億規模に上るが、実際にバーチャル口座から銀行口座にお金を振り替える必要があるのは、数十万件に過ぎないのだ。

この頃から、のちにアリペイにとって非常に重要となる「バーチャル口座」の構想が、倪行軍の頭の中で芽生えはじめた。

アリペイ独立――「牢屋に入れられるなら、俺が行く！」

「いま、この場で、すぐに！　アリペイを始めよう！」「牢屋に入れられるなら、俺が行く！」

２００４年１月、ダボス会議。企業の社会的責任に関する議論がジャック・マーを突き動かした。今後もタオバオを成長させていきたいなら、真に価値のあることをしなければならない。そう考えたマーはその夜、ダボスから中国へ電話をかけ、アリペイ・プロジェクトを始動するよう指示した。

アントフィナンシャルのブランディング・パブリックコミュニケーション部総経理の陳《チェン》亮《リアン》によると、マーの当初の考えは、アリペイが第三者保証を行い、決済は国内の金融機関で行うというものだった。しかし当時、国内銀行の大多数は、一つの取引を完了させても5元、10元程度しか稼げないようなら採算が合わないと感じていた。

公開資料によると、マーは最初にチャイナペイに話を持ちかけた。チャイナペイは中国銀聯《インリエン》（China UnionPay）が株式の51％を保有する、当時中国で唯一のオンライン決算企業であった。チャイナペイの責任者の紹介で、マーは銀聯の幹部と会うこととなった。当時、誕生から2年足らずだった中国銀聯は、キャッシュカードによる取引の銀行間の清算システムの第1世代を立ち上げたばかりだったが、ビザやマスターカードのような整ったオンラインネットワークは備えていなかった。「マーは当初、アリペイを銀聯とリンクさせればすべての銀行とつながれると考えていましたが、実現できるはずがありませんでした。条件が揃っていなかったのですから。銀聯自体がまだインターネット上での銀行との連携を構築できていなかったのです」と関係者は言う。

この会談の詳細については他の説もある。銀聯の幹部がこの事業に興味を示さず、下位部門の責任者をマーに会わせたので、マーは腹を立てて銀聯との提携を放棄した、という見方だ。とにもかくにも、金融機関との提携を模索したものの成果が得られなかったマーは、自力でやろうと決意した。彼の考えでは、透明性が高く公正な信用システムを構築することは、中国のECが長足の進歩を遂げるための必須条件であった。誰もやりたがらないのであれば、自ら道を切り拓くしかない。今日から見れば、アントフィナンシャルの発展史はほぼアリペイの焼き直しである。他の人が行かない、行きたいとさえ思わない道を歩んできたのだ。

2004年夏、アリペイのバーチャル口座を構築することで頭がいっぱいだった倪行軍は、孫彤宇に自らの考えを伝えた。ところが、思いがけず冷や水を浴びせられることとなった。「発想はとてもいいよ。けど、しばらく保留だな」。がっかりした倪行軍は、この時まだ、マーの計画においてアリペイのバーチャル口座が戦略的な地位を占めるものだとは知らなかった。

「保証取引」はタオバオ上で急速に発展し、ネットショッピングにおける信用問題を解決できることを証明した。しかし、決済環境全体を見ると、ECにおけるキャッシュフローの問題を解決する必要があり、保証の実質的な効果が求められていた。また一方では、それを叶える決済業者が必要だったが、銀行にはこの機能が備わっていなかった。より広範囲に「保証取引」を適用し、長年温めてきたバーチャル口座を実用化するためには、正式にタオバオから独立し、しかも、アリババ・グループの外部にもサービスするようにしなければ、後々まで信頼される決済ツールにはなり得ない。

アリババとタオバオが杭州湖畔花園の150平米の部屋で生まれたように、アリペイの命運は2004年

8月、広州市二沙島の足つぼマッサージ屋で決められた。このマッサージ屋で、ジャック・マーは陸兆禧《ルー・ジャオシー》（ジョナサン・ルー）にこう訊ねた。「ペイパルって知ってる？」陸兆禧はぽかんとして答えた。「知らないな！」それを聞いて嬉しくなったマーは、陸に言った。「知らないなら何よりだ！　われわれはまったく新しいものを作るんだ。名前は「アリペイ」。「保証取引」の機能でタオバオの買い手と売り手の間の信用問題を解決するんだ。この会社のCEOになって、立ち上げてくれよ！」

こうして、保留になっていたアリペイのバーチャル口座開発とアリペイの法人化準備とが同時に始められた。倪行軍はバーチャル口座の技術開発の責任者を任された。当時、アリペイの技術スタッフは倪行軍ただ一人だった。彼は日に夜を継いで仕事をしたが、やってもやっても終わらなかった。2004年12月8日に「アリペイ（中国）ネットワーク技術有限公司」（支付宝（中国）網絡技術有限公司）が正式に設立されると、新たに人材を雇い入れ、外注先といくつかのプロジェクトを提携して、技術チームは少しずつ大きくなっていった。チームの全員が休みなく働いた。

そして、12月29日、ついにアリペイのバーチャル口座がリリースされ、ここにアリペイの自社のウェブサイト、ユーザー、口座が出揃った。この日はアリペイの「独立記念日」とも言われている。その日の明け方、口座システムをリリースし終えた倪行軍と同僚たちがオフィスを出ると、大雪が降っていた。杭州では滅多に雪が降らないので、多くの人がこの日のことを覚えているという。またこの日、マーはアリペイチームに次のような言葉を贈っている。「アリペイは、タオバオのアシスタントになるだけでなく、すべての業界で使われ、信用に基づく社会の実現を推進するツールになるだろう」。周知の通り、金融における信用システムの不備こそが、中国のオンライン取引がなかなか前進できなかった原因である。この状況を打開するためにアリペイは生まれた。そしてその後、恐るべき力を以て中国のオンライン取引の新たな局面を切り拓いていった。

2005年2月、マーは、アリペイが「あなたが払うなら、私が保証する」を合言葉に「全額補償」を打ち出すことを表明した。これは、アリペイの「保証取引」でトラブルが生じた場合に、損失の多寡にかかわらずアリペイがその全部を補償するものである。「当時、利用条件の通りにアリペイを使ってさえいれば、技術的には、オンライン決済は絶対に安全だというレベルに達していました」。倪行軍によると、アリペイが「全額補償」を打ち出した最大の目的は、当時オンライン決済になじみがなかったネットユーザーたちに安心感を与え、オンライン決済を試すよう後押しすることだった。

この年、グローバルEC大手のイーベイ（eBay）も、中国のオンライン決済における信用問題というボトルネックの突破に取り組みはじめた。中国の関連企業「eBay易趣《イーチュー》」に1億ドルを投資してオンライン取引の安全性を向上させ、安全な決済手段を提供しようとしたのだ。さらに、デジタル製品専門の取引プラットフォーム「捜易得《サオイードゥー》」も消費者協会と協力して「先行保証」を打ち出し、60万元の「先行保証基金」を設立した。

このように、アリペイをはじめとする第三者決済プラットフォームおよびECプラットフォームは、2005年、先を争うようにして中国オンライン決済の信用問題の解決に乗り出し、電子決済市場は急速に成長した。また、電子決済関連の法規の多くもこの年に公布されている。中国人民銀行は2005年10月26日に「電子決済手引き第1号」（電子支付指引第1号（中国人民公告2005年第23号））を、同年11月に「中国現代化決済システム運用管理規則（試行）」（中国現代化支付系統運行管理弁法（試行））を公布した。

ジャック・マーが「2005年は中国電子決済元年になる」と予言したのは2005年初頭、ダボス会議でのことだった。のちにその正しさが証明された。今にして思えば、この年は「中国インターネット信用システム元年」といっても過言ではない。

2　開拓

２００５年、イーベイが正式に中国進出を果たすと、続いて「テンペイ」（財付通《ツァイフートン》）、「イーペイ」（網易宝《ワンイーバオ》）、「バイドゥウォレット」（百度銭包《バイドゥチエンバオ》）といったサービスが続々と誕生し、電子決済の戦場になだれ込んできた。競争相手がひたひたと迫り、アリペイの領地を蚕食《さんしょく》しつつあった。

これと同時に、決済ネットワークが拡大しつづけたことで、決済取引の限界費用が下がった。このようなマタイ効果〔富める者はますます富み、奪われる者はますます奪われるという現象〕からしても、支払いツールによって新たな市場を開拓し、利用シーンを拡張しなければならないことは決定的だった。アリペイは決済用のインタフェースをリリースしようとしていた。

獰猛《どうもう》な成長

２００５年５月、アリペイは「保証取引」と決済用のユーザ・インタフェース（ＵＩ）をリリースし、独立した第三者決済プラットフォームとなった。商品もマネジメントも開発もなく、決まったビジネスモデルも、発展の明確なコンセプトもない。あるのはただ情熱と滾々と湧き出すアイディアだけ。これが創成期のアリペイ業務開拓チームの姿だった。しかしこの年の下半期、アリペイは獰猛なまでの成長を遂げることとなった。

この頃、タオバオはすでに天下を統一せんばかりの勢いで、アジア最大のネットショッピングのプラットフォーマーになるべく邁進していた。一方、その「弟分」であるアリペイはまだグループ外部の市場を開拓できていなかった。市場は魅力的だったが、EC分野におけるタオバオと競合相手との対立が、アリペイが決済ツールのシェアを拡大する上での障壁となっていたのだ。さらに大変だったのは、2005年7月まで、アリペイの従業員が全部でたった70人しかいなかったことだ。これは、フロントエンドからバックエンドまでのすべて社員を合わせた数だ。技術力に支えられた企業とはいえ、アリペイの利用シーンの開拓に専従する人員はあまりに少なかった。

しかし、「千里の道も一歩から」という。参考にすべき先例や既存のルールによる拘束がなく、業績面のプレッシャーさえもなかったからこそ、アリペイの業務開拓チームは可能性に満ちた市場の至る所で攻撃を仕掛けることができた。まさに「手探りで河を渡る」という言葉そのままに、未踏の道を進んでいったのだ。

ジャック・マーは「この世からやりにくい商売をなくく」し、「アリペイをすべてのECサイトの基盤サービスにする」と宣言した。こうした壮大な目標は、アリペイの社員にとってはこの上ない激励であり、競合相手にとってはおちおち寝ていられなくなるほどの宣戦布告だった。アリペイが牽引する中国の電子決済インフラの整備は、アリペイにもその外部にも利益をもたらす壮大な事業だったが、誰もがそうと認めたわけでなかった。特に、アマゾンや当当網《ダンダンワン》、麦考林（Mecox Lane）といったタオバオよりも先にEC市場に進出していた企業がそうであった。

アリペイの初期の市場開拓に参加した袁雷鳴《ユエン・レイミン》（現・アントフィナンシャル副社長、アントフィナンシャル農村金融事業部総経理）は当時をこう回顧する。「あの頃、すでにそれぞれの領域でブレイクスルーを果たしていた当当網、卓越アマゾン〔中国のECサイト卓越網とアマゾンが提携して設立したECサイト〕、麦考林にとっては、アリペイとその背後にいるタオバオは「野蛮な来訪者」のようなもので、自分たちの領地を横取りしようとじっと睨《にら》まれているような心持ちだったでしょう」。利害関係者以外の目には、アリペイが門戸を開き、広くネットショップや企業にサービスを提供しようとしていると映っただろう。しかし、これらの先行企業やアリペイにとっては、長期的に繰り返される対決やかけひきは、間違いなくその1回1回が苦痛であった。

できるだけ早期にネットショップや他のECサイトの支持を得るために、アリペイは、タオバオが新規サービスをリリースする際に使う「無料《タダ》」という戦略を採った。これはネットショップから一切費用を徴収せず、それどころか補助金を提供するというプロモーションだ。事実、この戦略がもたらすユーザー規模の拡大効果は非常に顕著であった。予想外にも、アリペイは2005年末にはすでに一部の事業で営業収入を上げはじめ、業務モデルのひな形が少しずつできあがっていった。ユーザー規模という核心的要素をコントロールし、「無料」戦略を用いるこの手法は、のちに他のインターネット企業の手本とされた。アリペイの創業時の経験は、中国インターネット企業のビジネスの実践において生きた素材となっているのだ。

ところが、当当網や卓越アマゾンとの提携交渉を進める過程で、アリペイは壁にぶつかった。彼らは、アリペイと提携した結果、自社の顧客が現行の代引き方式からアリペイでの決済に移行すれば、将来的にはアリペイの系列企業（タオバオ）に流れ、長年かけて培ってきた顧客というリソースを失ってしまう可能性が高いと考えたのだ。数あるショッピングサイトのなかでも、タオバオのC2Cモデルで提供されている商品は品数が豊富でしかも安い。横並びの同質化競争は、ライバル企業と協力してウィンウィンの関係となる可能性を遠ざけてしまった。

物事をうまく運びたいなら、まず実力をつけることだ。相手企業側に憂慮があるのは当然のことで、この種の懸念を解決するにはより多くのメリットを提供して潜在的な脅威を凌ぐようにすればよいのだ。2005年以降の年平均成長率が100％を超えていたことが後押しとなり、タオバオのユーザー規模と取引額はこれらの相手企業の10倍以上にまで急伸長し、形勢は逆転した。この時点で、他のECサイトの顧客の大部分はタオバオのユーザーでもあったが、逆はまた真ならずであった。ユーザー規模の絶対的な差を目の当たりにしたかつてのライバルたちは、アリペイと提携すれば得ていたであろう潜在的な利益が損失をはるかに上回っていた可能性に気づいた。その後、タオバオの誘いを受けると、ライバルたちの戦略決定の天秤ははっきりと傾いた。

「何事も最初が難しい」という言葉のとおり、その後の展開はアリペイが最初に描いたシナリオ通りであった。現在、アントフィナンシャルの社員数は当初の70人から約7000人にまで増え、障害だらけでどこへ行っても冷遇された苦難に満ちた創業初期の情景は、袁雷鳴のようなベテラン勢や、アリペイの古参の社員のみが知るものとなっている。

街じゅうをアリペイの旗でいっぱいに

2005年という厳しい開拓期を過ぎると、アリペイに貼られていた「タオバオの決済ツール」というレッテルははがされ、独立した第三者決済プラットフォームというイメージが少しずつ定着していった。アリペイはさらに安定性が高く効果が大きいビジネスモデルを探るため、2006年末に電話営業チームを結成し、さまざまな企業に向けて規格化された決済UIを売り込みはじめた。

しかし、アリペイの古参社員の多くは、他人から勤め先を聞かれたときに「アリペイです」と答えても、相手にぽかんとされるという経験をしていた。「タオバオで買い物をするときに決済に使う「アリペイ」です」というとようやく相手は納得する。これは笑い話ではない。タオバオは2006年時点ですでに業界トップとなり、新たな消費ブームを牽引して誰もがその名を知る企業となっていたが、アリペイの知明度は依然として低いままだった。

２００7年1月、アリペイはある重大な決定を発表した。タオバオ以外のすべての企業から料金を徴収することにしたのだ。これを耳にして、「イーベイが中国から撤退するやいなや、アリペイの化けの皮がはがれた」という人もいたし、「アリペイは赤字経営で、料金を取らざるを得ないのだろう」と推測する人もいた。真相はどうあれ、オンライン決済業界が「無料」を売りにしてユーザーを摑む時代は終わったのだ。

「無料」という必殺技を失ったアリペイは、どのような方法で顧客を維持し、開拓していくのか？　アリペイが出した答えは、「タオバオの第三者決済サービスであることに満足せず、中国のいたるところにアリペイの旗を立てる」というものだった。ここで主要手段となったのが電話営業だった。

アリババ系列の企業において、電話営業という方法は決して目新しくはない。例えば、２００２年3月にサービスを開始した「誠信通」は、アリババが国内商社向けに開発した企業信用保証システムを中核とした会員制ECサービスである。誠信通の目玉は会員企業と活発な買い手に基盤ソリューションを提供することであったが、無から有を生む画期的な方法を実現させたのは、人海戦術による電話営業という非常に古典的な方法であった。これは、誠信通と同様にソリューションの提供に力を入れ、規模の経済を考慮したコスト分配をしているアリペイにも適用可能な方法だった。

呉《ウー》・偉軍《ウェイジュン》はちょうどこの時期に電話営業スタッフとしてアリペイに入社した。彼曰く、２００7年は丸1年間休みらしい休みがなかったという。毎朝8時に会社に行き、夜中の12時に退勤。多いときには1日に１００本以上電話をかけることもあった。

電話営業チームの年中無休の奮闘により、アリペイは有料化による加盟店数の減少の影響を受けなかったどころか、勢力を大幅に伸ばすことに成功した。２００7年末までに、アリペイのアリババ系列外の加盟店は30万軒を超え、年間取引額は476億元に達した。これは電子決済市場全体の約半分（47・6％）を占める金額であり、うち30％はアリババ系列外の事業者との取引であった。アリペイの顧客と提携パートナーの多くはこの時期から蓄積されはじめ、今に至るまで提携が継続している。

顧客の傍《そば》へ

2007年後半、エリア別開拓に着手した業務開拓チームに向かって、樊治銘《ファン・ジーミン》が檄を飛ばした。「あれこれ考えるよりも、とにかくお客様の所へ行け！」樊の鶴の一声で、胡楽天《フー・ルーティエン》はその夜、帰宅後に妊娠中の妻と相談し、翌日には深圳の宝安空港に降り立った。

アリペイの成長の功労者である樊はかつて、アリペイのエリア別開拓や、のちの「スピード決済」等の多くのプロジェクトの推進役を務めていた。最初の開拓エリアとして、深圳、北京、上海の3都市が選ばれた。胡楽天は陸兆禧、樊治銘と出発の杯を交わすと、すぐさま深圳エリアの市場開拓の任に赴いた。

電話営業に大量の人的資源と物的資源を投下したものの、第三者決済市場には依然として戦いの狼煙《のろし》が上がりつづけていた。混戦は止まず、その中でも地盤の争奪が最重要事項だった。また、ユーザーのニーズに合ったサービスを出すためには、第一に顧客を理解しなければならない。そこで、エリア別の成長戦略を出すやいなや、業務開拓チームはすぐさま3都市に飛び、各地のユーザーに直接会う活動を始めた。「いつも阿里旺旺《アーリーワンワン》〔タオバオ上の売り手・買い手間のチャットツール〕で連絡している相手が自分の所にやってきた」と、顧客たちはみな驚いた。

「テーラー」が顧客のもとへ赴いてニーズを「採寸《リサーチ》」した成果はすぐに表れた。エリア別成長戦略の実行から1年後には、アリペイはさまざまな顧客の個性やニーズを熟知し、業務開拓チームも積極的にそれに合わせたサービスを作ろうと動いていた。昔ながらの「仕立屋」、つまり規格化された決済UIから、徐々に

「オーダーメイド」のUIへと転換していったのだ。これによりユーザ・エクスペリエンス（UX）は大幅に向上した。さらに重要なのは、大量の事例とリソースを蓄積できたことだ。基盤となるこれらのビッグデータがあったからこそ、その後、業種ごとのニーズに特化した業種別ソリューションを実用化する可能性がひらけたのである。

「オーダーメイド」から「ユニフォーム」へ

加盟店数が増えてくると、一部の業種では、スピーディーかつ確実な決済という共通のニーズが徐々に高まっていった。インターネットの規模の経済とマタイ効果を考慮しても、業種別ソリューションは決済効率向上とコスト削減のための必然的な選択であった。

航空会社のチケット販売を例にとろう。航空券販売は通常、一回性の取引である。航空会社、一級代理店、二級代理店、旅行サイト等はすべてチケットを発行でき、航空券を1枚売るごとにその間で利益を分けあうわけだが、もし従来のように人力で照合や取り分の分配を行えば、手続きは非常に複雑になるし、処理も遅くなる。しかし、電子決済を通じて行えば、分配を自動化し、1枚の伝票から同時に3～5の対象に入金先を分けることもできる。具体的に言えば、航空会社には卸値を支払い、販売価格と卸値の差が中売り業者の利益になり、その一部がシステム業者、代理店に支払われ、その残りを決済業者、広告業者などに分配する。こうすれば、各業者が遅滞なく取り分を受け取ることができ、効率はおのずと倍増する。また、キャンセルや払戻しがあれば、各自の取り分から一部を返金しなければならない。以前は、分配した利益のうちどの部分について返さなければならないのかを逐一確認する必要があり、そのルールや手続きはかなり複雑だったため、コストは高く、効率も悪く、ミスが発生しやすかった。電子決済システムを使って川上から川下までのお金の移動を結びつける枠組みを作ってしまえば、初期投資が嵩んだとしても、システムの運用が始まれば取引ごとの決済の限界費用は低くなる。

もう一つの顕著な例は保険業界だ。電子決済が誕生する前は、保険会社の保険料は現金で納付され、顧客への保険金の支払いも現金払いであった。この場合、保険代理店のモラルリスクがあり、保険料、保険金の紛失や持ち逃げのトラブルが後を絶たなかった。中国保険監督管理委員会（保監会）は２００８年、「零現金《キャッシュレス》」管理制度を打ち出し、保険会社の職員、販売員に現金受け渡し以外の方法で集金を行うよう指示した。しかし、顧客との間で銀行振込を行うのはやはり困難だった。これを実現するにはまず、各保険会社の支店は大量の銀行口座を開設しなければならない。理屈からすると、支店は顧客が口座を有する銀行に口座を持たなければならないことになる。そして、支店が本社にそれぞれの銀行口座への保険金支払いのリクエストを出し、本社の承認を得た後、保険金が支払われる。このようにかなり非効率なのだ。中国には国有商業銀行〔国（財政部、中央匯金投資有限責任公司）が直接管理する大型の商業銀行〕、都市商業銀行〔特定の地域内で業務を展開する商業銀行〕、農村商業銀行〔「三農」（農民、農業、農村）の経済発展のための業務を担う、地方の株式制商業銀行〕、農村信用社〔農村部に展開する金融機関〕、株式制商業銀行〔80年代後半以降に設立された、全国で業務を展開する株式制の商業銀行〕をはじめとする銀行が全部で数百行もあり、すべての保険会社がこれほど多くの銀行とリンクしようとすれば、コストがかかりすぎる。アリペイで保険業者－銀行間の提携業務を引き受ける方がはるかに経済的なのだ。

アリペイは決済プラットフォームという特性を活かしてさまざまな業種の「ユニフォーム」、つまり業種別ソリューションを作り、航空、オンラインゲーム、保険、Ｂ２Ｃ、物流、直販等のネットワーク化が進んだ業界の清算・決済業務を請け負っている。もちろん、参入する業界はその業界の市場規模と成長性で決められる。２００９年の時点でアリペイはすでに電子決済市場の絶対的トップとなっており、それまでの「攻略」の過程では常にリソースと市場ニーズとのバランスを的確に捉えてきたが、そのロジックはさほど複雑ではなかった。市場規模が小さい業界では、アリペイの利用シーンも限られており、コストをかけて多量のリソースを投入してもごくわずかな顧客しか満足させられない。同様に、短期的なニーズについてもコストをかけてリソースを投入する価値がない。

２００９年1月から2月にかけて、アリペイは相次いでオンライン旅行会社のシートリップ（携程）、芒果網（mango city.com）と提携した。これで、２００８年に提携したイーロング（芸龍）と併せて中国三大オンライン旅行サイトがアリペイのパートナーとなった。同年7月には、東方航空との提携協議に合意したことで、中国大手航空会社との提携の道筋ができた。同月、ＡＩＡグループ（友邦保険）とも提携し、共同でＥＣによる保険販売を開始した。

２００９年までに、水道、電気、ガス、通信などの公共料金納付市場、第九城市（The9）などのオンラインゲーム会社、卓越アマゾン、京東商場《ジンドン》（JD.com）、紅孩子（redbaby）などのＢ２Ｃサイト、徳邦物流（deppon）、順豊（S. F. Express）などの物流企業がすべてアリペイのサービス網に加わった。２００９年12月には、アリペイと提携している外部業者の数は46万社となった。

中国から海外へ、海外から中国へ――国際決済業務の2本柱

２００7年12月、アメリカの『アドバタイジング・エイジ』誌が選出する「２００7年中国十大トップニュース」にアリペイの海外（中国本土外）業務開拓の成功がランクインした。選出理由は、世界中のネットショップで自由に買い物をするという中国中流階層の夢をアリペイが初めて実現させたことだった。この頃、中国ではまだ国際クレジットカード所有者が少なく、多くの人が海外との安全な決済手段を持っていなかった。アリペイなら米ドル、日本円、ユーロなどを含む12種類もの通貨で決済ができ、これによって中流階層も買い物ができるようになったのだ。

たしかに、2007年はアリペイにとって「国際業務開拓元年」だった。この年、天の時、地の利、人の和などのさまざまな好条件が重なり、アリペイはグローバル化に向けて極めて重要な一歩を踏み出した。

ジャック・マーはかつて、さまざまな場面で、アリババの六つの中核的価値観を幾度となく強調してきた。すなわち、「顧客第一」「団結」「革新」「誠実」「情熱」「プロフェッショナリズム」である。この六つの精神は「六脈神剣《りくみゃくしんけん》」と呼ばれ、アリババ・グループの企業文化となっており、グループ傘下のアリペイやのちのアントフィナンシャルもこの文化を受け継いでいる。「六脈神剣」において「顧客第一」は常に最上位にある。「顧客第一」とは一義的に、アリペイの収入の糧である顧客のニーズがあるのなら、アリペイはそこへ行ってサービスを提供すべきだ、という考え方である。

2007年、中国経済は再びめざましい成長を遂げ、この年の14・2%というGDP成長率は史上最高記録を塗り替えた。それと同時に、中国消費者の海外での購買欲および購買能力はかつてないほどにまで高まった。特に、若者のニーズは単に「海外製品を買うこと」から「良質で安心な商品を買うこと」へと移行し、よりハイレベルのサービスを求めるようになった。そのニーズを満たすためにはまず、海外の商品・サービスの決済ルートを整備しなければならない。

このとき、海外の電子決済市場は基本的にビザ、マスターカード、ペイパルが占拠していた。しかし、中国ではこの3社の決算手段のどれかにアクセスできる消費者は少なかった。国内トップクラスの電子決済ツールとして、アリペイは海外のネットショップでの買い物についても国内と同様に自由なオンラインショッピングを叶え、サービスを提供することができるのか？――これがアリペイの海外業務開拓における新たな課題であった。

幸いにも、この年のマクロ政策環境はこの目標を実現する可能性を与えてくれていた。新しい第三者決済システムに対し、監督当局は圧力をかけないだけでなく、イノベーションを奨励し、アリペイを含む国内企業2社に先行的にテスト運営を認めたのである。そしてこれがアリペイの海外における事業展開の基礎となったのであった。

２００７年8月28日、アリペイは、香港で中国建設銀行および中国銀行と協力して全面的に海外業務を展開すると表明し、グローバルな発展へと踏み出した。このときから、アリペイの会員は、アリペイと提携しているネット大陸以外のネットショップでも、外貨で価格表示されている商品を人民元で買えるようになり、逆に、海外のネットショップは、アリペイとの提携を通じて中国大陸の消費者とオンライン取引ができるようになった。

取引を実現する具体的なモデルは次の通りだ。まず、海外のネットショップが現地の通貨で商品の値付けをする。アリペイは、その日の国内銀行の公示相場で外貨表示の価格を人民元に換算して中国のユーザー向けに表示する。中国のユーザーは人民元建てで支払う。したがって、ユーザーにとっては国内のネットショップで買い物をするときと基本的に何も変わらないこととなる。最後に、アリペイが国内の提携銀行を通じて、海外の業者に外貨建てでセトルメントする。これで取引完了だ。アリペイは中国の買い手と海外の売り手の架け橋となり、異なる通貨間のオンライン取引とセトルメントの問題を一挙に解決することで、双方にワンストップのソリューションを提供した。

しかし、インフラの問題を解決しただけでは不十分で、速やかに優良な海外業者を募り、アリペイのパートナーになってもらう必要があった。もしアリペイが自らパートナーを選ぶとしたら、もちろんまず中国大陸のユーザーが最も集中している国や地域から始めようと考えるだろう。そうなると香港・マカオ・台湾、東南アジアなど、中国大陸から近く、中華文化の伝統を共有している地域が最適だ。そしてちょうどこの頃、アリペイの本当の意味での最初の海外業者、ササ（Sasa）が向こうから訪ねてきた。

ササは香港の有名コスメショップチェーンだ。2007年の時点ですでにササのオフライン事業は大きな成功を果たしており、多くの大陸ユーザーも香港へ行くと実店舗で化粧品を買っていた。同時に、ササは自社のECサイトを立ち上げ、オンライン事業にも乗り出そうとしていた。ササにとって最も切実だったのは、ユーザー規模の拡大だった。アリペイとの提携は、大陸ユーザーを取り込み、大陸市場に参入する上で間違いなく近道となる。これは明らかに両者にとってウィンウィンの取引であった。

『論語』には「朋《とも》あり遠方より来たる、また楽しからずや」とある。しかし、アントフィナンシャル国際事業部の宛《ワン》・秋《チョウ》総監はこのように振り返る。「ササが2007年4月に初めて訪ねてきたときは、アリペイの国際事業部には正式に配属された社員はいませんでした。当時、アリペイのパートナーはすべて大陸の企業で、支払いからセトルメントまですべて人民元で行っていました。実質的に国際事業部の役割を代行していた国内業務開拓チームは、国内業務のノウハウを援用して初めての「遠方からの朋」を逃さないよう努めましたが、相手のニーズを把握していなかったので、必ず留めおけるという保証もありませんでした。しかし、この時は双方ともちょうど海外業務を拡大しようとしていたタイミングだったので、共通のニーズが提携に向けた交渉のテーブルに着くことを後押ししたのです」。

宛秋はササとの交渉の任を受け、香港に赴いた。交渉といっても実際には相手の具体的なニーズを探ることが目的だった。相手はどの通貨が欲しいのか、サイト上の価格表示はどの通貨でするのか、セトルメントの期限をどうするかなどについて相手側の要求がはっきりしたら、次はそれを踏まえて国内銀行に協力を仰ぎに行った。アリペイとササの双方が提携を熱望し、互いに強みを補い合う関係であったこと、また、中国の監督当局の認可、中国銀行、中国建設銀行からの理解がスムーズに得られたことで、提携協議はすぐに合意に至った。さらに、その後まもなく別の香港業者や日本業者との提携も決まり、これら三つの業者がアリペイの最初の海外のパートナーとなった。こうして、アリペイは正式に海外進出の第一歩を踏み出したのだ。

中国のユーザーがアリペイを通じて海外業者の商品やサービスを購入するのは、アリペイが開拓した国際決済ルートの片方にすぎない。もう片方は、海外ユーザーがアリペイを使って中国業者から商品やサービスを買うルートだ。２００５年には、タオバオはすでに海外の一部の銀行や決済機関との提携に乗り出し、海外ユーザーの中国国内でのオンライン消費をサポートしていた。しかし、タオバオは完全に中国語のみのサイトだったので、在外華人を中心としたほんのわずかの海外ユーザーが利用するにとどまっていた。海外ユーザーの膨大な購買ニーズはまさにブルーオーシャンだったのだ。２０１０年4月、アリババ傘下の世界市場向けオンライン取引プラットフォーム「アリエクスプレス」（全球速売通）がリリースされた。タオバオと同様に、アリエクスプレス上の商品情報はオンラインで海外に発信され、海外ユーザーはアリペイで決済し、国際宅配便で商品を受け取った。そのため、売り手たちはアリエクスプレスを「国際版タオバオ」と呼んだ。

アリエクスプレスというサービスと、中国ユーザーがアリペイを通じて海外業者の商品やサービスを購入するというモデルによって、より多くの中国の商品が海外に送り出され、海外の商品もどんどん中国に入ってくるようになった。こうしてアリペイは国際決済業務の2本柱を打ち立てた。また、この二つの業務は足並みを揃えて発展していった。このことは、決済サービスが利用できるエリアを拡大しただけでなく、アリペイの海外業務、国内業務の大まかな版図が完成したことを象徴する点で重要な意義をもっている。

ところが、アリペイが国内外で急速に成長し、複数のサービスを矢継ぎ早に世に出すなど、空前の輝かしい形勢ができるやいなや、多くの難問も降りかかってきた。子どもが成長の過程で必ず高熱を出す時期があるように、アリペイが5歳になった年、変化のためには避けて通ることのできない困難に直面した。

3　成長の痛み

２０１４年夏、清華大学経営管理学院の卒業生を前にして、ジャック・マーは言った。「私はアリペイを使いません。どうやって使ったらよいか分からないからです」。ここまではジャック・マーお得意の、自らの凡庸な学歴を自嘲したネタのように聞こえるが、マーはこう続けた。「使いすぎると、自分の商品を守ろうとして保守的になってしまう。使わなければ、永遠に気を揉みつづけることになります」。

中国で最も成功した起業家のひとりであるこの男には、独自の行動原理がある。しばしば彼の顔はE．T．に似ていると言われるが、実際、彼は宇宙人のように耳がとがっていて、アリババに関するすべての声を捕えることができる。そのおかげで、彼はアリペイを使わなくても、誰よりもアリペイを理解できるのだ。

「ダメだ！　ダメすぎる！　この上なくダメだ」。２０１０年1月22日、のちに「ブラック総会」と呼ばれる年次総会の席上で、普段は人あたりのよいマーが強い言葉でアリペイのＵＸに苦言を呈した。「２００９年でいちばんユーザーから罵声を浴びせられていたのはアリペイだ。重要な場面で、「もし別のアリペイがあったら、お前たちのは使わない」という声をたくさん耳にした」。ユーザーのこのような反応はマーには耐えがたいものだった。彼からすれば、アリペイは本来「人から罵られる謂れがない」ものだったからだ。

「見た目には美しい」が「使うとまるでダメ」

市場のニーズから出発し、人々の生活のなかで成長した新金融（ニューエコノミー）は、雑草のように敏感で頑強だ。アリペイは間違いなくその代表格だろう。

数字の上では、2004年に設立されてからの5年間で、アリペイは確かにすばらしい成績を残してきた。2005年1月、マーはダボス会議の席上で、「今年は中国の電子決済元年になる」と宣言した。2月、アリペイは「あなたが払うなら、私が保証する」を合言葉に取引リスクの全額補償を打ち出し、3月には中国工商銀行と戦略的パートナーシップ契約を結んで、双方のECおよび決済分野における協力範囲と提携レベルを強化した。その後、招商銀行、中国農業銀行、広発銀行、上海浦東発展銀行、深圳発展銀行、中国民生銀行、興業銀行も続いてその陣営に加わった。

2006年には、ECの急速な発展を受け、タオバオ出店者以外でも決済ツールとしてアリペイを使う業者が増え、瞬く間に30万店に到達した。この頃から、アリペイは独立した決済プラットフォームとして認知されるようになった。2007年9月15日に開催された第4回中国網商大会（Global Netrepreneur Conference）で、マーはアリペイのユーザー数が5000万人を超え、クレジットカードの利用者数（3000万人）の約1・67倍となったと発表した。この年のアリペイの年間取引額は476億元で、電子決済市場の47・6％のシェアを占めていた。2008年8月には、アリペイのユーザー数がタオバオ（8000万人）を超えて1億人を突破し、ネットユーザー全体の40％に達した。この年のアリペイの年間取引額は1300億元を超えた。さらに2009年7月、アリペイはユーザー数が2億人に達したと発表した。つまり、1年足らずのうちに倍増したことになる。同年12月、取引額は2871億元に達し、市場シェアは49・8％まで伸長した。12月末、当時のアリペイ総裁邵暁鋒《シャオ・シアオフォン》は、7月に誓約した通り、黒い帽子に黒いサングラス、黒マントに赤い半ズボンという怪傑ゾロの風貌で社員たちの前に現れ、社内を走りまわり、アリペイの1日の取引額が12億元の大台に乗ったことを祝った。

図 1-2　（左から）当時のアリペイ副総裁・井賢棟、総裁・邵暁鋒、邱昌恒

たった5年で、アリペイは自らを中国第三者決済市場の半分のシェアを占める「超大物」に育て上げた。競合相手として一定の脅威たりえたのは、シェアの25％を保有するテンセント傘下のテンペイだけだった。

しかし、これらはすべて「見た目には美しい」だけだった。詳細な指標から見れば、アリペイの歩みは必ずしも順調ではなかった。例えば、アリペイが公表した加盟店数は46万であったが、テンペイも40万を超えており、シェア第4位の「快銭」（99Bill）は37万を超えたと発表していた。アリペイが独立したサービスとして発展してきたことがEC業界全体の発展を助けたように、これらのライバルたちは第三者決済ツールの発展の恩恵を受けてビジネス環境を大きく変化させ、今度は逆に第三者決済企業の既存の地位を揺るがせ、さらなる変化を促す存在となったのだ。

この頃には、第三者決済企業間の競争はもはや銀行の決済ゲートウェイやリベート率のみを争う単純なものではなくなっていた。つまり、ユーザーの取り込みはもはや問題の核心ではなくなったのだ。よい商品、よいサービス、優れたUXがユーザーを惹きつける。これこそがB側（業者）、C側（消費者）の共通認識であった。

UXはアリペイが最も非難を浴びていた要素であった。そもそも、UXとは何を指すのだろうか？　配色、文言、ボタンのデザイン……すべてがUXに入る。しかし、ECサイトの利用者が最も重視するのは決済の成功率だろう。例えば、ネットショップが1000元の広告費を払って100人を引きつけ、そのうちの50人が商品を注文したとする。しかし、最終的に30人しか支払いをできなければ、残りの20人は買うのをやめてしまうだろう。そのせいでネットショップは不条理な損失を被るのだ。ECは消費者が支払いを完了して初めて成功といえる。土台となる決済の確実性が保証されていなければ、どんなによい商品も、あるいはどんなにマーケティングやPRを工夫しても、すべては砂上の楼閣となってしまう。当時のアリペイの決済成功率の最高値は66％で、低いときは40％程度だった。劣悪な決済UXのせいで、ネットショップはみすみす約半数の消費者を取り逃がしていたということだ。

2010年の「ブラック年次総会」をまたずとも、アリペイは問題の所在に気づいていた。「2008年から2009年にかけて、われわれはずっとUX改善に取り組んでいました。相当の努力を重ね、1年という時間を費やしましたが、平均決済成功率は60％から2ポイントしか上げられませんでした。メンバーはみな辛かったと思います」。陳亮はその頃を思い出すとやるせなくなるという。

公平に言って、これはアリペイの技術力不足によるものではない。支払いの際、ユーザーはアリペイのページから銀行のページに飛んだ後、それぞれの銀行の手順に従って操作を完了させなければならなかった。銀行ごとに操作手順は千差万別で、UX品質もバラバラだ。PCブラウザ向けのネットバンキングを利用して代金を支払う場合、消費者は平均で7回ページを移動しなければならなかった。その過程でどこかで一つでも問題が生じれば決済エラーとなる。当時アリペイが取った統計では、ページ移動が1回増えるごとに、顧客の決済失敗による流出率は5ポイント増えるという結果が出ていた。頻繁なページ移動は決済成功率を大幅に引き下げる。また、ほとんどのネットバンキングはインターネットエクスプローラー（IE）以外のブラウザやウィンドウズ以外のOSには非対応で、さらに、USBキー〔USBメモリにデジタル証明書を内蔵した顧客識別用セキュリティシステム〕を差し込むとか、ワンタイムパスワードを入力するなどといった面倒な操作が必要で、そうしたあらゆる要素がネットバンク決済の成功を著しく阻害していた。

アリペイだけでなく、当時はすべての第三者決済ツールが同様の問題に直面していた。しかし、もとより優位にある銀行《ボス》は下っ端の抗議など意に介さなかった。今日から見れば、銀行の協力を得られなかったことが当時のUX改善への取り組みをいっそう混乱させたと言える。威勢こそよかったものの、どの改善策も実際には意味をなさないものばかりであった。例えば、18字の宣伝文句を11字に縮める、ページを移動するボタンのデザインを改良する等々……。アリペイの古参社員は「どれも表面的なものだった」と言い切る。

1年に及ぶ努力にもかかわらず、決済成功率は2ポイントしか改善しなかった。明らかにアリペイは進路を誤っていた。だが、正しい道はどこにあったというのか。

ブラック年次総会2010——号泣、二日酔い、そして原点回帰

「今日のアリペイの重要業績評価（KPI）指標では問題は見当たらない。だが、自分の心に聞いてみてほしい。自分にとって2009年は満足のいくものだったかどうか」。2010年1月22日、年次総会の席上で、ジャック・マーはかつて人民警察の捜査隊長として名を馳せた邵暁鋒が涙を流すまで難詰した。その後、経営陣は人事異動を行い、この危機に際して、当時アリババ・グループの最高人事責任者（CHO）だった彭蕾がアリペイのCEOに任じられた。半年後、アリペイ金融事業部、加盟店事業部、ユーザー事業部の3部門の責任者についても大幅な調整が行われた。アリペイは「この上なくダメ」なUXという表面化した現象を通じて、発展を阻害する内在的、外在的問題を明らかにし、経営陣、組織、戦略を調整することによって、真に原動力をもったイノベーティブな発展を導くメカニズムを作り上げようとしたのだ。

関係者は、当時のアリペイの状況について、「アリペイが大きくなるにつれ、さまざまな問題が発生した」と話す。アリペイが取り扱う業務分野は日々広がっていき、サービスもどんどん増えていった。しかし内部では、新しいサービスをリリースする際には最後まで各部門間で調整を続けなければならず、一つのサービスのブラッシュアップに2カ月以上かかることもままあり、UXの改善がユーザーの流出に追いつかない状態だった。また、国がいつまでたっても第三者決済業務に対する然るべき管理措置を公布しないという外部的な要因もあり、セキュリティの問題や政策に逆行するリスクへの懸念は、巨大化していたアリペイにとって無視できない規模にまで膨らんでいった。こうして、次第に画期的なチャレンジに挑む勇気も失われていったのだ。マーが年次総会で強調したように、アリペイは多くの問題において保守的になりすぎていた。さらに発展しつづけるためには勇気が必要だった。

彭蕾はアリババ・グループ創業メンバー18人の中の一人である。これまでにグループの総務、管理、マーケティング、人事等の中核部門を取り仕切ってきた、マーの戦略の最も忠実な実行者だ。また、彼女はアリババの企業文化の提唱者であり守護者でもある。業界では「マーが最も信用している女性」とも言われている。アントフィナンシャル現CEOの井賢棟は、彭蕾を「人を見る目があり、人を使うのがうまく、組織全体の使命とビジョン、組織力を巧みに組み合わせることに秀でた」人物だと評している。この人事畑出身の女性幹部は人材の重要性を深く理解していた。彼女がアリペイのマネジメントを引き継いだ後に放った「第一の火」は、社員を迅速に結束させるための方策だった。

2010年の春節後の3月、彭蕾はアリペイ史上最も有名な「ラクダ大会」を招集し、アリペイのP8（チームリーダークラス）以上の管理職全員が参加した。この大会が開かれる前、多くの社員は大きなプレッシャーを感じていた。「戦略に関する議論は永遠に決着がつかず、水掛け論が続く。先が見えない」「物事を

図 1-3　2010 年 3 月 24 日のラクダ大会の様子

前に進めるのは本当に難しい。自分がどんどんちっぽけに感じられる。したいことが成し遂げられなくて、本当につらい」「みんなそれぞれ自分のことをやっていて、協力し合うのは難しい」……社員たちのこうした感情的な問題を、彭蕾は酒を共にすることで解決した。

ラクダ大会１日目の夜、彭蕾は多くの社員を飲みつぶれさせた。社員たちは、酒の勢いで心をひらき、感情を発散させた。彭蕾自身も飲んでは吐いた。しかしその夜、社員達は沈黙しては口論し、再び沈黙したと思えばまた口論し、抱き合って泣いたり、泣いたと思えば笑ったりした。空虚な気持ちから、悲しんだり、もがいたり、希望を持ったりした。そうして、彼らの距離は近づいていった。

この4日間にわたるラクダ大会で、彭蕾は何度も強調して言った。「ＫＰＩも戦略も気にしなくていい。けれど、顧客価値は忘れてはならない」。アリペイは最初、ネットショッピングの課題であった売買双方間の信用問題を解決するために生まれた。ラクダ大会の果たした最も重要な意義は、すでに長い道のりを歩んできたアリペイに、「何のために出発したのか」を決して忘れてはならないと気づかせたことだった。

倪行軍は、アリペイが２００９年にリリースした「収銀台《ショウインタイ》」〔中国語で「レジカウンター」の意味〕のＵＸを例に、アリペイの犯した過ちを社員に説明した。収銀台は当時アリペイの中核を成しており、ここにすべての決済ツールが集約されていた。この際理想としていた効果は、ユーザーが収銀台で決済銀行を選び、パスワードを入力して決済を行うことだった。しかし、さまざまな要因によって、本来シンプルにすべきレジカウンターがあるまじきことに非常に複雑なツールとなってしまっていた。収銀台上にある数十もの決済ツールの開発コンセプトはみなばらばらで、ユーザーはどれをどう使えばよいか分からない。収銀台はアリペイの登場以来、最もユーザーのクレーム率が高いサービスとなっていた。

ラクダ大会は、アリペイないしアントフィナンシャルの歴史における一大転換点となった。「社員たちは改めて何が最も本質的なことなのか、結局アリペイはユーザーのどのような問題を解決したいのかを考えはじめました」と、倪行軍は振り返る。そして、その答えはとてもシンプルだった。アリペイの本分はユーザーのスピーディーかつ便利で安全な決済をサポートすることだ。その後、アリペイの評価の基準は、決済業務の規模や営業収入ではなく、決算の成功率とアクティブユーザー数に置かれることとなった。

アリペイの答え――「スピード決済」

ラクダ大会後の反省と奮闘の末、アリペイは２０１０年12月に「スピード決済」（快捷支付）をリリースし、アリペイを含むすべての第三者決済プラットフォームが数年間にわたって悩まされてきた決済成功率の問題を完全に解決した。「スピード決済」のリリース後、デビットカードの平均決済成功率は60％から90％以上へと大幅に改善し、クレジットカードにいたっては95％以上に達した。

読んで字のごとく、「スピード決済」の最大の特徴はその速さにある。ユーザーはキャッシュカードさえあれば、ネットバンキングの手続きをせずともアリペイの決済用パスワードを入力することで決済ができるようになった。しかも、利用登録はすべてオンラインでできる。

段階を追って具体的に説明すると、ユーザーは初回の決済時にアリペイのサイトまたはシステム上で氏名、身分証の種別と番号、キャッシュカード番号、それらの有効期限等の情報を入力する。アリペイはこれらの情報を銀行に送り、銀行側で認証が完了したら、顧客がアリペイの決済用パスワードと携帯電話のショートメールで送られてくるワンタイムパスワードを入力し、認証にパスすれば決済完了となる。２回目以降の決済では、ユーザーの決済手順はさらに簡略化される。ＰＣ、スマートフォン（スマホ）等で商品を購入する際、決済方法として「スピード決済」を選択し、アリペイの決済パスワードとワンタイムパスワードを入力して認証にパスすれば決済完了である。これなら、銀行も個々の決済を確認する必要がなく、決済機関がまとめて送ってくるコマンドに従って引き落とせばよい。

　この一見簡単に思われる進化の裏には相当の苦労があった。アリペイチームの既存の思考モデルに対するブレイクスルー、従来の決済方法の課題の解決、そして銀行との提携交渉である。

　アリペイチームは比較的うまく運用できていたデビットカードを用いたオンライン決済サービス「支付宝《ジーフーバオ》卡通《カートン》」からヒントを得て、アリペイ口座と銀行口座を紐付ける方法ならば決済成功率を上げられると考えた。しかし、「支付宝卡通」の処理プロセスは非常に煩雑な上、紐付けできるカードにも制限があり、残高不足の影響を受けやすかった。そのため、新たに口座との紐付け方法を模索しなければならなかった。

　そこでアリペイチームが注目したのがキャッシュカードを利用した公共料金の引き落とし機能だった。キャッシュカードに引き落とし機能が備わっている以上、アリペイでも一括で引き落とし処理ができるはずだ。また、決済方法はシートリップのＭＯＴＯ（Mail-Order/Telephone-Order）を参考にした。ＭＯＴＯではユーザーが決済時に氏名とクレジットカード番号、有効期限、セキュリティコードを入力すれば、それらの情報をもとにプラットフォームで引き落としができるシステムとなっており、ユーザーはパスワードさえ入力することなく決済ができる。こうした決済方法の安全性を高めるため、アリペイは海外銀行がキャッシュカードを紐付ける際の操作方法を参考にした。紐付け操作が行われたらただちに電話で確認を行い、ユーザー本人に

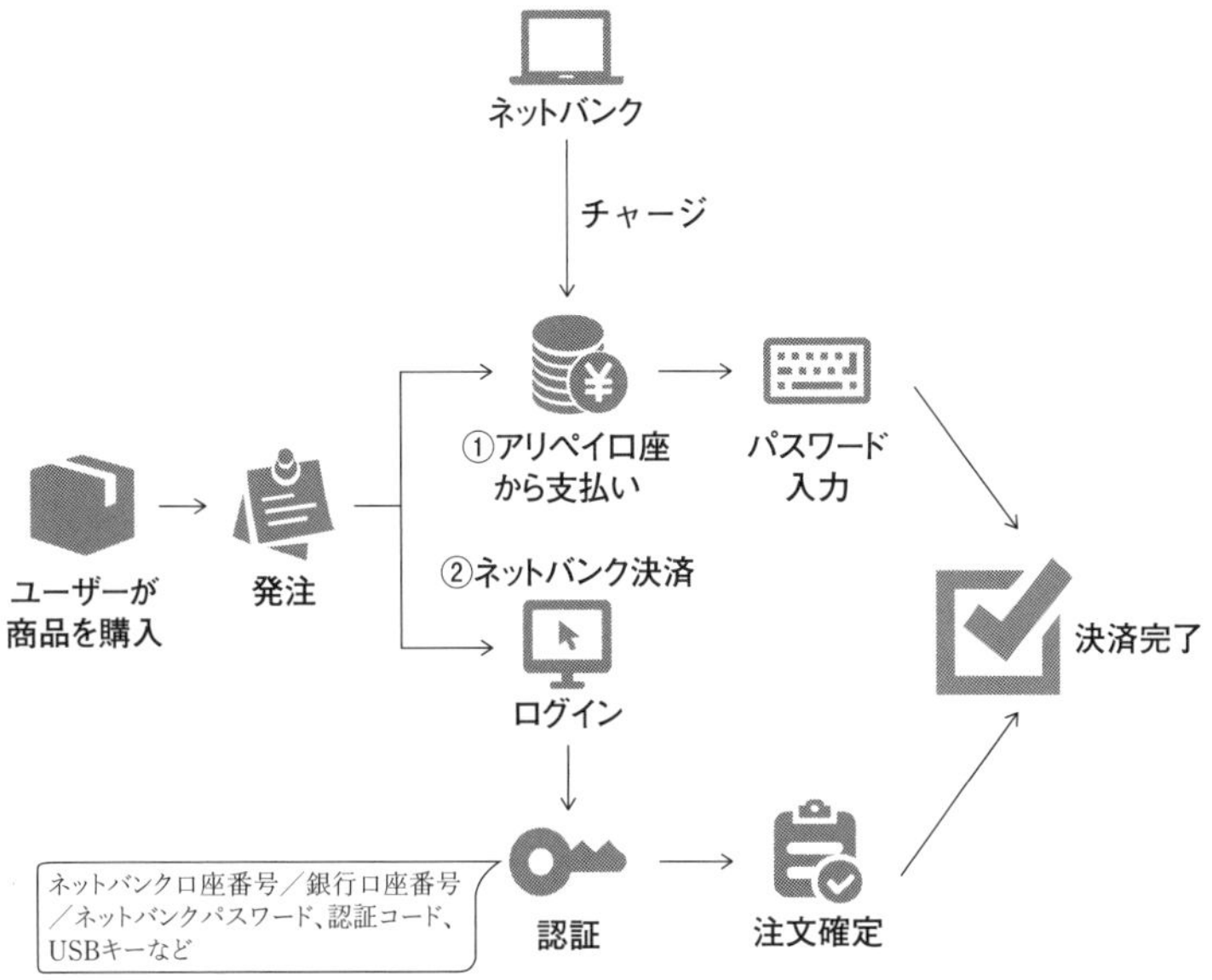

図 1-4　アリペイの従来のオンライン決済フロー

決済方法は、①アリペイ口座からの支払い、②ネットバンク決済の 2 つから選ぶ。①の場合、決済前にネットバンク経由で銀行口座からアリペイにお金をチャージしておく必要がある。

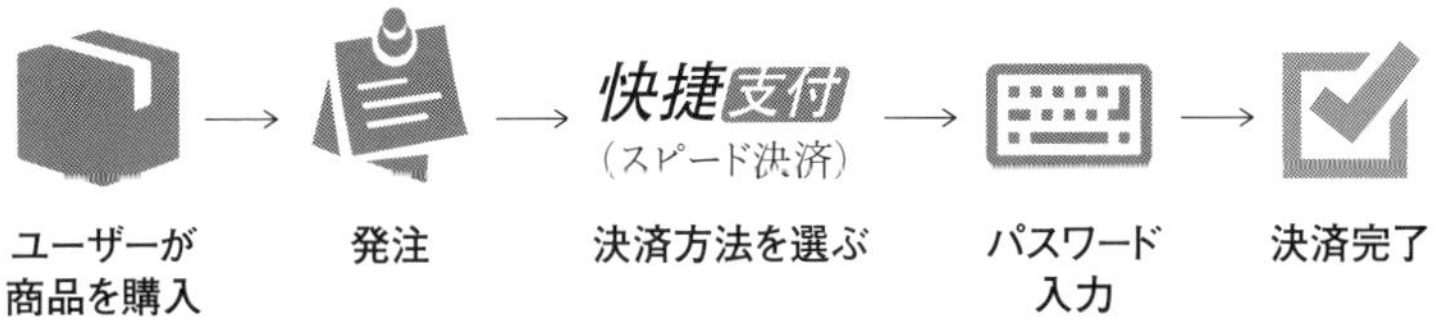

図 1-5　「スピード決済」フロー

よる操作であれば紐付け、そうでなければ即時凍結するのだ。ここからヒントを得て、ユーザーがカード発行を申請する際に銀行に届け出てある携帯電話番号を認証できれば、ユーザー本人による操作か否かを確認することができるとアリペイチームは考えた。もちろん、この操作には認証インタフェースが不可欠であり、その開設のために銀行の協力を取りつける必要があった。

そこで、次に着手したのが銀行との交渉である。袁雷鳴は当時、主にアリペイの対銀行交渉を担当していた。銀行側の懸念は主に二つあった。一つは、アリペイの業務規模が大きくならなかった場合にコストを回収できないのではないかということ。もう一つは、損失率が高くなることへの懸念だ。一つめの問題については、袁らは、銀行への見返りとしてアリペイが相手銀行に預金するか、あるいは手数料を前払いすると回答し、銀行にあらかじめ効果と利益を確信させることでアリペイとの提携を促そうとした。また、市場の不確実性のリスクについてはアリペイが負担することとした。二つめの銀行の財務リスクへの懸念に関しても、アリペイは解決方法を提示した。アリペイが銀行に保証金を預け、その上、「スピード決済」の損失率が0・001%を超えた場合には、銀行はいつでもこの業務を中止してよいこととしたのだ。

「スピード決済」に係る交渉をスピードアップするため、2010年、マーは十数回にわたって大手銀行の会長や頭取を訪ねた。同年末、アリペイは中国工商銀行、中国建設銀行、中国銀行と提携を結び、「スピード決済」を正式にリリースした。「スピード決済」は2004年のマーの願望を実現するものだった。ネットバンク口座を開設せずとも、USBキーがなくとも、シンプルな認証と銀行口座の紐付けだけでオンライン決済ができるようになったのだ。

利便性において、「スピード決済」は従来のネットバンク決済を明らかに上回っていた。ネットバンク決済では平均で7回もページを移動しなければならなかったのに対し、「スピード決済」ならワンステップで決済が完了する。また、ネットバンク決済がウィンドウズOS×IEの環境下でしか利用できなかったのに対し、「スピード決済」ならクローム、ファイアフォックス、サファリ等のブラウザや、アンドロイド、iOS、シンビアン等のOSを搭載したスマホでも利用でき、しかもどの使用環境でもUIは変わらなかった。

セキュリティ面から見れば、ネットバンク決済ではワイドエリアネットワーク（WAN）経由でコマンドを送信し、ユーザーが決済機関と銀行の間をページ移動して決済コマンド送信するので、パスワードのフィッシングがきわめて容易であった。一方、「スピード決済」においては、決済機関と銀行のサーバをつなぐ専用ネットワーク経由で決済コマンドを送信するので、ページ移動が不要で、これによって取引プロセスにおけるフィッシングのリスクを低減できた。さらに、アリペイはユーザーに対し、決済後72時間以内であれば「スピード決済」の取引リスクを全額補償すると誓約し、すべての顧客のクレームや損失を迅速に解決することを保証した。

ペイパルをはじめとして、世界的に見ても顧客にクレジットカード番号と有効期限、セキュリティコードを直接入力させる方法は広く採用されているが、それ以外にカード所有者の本人認証をする安全な方法がないため、犯罪者がクレジットカード情報を窃取するケースが後を絶たない。そこで、アリペイの「スピード決済」では、決済のプロセスで携帯電話番号を照合し、ワンタイムパスワードを送信することで決済者の本人認証を行うシステムを構築した。これにより、カード情報の窃取や詐欺のリスクを防止すると同時に、中国のユーザーが慣れ親しんでいる方法に近づけることにも成功した。

さらに重要なのは、「スピード決済」が決済の成功率を大幅に上げたことだ。95％という決済成功率は、B2Cのネットバンク決済の平均成功率（各行平均65％）を30ポイントも上回り、UXとユーザのアクティブ率も向上した。銀行とアリペイの両者にとって、「スピード決済」はリスクと利便性、スピードのバランスがとれた方法だった。

報道によると、「スピード決済」がリリースされた後、アリペイは多い時には一晩にして100万もの銀行口座と紐付けられたという。アリペイは、「スピード決済」のリリースから1年以内に中国四大銀行を含む160以上の銀行と提携合意を締結した。「スピード決済」は、中国の電子決済史上、最も急速に発展した事業として記録を打ち立てた。

「スピード決済」は第三者決済業界に新たなモデルをもたらし、可能性を切り拓いた。実際に、のちのテンセントのウィーチャットペイ（微信支付《ウェイシンジーフー》 WeChat Pay）やバイドゥウォレット等もすべてこの方式で対銀行間の資金移動ルートを立ち上げている。また、オフラインでは大きなシェアを持ちながらも、オンラインのサービスの整備が遅々として進んでいなかった中国銀聯も、アリペイに続いて独自の決済サービス「銀聯オンライン決済」（銀聯在線支付 UnionPay Online Payment）を開発し、ユーザーはネットバンク口座を持たなくてもオンライン決済が利用できるようになった。この際、EC大手の京東商城はアリペイとの提携を解消し、銀聯との提携を選んだ。一方、銀行にとっては、「スピード決済」の登場によって、利便性が高く安全なネットショッピングをしたいというユーザーのニーズと、高度な金融システムを構築したいという銀行のニーズとの間に深い溝が存在することが浮き彫りになった。しかし、両者の調和がとれないというほど深刻ではなかった。

「スピード決済」がなければ、その後のモバイル決済の急速な発展や「余額宝」（第3章参照）の誕生はなかっただろう。今日われわれが慣れ親しんでいるアリペイ、ウィーチャットペイ、アップルペイ等の決済方法はすべてアリペイの「スピード決済」をベースとしたものだ。「スピード決済」誕生の意義は、今日、オンライン口座開設サービスが既存金融機関の変革を促していることに勝るとも劣らない。

また、「スピード決済」のプロジェクトは、現在のアントフィナンシャルの幹部たちの「士官学校」であったと言えよう。現在財産事業群総裁を務めている樊治銘は「スピード決済」のプロジェクトリーダーであったし、袁雷鳴は銀行との提携交渉を担当していて、そのチームメンバーの一人が現在の口碑網《コウベイ》CEO、范馳《ファン・チー》だった。

「スピード決済」は今日のアリペイの膨大なユーザー数という基盤と社会における地位を築き、何よりも中国の電子決済を大きく前進させた。

4　法制度への対応

「いい子」のアリペイ——人民銀行から「お墨付き」を得るまで

アリペイの発展の影には常に監督者がいた。中国の中央銀行である中国人民銀行だ。中国人民銀行支付結算司は2005年にすでに「決済清算組織管理規則（意見募集稿）」（支付清算組織管理弁法）を公布しており、アリペイを含むすべての第三者決済企業に監督を受け入れさせた。さらに2010年6月には「非金融機関の決済サービス管理規則」（非金融機構支付服務管理弁法）を公布し、第三者決済業務にライセンス制を敷くことを明らかにした。これらの文書の公布は、中国の第三者決済の発展における分水嶺と目されている。一方では不合格企業を市場から撤退させ、もう一方では大規模かつ信用度が高い第三者決済企業に人民銀行が正式に認可を与えることで、これらの企業が長年さらされつづけていた「法律上のグレーゾーン」という不安から救済しようという意図があった。

アリペイはもちろん後者であった。2011年5月26日、中国人民銀行はアリペイ（中国）ネットワーク技術有限公司に対し、中国初の第三者決済業務のライセンス「決済業務許可証」を交付した。業務範囲は通貨兌換、オンライン決済、モバイル決済、プリペイドカードの発行・取扱（本人認証済みのオンライン決算口座へのチャージに限る）、キャッシュカード決済等の多種多様な決済業務に及んだ。

しかし、アリペイが「お墨付き」を得るまでの道のりは決してなだらかではなかった。アリペイはまず、「非金融機関による決済サービス管理規則」の研究と対応のための委員会を立ち上げた。さらに、人民銀行に対し自主的に毎月7、8頁の業務報告を提出した。その内容は詳細な財務データや会社組織、決済操作フロー等であった。アリペイの報告に対し、人民銀行はいかなるフィードバックも行わなかったが、アリペイは報告書の提出をやめなかった。

これに対し、「アリペイは、人民銀行に「私は聞き分けの良いよい子です」とアピールしているのだ」と言う者もいた。また、ある識者は、「アリババは地方政府と一貫して極めて良好な関係を保ってきている。仮に国にアリペイ国有化の意図があったとしても、株式を保有する形にとどまるだろう。その場合、アリペイが許可証を取得していることが前提条件となる」と述べている。

業界での地位を考えても、アリペイのライセンス取得は理屈の上では当然のことだったが、第三者決済企業が実際にライセンスを取得するのは大変なことだった。２０１０年10月に人民銀行が新たな法令を出し、「決済サービスへの従事を申請する第三者決済機関は、法に基づいて設立された国内の有限責任公司（日本の合同会社に相当）または股份有限公司（日本の株式会社に相当）でなければならない」と規定してからというもの、業界関係者は戦々恐々としていた。この法令では「外国企業の投資を受けている第三者決済機関の業務範囲、中国本土以外の出資者の出資条件および出資比率などは、中国人民銀行が別途規定し、国務院に報告して承認を得なければならない」としている。外国資本あるいは中外合弁で設立された第三者決済企業の審査基準については、人民銀行は「さらなる検討が必要であるため、タイムテーブルは公表しない」としていたが、当時、業界関係者の多くはおしなべて「審査基準を満たす純中国資本の第三者決算企業が許可証を取得するのは難しくないだろうが、外資あるいは中外合弁で設立されている企業は危い」と考えていた。人民銀行のこうした不明瞭な態度はアリペイを不安に陥れた。アリペイの「出自」はまさに「国務院に報告して承認を得なければならない」とされていたものだったからだ。

アリペイは2004年12月に独立してアリペイ（中国）ネットワーク技術有限公司となったが、これはアリババ・グループが全額出資した子会社である。当時の公開データによると、アリババ・グループ株はヤフーが39％、ジャック・マーおよび経営陣が31・7％、ソフトバンクが29・3％を保有していた。つまり、ヤフーとソフトバンクという二つの外資企業が共同でアリペイの支配株主となっていたのである。

業界関係者は、「バックに外資がついている決算機関については政策起案中で、まだタイムテーブルも出ていない。アリペイが現在の資本構造を維持するかぎり、短期間で許可が下りるのかという憂慮を抱え続けることになるだろう」と分析した。さらに、人民銀行はアリペイに対し「中外合資企業の扱いは国務院が協議、解決すべき問題であり、目下、ジャック・マーには人民銀行への許可証申請に関与する資格はない」と遠回しに告げているのだというネガティブな見方もあった。

これはいわば、人民銀行が国内の第三者決済企業に二つの道を提示し、選ばせているようなものだった。一つは明るい道である。ルールが明確で、ライセンスを取得するための詳細な基準がある。もう一つは暗い道で、ルールが「別途規定」される、曖昧模糊としたルートだ。具体的な要求はなく、どのような業務であれば許可されるのかさえ分からないまま、「国務院に報告して承認を得る」という文言にびくびくと怯えていなければならない。明るい道は国内資本企業のものだ。外資が入っている企業は暗い道を行くしかない。

結果として、アリペイが選んだのは、「人民銀行の定める手続きに則って許可証を取得する」道であった。

それはアリペイが完全に中国化することを意味していた。

アリペイの中国化——ヤフー vs アリババ戦争

　この選択は決して意外なものではなかった。以前、タオバオの偽造品騒動でアリババのＢ２Ｂ業務が打撃を受けた際、ジャック・マーは怒りとやるせなさのなかで何度も「いつでもアリペイを国に差し出す準備ができている」と発言していた。しかし、大株主のヤフーとソフトバンクは全く反応を示さなかった。

　アリババは２００９年6月と２０１０年8月の二度にわたり、アリペイの株式をアリババ・グループの完全子会社 Alipay E-commerce Corp.（登記地はケイマン諸島）から、純国産資本企業である浙江アリババ電子商務有限公司（浙江アリババ）名義に完全に移転した。浙江アリババはマーとアリババ創業メンバーである謝世煌《シエ・シーホアン》が所有する国内資本企業で、持株比率は80：20であった。同社は２０１１年第１四半期までずっとアリババ・グループの協議経営下にあったが、最も着実な方法で一つめのライセンスを取ろうと考えたアリババは、これをやめる決断をした。

　そうして始まったのが、かの有名な「ヤフー vs アリババ戦争」である。ヤフー側は、２００９年にアリペイが持分の70%を浙江アリババに移転したことは知っていたが、翌年に残りの30%も同社に移転していたことは、２０１１年3月31日にようやく知ったと主張した。取引完了から7カ月もの間、ヤフーは大株主であるにもかかわらず蚊帳の外だったというのである。株主の利益に配慮せず、勝手にアリペイ株を移転したとして、ヤフーはマーを譴責した。

　一方、のちに開かれた「アリペイ株式紛争」に関する記者会見でのマーの態度は毅然としていた。「こんなに大きな企業が、これほど大規模にアリペイを移転したというのに、孫正義もジェリー・ヤン（楊致遠）

も知らなかったですって？　ありえません！　彼らが知らなければ、どうして２００９年にアリペイ株の譲渡に着手できたというのでしょうか」。マーは２００９年7月24日のアリババの取締役会の議事録にある「経営層に株式の調整を行う権利を与え、許可証を取得させる」という記載を提示した。マーは、こうなると問題は騒ぐほど大きくなり、相手の交渉のカードを増やすだけだと考えていた。面白いことに、関係者のなかには、「２０１０年までアリペイは基本的に赤字だった。アリババの取締役会の４人のメンバーのうちマーだけがアリペイを支持しつづけていたんだ。名前は伏せるけど、某大株主なんかは「二束三文でアリペイを売ってしまえ」と言っていたよ」。

こうしたいざこざが3カ月ほど続いた末、２０１１年7月29日にアリペイの「身請け金」についての意見がようやくまとまった。その日の夜、三大ステークホルダーであるアリババ・グループ、ヤフー、ソフトバンクがアリペイの株式譲渡について正式に合意した。その内容は、①アリペイの持株会社はアリペイの上場時に、リターンとして、アリババ・グループに対し現金一括払いで以下の金額を支払うこと。②金額はアリペイ上場時の新規公開株式の時価総額の37・5％とし、かつ20億ドル以上60億ドル以下とすることだった。この合意では同時に、アリババ・グループが、アリペイおよびその子会社が必要とする知的財産権の使用を許可し、ソフトウェア技術に関するサービスを提供することも定められた。その対価として、アリペイおよびその子会社は、アリババ・グループに対し税引前利益の49・9％を支払わなければならないこととなったが、アリペイもしくはその持株会社に上場あるいは株式譲渡による現金化が発生した場合は、前述の費用は支払わなくてもよいこととされた。

三者は上記の金額の具体的な算出方法こそ公表しなかったものの、ともあれ、この大きな騒動はここに解決をみたのである。ライセンスを取得した後、アリペイとアントフィナンシャルは急成長を遂げ、現在では世界屈指のユニコーン企業〔企業評価額10億ドル以上の非上場ベンチャー企業〕となっている。ヤフーとソフトバンクはそこから莫大な利益を得ているが、当時はこのようなことになるとは夢にも思わなかったことだろう。

「完璧ではないが、正しい」か？

アリペイ株式紛争によって、「変動持分事業体」（Variable Interest Entities, ＶＩＥ）という言葉が多くの中国人の知るところとなった。ＶＩＥ方式とは、純国内資本企業を設立してライセンスを取得し、外資企業が協議（株式取得以外の方法）によって当該企業を支配することをいう。これは中国のインターネット企業が国の監督や上場条件をクリアするために利用する一般的な制度的条件整備の手段といえる。最も有名な例が「新《シン》浪《ラン》」のアメリカでの上場だ。新浪が上場する際、投資銀行はＶＩＥを援用し、新浪に行政上の規制を回避させると同時に投資家の利益も保証した。ＶＩＥは一般的に、中国本土外で上場した企業、本土内の１００％外資の子会社、ライセンスを保有する企業の三つの組織から成る。ＶＩＥでは、投資会社とライセンス保有会社は通常5、6件の合意を締結することで支配‐被支配関係を結ぶ。合意とは主に、資産運用管理に関する合意、株式紛争の質権設定に関する合意、ストックオプションに関する合意、議決権に関する合意、サービスの独占的提供に関する合意である。

アリペイ株式紛争においてヤフーとソフトバンクがアリペイの2度にわたる株式譲渡に干渉しなかったのは、アリペイの株を譲り受けた浙江アリババがアリババ・グループと支配協議を締結しており、ソフトバンクやヤフーはアリババ・グループを通じて間接的にアリペイを支配できたからである。２０１１年3月31日、アリババ・グループの経営陣はこの関係に終止符を打った。これはソフトバンクとヤフーのアリペイに対する実質的な支配権の喪失を意味し、これにより争いは激化することとなった。

また、外野が騒然とした原因は主に、新浪が2000年にVIE方式で上場したのを皮切りに、海外上場済みあるいは上場準備中のほぼすべての中国企業が例外なくVIE方式を採るようになったものの、上場の可否にかかわらず、これまで合意事項への違反をおかした企業はひとつもなかったからだ。そのため、マーのやり方は、投資家や企業家、ネットユーザーの間で論争を呼んだ。例えば、ジャーナリストの胡舒立《フー・シューリー》は、「マーよ、君はなぜ誤ったのか」という一文を投稿し、マーが契約精神を失い、一貫して提唱してきた「信頼と新商業文明」という価値観に背いたと指摘した。京東の劉強東《リョウ・チャンドン》はミニブログ「微博《ウェイボー》」で、「一部の人間の信義にもとる行為は業界全体で決着をつけるべきだ。本来であれば、来年後半にEC業界にとって最も困難な時期が来ると考えていたが、それがずっと早まった！」と綴った。

対照的に、ジャイアント・ネットワーク（巨人網絡集団）の史玉柱《シー・ユージュー》は微博上でマーを応援した。「アリペイの中国帰還、おめでとう。アリババ・グループ年間売上高2億元達成後も依然としてグループの支配権をアメリカ人や日本人の手中に委ねていれば、中国の安全保障問題にまで影響する。ただちにアメリカのヤフー、日本のソフトバンクに対して中国政府・企業に株の一部を売るように迫るべきであり、もし売らないようなら、少し乱暴だが、すべての新規業務をヤフーとソフトバンクが支配するグループ企業に組み入れないようにすべきだ。マーに「愛国的ごろつき」になれと言いたい」。しかし、この投稿はかえってマーを忙しくすることになった。世間の人々はマーを「愛国」や「国家安全保障」の名の下に私利をむさぼろうとしていると責めたのだ。

当時、多くの人が懸念していたのは、アリペイがこの騒ぎを起こしたことで、中国政府がそれまで黙認してきたVIEの禁止を検討する可能性が高まり、結果的に海外投資家の中国の起業環境に対する危惧を招きかねないということだった。中国のビジネス雑誌『創業家』は「『創業家』のVIEに関する意見」という記事の中で、アリババ・グループはヤフー、ソフトバンクと理性的に交渉を進め、できるだけ早く結論を出してほしいと呼びかけた。『創業家』が微博に「VIEの名誉回復を」と投稿すると、すぐさま大量のリツイートとコメントがついた。また、多くの著名人も、VIEは中国のインターネットの発展に貢献していると主張した。例えば、元マイクロソフトの李開復《リー・カイフー》は微博上で支持を表明し、「アリババ事件に対する意見の如何にかかわらず、断固としてVIEを支持する」と述べた。当時、マイクロソフトのグローバル副社長で、マイクロソフト（中国）有限公司の董事長であった張亜勤《ジャン・ヤーチン》も、「VIEは中国インターネット産業の大きなチャレンジであり、その存在は理に適っている」と指摘した。商務部〔経済と貿易を管轄する行政部門。日本の経済産業省に相当〕は、VIE方式の調査研究を始め、海外投資企業の再投資や持分変動等に関する法律の制定について、業界の意見を聴取した。

一方、マーはメディアでこのように述べた。自らの行為は「完璧ではないが、正しい」。「他人が法を犯しても、私は法を犯さない」。また、「人民銀行は決して、国家金融の安全性に関わるアリペイのようなサービスを外国企業の支配下に置かせたりしないだろう」とも述べた。

結果として、国がVIEを禁止するのではないかという懸念は杞憂に終わり、アリババとヤフー、ソフトバンクの紛争も解決を見た。

5　イノベーション――「双11」の裏で

ネットショッピング・カーニバル

2016年11月11日の数日前から、次のような「雷鋒《レイ・フォン》の書き込み」が微博やウィーチャット（微信《ウェイシン》）等のSNSを席巻した。

男性のみなさん、アテンション・プリーズ！　ちゃんと言っておきますからね！

10日の夜10時以降に、奥さんのネットバンクとアリペイを開いて、

3回間違ったパスワードを入れてから寝ること。

11日の朝起きたらまず奥さんのネットバンクとアリペイを開いて、

3回間違ったパスワードを入れてから仕事に行くこと。

絶対に忘れないように。ボクが誰かは聞かないで。雷鋒って呼んでください。

この投稿によって、昨年までのこの日を思い出すに堪えない中国の男性たちに希望の光が差したかのようにみえた。しかしすぐさま、別の「雷鋒」が反撃を試みた。

女性のみなさん、アテンション・プリーズ！

11月11日、あなたが目を覚ましてECサイトを開いたら、支払い時に、アリペイやネットバンクがお宅にいる「悪者」によってロックされていることに気づくでしょう。

でも、慌てちゃダメ。「代引き」を選べばいいんです！　覚えておいて。

正義が強くなれば、魔も強くなるという言葉がある。この戦いは女性陣の勝ちだろう。

また、こんな書き込みもあった。

11月11日、ある男はニュースを見終えると、息子の嫁にこう言った。

「北京の配達員が1日で200個もの荷物を運んで、突然死したんだって」

「まだ若いのに。かわいそう」

男は、そう言った嫁の方を振り返り、ネットショッピングに興じている彼女に向かってしみじみと言った。「買う

人がいなければ、こうはならなかったろうよ」

これは、プロバスケットボール選手姚明《ヤオ・ミン》が「買う人がいなければ、殺されない」と動物愛護を呼びかける公共広告のオマージュだ。毎年11月11日前後にはこのような書き込みがネット上に溢れている。この日にまつわる伝説は枚挙に暇がない。ネットショッピングの祭典「双11」は、中国のＥＣ業者にとって一年で最も重要な日なのだ。

「双11」は昔からある言葉ではない。２００９年11月11日、若者の間で流行し始めていた「光棍節」（11月11日、独身者の日）に、アリババ傘下の天猫《ティエンマオ》（Tmall）が一斉セールを行うと宣言した。この年の参加店舗数や販促は限られていたが、最終的な売上高は予想をはるかに超えていた。これを機に、毎年11月11日は天猫が大規模セールを行う日として定着していったのだ。

その後8年で、「双11」は天猫でのセールイベントにとどまらず、中国のすべてのＥＣ業者、消費者が待ちわびる年に一度のネットショッピング・カーニバルの日となった。「双11」の熱狂ぶりは、タオバオの「双12」（12月12日）、京東の「６１８」（6月18日）等のネットセールへと波及し、「剁手党」（買い物フリーク）、「秒殺」（人気商品が一瞬で売れてしまう現象）等の数々のネットスラングを生み出した。こうして中国独自の「双11」カルチャーが形づくられていった。オフライン店舗では、「双11」の影響を受け、バーゲンをやらざるを得なくなった。

特筆すべきなのは、中国の「双11」が２０１４年以降、取引総額、成長速度、モバイル決済比率において全面的にアメリカのブラック・フライデーに肉迫し、追い越し始めたことだ。中国のオンラインリテールとインターネット経済の発展、そして、それらが牽引した製造業、商取引、サービスの成長は、もはや世界が恐れをなすほどになっていた。

「双11」を100年モノに

２０１６年11月11日24時、アリババはリアルタイムの取引データを公表した。天猫の２０１６年「双11」の取引額は１２０７・４８億元（前年同日比32・37％増）に達した。翌日、ジャック・マーは記者の質問に対しこの結果に非常に満足していると答えた。

この１２０７億元とはいったいどれほどの金額なのか。中国の総人口約14億人で平均すると、２０１６年11月11日にすべての人が天猫で86元分消費したことになる。２０１５年の中国のインターネット小売総額は３兆８７７３億元だ。つまり、２０１６年の「双11」はたった１日で、しかも天猫単独で、２０１５年の小売総額の３％を達成したということだ。この数字は、天猫自らが持っていた１日当たりの取引金額の最高記録を塗り替え、世界第１位の歴史的記録を塗り替えた。

「双11」に関しては当然、議論もある。ネットショッピング・カーニバルは、オフラインの小売業にとっては悪夢だ。ネット上に流れる大量のセール情報に比べれば、オフライン店舗の販促などまるで戦の後のか細い砲声のようなものだ。マーも実際、「「双11」を歓迎する人の数と同じだけ嫌がる人もいる」と言っている。その上で彼は、「「双11」はきっと１００年にわたって続いていくでしょう。アリババは「双11」を、さまざまな方法で全世界に広めていこうと考えています」とも述べている。

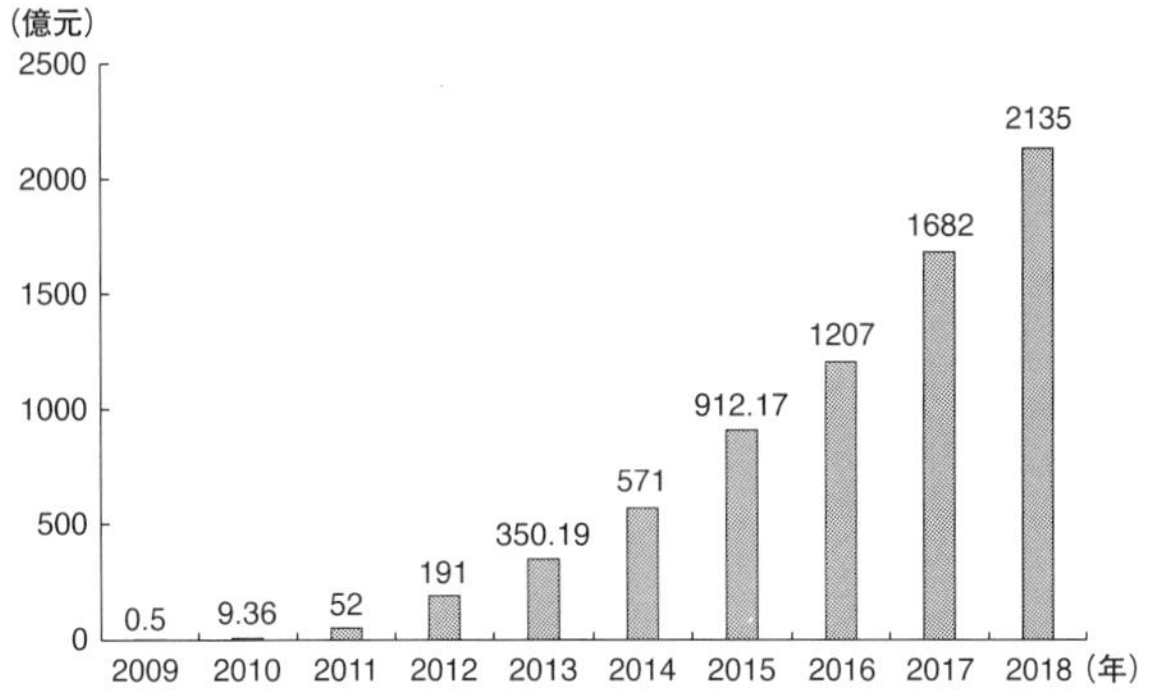

図 1-6 「双 11」の取引総額の推移

毎年何かしら争いごとがあるが、年を追うごとに「双11」の規模は大きくなっている。なぜアリババは、「双11」を100年モノのブランドにすることに執着するのか。取引総額は増え続ける一並びの数字に過ぎず、アリババの利益との直接的な関係はさほどない。将来的に取引総額の伸長が企業利益に直結するようになったとしても、それはおそらく、当初から社会への奉仕を志し、「他を利するものは自らも利する」という考えに基づいて進んできたアリババやアントが追求する価値観とは別のものだろう。その答えはやはりマーの言葉にあるのかもしれない。2016年の「双11」前夜、マーは中国中央テレビ（CCTV）のインタビューを受け、「「双11」の唯一の課題は、技術的な限界を広げ続けることだ」と語った。「双11」の取引規模に対応するには、強大な技術で備えをし、誰もまだ遭遇したことのないトラブルを未然に解決しなければならない。アリババとアントフィナンシャルは、将来に向けて、そうした技術的な準備も進めている。アリババとアントが毎年の「双11」で蓄積してきた技術とシステムこそが、マーの自信の根拠なのだ。

「残り4秒」の恐怖

2010年11月11日は史上2度目の「双11」であった。この日、真相を知らない野次馬たちは、前年し損ねた「いい思い」をしようと続々と天猫に押し寄せていた。日付が変わるやいなや、アリペイのバックヤードの業務量、情報量が一瞬にして普段の最高値の3倍を超えようとは、誰が想像しただろうか。当時、アリペイの金融データベースは集中型で、たった30秒で決済システムが崩壊寸前となった。タオバオ、天猫、アリペイはどうなるのか？——恐ろしい結果は誰にも想像がつかなかった。

データベース担当のエンジニアが叫んだ。「リソースが尽きそうだ！　重要じゃないアプリは落としてくれ！」処理担当のエンジニアたちはすぐさまコンピュータに駆け寄り、データベース・リソースを確保するために1秒を争うようにコードを入力し、アプリを手動で止めていった。システム崩壊まで残り4秒というところで、すべてのエンジニアがコードの最後の1行を打ち込み終えた。

これによりアリペイの第2世代の技術スキームの問題が完全に露呈した。２０１１年、アリペイは「アリババ・クラウド」（阿里雲《アーリーユン》）のクラウドコンピューティング・サービスを基盤として、独自の〈データベース＋決済〉スキーム、すなわち「クラウド決済」（雲支付《ユンジーフー》）の研究開発に着手した。この計画を彼らは「脱ＩＯＥ」と称した。

「脱Ｉ（ＩＢＭ）Ｏ（オラクル）Ｅ（ＥＭＣ）」はアリババが作り出した概念だ。その意図は、アリババの技術スキームからＩＢＭのサーバ、オラクルのデータベース、ＥＭＣのストレージを捨て去り、オープンソースで自主開発したシステムに代替させることにある。この構想では、クラウド決済のスキームの下、スマートサービスシステムがユーザーの購入から決済までのプロセスをモニタリングし、即座に異常を検出する。また、スマート分析によってユーザーが遭遇したトラブルを自動認識し、ソリューションを提示する。そうすれば、ユーザーはより迅速にアリペイ・サポートセンターの標準化されたソリューションが得られるようになる。このように、最初に設定した10億個のスキームで99・９９％の安定性を実現することが期待できるのだ。それだけではない。クラウド決済の最終目標は、基盤能力を外部にも開放し、オープンな決済プラットフォームを構築することで、プロに「専門的な仕事をさせる」だけでなく、プロに「専門の会社を作らせる」ことだ。そうすれば、決済はビジネスや生活の隅々にまで浸透していくはずだ。

しかし、クラウド決済にアップグレードした後の２０１２年の「双11」でも問題は起きた。「双11」のプロジェクトはその年の2月には立ち上げられており、すべての準備は整っていた。しかし、誰も気に留めていなかったＵＩに問題が生じたのだ。０時のピーク時、決済がスムーズにできなくなった。アクセスが多すぎて処理しきれなくなったのだ。急いで処理能力の高いマシンに変えたことで、問題は解決された。

トラブルが発生したのは0時以降の数分間だけだったが、エンジニアたちにとっては看過できない問題であった。アリペイのメンバーの間では「『双11』はシステム工学だ」という意識が強く、いかなる細部にもミスは許されない。「双11」は、常に失敗が許されないミッションなのだ。

「双11」を始めてからの数年間は、エンジニアたちの間で「関羽礼拝」が流行した。オフィスにある関羽像にタバコや菓子を供え、跪いて「バグが出ませんように」と祈るのだ。「双11」への対応が成熟してからは「関羽礼拝」は少しずつ廃れていった。2016年現在、アントフィナンシャルのプラットフォームデータ技術事業群で「双11」の技術サポートを担当するエンジニアは3000人近くまで増えている。

スーパー会計士

2016年の「双11」でも、予想に違わず取引総額の記録が塗り替えられた。それだけでなく、決済に関する複数の重要指標についても意義深い結果を得た。

2016年「双11」のアリペイの総決済件数は10・5億件（前年同日比48％増）だった。最初の1時間の決済件数は2013年の「双11」全日分の決済件数を超え、1・88億件だった。18時55分には決済件数は8・2億件に達し、前年同日の決済件数を超えた。さらに、決済ピーク値〔1秒間にエラーなく処理できる最大データ量〕は12万件／秒（前年比1・4倍）となり、世界記録を打ち立てた。

総決済件数および決済ピーク値は、決済技術、決済システムの先進性、安定性を測るための重要指標だ。2009年の初めての「双11」でのピーク値は200件／秒であった。つまり、足かけ8年で600倍に成長したのだ。

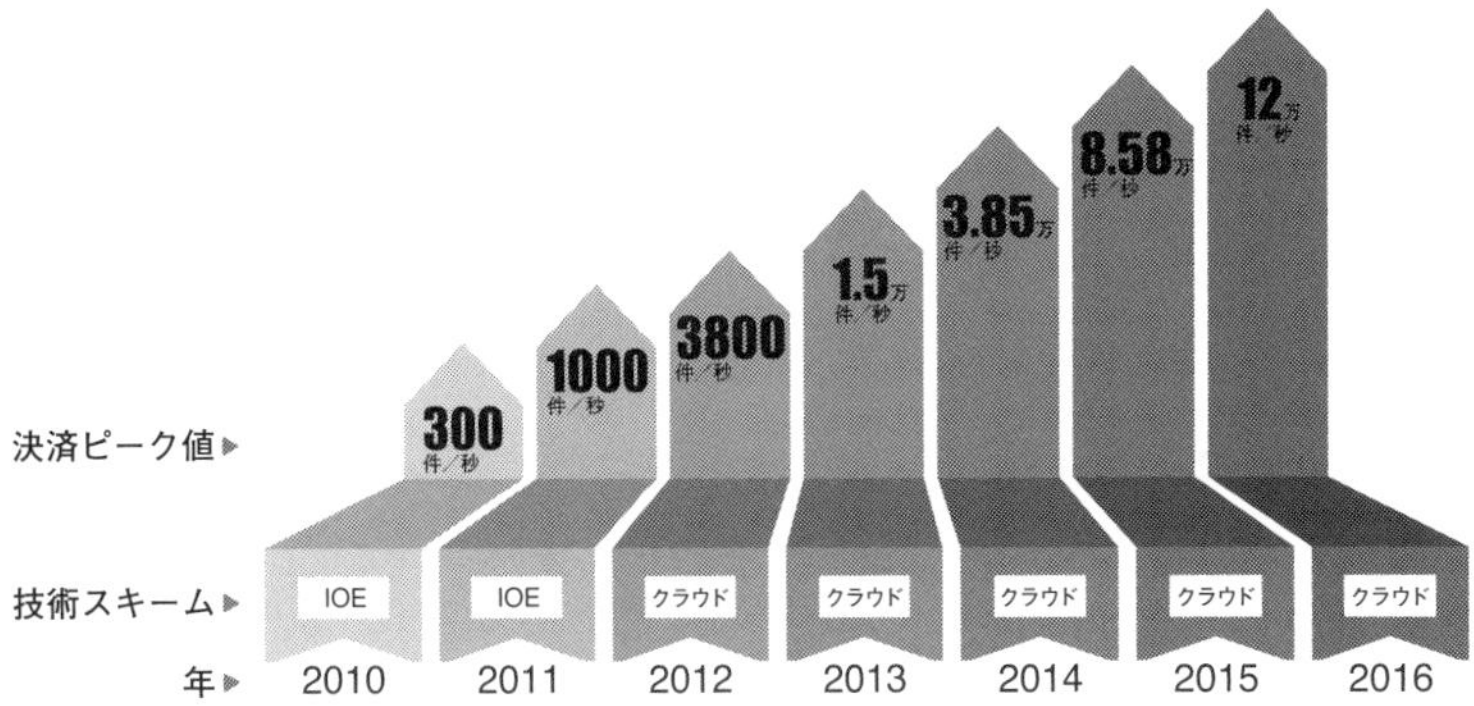

図 1-7　アリペイの決済能力の推移

あまり知られていないことだが、この新記録の立役者はたった数十人から成る技術保全チームだ。６０００人強のアントフィナンシャルの社員のなかでも、このチームの面々は非常によく知られていた。彼らのゴールドの社員証はアントフィナンシャル内の最高の栄誉、すなわちＣＥＯ大賞の勲章でもある。２０１６年５月、チームで自主開発したデータベース「オーシャン・ベース」（ＯＢ）によってＣＥＯ賞を受賞したスターエンジニアたちに、彭蕾董事長は自らこの「勲章」を授与した。ＯＢは従来のデータベースよりはるかに低コストで、ユーザビリティが高く、アリペイの決済ピーク値の記録更新を支えてきたものであり、長年来のＩＴの中核技術における欧米の独占状態を打ち破ったことが高く評価された。また、２０１６年11月に杭州で開かれた世界インターネット大会（World Internet Conference）でも、テスラ、ＩＢＭ、マイクロソフト、カスペルスキー等のビッグネームと並んで、ＯＢがインターネット分野におけるリーディング・テクノロジーに選ばれた。

ＯＢとは何か？　研究開発チームリーダー陽振坤《ヤン・ジェンクン》によると、ＯＢは「海のように」膨大な記録を保存することができる分散型データベースである。１秒間で同時に１００万件もの情報を処理することができ、決して間違いは犯さない「スーパー会計士」——それが

OBだ。OBが保持している決済ピーク値の世界記録は、2016年の「双11」未明の12万件／秒である。

OB登場前、アリペイが使っていたのはオラクルの集中型データベースだった。世界三大データベース企業であるオラクル、IBM、マイクロソフトが使っているのもすべて集中型データベースであった。集中型データベースの長所はその安定性にあるが、短所もはっきりとしている。メインマシンのコストが恐ろしく高く、ややもすると1台数百万ドルもする。また、メモリ容量も固定的で、容量不足に陥りやすい。拡張手段はメインマシンの台数を増やすことだけだ。「双11」の幾何級数的に増えつづける膨大なデータ量に対応しようとすれば、毎年数億元かけてメインマシンを購入しなければならない。しかし、取引数が平常値に戻った場合、高額なメインマシンは長期的な休眠状態に入る。ものすごい浪費なのだ。

分散型データベースはコストパフォーマンスがよいため、「双11」の決済ピーク値という難題を解決する鍵だと考えられていた。しかし、分散型データベースを構成する一般的なPCの安定性が金融で必要とされる水準に到達していないという問題があった。もしその中の1台でも正しく作動せず、代わりにバックアップを行う他の機器が一定の時間内に処理できなければブレイクダウンしてしまう。しかも、すべての機器の作業量が終始均衡を保った状態でなければ、作業量の負荷が大きすぎるPCがクラッシュし、他のPCも連鎖的にクラッシュする。世界レベルの難題を解決する方法もまた、世界レベルの難題であったのだ。

しかし、このミッションのために生まれてきたような人材がいた。先ほど登場した陽振坤だ。彼は学部から博士課程までを北京大学で修め、その後も大学に残り教鞭を執っていた。北京大の第1回長江学者奨励計画〔中国教育部と香港・李嘉誠基金会の高等教育人材育成プロジェクト〕の特別招聘教授にも選ばれた陽であったが、その後大学を離れ、産業界に飛び込み、レノボ、マイクロソフト、バイドゥを経て、アリババにやってきた。その彼が長きにわたり力を注いできたのが分散型データベースの課題解決だった。「無用なもの」に対する寛容度が高いアリババで、陽振坤は「脱ＩＯＥ」の分散型データベース開発を続けた。データベースの安定性に対する彼のソリューションは、個々のデータにつき同時に三つのバックアップを取り、3台のマシンにそれぞれ保存するというものだった。その原理は、1台のＰＣが故障する確率を１０００分の1とすると、2台同時に故障する確率は１００万分の1、3台同時なら10億分の1となるというものだ。

２０１２年、アリババ・クラウドの創始者王堅《ワン・ジェン》の推薦により、ＯＢチームがアリペイに加わった。チームの主戦力の一人となったのが程立《チョン・リー》だ。程立は２０１４年、アリペイの取引在庫データの1％をＯＢで管理することに同意した（実際の運用では10％となった）。２０１５年の「双11」にはすべての取引、決済のデータリンクがＯＢに移され、２０１６年の「双11」には、アリペイの勘定データベース全体がＯＢで運用されるようになった。

それほどに、ＯＢシステムには信頼が寄せられていた。２０１６年10月の雲栖《ユンシー》大会（The Computing Conference）〔アリババ主催の開発者向けフォーラム〕の席上で、普段は冷静な程立は興奮した様子で「将来のアントフィナンシャルのシステム能力は1億件／秒に耐えうるものになるだろう」と力説した。まるで夢のようなスペックだが、現在テクノロジーが急速に発展しつづけていることを考えれば決して不可能な数字ではない。10年前にアリペイが技術スキームを構築したばかりの頃だって、誰も今日の12万件／秒という決済ピーク値に到達できるなどとは考えていなかっただろう。

「双11」のガバナンス的効用

マーはかつて、「「双11」はアントフィナンシャルおよびアリババ・グループ傘下の全企業にとっての課題である。最も重要でなおかつ分かりやすいのは、技術の限界値を上げつづけることだ」と述べている。しかし、こうした技術的課題の裏にはさらなる試練があった。アントフィナンシャル、タオバオ、アリババの企業管理と組織力だ。3社にとって企業がビジネスの荒波のなかを進んでいく船ならば、「双11」は船に打ち付けられる最も大きい波のようなものだ。船が順調に進めるかどうかは船のすべてのねじに瑕疵がなく、しっかりと締まっているかどうかにかかっている。

うなぎ登りの取引量と決済ピーク値、次々に発生する新しいトラブルは、技術、運営、市場、広報、人事等の各部署の危機管理意識を高め、対応能力を向上させた。また、業務チェーン全体において、すべてのチームが垣根を越えて協力し、密な連携を取るようになった。プレッシャーから生まれる活力、団結から生まれる求心力、分業がもたらす当事者意識が現代企業のガバナンスにおいて重要な内発力となることを、アリババ・グループの全企業は経験的に学んだのだ。

さらに重要なのは、「双11」が中国社会におけるビジネスインフラと運営能力のレベルを徐々に向上させ、新たな消費文化を形成する上で重要な推進力となったことだ。「双11」ではデータ処理能力、決済能力、物流能力、銀行との連携サービスのすべてが試される。こうした全方位的な鍛錬は、いつの日か中国のビジネスインフラ能力を人々の想像を超えるレベルにまで押し上げるだろう。

よりマクロに見れば、年に一度のショッピング・カーニバルとしての「双11」は最高の内需刺激策であると言えよう。中国では輸出が妨げられ、投資は下向き、経済も下向きの圧力が強まっている。経済システムのモデルチェンジの効果が出るまでの空白期間にあたる現在こそ、内需の強大な潜在力が中国経済に千載一遇のチャンスをもたらすはずだ。

CCTVのインタビューでマーはこう話している。「現在のグループの規模、あるいは製造業や社会への影響力では、アリババは社会の進歩やイノベーションを後押しする力にはなりえません。自分の手中にあるリソースをダメにしてしまうようなものです」。たしかに、起業から事業継続という長いレースにおいて、「双11」はアントとアリババが自らに課した高いハードルのような存在となっている。この障害の存在が、自らの気が緩まないよう常に意識を促す役目を果たしているのだ。しかし、このハードルを越えてもまたすぐに次のハードルが待ち構えている。障害走は終わりそうにない。

第2章　アリペイの野心——キャッシュレス社会の推進

「財布を持たずに外出」——これは数年前の中国では想像もできないことだった。しかし、たった数年のうちにモバイル決済は急速に普及した。スーパーでの買い物も、タクシーを拾うのも、映画やレストランでの食事を楽しむのも、スマートフォンさえ持っていればすべて簡単にできるようになった。モバイル決済は中国人のライフスタイルを大きく変えようとしている。さらに驚くべきは、中国のモバイル決済が使用範囲や普及度においてすでに海外諸国を遠く引き離していることだ。金融業が最も発達しているアメリカさえも例外ではない。

中国のモバイル決済の発展史を語るとき、その先駆者であるアリペイを避けて通ることはできない。いま、アリペイはまた野心あふれる計画を打ち出している。今後5年間で、世界に先駆けて中国のキャッシュレス化を推進するというものだ。

1　オールイン・モバイル——モバイルにすべてを賭ける

ユニコーンの転身

ＰＣインターネット時代を他の追随を許さない勢いで独走してきたアリペイだったが、２０１３年、痛みを伴う抜本的な変化を迫られていた。当時すでにモバイルインターネットの発展の趨勢は決定的なものとなっており、携帯電話の小さな画面を覗きこむことで世界を知る人が増えはじめていた。また、微博の爆発的ブームから2年後の2011年、インスタントメッセンジャーアプリ「ウィーチャット」（微信《ウェイシン》）が空前のブームを巻き起こした。たった1年半のうちにユーザー数2億人の大台を突破し、いまなお急速に発展しつづけている。中国では2012年6月末に携帯電話がデスクトップPCを凌ぎ、主要インターネットアクセス端末となった。このときアリババとアリペイは自分たちにはモバイル端末向けのサービスがないことに焦りを感じていた。

「スマートフォンが普及し、街じゅうの人々が俯いてスマホをのぞき込むようになった時、私たちはどんなサービスを提供できるだろう？　そう考えたとたん冷や汗が出ました。いままでとはまったく異なる新しい時代からうち捨てられてしまったように感じたのです」。現アントフィナンシャル・グループ董事長でアリババ・グループの創設メンバーでもある彭蕾はこう語る。イノベーションに適応できずに市場から淘汰された企業は数知れない。ジャック・マー、彭蕾をはじめとするアリババ幹部たちは「モバイル端末にしっかりとした足場を築けなければグループの終焉は近い」と、強い危機感を覚えていた。この時点でアリババはすでにユニコーン企業となっていた。すでに巨大企業となったアリババがこれほど変化サイクルの速い時代に転身を遂げるのは困難だろうと言う人もいた。

実のところ、アリババとアリペイは早くからモバイル決済分野での布石を打っていた。彼らは最も早期にモバイル時代を迎えた企業の一つだったが、時代の最前線を走っていたかといえばそうではなかった。アリババは2004年、インテルと提携し、共同で中国初のモバイル用ECプラットフォームを作り、モバイルECを試行していた。2006年4月29日には、タオバオとアリペイが、モバイルインターネットのURI

登録を管理する「無線網址」（Wireless Website）で、事業者名やブランド、商標を登録した。2社が登録したのは受付開始直後だった。当時の中国はまだ3G時代前夜で、スマホもまださほど普及していなかった。モバイル決済市場の無限の可能性は見えていたものの、このときのアリペイにはまだ何をどうすべきか見当がつかなかった。

そこに希望の光がさした。2007年1月9日、スティーブ・ジョブズが初代アイフォーンを発表したことで、スマートフォン新世紀がひらかれたのだ。スマートフォンの誕生、さらにはiOS、アンドロイドの普及はアリペイチームに希望をもたらした。楽観的といえばそうだが、彼らはモバイルこそ未来であると固く信じていたし、社会のスマート化にもすぐに追い風が吹くだろうと考えていた。アリペイは挑戦を決心した。

2008年2月27日、タオバオとアリペイは共同でモバイルインターネット市場への参入を宣言し、モバイルEC戦略を公開した。タオバオはモバイル版タオバオ（wap.taobao.com）の公開テストを大々的に行い、アリペイもショッピングにおける不可欠なサービスであるモバイル決済業務に着手すると発表した。このようにアリペイのモバイル決済業務はモバイル版タオバオの決済手段として始動したが、その誕生以前からすでにタオバオ以外へのサービスを視野に入れていた。

同年8月15日、1カ月以上におよぶ開発とテストを経て、アリペイのWAPベースのプラットフォーム（wap.alipay.com）が正式リリースされ、同時に外部のECプラットフォーム向けに取引用インタフェースが開放された。アルファ版テスト期間の1年でアリペイは総計10万以上のテストアカウントを受け入れた。ユーザーは携帯電話をアリペイアカウントと紐付けてから決済サービスの利用申請をする。申込完了後は、携帯からサービス専用番号宛にSMSで決済用コマンドを送れば口座振替やショッピング決済ができる。取引は

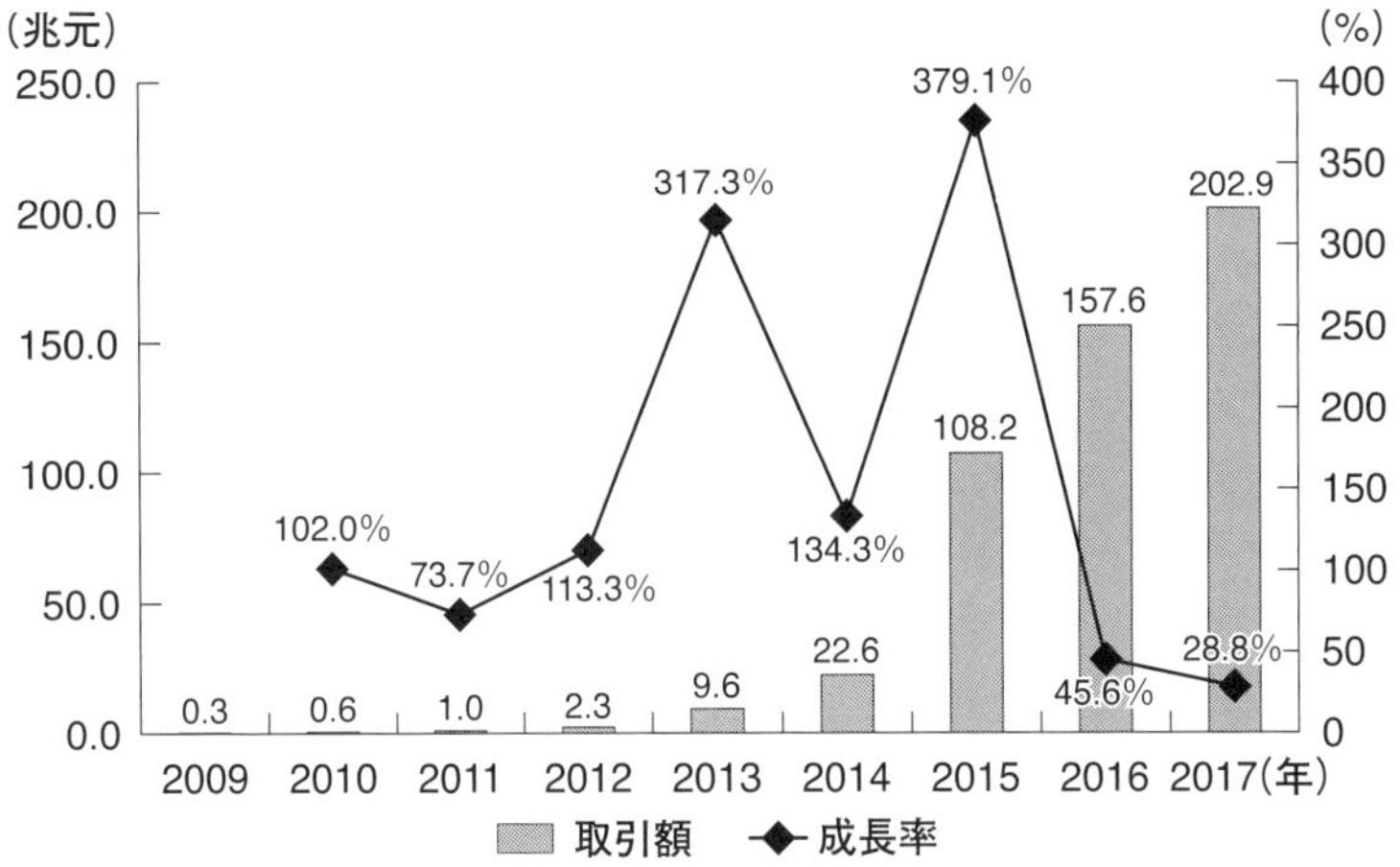

図 2-1　中国モバイル決済取引規模の推移（2009 年＝ 100）

データ出典：中国人民銀行

即時決済方式で、決済1件当たりの上限額は２００元であった。

２００9年には中国も世界に遅れてようやく3G時代に突入した。同年4月、アリペイもモバイルチームを立ち上げ、翌5月には正式にアリペイのモバイルクライアントの最初のバージョンをリリースした。アリペイは正式にモバイル決済業務を普及させる段階に入ったと宣言した。同年12月には1日当たりのモバイル決済取引件数はすでに10万件を超えたが、その後2年間で失速し、爆発的な成長には至らなかった。

この間、モバイルチームは大きな変化にさらされた。２００7年以降の5年余りのうちにモバイル事業はアリババ・クラウドに編入され、その後再びアリペイに戻された。また、モバイル事業は分割されて各事業群に編入されていたが、２０１２年にはモバイル事業部として独立した。これらの模索と試行はすべてイノベーションを遂げるためのものであった。

通信キャリアのインフラの発達や、スマートフォンの普及と進化を背景としたモバイルインターネット全体の加速度的な発展に伴い、技術的進歩も発火点に達した。すべての業種が「モバイル化」路線に軌道修正したことで、かつては不可能だったことがすべて可能になったのだ。

マーは2013年を総括した内部メールでこのように言っている。「私たちは新たな技術革命の到来前夜の畏怖と感動を、心の底から味わっています」「かつて私たちは他人や他業界に「天変地異」を起こす側でした。しかし今日、自らの身にも天変地異が起こっていることに気づきました。この変化の原因はライバルではありません。われわれの顧客と市場であり、新たな技術革命が進行しつつあることです」。

2013年2月28日、マーは公開書簡を発表し、アリババの「オールイン・モバイル」（モバイルにすべてを賭ける）プロジェクトの始動を宣言した。これはこの年のアリババ・グループ全体の戦略転換の指針ともなった。その後、アリババはモバイル版タオバオ、アリペイウォレット、チャットツール「来往《ライワン》」、モバイル版天猫、法人向けチャットツール「ディントーク」（釘釘《ディンディン》）等のモバイルサービスを次々とリリースした。アリババ傘下の全社員がこれらのサービスの普及に全力を尽くし、アリババのモバイル事業が台頭しはじめた。

アリペイウォレットの再構築

「アリペイのライバルはただ一つ、人々が持っている現金です。私たちの究極の目標は人々の所持品から財布をなくし、スマートフォンさえあればどこにでも行ける世の中にすることです」。当時、アントフィナンシャルの前身である阿里小微金融服務集団（Alibaba Small and Micro Financial Services Group）国内事業群の総裁を務めていた樊治銘《ファン・ジーミン》のこの言葉は非常に印象深いものだった。2013年初頭、アリペイのモバイルアプリが「アリペイウォレット」（支付宝銭包《ジーフーバオチエンバオ》）と正式に命名された。UIデザインには財布のカード入れのイメージを採用した。それまでの単純な3×3の格子型の図案を改め、アリペイの「オンライン電子ウォレット」というコンセプトをデザインに体現しようとしたのだ。アリペイウォレットには決済、送金のほかにも携帯電話利用料のチャージ、クレジットカードローンの返済、公共料金の納入、バーコード決済、宝くじの購入等のサービスが備わっており、また新たに消費記録、優待サービス管理、音波決済等の機能を追加した（公共料金納付サービスについては２００８年10月25日にすでに始まっており、水道代、電気代、ガス代、ブロードバンド料金、固定電話代等の納付が可能だった）。

しかし、この時のアリペイウォレットの再構築はアリペイチームにとって満足のいくものではなかった。彼らは、モバイル時代という高速列車に乗るためにはアリペイを抜本的に改革しなければならないと考えていた。当時、モバイルインターネット時代の到来によって強い危機感と焦燥感に包まれたアリババはすべての精力とリソースをモバイル時代への対応に投入せざるを得なくなり、そうやって自らの地盤を守ることに徹していた。

アリババ・グループの「オールイン」戦略の始動後、率先して行動を起こしたのはアリペイチームだった。樊治銘はモバイル戦争でアリペイを率いる「総帥」となった。２０１３年2月、花家山荘での会議で、樊治銘はアリペイ国内事業群の「オールイン・モバイル」プロジェクトを始動させた。同年3月、60人強から成る北京オフィスのモバイルチーム全員が杭州チームに合流した。彼らは丸3カ月こもりきり、アリペイウォレットバージョン7・0を完成させるため、昼夜を問わず奮闘した。３００人以上ものメンバーが折りたたみ式ベッドと枕、毛布を携えて杭州黄龍時代広場ビル14階の「缶詰部屋」に泊まり込んだ。夜中に残業している時、メンバーがふと顔を上げると、そこには樊治銘がいた。彼は商品責任者と技術スタッフにそれぞれの意見を言わせ、その場で討論させたため、激しく議論する声が部屋じゅうに響きわたっていた。商品設計についても、議論するなかで問題が出てくればその場ですぐに改善させた。体調を崩しても前線から退かず、以前なら半月がかりで完成させていたプログラムを1、2日で形にしていた。メンバーたちを貫いていたのは「新しいモバイルサービスを必ず作り出すのだ」という決意だった。

　誕生当初から完全にモバイル技術を前提としていたウィーチャットと違い、PC時代にルーツをもつアリペイがモバイルに舵を切り、二つの領域を連携させることは容易いことではなかった。アリペイのモバイルチームが「缶詰」中に取り組んだことは大きく分けて二つある。一つは、すべてのコードの書き換えだ。将来的なプラットフォーム化のベースを固めるため、技術チームは従来のモバイルサービスのコードを完全に書き直した。これは普通の企業なら考えられないことだ。もう一つは、過去数年分の古いコードを整理することだ。技術チームのエンジニアが2人一組で一つのプラットフォームを担当し、一つひとつ確認しながら数万行のコードを削除した。朝まで続く作業は数日間におよび、エンジニアは腕があがらなくなるほどだった。

　2013年6月、アリペイウォレット7・0が正式にリリースされた。リファクタリング〔プログラムの外部から見た動作を変えずにソースコードの内部構造を整理すること〕を経て、アリペイウォレットはもはや単なる決済ツールではなくなった。そして決済ももはやウォレットサービスのゴールではなくなった。アリペイウォレットはモバイル生活のアシスタント兼モバイル金融プラットフォームとして人々の日常生活に浸透すべきものとして位置づけられていた。

　新バージョンのアリペイウォレットに組み入れられた資産運用サービス「余額宝《ユーウーバオ》」は、アリペイ口座の残高に金利を生む付加価値サービスと、手元資金管理サービスという側面も備えていた。その操作の簡便性と敷居の低さ、また手数料がかからず、いつでも引き出せることですぐにブームに火がつき、瞬く間にモバイル資産運用市場の圧倒的なシェアを占めるようになった。余額宝は中国国民の資産運用の「神器」と称され、新バージョンのアリペイウォレットは「唯一のお金が稼げる財布」と呼ばれた。これこそがアリペイウォレット独自の価値である。あるユーザーはこのように言っている。「毎日私を起こしてくれるのは、目覚まし時計でもなければ、夢でもない。スマホの余額宝だ」。実際、余額宝が加わってからは、アリペイウォレットは多くのユーザーが起床後最初に使うアプリとなっている。

リリースから数カ月のうちにアリペイウォレットはアップデートを繰り返し、オンラインでの操作性と利便性を全面的に強化した。また、対面決済機能「当面付《ダンミエンフー》」、コード読み取り決済機能「掃碼支付《サオマージーフー》」、知人への送金機能「情感転帳《チンガンジュワンジャン》」、端末をシェイクして送金する機能「揺一揺転帳《ヤオイーヤオジュワンジャン》」、カメラでのカード情報読み取り機能「拍卡《パイカー》」等のサービスを次々と打ち出し、モバイル端末との双方向的な利用を実現した。これと同時に通信、銀行、公共料金納付、医療、旅行、投資、交際といった広範囲にわたるオフライン消費サービスをアリペイウォレットに統合した。こうしたオフライン決済機能はバージョンが新しくなるごとに進化していった。地下鉄やショッピングモールの自動販売機では小銭が必要なくなり、スマホの電波状態が悪くても安全かつ確実に決済ができるようになった。さらに、２０１３年9月正式にリリースされた「公式アカウントサービス」（公衆服務《ゴンジョンフーウー》）は個人や企業、組織が直接ユーザーとコミュニケーションを取るためのツールで、新しいアリペイウォレットの一番の目玉であった。最初に登録したのはチャイナモバイル、チャイナユニコム、チャイナテレコムの通信キャリア3社のほか、人気の高い日用品メーカー等であった。病院の診察受付もアリペイウォレットでできるようになった。全国６００を超える重点三級病院（中国衛生部、省衛生庁、市衛生局の管轄下の最も高い医療環境基準を満たす病院）の診療受付に対応し、すべての操作が2分で完了する。

リファクタリングの過程で、アリペイチームはモバイルアプリの実動についてもある洞察を得た。スマホの画面は小さく、コンテンツが多すぎるとUXが極端に悪くなるので、シンプルで操作しやすくなければならない。また、PC上での決済とスマホ決済とではその目的や感覚、体験がまったく異なる。スマホ決済では即時性、使用範囲の広さ、使用頻度の高さが重視され、PC決済の焼き直しでは意味をなさないのだ。また、PC決済の機能がモバイル端末でより便利になった例もある。PCは携帯できず、24時間いつでも使えるわけではない。一方、スマホは携帯でき、いつでもどこでも見ることができる。さらに、スマホはユーザーとの距離が近い。PCでは使いこなせない多くの機能がスマホなら簡単に使える。例えば、PC版アリペイでは飛行機のEチケットと優待サービスを併用できるが、これをPCに保存することはできても、実際に使うにはわざわざプリントアウトしなければならなかった。スマホなら、ユーザーはその中に保存されているEチケットを提示すれば搭乗できるし、優待券を1杯のコーヒーに交換するのも簡単だ。アリペイウォレットはモバイル時代をより便利に生きていくための、まったく新しい道を切り拓いたのだ。

2元×1万件∨2万元×1件

アリペイチームにとってモバイル決済の取引件数とユーザー数を増やすことは極めて重要で、2万円の取引1件よりも2元の取引が1万件ある方がはるかに意義があった。アリペイがPCインターネット時代に蓄積してきたユーザー数というメリットをモバイルに取り込めなければすべてが失敗に終わる可能性が高かった。2013年初頭時点でアリペイの6億のユーザーの大部分はPCに集中しており、モバイル端末向けのアリペイアプリのアクティブユーザーは100万人、登録ユーザーさえ1000万人しかいなかった。その頃実際に利用されていたのは送金、クレジットカードローンの返済、携帯電話料金のリチャージくらいで、アプリのトップページにもわずかな機能しかなかった。

この状況を変えるにあたり、アリペイチームは敢えて送金から着手した。最初にしたことはPCでの送金は手数料を取り、モバイル端末は無料にすることだった。当時、中国のインターネット市場ではインターネットサービスが有料であることは受け入れられにくく、アリペイの手数料有料化はユーザーの強い反発を招いた。しかしアリペイはその罵声にも耐え、方針を貫いた。その結果、ユーザーは少しずつモバイルへと移行していった。

モバイルインターネット時代のイニシアチブをとるための最良の突破口は全国各地にある大型商業施設やデパート、さらにはビジネスセンターやオフィスビル、住宅地付近のコンビニエンスストアであるとアリペイは考えた。大型商業施設およびコンビニについてはUXの向上、決済フローの改善、現金払いと釣り銭のやり取りを減らすことの三つが焦眉の急であった。アリペイが提供するコード読み取り決済や音波決済のコストはほぼ0で、ユーザーはカード決済の手数料を節約でき、店側も利益が得られるので、誰にとっても利用しない理由はなかった。

2013年10月末、アリペイはオフラインチームを結成した。この年、アリペイはセブンイレブンをはじめとするコンビニエンスストアとエリア単位の提携を結び、また翌年の春節前には全国の大型スーパーチェーンでも展開を始めた。また、2013年11月15日、中国百貨店大手の銀泰《インタイ》グループの15周年記念に、全国29の銀泰店舗でアリペイウォレットの対面決済が利用できるようになった。これはアリペイのモバイル業務が本格的にオフラインに進出する上での最初の戦いであった。このプロジェクトは立ち上げからサポート開始までたった21日しか時間がなく、最初は十数人だったプロジェクトチームは最終的に全社員約400人が加わり、この「ミッション・インポッシブル」を完遂へと推し進めたのである。

銀泰プロジェクトの責任者喬穏《チァオ・ウエン》は当時のことを今もはっきりと覚えていると言う。プロジェクトの始まりは「まったく何もない」状態だった。10月19日、銀泰プロジェクトが正式に立ち上げられると、アリペイのプロジェクトチームは銀泰本部に出向き、マラソンばりに長丁場の会議で各部門の連携について話し合った。プロジェクトは始まったばかりだったが、参加者は想像力をフル回転させていた。やるならば大規模にやろうと考え、銀泰の全店舗に足を運んだ結果、プロジェクト対象店は当初予定していた杭州市内の3店舗から全国29店舗に拡大した。プロジェクトチームはすぐに現実の過酷さを悟った。銀泰の各店舗は平均で6フロアあり、各階に2ヶ所レジカウンターが設置されている。つまり1店舗当たり少なくとも72セット分のPRグッズを設置しなければならず、72台分のレジスターのプログラムを修正し、マイクも72台設置しなければならない。また、レジ係を集めてトレーニングをする必要がある。29店となると29×72で２０８８。銀泰の各店舗の記念行事は11月14日から順次始められるため、プロジェクトチームに残された時間は1カ月弱しかなかった。また、当初の計画で予定されていた対面決済はレジスター業界内でテストが行われただけで、実際の商業利用の実績は皆無だった。つまり、その時点では製品化されておらず、緊急に開発を進めなければならなかったのだ。10月末に新製品の開発が完了すると、テスト調整担当のスタッフは各都市の店舗へ赴き、1店ごとにテストを行った。折悪しく、プロジェクトの立ち上げは銀泰上層部の人事異動の時期と重なっていたため、アリペイのプロジェクトチームは多くの事柄を自力で進めなければならなかった。アリペイとの提携対象から落選した西安小寨店の店長などは不満に耐えきれずプロジェクトチームを訪ねてきて、「他店舗はどこもアリペイウォレットを導入するんだから、自分たちもやるんだ！」と騒ぎ立て、結局プロジェクトチームは彼らの店に赴かざるを得なくなった。

最初の十数人のプロジェクトチームで時間的制約、製品の開発、細部の調整をすべてクリアするのは土台不可能な話だったため、アリペイとアリババ・グループは全面的に彼らを支援した。11月14日以降、２５０人以上が29の店舗に赴き、レジカウンターで客にアリペイウォレットの使い方を教え、質問に答えた。さらに、声を張り上げてアリペイウォレット体験を呼びかけたり、プレゼントを渡したりして、プロモーションにも力を入れた。スマホの通信量チャージカードを手に、至るところで「アリペイウォレットをダウンロードしませんか？　今ここで通信量無料でダウンロードできますよ」と呼びかけた。次第に、アリペイのレジに集まってくる客が増えてきた。なかでも杭州の武林店では急遽人手が必要になり、アリペイは同じアリババ傘下の思いつくかぎりのすべての仲間に応援を要請した。このようにプロジェクトチームは十数人から数十人となり、２００人を超え、最終的には４００近くまで増員した。そうして、「オールイン」の銀泰プロジェクトはいつの間にかゴールを迎えた。銀泰のプロジェクトが終わってほどなく、国内のいくつかの大型ショッピングモールグループが提携を求めてきた。銀泰プロジェクトは市場を動かす梃子《てこ》となったのだ。

　アリペイのモバイル移行戦略は明確な効果をもたらした。２０１３年の第２四半期、アリペイのモバイル決済のアクティブユーザー数はペイパルを超え世界一になった。同年9月には1日当たりのモバイル決済取引件数は１０００万件を超えた。「双11」を契機として、アリペイはモバイル決済の普及を強力に推し進め、アリペイのモバイル決済とアリペイウォレットのユーザー数はともに億単位に達した。通常時のアリペイ決済の約3分の1がモバイル経由となり、前年比成長率は８００％を超えた。

　モバイルインターネット時代の到来によって、アリペイの成長可能性は劇的に拡大した。アリペイウォレットはPC時代よりはるかに大きな目標を立てた。それは、アリペイウォレットが財布と現金に取って代わり、個人金融の入口となることであった。初戦で大勝したアリペイウォレットはその勢いに乗り、アリペイからの独立を宣言した。アリペイチームは、アリペイウォレットを新しい未来そのものと捉えていた。彼らはアリペイウォレットによってユーザーの新たな決済ニーズを満足させ、広大なオフライン市場をさらに開拓することで、消費者のためのワンストップの金融サービスプラットフォームを構築しようとしていた。

アリペイウォレットは新たなライフスタイルの象徴だ。そして、その後、アリペイを基に立ち上げられ、アリペイを業務の端緒とするアントフィナンシャルがその後築き上げたモバイル金融のエコシステムの基本となっているのもやはりアリペイウォレットである。

2　ＱＲコード決済の先駆者

バーコード決済とＱＲコード決済の同時進行

お金を払う側と受けとる側の双方の利便性を最高レベルで保証し、一般庶民にも使える決済ツールとして、ＱＲコード決済には中国でのモバイル決済の普及を促進する上で無視できない功績がある。

対面型のモバイル決済において近距離無線通信（Near Field Communication, ＮＦＣ）技術は中国ではすでに十年近い発展の歴史があり、かねてより非常に成熟した技術となっていた。中国銀聯は率先してＮＦＣ決済の研究と設計を進めてきたが、中国のＮＦＣ産業にはサプライチェーンが長すぎるというデメリットがあり、また、ユーザーのスマホと店側の設備の両方がＮＦＣ対応モジュールを備えていなければならないため、投資が莫大になり、銀行、通信キャリア、ハードウェアメーカーなどの各方面の利益が折り合わず、発展が遅れていた。

ＮＦＣ決済の発展が遅滞していたこの数年の間にインターネット大手が主導するＱＲコードによる決済が急速に台頭し、市場シェアの大半を占めるようになった。アリペイウォレットとウィーチャットペイ（微信《ウェイシン》支付《ジーフー》 WeChat Pay）はＮＦＣを完全に捨ててＱＲコード決済を採用し、決済業務の国家標準〔中国国務院標準化行政主管部門が国内で統一すべき技術的な要求について定めた国家規格〕がまだ定まっていないうちからユーザー数という強みを活かして急速に発展し、主導権を握った。

アリペイはオフライン決済市場のパイオニアである。２０１０年、生産段階で全面的にモバイル化が推進されたのに伴い、モバイル決済のニーズが高まった。この時、アリペイは本当に雲が晴れたように感じたし、モバイル化によって決済サービスをＰＣのなかのバーチャルな世界から実体社会へと浸透させることができるとさえ信じてさえいた。そうして、アリペイはスーパーマーケットやコンビニとの提携に乗り出した。今日、人々がさまざまなシーンで使っているコード読み取り決済は、アリペイが２０１１年に始めたサービスなのだ。

バーコード決済は商品に付いているバーコードを参考にしている。ユーザーは支払い時にスマホのアリペイウォレットを開き「バーコード決済」機能を選択する。スマホをレジ係に呈示し、読み取り機で読み取らせれば決済完了である。店舗側は決済のプロセスで、現金でおつりを出したり、カードを機械にかけたりする必要はない。また、ハードウェアを入れ替える必要がなく、今まで商品の会計に使ってきた読み取り機を使って支払いを受けられる。アリペイが世に送り出した「バーコード決済」は世界で初めてのバーコード決済機能であり、モバイル決済を初めて実験室から市場へと持ち出した、現実世界への応用であった。

しかし、バーコード決済には一つ問題があった。読み取り機の普及である。レジシステムと読み取り機のない個人商店でもスピーディーな決済ができるようにするため、アリペイの技術チームは新たにＱＲコード決済を開発しようと考えた。

バーコードに比べてＱＲコードはよりデータ量が大きい伝送手段であり、汎用性が高く、すべての業界に適用可能だ。アリペイはその使用方法を多元化することでさまざまな分野と融合させ、すべてをつなげる「万能選手」に育て上げることでＱＲコードの世界的な流行を後押しした。中国のスマホ市場の勃興に伴い、

QRコードの認知度は高まり、次第に高い支持を得るようになった。

QRコードを決済に応用したのもアリペイが最初だ。2010年、アリペイ技術チームの倪行軍はQRコードに注目し、将来的に大いに発展させる余地があるに違いないと考えた。倪は数人のアーキテクトとともにQRコード決済を開発し、2011年7月に正式に運用を開始した。

この中国初のQRコード決済は、口座システムに基づいて作られた新世代のモバイル決済ソリューションである。商店は口座、価格等の取引情報をアリペイのQRコードにして店内に貼っておいたり、新聞、雑誌、書籍等の媒体に印刷して掲載したりすることもできる。ユーザーがアリペイのモバイルクライアントでQRコードを読み取れば、商店のアリペイ口座との間で簡単に決済処理ができるというわけだ。QRコードさえあれば、店側にハードウェアは一切不要だ。

インターネット企業に見られる突出した特徴は「軽い」ソリューションを作ることに長けており、実際にそれを選ぶ傾向があることだ。一方、従来の企業は往々にして「バカでかい」ソリューションを作りがちだ。なぜならば、彼らはインターネット技術でも安全性を確保できるということをあまり信じていないからだ。NFC決済の大きな足かせはハードウェアのバージョンアップ、普及、維持に高いコストがかかることだ。また、決済戦争においては、決済以外の部分である程度は雌雄を決する。決済というプロセスはその前段階の消費シーンとつながり、相互に影響しあうもので、決して最後の支払いの瞬間だけを指すのではない。一貫してキャッシュカードのやり方を念頭に置いて発展してきたNFCではこの過程が分裂してしまっている。

また、アリペイは2012年10月に音波決済を始めた。音波決済というイノベーションは実はNFCの体験を真似たものだったが、ユーザーのモバイル端末にNFCモジュールを入れる必要がないというメリットがあった。すべての携帯電話メーカーにNFC対応機種を作らせられる可能性は低かったので、アリペイはまず消費者側の問題解決から着手することとした。その方法が音波であった。音波信号はすべての携帯電話に備わっている。しかし、音波は妨害を受けやすく、使えるシーンは限定的だった。売り場のPOSレジのシステムを改造できる可能性は低かったし、音波決済に対応した設備を作ればそれこそ「バカでか」くなってしまう。そこでアリペイチームが着目したのが自動販売機だ。自動販売機は元々スマートハードウェアなのでこれを改造するのは理に適っている。これが現在に至るまで音波決済の使用が音波決済対応の自動販売機に限られている理由である。

しかし当時、一般の人々にとってバーコード決済、QRコード決済、音波決済等はあまりに先進的すぎた。スマホがまだ十分に普及しておらず、モバイルインターネットはアナログ回線か2Gかという時代で、インターネットの接続速度は遅く、機器の性能も低かった。それゆえ一般への浸透は局所的で、できることも少なかったため、この技術は普及しなかった。業界内には「中国国内の3Gユーザー数が全スマホユーザーの10％に達した時点でモバイル決済業界は大規模利用に突入する」という共通認識があった。そこから導き出されるのは、以前は用途が限られていた通信技術が一夜にして重要な技術となりうるという可能性だ。QRコード技術もその一つであった。

アリペイと同時期に第三者決済業務のライセンスを取得したテンセントの「テンペイ」は2013年4月に台湾でひっそりとQRコード決済を始めており、その後同社のウィーチャットペイを通じて広く使われるようになった。また、この年に「オールイン・モバイル」プロジェクトを始動させたアリペイも、しばらく休眠させていたQRコード決済を改めて採用し、重点的に普及に力を入れていた。こうしてQRコード決済は急速に台頭し、多くの店舗で対応が進み、ユーザーになじんでいった。

QRコード決済、バーコード決済というモデルは新しい時代の象徴であり、ユーザーの心を摑んだのはその利便性だった。また、ＱＲコード決済は商店に実利をもたらした。２０１１年時点での商店のＰＯＳレジでのカード決済コストはかなり高額で、２０００～３０００元程度の保証金と決済1件につき1～３％のサービス料を負担しなければならなかった。また、大部分のＰＯＳレジは翌日振込のシステムを採用しており、入金までに時間がかかっていた。一方、スマホのＱＲコード決済であれば、ユーザーのスマホにアリペイのアプリをインストールするだけでオフライン決済ができるようになる。しかも、バーコード決済のコストは低く、決済はすぐにでき、入金までのタイムラグも入金遅滞もない。

バーコードとＱＲコードの決済モデルはモバイル決済の新たな潮流となり、両方を同時進行で進めていたアリペイにとってかなり有利な形勢となっていた。

人民銀行からのＱＲコード決済業務停止命令

２０１３年に急成長を遂げたモバイル決済だったが、オフライン市場に踏み入れ、追い風を背に今後に向けた下準備を進めようというときに、人民銀行からバーコード（ＱＲコード）決済業務の一時停止について意見書が届いた。勢いに乗っていたＱＲコード決済に大きな衝撃が走った。

ライバル同士であるウィーチャットとアリペイは2014年3月11日、同じ銀行（中信銀行）と組んでインターネット上のみで使用できるバーチャルカード業務を行うことを発表した。市場ではまさにインターネット金融改革について熱い議論が交わされていたところだった。そのたった2日後に、人民銀行は「中国人民銀行支付結算司のアリペイ社のオフラインのバーコード（ＱＲコード）決済等業務に関する意見書」（中国人民銀行支付結算司関於暫停支付宝公司線下条碼（二維碼）支付等業務意見的函）を緊急通達し、アリペイに即刻オフラインのＱＲコード決済業務とバーチャルカード業務を一時停止するよう求めたのだ。

翌日、意見書がメディアに暴露された。人民銀行は安全性を名目としてQRコード決済業務を一時停止させたことが明らかとなった。そのなかでは、「オフラインのバーコード（QRコード）決済は従来の業務モデルを超えたものであり、そのリスク管理のレベルは顧客の情報および資金の安全性に直接的に関わるものである。現在、バーコード（QRコード）は決済分野の関連技術に応用されているが、端末の安全基準はいまだ明確でない。決済と認証をリンクさせる方法の安全性については疑問が残り、決済において一定の潜在リスクが認められる」と説明されている。さらに数日後、メディアは第三者決済企業が3月11日に人民銀行から「決済機関によるインターネット決済業務の管理規則」（支付機構網絡支付業務管理弁法）と「中国人民銀行のモバイル決済業務の発展に関する指導および意見」（中国人民銀行関於手機支付業務発展的指導意見）の草案を受け取ったことを暴露した。それは第三者決済サービスの送金額、消費額に上限を設けるという内容で、これら一連の文書は市場を騒然とさせた。

オフラインのQRコード決済は登場からすでに1年近く経っていたが、監督当局から問題視されたことは一度もなかった。にもかかわらず、バーチャルカードの夢は生まれてからたった3日で扼殺されてしまった。オフラインのQRコード決済とバーチャルカードはなぜ監督当局に冷や水を浴びせられたのか。メディアの論調は「QRコード決済は監督当局を回避して独自にシステムを構築したために一時業務停止の対象となった。また、決済の新しいルールは、銀聯と銀行が自らの利益を守るために第三者決済企業と通信事業者を犠牲にするものだ」という方向に傾いた。市場は困惑し、監督当局との間でインターネット金融の発展に関する大論争が巻き起こった。メディアが最も敏感に反応したQRコード決済に関しては、人民銀行側も「中国人民銀行のモバイル決済業務の発展に関する指導および意見」の中で「社会一般にスマートフォン決済を根付かせ、少額のキャッシュレス決済の利便性向上に一定の効果をもたらした」と認めている。しかし、「イノベーションを奨励する観点から、中国人民銀行は一定の観察期間を設けるものの、統一された技術基準やリスク管理システムがないため、差し当たり管理制度内での合法性を承認すべきでない」と判断された。ただし、実際の運用監督においてはＱＲコード決済をイノベーション業務と認め、サービス開始の30日前までに主管部門に届け出れば業務を禁止しないこととした。この後、人民銀行は支付清算協会（決済清算協会）と銀行卡清算機構（キャッシュカード清算機構）に関連規格および技術基準を研究、制定するよう指示したが、コード決済の道を完全に閉ざしたわけではなかった。

２０１４年8月、ウィーチャットはまずＱＲコードを用いた知人への送金機能と対面送金機能を立ち上げ、ＱＲコード決済サービスを実質的に始動させた。9月15日夜には、バーコードまたはＱＲコードをスマホで読み取って登録し、カードと紐付けることでカード決済ができる機能を密かにスタートさせた。これと時を同じくして、アリペイも大都市のコンビニ等を中心にＱＲコード決済を再開させた。この間の運用においてリスクは見当たらなかった。こうして、監督当局が見て見ぬふりをしているうちに、ＱＲコード決済は再び人々の間に普及し、広く受け入れられはじめたのだった。やがて道端の果物や野菜の屋台でさえもＱＲコード決済ができるようになった。

一方、銀聯は人民銀行がＱＲコード決済業務を一時停止させている間にＮＦＣ決済を推進しようと考えた。２０１３年に人民銀行が、安全性が高く世界的にも普及しているＮＦＣを中国のモバイル決済の国家標準で認可すると、銀聯は正式にＮＦＣ決済に基づく関連業務を始めた。中国の金融決済基準の制定の任を負う銀聯は、アリペイウォレットやウィーチャットペイのように「やってしまってから事後承認を取る」というやり方はできず、金融決済システム全体のバランスや高い安全性などといった多重的かつ複雑な要素を考慮しなければならなかった。また、国家標準の制定者兼技術提供者として、銀聯はオープンプラットフォームという発想に則ってサプライチェーンの各段階と広く協力しなければならなかった。そのため事業は膨張し、2015年12月にようやくNFCに基づくモバイル決済ブランド「クイック・パス」（雲閃付《ユンシャンノー》）を始動するに至った。

その後、アップルペイは中国銀聯の後押しを受けて正式に中国市場に上陸し、瞬く間に国内でモバイル決済ブームを巻き起こした。一時はアップルとアリペイ、ウィーチャットが天下を三分するのではないかとさえ思われた。さらに続いてさまざまな決済サービスが現れた。サムスンペイ、ファーウェイペイ、小米《シャオミ》ペイ等はすべてクイック・パスを採用した。こうした事態は十年近く動きのなかったNFC決済を久々に活気づかせた。

銀聯と各種決済サービスとの怒濤の提携ラッシュを目の当たりにして、アリペイも落ち着いていられなくなった。その対抗策は、スマホメーカーと手を組むことで決済のUXを向上させることだった。アリペイはファーウェイ、サムスン、TCL、ヴィーヴォ等のスマホメーカーと次々に提携を結び「コード秒速決済」（掃碼秒付《サオマーミャオフー》）という機能を打ち出した。スマホがスリープ状態の時、指紋認証やホームボタンのダブルクリック等の操作ですぐにアリペイの支払いコードを立ち上げるという機能だ。NFC決済はコード決済に遅れて誕生したが、唯一速さにおいては優位性があった。そこで「コード秒速決済」ではコード決済のフローを簡素化し、ネット接続がなくても決済できるようにしたことで、UXにおいてNFCを凌駕した。アリペイは公式情報として全プロセスに1秒しかからないことを発表し、文字通り「秒速決済」を実現した。

さらに、前述したように、コード決済の敷居が低く、アップルペイ等のNFC決済の敷居が高いことは重要な違いだった。NFC決済ではユーザーのスマホにNFCのモジュールを追加しなければならず、店舗側も銀聯クイック・パスに対応したPOSレジを備えていなければならなかったので、ハードウェアのバージョンアップにコストがかかった。そのため、国内でＮＦＣが使えるのは一部の大型チェーンのみで、小規模店舗での普及度は低かった。また、多くの個人商店にとっては、アリペイ、ウィーチャットペイに蓄積されたユーザー情報から経営に役立つ一連のソリューションが得られ、精密なマーケティングや顧客蓄積につなげられることは非常に魅力的だった。

ＮＦＣ決済には一定の市場があったが、将来的にオフラインでＱＲコード決済に追いつくのは容易いことではなかった。これを悟った商業銀行や銀聯は積極的にＱＲコード決済への転換を進めた。監督当局による規制が緩めばすぐに大戦争が始まることは目に見えていた。

ＱＲコード決済業務の解禁

ＱＲコード決済業務に2年間の業務停止を課した後、人民銀行はついに正式にＱＲコード決済を認可した。この間、非合法状態でありながらも前進してきたＱＲコード決済がようやく大義名分を手にしたのだ。

２０１６年7月、人民銀行は支付清算協会および銀聯に書簡を送り、ＱＲコード決済を従来のオフラインのキャッシュカード決済業務の補完として位置づけることを確認した。また、オフラインのバーコード決済の優位性も認め、支付清算協会に対し、これまでの関連業務をベースとして、キャッシュカード清算機構や主要な商業銀行、決済機関とともにバーコード決済業務の認可基準を起草、施行するよう命じた。8月初旬、支付清算協会は会員企業に「バーコード決済業務規範（意見募集稿）」（条碼支付業務規範）を配布し、バーコード決済に関する一連の技術基準と業務規範を呈示するとともに、リスクの検証に基づき等級化してバーコード決済の上限額を設定することを明らかにした。

一時停止命令が出ていた2年間、ＱＲコード決済に動きがなかったわけではない。２０１６年6月時点でアリペイのQRコード決済はすでに国内70万店以上のオフラインの飲食店、4万店のスーパー・コンビニおよび数百カ所の病院をカバーしていた。また、人民銀行が規制を緩和した後、中国工商銀行はオンライン、オフラインおよびO2O（Online to Offline）の決済を全面的にカバーするQRコード決済サービスを始めると宣言し、国内銀行としては初めてQRコード決済サービスに乗り出した。一部の銀行もすぐさまこれに追随し、積極的にQRコード決済業務の布石を打っていった。さらに、銀聯はNFCの前途の不明瞭さを背景にQRコード決済へと方向転換した。2016年12月12日、銀聯は安全性規範と使用規範を定めた「銀聯QRコード決済基準」を正式に発表し、多くの銀行、クレジットカード加盟店契約会社（アクワイアラ）との共同提携に乗り出した。半年後の2017年5月27日には40以上もの商業銀行と提携し、銀聯クイック・パスのQRコード決済サービスを開始した。従来から力を持っていた銀行等がコード決済分野での布陣を加速させたことで、バーコード決済市場における銀行と第三者決済企業との攻防戦は決定的となり、それは同時にこの市場が「統一基準を持つべき時代」に入ったことを意味した。銀聯は業界内の昔からの隔たりを解消し、さまざまな陣営から成る利益共同体を形成した。これには銀行が喜んで加わったばかりではなく、アリペイやウィーチャットペイに対抗する術のない小規模の第三者決済企業も積極的に反応した。

しかしこの頃、モバイル決済分野がアリペイとウィーチャットの二大巨頭による寡占状態にあることはすでに否定できない事実となっていた。2017年第1四半期の中国第三者モバイル決済市場シェアはアリペイが53・70%、テンペイが39・51%で、この2社で9割超を占めていた（易観智庫「中国第三者決済モバイル決済市場四半期報告」参照）。アリペイおよびウィーチャットは優待サービスやマーケティングに力を入れることで高い顧客ロイヤルティを獲得していた。一般のユーザーにとってこれらの決済ツールを用いた消費はすでに日常化していた。

銀聯のQRコード決済が2社の陣地を切り崩そうと思えば、優待等のPRで消費者を引き付けるなど、莫大な資金投入が必要となる。しかし優待も度が過ぎれば消費者の依存を招くし、その結果どれほどの固定ユーザーを獲得できるかは分からなかった。また、同社が打ち出した「銀聯QRコード決済基準」は確かにQRコード決済の安全レベルを上げたが、銀聯はリスクマネジメントを重視する伝統的な金融機関であるため、過剰に安全性を重視しすぎるあまり、アリペイやウィーチャットペイのような利便性に到達できない可能性も否めない。銀聯QR決済コードが定着し、一般に広く受け入れられるにはまだしばらく努力を続けなければならないだろう。

2017年2月28日、アリペイはコード読み取りによる対面送受金機能「マネー・コード」(収銭碼《ショウチエンマー》)を搭載し、QRコード決済をさらに一歩前進させた。「マネー・コード」にはわずか2週間のテスト運用期間中に毎日20万人近くの申し込みがあった。

過去数年間でモバイル決済は急速に普及したものの、軽食店や屋台、果物屋、雑貨屋等の商店は運用コストと敷居の高さがネックとなってモバイル決済から締め出されていた。「マネー・コード」の登場により、QRコード決済導入のハードルは下がり、会計のコストが下がったばかりでなく、おつりを返す手間や偽札を掴まされるリスクもなくなった。また、商店にとってのUXも向上した。アリペイ上で個人的な利用と事業用途の出入金を区別し、事業用の計算書を作れるようになった。街角でサツマイモを売っている行商人でもスマホで取引ごとの売上や日別の計算書を確認することができ、経理係1人を無賃で雇っているようなものだった。さらに、商店のように頻繁にお金を受け取るユーザーがマネー・コードを常に身に付けていたい、決まった場所に貼っておきたいと思った場合には、アリペイに掲示用のマネー・コードの発行申請をすれば無料で送ってもらえる。この申請が通れば、マネー・コードで受け取ったお金を手数料無料で現金化することも可能だ。

こうして以前は現金しか使えなかった多くの街でモバイル決済ができるようになった。とはいえ、日常生活においては依然として「現金払いのみ」という場面に出くわす。これに対しアリペイは、今度5年間でより徹底的に中国のキャッシュレス社会化を進めていく方針を表明している。マネー・コードはアリペイのキャッシュレス化推進の第一歩であり、今後さらなる取り組みが見込まれる。現時点でわれわれが予見できるのは、モバイル決済分野の市場争奪戦は将来的にさらに激化するだろうということだけだ。十分な市場競争、そしてユーザーの利便性をさらに高める技術の出現は、消費者にとっては当然歓迎すべきことである。

3　モバイル決済頂上決戦――アリペイvsウィーチャットペイ

中国二大インターネット企業のO2O戦争

モバイル決済の発展史を語るなら、アリペイとウィーチャットペイという二大巨頭の戦いについて触れないわけにはいかないだろう。

アリペイが鳴り物入りでモバイル端末サービスの布石を打っていた2013年、ウィーチャットはソーシャルメディアから決済の領域へと切り込んできた。同年8月、ウィーチャット内の決済機能「ウィーチャットペイ」が突如リリースされ、急速に普及した。その勢いは、リリースから1カ月後に、あるアリペイ社員に「アリペイの全部署が強い焦りを感じている」と言わしめるほどだった。2014年春節にはウィーチャットのお年玉機能「微信紅包《ウェイシンホンバオ》」が爆発的な人気を博した。ウィーチャットは市場獲得のために特別にリソースをつぎ込んだわけではなかったにもかかわらず、微信紅包は想像をはるかに超えるスピードでウィーチャ

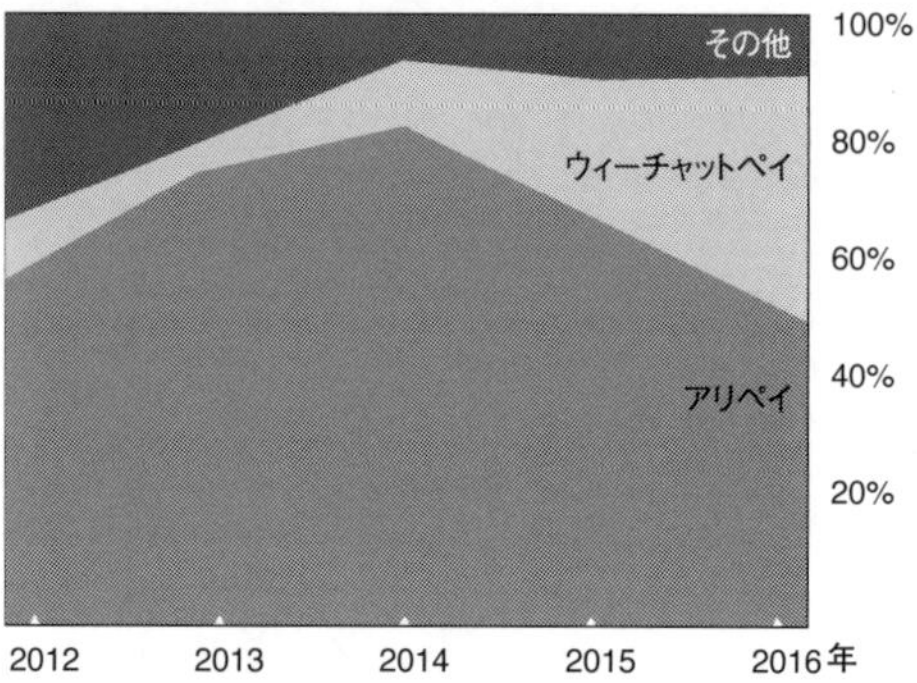

図 2-2　アリペイとウィーチャットペイのモバイル決済市場シェアの推移

データ出典：国連環境計画（UNEP）キャッシュレス連盟「中国のSNS・ECプラットフォームおよび中国電子決済のエコシステムの成長」（2017）

ットユーザーに広がり、それに伴ってテンセントの時価総額は1兆香港ドルを突破した。ジャック・マーも「早い者勝ちのお年玉争奪戦」というウィーチャットのプロモーション戦略には震撼し、「この奇襲は計画も実行もほぼ完璧だ」と評した。あまり知られていないだろうが、アリペイにも以前からお年玉機能「支付宝《ジーフーバオ》紅包《ホンバオ》」が存在していた。だが、ソーシャルメディア的性格が強いウィーチャットの紅包は完全にそれを追い越した。ウィーチャットは紅包機能によって大量のユーザーのキャッシュカードをアカウントに紐付け、春節直後の3月には商店向けにウィーチャットペイを開放すると宣言して大々的にオフライン決済に乗り出してきた。その後、アリペイとウィーチャットペイの競争は激化の一途をたどる。

ＰＣ決済時代にはアリペイに単独リードを許していたテンペイだったが、モバイル決済時代の到来とともに、ウィーチャットペイは1日当たり6億という膨大なアクティブユーザー数を頼みに猛攻を仕掛けた。その結果、アリペイのインターネット決済分野での独占状態は打破された。２０１４年時点ではアリペイの市場シェアは80%に達していたが、たった2年で25ポイント減となり、その減少分は基本的にウィーチャットペイに取り込まれていた。ウィーチャットペイのシェアは２０１４年の10%から２０１６年の32%へと急速に伸長した。

アリペイアプリはユーザー数は多かったが、開かれる頻度はウィーチャットペイに遠く及ばなかった。ただ、長年来堅持してきた覇王の地位をアリペイがそう簡単にあきらめるわけがなかった。O2Oの激戦の火蓋はここに切って落とされた。なかでも、大金が注ぎ込まれたタクシー配車アプリのユーザー争奪戦と、オフライン市場を舞台にした白兵戦はまさにモバイル決済の二大巨頭が決済シーンと商店というリソースを奪い合う「モバイル決済頂上決戦」であった。

2013年末、テンセントやアリババ等のインターネット大手の資本介入をきっかけとして、タクシー配車アプリがにわかにブームを迎えた。この市場でも次第に、アリババが出資する「快的《クアイディー》」とテンセントが出資する「滴滴《ディーディー》」の2社による寡占状態が形成されていった。翌年初頭には2社の背後にいるアリペイとウィーチャットペイとの間でオフラインユーザーの争奪戦が巻き起こった。中国では全国的な「無料配車」ブームが起こり、快的は値引き額が「滴滴よりも永遠に1元多い」ことを謳ってユーザーをかき集めた。この競争には数十億元が費やされた。ウィーチャットペイは利用頻度が高いというソーシャルメディアの特性もあいまって、このたった3カ月のうちに大躍進を遂げた。紐付けされたカード数も、ウィーチャットペイのサービス運営責任者の黄麗《ホアン・リー》に「すでに一地方の諸侯となったので、もはやライバルはさほど怖くありません」と言わしめるまでに激増した。タクシー配車アプリをめぐるこの競争は、事実上、モバイル決済のO2O進出の布石だったのである。

その後1、2年で決済シーンはPCからモバイル端末へと移行し、モバイル決済市場の飽和傾向が強まった。O2Oの急速な発展もまた大量のユーザーをオンラインからオフラインへと引き寄せ、オフライン決済シーンは拡大しつづけている。モバイル決済はモバイル端末において最もプレゼンスの高い要素の一つと見なされ、利用シーンが増加するにつれて人々の生活の隅々に浸透していった。このことが示唆するのは、決済さえ掌握できればかなりの程度ユーザーを固定化できるということだ。ゆえにモバイル決済はインターネット金融の当面の戦場とされたのである。インターネットの巨頭たちの決済をめぐる戦いは実質的にモバイルインターネットの未来をかけた争奪戦なのだ。

オフラインの決済シーンを勝ち取るため、アリペイとウィーチャットペイはオフライン消費に使えるクーポンの発行合戦をくりひろげ、各地を攻略しようとしている。アリペイはオフラインのセールイベント「双12」（12月12日）を繰り広げ、一方のウィーチャットペイは8月8日に「キャッシュレス・デー」イベントを開催している。加えて、双方が入れ替わり立ち替わり割引や割引くじ（割引率がランダムに決まるくじ引き式の優待）等のイベントを行ったため、モバイル決済は全国の大型ショッピングモール、スーパー、ホテル、小売店、レストラン、カラオケ、飛行場、交通ターミナル、駐車場、ガソリンスタンド、自動販売機等のオフラインの消費シーンを席巻し、一大ブームを引き起こした。たった3年で、アリペイとウィーチャットペイのオフラインの利用シーンは多様化し、かつ数の上でも非常に豊富になった。「財布を持たずに外出」は多くの中国人の新たな習慣となった。

「双12」——オフラインのショッピング・カーニバル

アリペイのモバイル決済のオフラインへの普及に大きく貢献したのが、２０１４年から力を入れて推し進めてきたオフライン・ショッピングのセールイベント「双12」（12月12日）だ。「双12」は天猫のセールイベント「双11」の片割れとして、タオバオ主宰のもと２０１１年に始められたが、長らく「双11」には遠く及ばなかった。消費者の多くは直前の「双11」で購買力と購買欲を消耗しきっており、また、多くの商店や消費者からは、「双12」は店側が「双11」の在庫を掃き出すための仕掛けにすぎないと認識されていた。

しかし、2014年には「双12」はその戦いの場を完全にオンラインからオフラインへと移した。アリペイ・タオバオで合計約2万店のオフライン店舗、100近くのブランドと提携し、「双12」への参加を取り付けた。参加したのはホテル、スーパー、コンビニ等で、生活に関わる消費シーンを広くカバーしていた。イベント当日はアリペイウォレットを使って支払うことで5割引（上限50元）のサービスが受けられるということもあり、提携店では稀にみる人出となり、商品棚が空になる店舗さえあった。カルフール等の大型スーパーが「アリペイで払えば最高5割引」という宣伝文句を掲げたときには五、六十歳代の中高年層までもがスマホを持ってアリペイの使い方を勉強しはじめた。「今夜の広場にはおばさんはいない」――イベント当日、アリペイの公式微博の投稿である。

しかし、アリペイとアリババの当時のO2O戦略は完璧ではなかった。彼らにとってオフラインのセールイベントはこれが初めてだったので、店舗との間で調整を行う必要があった。実際のところネットワークの問題もUXの問題も、6年前にアリババが初めて「双11」を開催したときに起きた問題とかなり共通していた。大きく異なったのは、今回の「双12」では顕著な効果が得られたことだ。アリペイウォレットのインストール数が急増し、モバイル決済のユーザーがさらに拡大した。この1日でアリババが負担した値引き等のサービスの総額は数億元単位だったという。

2015年6月23日、アリババとアントフィナンシャルは60億元を共同出資し、地域密着型の生活サービスポータルサイト「口碑網」の運営会社「口碑《コウベイ》」（Koubei）を設立すると発表した（株は双方が各50%を保有）。「口碑網」は地域ごとに飲食店、スーパー、コンビニ、フードデリバリー、ショッピング、空港、美容院、映画館等のサービス情報やお店の口コミを投稿するサイトで、元アリババ社員の李治国《リー・ジーグオ》が2004年に開設したものだ。口碑社設立から半月後、バージョンアップされたアリペイ9・0のメインメニューに新たに「商店」の項目が加わり、そこから口碑網とその数万もの提携店にアクセスできるようになった。誰もがこれをアリペイのオフライン本格進出のサインと捉え、第三者モバイル決済業界の新たな風向計となると考えた。また、口碑が設立されたことで「双12」はアリババとアントの新たな活躍の場という存在意義をもつようになった。そのことは同時に、「双12」がすでにインターネットとオフラインビジネスの融合の象徴になっていることの証左でもあった。これまでとは逆に、インターネットがオフラインを「喰わせる」時代が始まったのだ。

口碑について語る前にウェブサイト「口碑網」についてもう少し詳しく説明する必要があるだろう。2004年に李治国が開設した当初、口碑網はワンストップ式の生活消費プラットフォームであった。そのモデルは中国最大の口コミ投稿サイト「大衆点評《ダージョンディエンピン》」(Dianping)に似ており、一時は大衆点評の唯一の有力ライバルにまで上り詰めた。アリババが最初に口碑網に出資したのは2006年のことだ。その後、大衆点評は2007年にグーグルからの出資を獲得し、外食市場から地域密着型の生活サービスへと切り込む方法の有効性を証明した。口碑網はこれに後れを取るまいと、すぐさま行動に出た。2008年7月、口碑網はヤフーチャイナ(雅虎中国)に合併され、これによってブランドイメージ、技術力、検索機能、ユーザー数、市場開拓等を向上させるための大きな推進力を得た。しかし、これらの優位性が短期的に爆発的な成長につながることはなかった。口碑網の主要業務は二転三転し、2009年にはタオバオに合併された。タオバオにはアクセス数という強みがあったが、その後も依然として大きく好転するに至らなかった。

当時のアリババの「地域密着型の生活サービスポータルサイト」というコンセプトはオンライン主体のタオバオのモデルに依っており、ゆえに再編後の口碑網もアリババが期待した効果を出せないでいた。また、当時はまだこうしたサービスの市場競争は始まっておらず、口碑網はアリババ内部でも日々衰退し目立たなくなっていったため、タオバオに組み入れられることとなったのだった。

しかし2013年末には、生活サービス分野のO2Oの形勢が徐々に明らかになってきた。共同購入サイト「美団《メイトゥアン》」（Meituan）がフードデリバリーサービス「美団外売」を開始すると、そのたった1カ月後にアリババもフードデリバリーサービス「淘点点」を開始した。アリババはこれを皮切りに生活サービス分野のO2Oに参入しようと考えていたが、淘点点は期待通りには発展せず、主戦力とはならなかった。

このいまいち振るわなかった口碑を復活させることこそ、アリババとアントの生活サービス分野におけるO2O戦略であった。アリペイのオフラインチームと淘点点がタッグを組んで生まれた新しい口碑は、名称こそこれまでと同じだが、実質的にまったく別物であった。しかしなぜアリババとアントは、大敗を喫した口碑1・0の名を継ぐサービスの立ち上げに大金を注ぎ込むのだろうか？　答えは簡単――「ポータル」と「統合」だ。アリババは長らく、何かしらの分野で独自の閉鎖系の循環システムを構築したいと考えていた。オンラインではタオバオ、天猫で数億単位のアクセス数を誇るものの、ユーザーをがっちりと定着させられるほどの地域化された生活サービスはなかった。地域密着型の生活関連サービスは最もユーザーに接近でき、顧客ロイヤルティを高められる分野だ。この重要なピースを補い、生活サービス分野でO2Oのエコシステムを構築するために始められたのが口碑の再建なのだ。

新生口碑のオフライン市場開拓はまず飲食分野のサービスから始められた。アリペイはオフラインのスーパー、医療、自動販売機といった業種の事業者を少しずつ口碑のプラットフォームに統合してゆき、アリペイウォレットおよびモバイル版タオバオ上に口碑への新たな入口を設けた。

以前の旧口碑網と淘点点の運営を通してアリババが得た教訓は、生活サービス分野でのO2Oプラットフォームの競争はすでにオフラインのリソースとサービスを確保する段階に入っているということだ。オンライン・プラットフォームの構築という理念ばかりに気を取られてはダメだ。これはこの競争の激しい市場で生き残れるかどうかに関わる極めて重要なことであった。新生口碑網に対しアリババは何度も「オフラインを尊重しろ」と強調した。

口碑は会社の声明の中で、生活サービス分野におけるO2Oには、オンラインのインターネット運営とオフラインの既存の商売をつなぎ合わせる能力が必要であり、純粋なネット上のみでの運営とは質的に異なることに言及している。「口碑はオフライン市場を重視し、市場に学びます。そうした基礎の上で、われわれのインターネットやビッグデータに関する知見を地域密着型の生活サービス産業に活用し、モバイルインターネットとデータテクノロジーの時代へのスムーズなバージョンアップをサポートします」。

アリペイ、口碑は2015年の「双12」で、数十万の商店と提携し、合計10億元以上を投入して現金割引、クーポン券発行、商品単位での優待を実施すると宣言した。前年と違い、参加店舗数は30万店を超え、利用ユーザー数は2800万人に達した。また、この年からはグローバル化に乗り出し、12の国と地域のオフライン店舗と提携した。また、2015年の「双12」から、口碑は参加店舗の精密管理という試みを始め、「双12」によってオフラインの加盟店に1951万の会員をもたらしただけでなく、データサービスも提供し始めた。

さらに、アリペイと口碑がタッグを組んでから3年目の2016年「双12」は全面的にバージョンアップし、セール期間は3日間に延長され、参加店舗は初めて100万を突破した。業種は飲食、日用消費財、小売、美容、ファッション、育児用品、レジャー等15業種に及び、16の国と地域、400都市の店舗と提携した（うち海外は7万店）。アリペイと口碑の統計によると、「双12」1日目は4900万人以上がアリペイを使って飲食や娯楽を楽しんだという。12月10日〜12日の3日間で「双12」の参加者数の累計は全世界の1・1億人に及んだ。

全体的に数字は急速に伸びたが、アリペイは前年のように利用促進のための優待に支出した資金の総額を具体的に言明することはしなかった。あらゆる消費シーンを網羅したことで、こうした利用促進はもはや「双12」の売りではなくなっていったのだ。つまり、優待による利用促進で消費者市場を2年間で育てた後、口碑のコアバリューは参加店舗に対するサービスへと転換したと言える。

アリペイのオフライン決済は「双12」の原動力となったが、それは一面にすぎない。口碑CEOの范　馳《ファン・チー》は言う。「ユーザーに優待を提供することは無論重要です。これによりオフライン店舗へのアクセスを増やし、ユーザーにオフライン決済を習慣化させることができます。しかし、口碑はさらにそれらを基礎として商店をエンパワメントし、コストを削減して利益を拡大し、経営をさらに精密化できるようサポートしたい」。

オフラインビジネスにとっての「双12」は、オンラインショッピングにおける「双11」と同様、重要なシンボルになるだろう。中国語で「狂歓《カーニバル》」と名付けられた「双12」は、100万もの商店と億単位の消費者、そして数万もの第三者サービス事業者を巻き込んで、O2Oエコシステムの発展を推し進めている。

ソーシャルメディアへの挑戦

アリペイはB2Cにおいて、アリババとアントの強大なリソースを統合してB（商店）側を開拓し、C（消費者）側については、いかにして顧客ロイヤリティを上げ、ユーザーに価値をもたらすかということを考え抜いた。決済機能だけではユーザーを長くつなぎ留めることは難しい。決済につながる生活シーンを掌握してこそユーザーを確実に定着させられるのだ。彭蕾も社内的な集まりの場で幾度となく「決済戦争は決済シーンの争いであり、決済シーンこそが最も重要なのだ」と強調している。

　こうした考えに基づき、アリペイは自らを生活サービスプラットフォームと位置づけ、生活シーン、消費シーン、金融シーンをすべて同時にアリペイに組み入れた。アリペイは決済シーンの開拓においてＥＣとオフラインの両方で広範な決済シーンをカバーするだけでなく、２００８年10月という早い時期に公共料金の納付サービスを始め、水道代、電気代、ガス代、ブロードバンド料金、固定電話料金等の納付に対応していた。さらに多くの人にこのサービスの便利さを知ってほしいと考えたアリペイは、アリペイ口座がなくても公共料金納付サービスを利用できるようにした（ネットバンク決済で対応）。アリペイがこれらの市民サービスを始めた当初の目的は、面倒な公共料金納付を外出せずともできるようにし、ユーザーの不満を解決することでより多くのアリペイ固定ユーザーを獲得することであった。

　２０１３年に大人気を博した「余額宝《ユーウーバオ》」と、続いて誕生した「招財宝《ジャオツァイバオ》」（Zhao Cai Bao）、「アントフォーチュン」（螞蟻聚宝《マーイージューバオ》）はユーザーにワンストップの資産運用サービスを提供した。このほかにもアリペイは生活サービスの需要を掘り起こし、行政手続き、医療、交通、旅行、文化といったほぼすべての分野にわたりサービスを展開した。

　利用シーンだけを見ればアリペイの優位性は明らかで、他の第三者決済企業の追随を許していなかった。だがやがてウィーチャットという強敵が現れた。ソーシャルメディアをベースにもつ「ウィーチャットペイ」はユーザー同士の決済に強みがあり、オフラインの決済シーンの争奪において優位に立っていた。３歳児のウィーチャットペイがひたひたと迫り来て、やがて12歳になるアリペイを追い越してしまうのではないか――これがアリペイにとっての脅威だった。「アリペイとウィーチャットペイは次元の違う競争をしている」という声もあった。ウィーチャットは使用頻度の高さにおいてアリペイをはるかに上回る。人間は社会的動物だ。食べものと同じく人付き合いは人間にとって不可欠だが、金融はそうではない。カバー範囲が広く使用頻度の高いソーシャルメディアから金融業に参入することはユーザーに付加価値を与えることであるので比較的簡単だが、その逆は難しい。また、4・5億人ものユーザーを抱えるアリペイであったが、そのソーシャル性は常に弱点であり、そのせいでユーザ・アクティビティは鈍化し、アプリの利用頻度が下がっていた。このようにウィーチャットペイとの競争においてアリペイは常に「脅かされる側」だった。ソーシャル性の重要性を認識したからには、アリペイもこれに力を入れるという選択をせざるを得なかった。

しかし、ウィーチャットがすでに中国人のソーシャルメディアのニーズを満たしているなか、アリペイがこれに乗り出すことに何の意義があるというのだろう。新たなツールを作り出したところでウィーチャットに対抗するのは難しいだろう。

樊治銘は部下に言った。「アリペイが目指すソーシャルメディアはウィーチャットとは別物だ。私たちは単純なチャットツールではなく、アリペイの利用シーンに基づいてユーザーの自然なコミュニケーションのニーズを満足させることを目指す。例えば、振込の前後には普通お互いが口座情報やちゃんと入金できたかどうかなどを確認し合うだろう。その際アリペイに振込機能しかなければ、ユーザーは当然他の方法で連絡を取り合う。ウィーチャットは友人同士のやりとりに使えるだけでなく、「紅包」や振込機能を使って簡単に振込ができる。このままアリペイが振込機能しか備えていなければ、ユーザーはアリペイからウィーチャットペイに移行してしまう可能性が高い。アリペイにソーシャルメディアというパーツを補えば、すべてのプロセスが連鎖した完璧なUXを提供できるようになる。これが実現できてこそユーザーをアリペイに留めおくことができるのだ」。

2015年以降、アリペイは一貫してソーシャル化の努力を重ねた。7月にリリースしたアリペイ9・0

はメインメニューにウィーチャットのモーメンツ機能を真似た「朋友《ポンヨウ》」（友だち）メニューを置いた。3カ月後にリリースしたバージョン９・２ではコミュニティ機能「生活圏《ションフォチュエン》」と動画生配信機能「現場《シエンチャン》」が追加され、インフルエンサーの力を借りてアクセスを引きつけようとした。２０１６年には、ウィーチャットペイの躍進を食い止めるべく、毎年恒例のCCTV春節特別番組「春節聯歓晩会」の視聴者交流プラットフォームの単独冠スポンサーの座を２・６８８億元という絶妙な入札金額〔２６８は中国語で「アリババ」の語呂合わせとなる〕で勝ち取った。アリペイがオンラインマーケティングの一環として実施した賞金山分けキャンペーン「集五福」はネットで話題となった。さらに7月にはバージョン９・９をリリースし、メインメニューに近況投稿機能と友人推薦機能、友人の投稿を見られるタイムライン機能を設置したが、その表示方法は基本的にフェイスブックとウィーチャットを踏襲していた。その後すぐに知り合いだと思われるユーザーを紹介する機能も追加した。

初心に返る――決済により大きな価値を

アリペイのソーシャルメディア進出はユーザーから少なからぬ反感を買った。なぜユーザーたちはウィーチャットペイには反感を持たなかったのに、アリペイのソーシャルメディア進出には批判的なのか？　その理由はやはりウィーチャットの「紅包」にある。ウィーチャットは紅包でソーシャルメディアと決済とを巧みに結びつけた。お年玉の受け渡しは人付き合いであると同時に決済行為でもある。ウィーチャットペイが消費シーンを開拓すればユーザーたちは大喜びする。なぜならそれによってユーザーが受け取ったお年玉の実際の使い道がより多様になるからだ。一方、〈アリペイ＝決済〉という認識が強いユーザーにとって「決済ツール」を使って「おしゃべり」となると違和感が拭えない。なぜなら、アリペイにおけるソーシャルメディアのニーズはユーザーの経験から派生したものではなく、ユーザーがアリペイから押しつけられたものだからだ。「アリペイのソーシャルメディアなら思いきって「近くにいる金持ち」って機能を付けたら？」などという誂《からか》いの声さえ聞こえた。また、中国人に深く根付いた「金は外に見せるな」という考え方も無関係とはいえない。アリペイウォレットは一貫して安全性の高さを標榜してきたが、自分のお金を置いてある所に急に他人が大勢押し寄せてくれば不安になるのは当然だ。アリペイが技術を駆使してどこまで安全性を追求できるかとは無関係に、アリペイがソーシャルメディアを手がけること自体がすでに多くの人のアリペイに対するイメージに悪影響を及ぼしていた。

1年以上にわたるソーシャルメディアへの挑戦を通して、アリペイはより多くのバリューチェーンとソーシャルネットワークと結びついた。その効果は明らかではあったが、理想的とはいえなかった。さらにその後リリースしたコミュニティ機能「圏子《チュエンズ》」はアリペイを世論の矢面に立たせることとなった。

2016年11月26日、他業者と提携し運営していた「圏子」を正式にリリースした。そのうち当時テスト中だった「キャンパス・ダイアリー」（校園日記）と「オフィス・ダイアリー」（白領日記）については、委託先の運営会社が利用者に制限をかけていた。つまり、運営側から招待を受けた女性のみが投稿可能で、投稿へのコメントと評価は芝麻信用スコア750点以上のユーザーの特権とされたのだ。やがてアリペイユーザーたちは、この二つのコミュニティが「いいね」を貰うための盛ったセルフィーの投稿であふれており、なかには過激な露出写真もあることに気づいた。「圏子」にはわいせつな内容が含まれているとして、すぐさま外部から強い疑義が寄せられた。

しかし、このような事態が起こっていようとは、アメリカ行きの飛行機に乗っていたアントの経営陣らには知る由もなかった。リリースから3日後の11月29日夜、彭蕾CEOは公式文書を出して謝罪した。その後、グレーと判断されたコミュニティはただちに閉鎖され、この件の責任者も降格された。

これを機に、アリペイチームはこれまでの取り組み方を深く反省した。こうした事態の勃発はアリペイの焦りのあらわれであり、急速な成長の裏で管理システムや価値観といった面に「穴」ができていたことの証左でもあった。経営陣はしばらく「競争」や「利用頻度の向上」といったことを意識から外し、冷静になって「ユーザー価値」という原点に立ち返る必要があると考えた。２０１７年の春節連休明け、アントフィナンシャルは全社レベルの戦略会議を開いた。世界の全エリアの業務責任者とグループの中核を担う管理職が参加した。アリペイの創業メンバーで、アリペイの副社長を務める倪行軍は言った。「以前ならこの大会では具体的な業務をどのように展開するかについて討論していましたが、今回、私たちは丸一日かけて最も基本的な問題について議論します。話し合うのは「ユーザーとは誰か」「どのようなニーズを満足させようとするのか」です」。

この教訓を得てからアリペイチームの考え方は変わった。「ソーシャルに関連づけた決済は確かに決済件数を増加させることができるが、シーンは単一的で、信用、リスク管理、金融の開拓といった観点から見ると価値は高くない。ソーシャルメディアという木で首を吊るくらいなら、自分たちの得意とする決済により大きな価値を生み出す方がいい」。最終的にアリペイはソーシャルメディアを諦める決定を下した。金融とビジネスに回帰し、最も得意な決済分野に集中しよう――そう決意したのだ。

「今後競争にさらされたとしても、決して附和雷同してはなりません。他人には他人の考えがあり、ビジョンを実現するための道筋がある。他人のビジョンはわれわれとは違います。私たちは自分の道を着実に進むことに集中すべきであり、オンリーワンになり、独自の価値を創り出すことが最も重要なのです」。アントフィナンシャル現ＣＥＯの井賢棟はアリペイの一連のソーシャルメディア戦略をこう総括する。「アリペイチームはモバイル決済の未来が依然として開けていること、ライバルと戦うことに終始していては力を間違った方向に浪費してしまいかねないことに気がつきました。モバイル決済という「美味しいケーキ《魅力的な市場》」を大きく育てることのほうが重要なのです」。

4　モバイル決済は「決済」だけじゃない

情報の宝庫

2017年3月に湖畔大学〔ジャック・マーら中国の企業家が設立した起業家育成ビジネススクール〕で講義をした際、マーはウィーチャットとアリペイの戦いについて率直に語った。「ウィーチャットの紅包は確かにわれわれを打ちのめしました。しかし、冷静になってみると、ソーシャルメディアが企業に実質的な価値をもたらすことはありません。価値をもたらすものはやはりデータです」。この言葉の意味するところは、例を挙げればすぐに分かるだろう。ウィーチャットの紅包を10人で山分けした場合〔紅包はあるユーザーが贈ったお年玉を他の複数のユーザーで分け合うシステム〕、それは10件分のソーシャル決済にすぎない。しかしアリペイなら、同じ10件分の決済でもその内訳はショッピング1件、映画チケット購入2件、公共料金納付3件、旅行費の決済4件というふうに、ユーザーの行動データが含まれている。これこそが大きな価値をもたらすのである。

マーもかつてはソーシャルメディアに悩まされ、長らくテンセントに対抗しようと考えてきた。しかし後に、マーは、ソーシャルメディアは金融に対する絶対的な影響力を持ちえないと気づいた。テンセントはこれほどソーシャルメディアが強いのに、なぜ同社の資産運用サービス「理財通《リーツァイトン》」は余額宝に8倍ものリードを許しているのか？　のちにマーは納得した。「ソーシャルメディアはもちろん重要だが、金融にとってより重要なのはリスク管理能力と信用システムだ。これらの要素を生活のさまざまな消費シーンへと拡張させていかねばならない」。それはちょうどアリペイが得意とすることであった。

テンセントはソーシャルメディアの知見が深い。一方、アリババは長年試行錯誤を重ねた割にはさほど成功していない。しかし、逆に考えれば、EC分野ではテンセントの「微商《ウェイシャン》」もタオバオの絶対的な地位を揺るがすことはできていないのだ。ある分野に深く入り込もうとすればソーシャルメディアのアクティブ率が高いだけでは不十分で、ユーザーのニーズに合致していなければならない。ソーシャルメディアのデータは膨大だが、次元は低い。情報が重複したデータはいくらあってもユーザーの金融状況や消費指向を可視化する上ではあまり役に立たないのだ。

アリペイがユーザーアクセスの入口となり決済機能を担うことはもちろんだが、さらに重要なのは、アリペイにはアリババとアントのリソースと優位性が集結されており、ユーザー・プロファイリング、消費者金融、零細企業融資等のサービスとその基盤となる信用システム、リスク管理システム等を融合させてプラットフォーム上の事業者や消費者に提供できるという点だ。また、アリペイにはO2Oの強力なパートナー「口碑」がいた。口碑はアリペイのオープンプラットフォーム上で最大のISV（独立系ソフトウェア企業）であり、アリペイのオフライン決済シーンにおける最終兵器だ。范馳CEO率いる口碑が目指すのは〈生活サービス＋コミュニティサービス＋金融サービス＋O2O〉の地域密着型の生活産業チェーンであり、このエコシステムに基づいてオフラインの商店に閉鎖系のサービスを提供することだ。事業者に対して顧客転換率の算出、決済、マーケティングのバックヤード支援、金融ビッグデータ等のサービスを提供すると同時に、口碑にもサービス事業者や開発者を広く引き入れることで、協力して事業者と消費者のためのより完璧なソリューションを提供しようとしていた。

支払いに現金を使う、紙に印刷されたクーポンを配布する、会員カード申請の際に煩わしい書類記入をさせる、料理を注文するために大声を張り上げる……こういったことは数年後には時代遅れになっているだろう。日々さまざまなものがインターネット化されていき、ユーザーのスマホの中に一機能として搭載されていく。決済——この消費者と事業者を繋ぐ道は、オンラインとオフラインをも繋ぎ、消費者にさらなる優待と優良なサービスをもたらす。つまり、事業者側の増益に直結し、ECの打撃を受けたオフラインに新たな活気をもたらすこともできるのだ。

例えば、外食大手ケンタッキーフライドチキン（KFC）は2015年までに中国にある5000以上のすべての店舗でアリペイを導入し、1年強でKFCのモバイル決済比率は20％を超えた。データによると、KFCはモバイル決済によって顧客1人当たりの精算時間を8秒短縮した。KFCのようなマニュアル化された飲食大手企業からすれば、このたった8秒の短縮によって店舗運営効率を大幅に上げることができ、その意義はとてつもなく大きい。また、KFCはUX向上のため、口碑のKFCのページにセルフオーダー機能を設けた。顧客は事前に口碑で注文し、来店して注文番号を出せば商品を受け取ることができる。このようにしてKFCは運営コスト削減に成功し、さらには商品ごとのマーケティングをも実現した。

外食チェーン「金鼎軒」は2016年2月、店舗内のすべてのテーブルにQRコードを設置し、口碑のコード読み取り注文機能に対応した。客はアリペイでQRコードを読み取れば注文ができ、注文内容はすぐに厨房に伝達される。金鼎軒北京財富センター店では、店舗面積が300平米もあり16人の従業員が必要だったが、口碑のコード読み取り注文の導入後は12人で足りるようになり、これによって年間20万元もの人件費を削減できた。テーブルの回転率も30％近く上がった。

北京に本部を置く焼魚料理チェーン「江辺城外」は、一人ひとりの客に丁寧な接客を行うために、ビッグデータを使って顧客理解を試みた。同社には会員サービスがあり、入会受付の際は客に申請表を記入させていた。アリペイおよび口碑との提携後は、客はアリペイで決済すれば会員になれるようになった。アリペイのユーザー・プロファイリングではタグによって店舗会員の男女比率、年齢分布、地域分布、消費頻度、平均消費額、さらにはどのメニューが人気かなどということまで明らかにでき、飲食店はより緻密なサービスを提供できるようになる。また、これらのデータから顧客のプライバシーが漏洩するリスクはない。これはビッグデータ全般について言えることでもある。また、オフラインの商店は立地がよければ商売は半分成功したようなものだと言えるため、現在、オフラインの店舗出店者の多くはビッグデータを利用して出店地を決めることを望んでいる。江辺城外グループの孟洪波《モン・ホンボー》CEOは、同社が新しい都市に出店する際、アリペイのデータによって特定の都市やビジネス街の客数、1人当たりの平均消費額、ユーザーの年齢分布等を把握できることに期待を寄せている。さらには、特定のショッピングセンターのフロアごとの平均消費額や、どの階に出店するのが最も効果的かなどという細部についてもデータが示してくれるが、これはインターネットだからこそ可能なことだろう。

かつて、商店が会員を集めるのには時間と労力がかかった。しかし、北京のショッピングモール「西単大悦城」はモバイル決済を通じて、たった3カ月で、しかもほぼゼロコストで、40万人の会員を集めることに成功した。また、データ分析によって、西単大悦城の5階にあるスポーツ用品店と地下2階の来客数に強い相関性があることが明らかになり、調整を行ったところ、店舗1平方メートル当たりの1日の利益は200%増加した。ECの攻勢に加え、旧態依然とした業態であったために業績が下向きだった西単大悦城だが、これらのマーケティングが功を奏し、多くの経営指標で史上最高記録を達成した。

インターネットによるオフラインの商店の変化はまだ始まったばかりだ。現在、100万店以上の店舗がアリペイのユーザー、技術、データ等のサービス機能を利用したモデルチェンジの道を模索し、人件費節約や経営効率、サービス品質の向上を図っている。出店地の選定、価格設定、予約、注文、決済、マーケティング……費用も労力もかかっていたこれらすべてのプロセスが、インターネットの活用により簡略化されスピードアップした。オフラインビジネスは中国の消費小売総額の85%を占めている。ECよりもさらに大規模なビジネスの変革がいままさに始まっているのだ。

ECで勝つ秘訣は全取引をデータ化し、消費者をよく理解することにある。一方、オフライン消費のデータもまた同様に価値あるもので、データ化こそがオフラインビジネスのレベルアップの鍵である。かつて、オフライン店舗の商売が不振なのはアリババなどのECのせいだと言う人もいたが、実際はオフライン店舗がイノベーションから目を背けたことで自ら衰退を招いていたにすぎない。中国のオフラインの小売業、サービス業のマネジメントは総じて大雑把で、「アクセス分析」という概念はないに等しかった。一部の商店では自らの経験と統計に基づいて市場を予測し、ユーザーの消費行動を理解しようとしていたが、こうした理解は往々にして固定的で、動的なデータが欠如していた。また、データ分析能力が不十分なために、せっかくのデータもまったく活用できていなかった。

北京のショッピングモール「長楹龍湖天街」を例に挙げよう。このモールは毎年、店の周囲5キロ圏内で50万人を対象にアンケート方式のサンプル調査を行い、消費ニーズや生活の実態を把握して、それに基づいてモールのプロモーションを決めていた。しかし、アリペイを導入したことで、オフラインの顧客、取引、店舗ごとに自社のデータベースを持てるようになった。モールは会員システムを導入し、顧客の消費習慣や消費頻度等のユーザー・プロファイリングに努めた。また一方では、データによる客の流れや販売データの理解に基づく精密なマーケティングによって集客に成功し、アクセス分析をオフラインにも導入することで各店舗の客足を正確に管理できるようになった。

アリペイの親会社のアントフィナンシャルはデータに基づく運営の精密化だけに満足せず、消費者金融や信用貸付、保険などといった金融サービス能力をオンラインからオフラインに拡大していった。例えば、口碑加盟店は「花唄《ファーベイ》」（２１２頁参照）を開通することで、顧客に幅広い決済方法の選択肢を与えられるようになった。２０１６年末時点で、口碑加盟店の取引のうち1日当たり約３００万件の決済で「花唄」が利用されていた。また、同時期までに3万店ものオフラインの零細商店が口碑加盟店向けの信用貸付サービス「口《コウ》碑貸《ベイダイ》」を利用し、累計13億元の融資が行われた。加盟店1店当たりの貸出金額は４・３万元前後で、一般的な運転資本の相場に相当する。さらに、加盟店が消費者保証を目的として加入する掛け捨て型の「消費保険」（３３６頁参照）では食品安全や店内における顧客の安全の保障といった内容もカバーしていた。

この他にも、口碑の加盟店向けサービスモジュールでは原材料の調達、物流倉庫管理、店舗管理、スタッフ育成等のサービスが提供されるようになった。加盟店はこれらのサービスを購入し、スペシャリストに市場での一切の処理を任せることができる。つまり、オフラインの加盟店は商品をよくすることに全力を注げばよく、他の部分についてはすべてインターネット経由で口碑に任せられるようになったのだ。ただし、オンラインのデータ能力を強みとする口碑がサプライチェーンの川上に入り込み、こうしたサービスを効率化させるにはまだしばらく時間がかかるだろう。

インターネットのエネルギーと能力は確実にオフラインの商店の想像を超えていた。また、まさにそれゆえに、「双12」は中国のオフラインビジネスのエネルギーの最大の爆発の場となった。アリペイと口碑が発表した２０１６年「双12」のデータによると、中国のスーパー・コンビニの2店に1店、大型ショッピングセンターの4店に1店、レストランの10軒に1軒が「双12」に参加したという。毎年「双12」を開催するごとに、インターネットとオフラインビジネスの結びつきはますます強くなっている。

将来的にオンラインとオフラインの区別はさほど意味をもたなくなり、むしろ持ちつ持たれつの関係となっていくだろう。「データがなければスマート化はない。スマート化がなければビジネスはない」という言葉の通り、データインテリジェンスはこの先ビジネスの基礎となっていくだろう。

現金の原罪

世界で初めて紙幣を使用した国である中国はいま、電子決済の分野で世界の先駆者となっている。その重要な推進力となっているのがアリペイをはじめとする第三者決済企業だ。市場調査会社の艾瑞諮詢（iResearch）のレポートによれば、中国のモバイル決済規模はすでにアメリカを追い抜き、２０１６年の中国の第三者決済企業によるモバイル決済取引額はアメリカの約50倍に上るという。また、オランダに本部を置くサービスファームＫＰＭＧの発表した調査報告“Consumers and Convergence”によると、「モバイルウォレットサービスを利用したい」と答えた回答者は世界平均で66％、中国では84％に上るという。中国においてキャッシュレス社会化は「遠い未来」ではなく実際に進行中の事態なのだ。２０１７年の両会〔全国人民代表大会および全国政治協商会議の総称〕では「キャッシュレス社会」が大きく取り上げられ、多くの代表者や委員が積極的にキャッシュレス社会推進を提言した。

次のような報道がある。鄭州公営バスの運賃計算所では毎日１００人ものスタッフがワンマン運転バス約６３００台分の徴収運賃を確認、計算している。金額を正確に算出するだけでなく、紙幣はきれいに伸ばし、重ねて揃えなければならない。なかには古い紙幣も多く、作業中は部屋に埃が立ち込める。人々の夢見る「お金を数えて手が攣《つ》る」という状態は、計算スタッフたちにとっては悪夢である。また、杭州で28年間運転手をやっている虞《ユー・》純《チュン》は料金箱にゲームコインが入っているという事態にしばしば遭遇しており、その分が自分の給料から差し引かれることに悩まされているという。

現金の「原罪」に関しては、「ワイアード」誌の記者デイヴィッド・ウォルマンが彼の著書 *The End of Money* のなかで詳細なデータを引きながら紹介している。一つ目は細菌だ。現金に付着している微生物は数が多いだけでなく種類もさまざまで、細菌、ウイルス、寄生虫、マイコプラズマ、クラミジア等100種類に上る。現金はこれらの病原体の主要な感染ルートとなっている。例えば、中濃度のインフルエンザウイルスは現金に付着した状態で3日間生きられる。人類が経験してきた何度かのペストの流行においても現金が極めて不名誉な役割を担ってきた可能性が高い。二つ目は社会的費用だ。紙幣の寿命は通常3年である。2005年、アメリカは現金管理関連費用として1100億ドルを支出している。2007年の欧州における3600億ユーロ分の現金取引のコストは500億ユーロであった（この中にはATM、現金輸送車、夜間金庫、紙幣計算機の費用は含まれていない）。現在の現金通貨システムが完全にデジタル通貨システムに移行した場合、年間でGDP1%相当の支出を削減できる。三つ目が治安の問題だ。日本では老齢年金の支給日に大量の警察官が全国各地のATMの周囲に配置され、高齢者が現金を引き出す際の強盗や詐欺事件を防いでいる。アメリカでは、銀行や公共の場で強盗事件が起きなければ、毎年1500億ドル近くがなくならずに済むという。この金額は合衆国教育省の年間予算の3倍に相当する。第四に、税収のブラックホールである。イタリアでは地下取引により国庫から毎年1000億ユーロが奪われている。これはイタリアのGDPの20%に相当する。ギリシャではこの数字は27%を超えている。

さらに重要なのは、現金取引が犯罪の隠れ蓑になり得ることだ。ある研究によると、汚職官吏や麻薬密売人、マネー・ロンダリングを企む者たちは現金取引を強く支持しているという。理由は言うまでもないが、取引を追跡したり、位置を特定したりすることができない唯一の方法が現金取引であるからだ。こうした理由から、「現金は貧乏人の敵だ」と言う人もいる。彼らには現金の弱点に付け込んで悪さをする余地などないし、現金がもたらす弊害ばかりを被ることになるからだ。

社会のキャッシュレス化を推進することで、従来の現金の発行、流通に係る高額なコストを削減し、経済における取引行為の利便性と透明性を上げ、マネー・ロンダリングや脱税等の犯罪行為を減らすことができる。キャッシュレス社会化の模索はすでに世界規模で始められている。２０１６年にデンマークで現金廃止宣言が出されたことや、各国の中央銀行がこぞってデジタル通貨の研究を進めていることはいずれも現金の消滅を暗示している。キャッシュレス社会は理想から現実に変わりつつあるのだ。

デジタル通貨の推進において中国の中央銀行は世界の最前線を走っている。中国人民銀行は２０１４年に専門チームを結成し、デジタル通貨の発行および業務運営の枠組み、デジタル通貨の中核技術等を研究してきた。２０１７年２月にはブロックチェーンを応用した電子手形取引のプラットフォームのテストに成功した。人民銀行が発行する法定デジタル通貨もこのプラットフォーム上で試験運用され、人民銀行傘下の数字貨幣研究所（デジタル通貨研究所）が正式に開設された。順調にいけば、中国人民銀行は世界で初めてデジタル通貨を発行し、実社会での運用に漕ぎ着ける最初の中央銀行になる可能性が高い。

キャッシュレス社会の基盤はＩＴとＡＩ（人工知能）だ。この二つの技術が生み出す情報文明はキャッシュレス社会の到来を後押しするだけでなく、さまざまな面において人々の生活や仕事を変えるだろう。実際、中国銀行業協会の最新の統計データによると、２０１６年に中国工商銀行、中国農業銀行、中国建設銀行の3行で窓口業務人員が6万人削減された。過去4年で大型、中型銀行33行で合計32万人の人員削減が行われ、その数は中国の銀行業全体の従事者の総数の1割に及んだ。その大部分もやはり従来からの銀行窓口業務の担当者たちだった。

5年で中国をキャッシュレス社会に

ビジネスと金融の道への回帰を決めたアリペイは、2017年2月、コード読み取りによる対面送受金機能「マネー・コード」（収銭碼）を正式にリリースした。これにより、従来モバイル決済がカバーしきれなかった小規模商店や屋台へとサービス範囲を広げた。さらに、アリペイは野心的にも「今後5年で中国のいち早いキャッシュレス社会化を推進する」と宣言した。

この「5年」という期間には少なからぬ疑念が向けられた。中国の法定造幣企業である中国印鈔造幣総公司はウィーチャットの公式アカウント（公衆号《ゴンジョンハオ》）上で、「都市と地方、年長者と若者間のギャップを埋めることはできない」「現段階ではモバイル決済が日常の経済活動を全面的にカバーすることは難しい」と見解を述べた。また、全国政治協商会議委員で福耀玻璃グループ創業者の曹徳旺《ツァオ・ドゥーワン》も「現金をなくすには1000年から2000年はかかるだろう」と述べた。「中国の人口は約14億人で、そのうち60～70％が農村で暮らしている。中国東部と西部の格差、都市と地方の格差も大きい。もし現金がすべてデジタル通貨になってしまえば、多くの人が使いこなせない可能性がある」。曹は、道路交通、インフラから個人の能力までさまざまな不均衡がある中国において、通貨を生産と販売の媒介物として秩序を保ち流通させる最善の方法は、現金だろうが電子決済だろうがどのような条件下でも使えることだと考えている。「キャッシュレス社会は必ず一大潮流になるでしょうが、実現にはまだしばらくの時間が必要です」。曹徳旺の主張は筋が通っている。数年前、鉄道システムが切符のオンライン販売を推進した際も議論があった。「農民工〔農村出身の出稼ぎ労働者〕はネットで切符を買えない。これでは新技術の「棄民」になってしまう」。現在ではこの問題は大幅に改善されたが、とはいえ完全に解決したわけではない。

電子決済はすべての人にとって便利なわけではない。インターネット回線が引かれていない地域やネットを使えない高齢者もいる。基本的にはキャッシュレス社会となっているデンマークでさえ、大きな問題を抱えている。デンマークの田舎で暮らす退職した高齢者の多くはキャッシュカードを使わず、電子決済も使えない。彼らは政府に対しキャッシュレス化を緩めるよう要求している。社会のキャッシュレス化は高齢者を「社会システムから疎外されている」という感覚に追いやっているかもしれない。

とはいえ、社会のキャッシュレス化の趨勢はすでに不可逆的なものとなっている。自動車が誕生したとき、人々は誰もこれが馬車に取って代わるとは思っていなかった。ビル・ゲイツも「人は今後2年間の変化は高く見積もり、今後10年間の変革は低く見積もる」と言っている。キャッシュレス化を進める上での課題は、キャッシュレスな生活がより簡単で、より便利で、より安全で、より公平であることを実践によって証明することだ。キャッシュレス化のために貧困層や高齢者といった弱者が孤立させられ、社会の埒外に置かれるのであれば、それは追究する価値のある社会ではない。

キャッシュレス化においては、こうしたデジタルギャップをなくすほかに、安全性の確保という大きな課題にも向き合わなければならない。電子決済の過程ではお金を動かすごとに記録が付けられる。この際、個人のプライバシーをいかに保護するのか。また、電子決済は現金の紛失や強奪といった問題を解決するのと同時に、他の面での安全性のリスクを惹起する。一つは人為的なミスや悪意のある詐取だ。ハッカー攻撃やクラッキングはすでにデジタル金融の流通と決済に多大な損失を与えており、無数のネット詐欺事件を引き起こしている。二つ目は地震等の自然災害や、戦争、ハッカー攻撃等の人為的原因によるシステム障害だ。一旦システムが麻痺すれば金融流通や決済が機能不全に陥る可能性がある。

キャッシュレス社会を実現するためには極めて完成度の高い包括的なモバイル決済システムが必要だ。そのシステムには決済ツール、接続設備、ネットワークシステム、都市と地方の両方をカバーするサービス網、セキュリティシステム等の構築が含まれる。現時点では、決済ツールと決済ルートに関しては、アリペイが来るべきキャッシュレス社会に向けてその優良な基礎を構築しているが、その他の点に関しては関連部門、企業の積極的なキャッチアップが必要であり、さまざまな要素をうまく組み合わせて全体として包括性の高いシステムを作り上げていくことでしか最高の効果は得られない。アリペイ一社の努力だけではまったく足りないのだ。

アリペイも自力に頼ることの限界を認識している。２０１７年4月18日、アリペイの親会社アントフィナンシャルの主導により「キャッシュレス連盟」（Cashless Alliance）が杭州で設立され、全世界の企業に加盟の門戸が開かれた。理事には国連環境計画（ＵＮＥＰ）とアントフィナンシャルが就任し、第一陣の会員15団体と協力し、5年以内に中国のキャッシュレス社会化を推進すると発表した。同時に、連盟会員を１００カ国の３０００万以上の機関、企業に拡大することを目標に掲げ、連盟会員に対し今後2年間で総額60億ドルを提供してキャッシュレス化の推進をサポートし、全世界的なキャッシュレス決済への転換を加速させると宣言した。連盟はさらに、環境面でもキャッシュレス化によって低炭素化が促進されると主張している。キャッシュレス決済やデータ、信用情報等のシェアによって企業の集金効率を60%以上向上させることができ、取引コストを抑えることで炭素排出量を削減できるというのだ。例えば、アリペイでの集金３５８０件分でサクサウール〔砂漠地帯に自生する、耐乾性と耐塩性に優れたアカザ科の灌木〕を1本植えるのと同じ削減効果が得られる。低炭素社会の推進を奨励するため、アリペイはキャッシュレス連盟名義で１００万本の植樹を行うことを予定している。

今では顔認証、指紋認証、眼紋認証〔強膜部分の毛細血管等の特徴を識別〕、虹彩認証等の生体認証技術が進歩し、決済分野にも応用されはじめている。キャッシュレス社会までの距離は日々縮まっているのだ。

第Ⅱ部　アリが夢見るインクルーシブファイナンス

第3章　余額宝がもたらす資産運用革命

「資産運用」と聞いてあなたは何を思い浮かべるだろう？　その敷居の高さだろうか。銀行での手続きの煩雑さだろうか。あるいは、標準契約で定められた「T＋1」（約定日翌日決済）のやるせなさかもしれない。

2013年6月、中国資本市場が流動性逼迫にあえいでいたこの時期に登場した新たな理財商品「余額宝《ユーウーバオ》」はすべてを変えた。ユーザーはたった1元あれば資産運用が始められ、しかもいつでもどこでも換金できる。利用障壁が低く、便利かつスピーディーで、生活シーンとの融合性が高いという特性によって、余額宝は中国の一般庶民の資産運用熱を最大限に刺激し、短期間のうちに資産運用業界のスター商品となった。

1　余額宝の誕生

中国の資金不足問題と余額宝の登場

「私が1日でいちばん嬉しくなるのは、スマホでアリペイを開いて残高がまた少し増えているのを見るときです。ほんの数角でも」。「お金を寝かせておくくらいなら余額宝に入れておいた方がいい。ボクは今、お金は全部余額宝に入れています。交通費とかメシ代なんかが稼げて、悪くないよ」。「急に入り用になった時のために手許にお金を残しておかなきゃと思っていたし、数万元の貯金を定期に入れようなんて考えたこともなかった。だからお金は全部普通預金に入れていたんだけど、1年にたった100～200元くらいしか利息がつかなかった。それで友だちが薦めてくれた余額宝を使ってみたの。余額宝に8万元入れておいたらなんと1年で4000元以上も儲かったのよ！　銀行の普通預金の利息なんて話にならないわ」。

かつて、資産運用は金持ちの特権だと考えられていた。低収入のサラリーマンも、投資リスクを懸念する都市部のホワイトカラーも、銀行普通預金の0・35％という金利を前になす術がなかった。銀行口座にお金を寝かせておいて、気づかないほどのわずかな利息を受け取るだけだった。この状況を一変させたのが「余額宝《ユーウーバオ》」だ。その出現は中国全土に資産運用の大変革を引き起こした。

余額宝の誕生を考えるとき、中国の金融業界を青ざめさせた2013年6月の「銭荒《チエンホアン》」（流動性が逼迫し、資金不足に陥ったことによる金融危機）に触れない訳にはいかない。一般人にとってはその前と後でさほどの違いはないだろうが、ビジネスマンからすればあの頃のことは思い出したくもない。当時の中国の資本市場は戦々恐々としていた。

2013年6月6日午前、中国農業発展銀行が銀行間取引市場で発行する短期国債に買い手がつかず入札中止となり、この年の最初の売買不成立の利付債となった。同日午後、ふたたびブラックスワンが現れた。銀行間取引市場への依存度が高い中国の中型銀行2行（興業銀行、中国光大銀行）に1000億元規模の債務不履行があるという噂が立ったのだ。これが引き金となってこの日の上海銀行間取引金利（SHIBOR）は大暴騰し、翌日物金利は135・9bp上昇し5・98％となった。翌7日、中国光大銀行と興業銀行は急いで噂を否定したが、この日のSHIBORは翌日物、7日物、14日物、1カ月物、3カ月物のいずれの金利も全面的に急騰し、翌日物は231・20bp上昇し8・294％に、7日物は152・00bp上昇し6・657％となった。銀行間取引市場は歴史上最も長い取引時間の延長を記録し（銀行間取引の終了が2度にわたり各30分ずつ延長された)、広範囲にわたるデフォルトが発生した。端午節(旧暦5月5日)連休明けの6月14日の時点でもまだ資本市場の流動性逼迫は緩和していなかった。第4期の割引国債(記帳式)は再度売買不成立となった。

資本市場の危機に際し、中国人民銀行は救済策を講じる動きをみせなかった。6月20日、ついに市場は堪えきれなくなり、状況はさらに深刻化した。この日、SHIBORは初めて10%を超え、13・44%という驚異的な数値を記録した。銀行間の有担保コールのリバースレポ金利の最高値は翌日物で30%、7日物で28%だった。世間から見て金に困っているはずもないような大型商業銀行さえも借入のために行列に並ばねばならなくなった。

6月21日以後、資本市場の流動性は好転に向かい、翌日物金利も下がりはじめたが、恐慌ムードの蔓延によるドミノ現象が徐々に明らかになり、流動性逼迫の影響は漣のごとくマネー・マーケット・ファンド(MMF)市場、債券市場、株式市場に波及していき、最終的には金融市場全体に影響が及んだ。一時期「銭荒」は誰もが知るトレンドワードとなった。

2013年6月13日、資本市場が危機に瀕して神経をはりつめていた頃、アリペイと天弘基金管理有限公司が共同でリリースしたMMF「余額宝」がアリペイアプリに加えられた。この金融商品はアリペイが天弘基金を通じてインターネット上で販売するもので、その年間収益率は6%以上と当時の預入期間1年の定期預金の金利よりもはるかに高かった。余額宝はリリースされるやいなやユーザーの幅広い支持を集め、ユーザー数と規模は急速に伸長した。その成長ぶりを数字で見てみよう。

- リリース後数分でユーザー数が18万人を突破。
- リリース後6日(6月18日夜時点)でユーザー数が100万人を突破。

・6月30日、ユーザー数が251・56万人に到達。2012年に顧客数トップ10にランクインした中国MMFの顧客総数を抜く。

・2013年末、天弘基金の資産運用口座数が4303万件を突破。資産規模は、中国国内の全78のMMFの20%近くに相当する1853億元規模にまで成長し、国内最大のMMFとなる。

・2014年6月末、ユーザー数が1億人を突破。規模は5742億元超に。

余額宝の爆発的な成長の仕方は過去のMMFとはまったく異なっていた。余額宝が誕生するまで中国最大のファンドであった華夏基金（China Asset Management）の場合、当初の8000万元から3000億元規模に成長するまでに16年の時間を要した。一方、余額宝はたった半年で1000億元に到達し、5000億元を超えるまでに1年しかかからなかったことは特筆すべきであろう。

余額宝の立ち上げメンバーでアントフィナンシャル財産事業群副総裁の祖国明《ズー・グオミン》はのちに、余額宝は2012年12月の時点でアリババ・グループのプロジェクトに選定されており、資本市場の危機という「大穴」を見計らってリリースしたわけではない、成功はまったくの僥倖であったと語っている。とはいえ、資本市場の危機が余額宝を勢いづけたことは事実である。

資本市場危機下で深刻な資金不足に陥った金融機関は少しでも多く流動性資金を借り入れようと、次々と利上げに乗り出した。一方、銀行の協議預金〔銀行と企業の協議によって期間や金利が決められる預金業務〕を基盤とする余額宝の2014年1月2日の収益率（年率換算）は最高で6・763%に達した。これは当時銀行が売り出していた理財商品〔中国の高利回りの資産運用（投資信託）商品〕に比べて極めて高い収益率であった。

余額宝が登場する以前の中国の資産運用事情を説明しておく必要があるだろう。それまで、一般大衆が資産運用をするのは容易なことではなかった。銀行での資産運用は最低でも5万元からで、これより資金が少なければ見向きもされない。保有期間は商品ごとに異なり、中短期の理財商品なら最短で30日余り、長いもので1～2年であった。また、理財商品を購入するには本人が身分証明証を持って銀行に手続きに行かなければならず、人気の商品については事前に電話予約を入れる必要があった。当然、急に資金が必要になったからといってすぐに払戻しを受けられるわけはない。満期前に解約すれば利息はパーになってしまう。満期まで待ったとしても償還金が自分の口座に入るのは約定日の翌日だ。こうした不便さを鑑みれば、余額宝が人気を得たことは何ら不思議ではない。「1元から預けられ、しかもいつでもお金を引き出せる。換金の操作も手軽で、利益率は銀行の理財商品よりずっといい」という評判は人から人へとみるみるうちに広まり、「庶民の資産運用の神器」と称されるまでになった。

資本市場の危機が結果的に余額宝のこの時期の高収益率を後押ししたことで一般庶民からの注目を集めたのは確かだが、実際のところ、余額宝がユーザーから高い評価を得たのはむしろその革新性によるものだった。表面的に見れば余額宝は「天弘増利宝」という普通のMMFで、他のMMFと同様に銀行の協議預金に資金を投入している。他と異なるのは余額宝が第三者決済プラットフォームであるアリペイの中に存在していることである。さらに重要なのは、余額宝が消費シーンとつながり、現金や小銭の価値を高めていることだ。このちょっとした革新が余額宝を成功へと導いたのである。

余額宝の強みは、まず、投入した資金の価値がすぐに増殖することだ。本来、アリペイの口座残高には利息は付かなかった。しかし今では、簡単な操作で余額宝に資金を移せば、ユーザーは利益を得られる。しかも、余額宝の収益率は銀行の理財商品をはるかに上回っていた。二つめは決済機能である。ユーザーがアリペイの残高を余額宝に移動させても、アリペイの決済機能にはまったく影響がない。余額宝にある資金はそのままタオバオ系プラットフォームおよびアリペイ加盟店での決済に使うことができる。三つめは、手数料ゼロで、利用障壁が低いことだ。余額宝は1元から入金でき、取引手数料もかからない。この点が、銀行では相手にされなかったユーザーたちを強く惹きつけた要因であろう。四つめがサービス性の高さだ。余額宝からの換金申請および振替には24時間365日で対応している。

フロントエンドについては、余額宝からの換金申請の操作はアリペイの振替操作とほとんど同じであるため、ユーザーは新しいことを覚える必要がない。ユーザーがPCやスマホで「余額宝にお金を移す」ボタンを押すことが、MMFの換金申請コマンドに相当する。初めて換金申請をするユーザーは4ステップで操作が完了する。2度目以降は3ステップで済む。ボタンを操作するだけで画面上部のアリペイ口座（または銀行口座）の残高が減り、画面下部の余額宝の残高が増える。「見たものは手に入り、手に入ったものは使える」――なんとも簡潔明瞭ではないか。しかも、換金申請はスピーディーに処理される。ユーザーが余額宝に移したお金はリアルタイムでユーザーのアカウントに反映され、いつでも換金したり買い物に使ったりできる。

バックエンドでは、これらの操作はすべて天弘基金の「新型直販システム」〔証券会社や銀行を経由せず天弘基金がユーザーと直接売買を行うためのシステム〕で処理される。このシステムは極めてシンプルな商品設計と大量の技術投入によって成立している。簡単に見え（て実は凝ってい）るサービスを作り上げるため、天弘基金はカスタマーサービスチーム内で3人の顧客体験係を任命し、ユーザー視点から粗探しをさせた。UXのシンプルさも余額宝の成功要因の一つと見られているが、それを実現したのがMMFの直販システムをECプラットフォームに組み入れるという画期的な方法であった。

アリペイがタオバオ系プラットフォーム上の800万以上の商店と80万以上のアリペイ加盟店とリンクしていたことで、余額宝ユーザーは生活シーンにおいてワンストップサービスを享受することができ、またこれによって余額宝というＭＭＦの価値が最大限に開花した。余額宝はネットショッピング決済サービス利用者という大量の顧客群をターゲットとしてその資金価値の増殖を実現し、顧客には利便性を与え、複雑な部分は自らのうちに留めた。これはインターネットの技術と方法を駆使してコストを下げ、効率とサービス能力を高めるという有益な試みであった。

余額宝はアリペイユーザーにまったく新しい体験と目に見える利益をもたらすと同時に、天弘基金という赤字決算の無名弱小ファンドを急速に成長させた。２０１４年には天弘基金は一躍業界第1位のファンドに成長し、顧客数も世界第1位となった。余額宝の大きな成功は、中国のネットユーザーの潜在力だけでなく、ファンド会社がインターネットによって業務を刷新し、発展を逃げることの実現可能性をも証明した。余額宝の登場後、ファンド会社はこぞってアリババやテンセント等のインターネット企業に提携を申し入れた。類似理財商品が続々と誕生し、ここに中国のインターネット金融元年の幕が開いた。

〈ＭＭＦ＋決済機能〉モデルができるまで

余額宝プロジェクトは、その戦略が２０１２年12月22日に決まり、余額宝プロジェクトチームが「第2隊」あるいは「セカンドファミリー」と呼ばれていたことから、アリババ・グループの中で「2号プロジェクト」と呼ばれていた。つまり余額宝は「2番目の子」というわけだ。その誕生を語るには、時間を２０１１年秋まで巻き戻さなければならない。

２０１１年9月22日、タオバオ本部がある杭州市の西湖国際科技ビルの応接室で2人の男が話し込んでいた。タオバオ総裁の姜鵬《ジャン・ポン》と天弘基金の最高マーケティング責任者（ＣＭＯ）に就任したばかりの周暁明《ジョウ・シアオミン》であった。２００１年にファンド業界の証券市場に足を踏み入れ、かつての自らの起業の失敗のトラウマからようやく抜け出たばかりの周暁明には、よく分かっていた。天弘基金というこの小さなファンド会社が赤字から抜け出して成長していくためには、ネット上に直販店を開設することが唯一の活路である、と。そのため、周は昔の同僚である祖国明（当時は阿里小貸の金融・理財業務総監）から「タオバオは資産運用業務への参入を検討していて、ファンド会社のネット直販システムを支援する計画がある」と聞くやいなや、杭州に出向き自らタオバオ総裁に交渉しようと決意した。その結果が先のワンシーンである。

周暁明は杭州から戻るとすぐに社内でのＥＣチームの結成準備に着手した。それまで天弘基金にはＥＣ分野には人材もシステムもなく、当然顧客もいなかった。しかし、周だけが努力したところでタオバオで直販投信ショップを開業することはできなかった。タオバオ側にもある懸念があったからだ。当時アリペイがまだファンド販売業務のライセンスを取得していなかったことはもちろん問題だったが、タオバオはネット上でファンドを売ること自体に疑念を持っていた。当時の状況からはその効果はさほど見込まれなかったからだ。中欧基金管理有限公司（Lombarda China Fund Management）の唐歩《タン・ブー》董事長はインタビューでこう語っている。「インターネットというチャネルの実益はさほど大きくありません。コストは銀行並に高いのに、効果は銀行に及ばない。みなさん前途は明るいとおっしゃるが、いったいいつその光明が見えるのかというとはっきりしません」。これは当時の大多数のファンド会社の心情を代弁したものだろう。事実、タオバオが接触したファンド会社の多くは諦めてしまった。

追い詰められれば考えも変わるということだろうか。天弘基金は一貫してこの計画に乗り気だった。周暁明はその後も何度も杭州を訪れ、祖国明や彼のチームと交流を図った。天弘基金が提案したタオバオ直販投信ショップのデザインプランは十数案に上り、商品プランについても繰り返し調整を行った。その後２人は市場で売れ行きがよかった国華人寿保険の理財商品と中国光大銀行の「定存宝」に注目し、ＭＭＦに照準を絞って商品研究に励んだ。

祖国明からすれば、MMFを突破口としたのには必然性があった。MMFはコモディティ商品であり、流動性が高く低リスクである。そのことはアリペイユーザーにとって大変重要だった。なぜなら、ユーザーに損失を与えることなく資金の流動性を保証する必要があったからである。また、決済会社とMMFの結合には早くから先例がある。1998年に設立されたペイパルはその翌年にペイパルアカウント残高のMMFを始め、2000年に年間収益率5・56%を記録した。その後、このサービスはアメリカのゼロ金利政策の影響で2011年7月に終了することになったが、周暁明と祖国明に大きなヒントをもたらした。

2012年5月11日、アリペイはファンド販売業務のライセンスを取得し、本格的に提携相手を探しはじめた。天弘基金もアリペイのためのオーダーメイド型商品の考案に入り、周暁明は最終的に〈MMF＋決済機能〉という商品プランを、アリババ系列のネットショッピングと結びつける構想に帰着した。

中国では2012年にはすでにモバイルインターネットがブームとなりはじめており、ウィーチャットという強みによってテンセントが一歩リードしていた。この年の下半期を通して、アリペイ幹部たちは「モバイルインターネットの入口をどう作るか」「アリペイの顧客ロイヤルティをいかに高めるか」という二つの問題について検討を重ねていた。

当時、アリペイをはじめとする第三者決済プラットフォーム上には大量の遊休資本が発生していた。ユーザーは購買、仕入れ、販売のいずれを行う場合にも資金の一部をアリペイ口座に残していたが、人民銀行による第三者決済業務への制限のために、これらの資金に利息を付けることはできなかった。利息を得ようとすればユーザーはアリペイ口座内の資金を銀行口座へ移し替えなければならず、面倒だった。また一方では、アリペイの業務量が増え続けたことで顧客準備金〔顧客が委託する決済業務を処理するために、決済機関が顧客から受け取る前払費用〕が増え、監督当局からの圧力が日増しに強くなっていた。このような大量の資金を第三者決済企業の口座に置いておくことに、監督当局は一貫して注意を向けていた。したがって、アリペイは顧客準備金の規模を抑制し、なおかつユーザーの口座残高にも利益を生むような手段を模索することとなったのだ。

２０１２年12月22日、天弘基金の郭樹強《グオ・シューチャン》総経理はチームを引き連れて当時設立準備中であった阿里小微金融服務集団（阿里小微）の樊治銘副総裁を訪ねた。夕方６時半、双方の７人は北京の環球金融センター西棟２階のレストラン「国錦軒」で会食した。簡単な挨拶の後、周は樊に天弘基金側の構想を話した。周が「天弘はアリペイのためにオーダーメイド商品を作り、アリペイユーザーに付加価値サービスを提供したい」と語り、このサービスを採用してくれないかとアリペイに打診すると、樊はその場で「分かりました。やりましょう」と即答した。天弘基金が提示したＭＭＦという構想には付加価値を生む優れた効果がある上、「Ｔ＋０」（当日決済）であるため資金の流動性が保証されていた。周のプランはまさにアリペイの弱点をカバーするものであり、樊には拒絶する理由がなかった。こうして双方は合意し、あっという間に契約を結んでしまった。

２０１３年３月14日、「天弘増利宝」の商品プランが正式に中国証券監督管理委員会（証監会）に提出された。３日後には杭州の黄龍時代広場アリペイビル14階の春秋書院で決起集会が開かれた。樊治銘をはじめとする幹部たちはアリペイの１４０名以上のエンジニアに対し、アリババ・グループの２号プロジェクト「余額宝」の意義の重大さを語った。その後２カ月余り、天弘基金とアリペイの合同プロジェクトチームは春秋書院を缶詰め部屋として、日に夜を継いで働いた。そうしてようやく６月13日に余額宝のリリースを迎えたのである。

余額宝の爆発的な成長は誰の想定をも超えていた。余額宝はアリペイ口座と緊密に連携し、その残高に金利を生むサービスを実現した。これは資産運用サービスにおけるユーザーの保護という課題に対し、流動性、安全性、リスク管理といった点から出発し、最終的には天弘基金とアリペイが「姻戚関係」となったことの結実であった。アリペイの親会社であるアリババは天弘基金の登録資本金2・623億元を11・8億元で引き受け、天弘基金の筆頭株主となった（持株比率51％）。

余額宝は「吸血鬼」か？

余額宝がオンラインの資産運用サービスで大成功を収めると、バイドゥやテンセントなどのインターネット企業も次々と参入してきた。銀行業界、ファンド業界、証券業界は震撼し、必死にこれに追随しようとした。たちまち「〇〇宝」と名付けられた「宝宝類《バオバオレイ》」と呼ばれる理財商品が雨後の筍のごとく出現し、広く人々に定着して中国に資産運用革命をもたらした。人々が預金の移動を始めると、銀行をはじめとする既存金融機関は不安に苛まれるようになった。

マーはかつて「銀行が変わらないなら、われわれが銀行を変える」と言った。余額宝の出現はまたもやマーの大言壮語が口先だけではないことを証明したかのようであった。しかし、CCTVの解説員を務める鈕文新《ニョウ・ウェンシン》は「余額宝は銀行にへばりつく吸血鬼みたいなものだ」と憤懣をあらわにした。鈕文新の主張はこうだ。余額宝は銀行の普通預金残高を減らすことで銀行システム上の流動性を逼迫させ、その上、銀行の協議預金によって高金利で資金を銀行に預けることで漁夫の利を得ようとしている。彼はまた、余額宝が社会全体の融資コストを上昇させるとも述べている。

はたしてそれは事実だろうか？　そもそも銀行の普通預金の低迷は余額宝等のサービスが発展する数年前から始まっている。この類の理財商品の規模は比較的小さく、銀行の預金コストの上昇に対する影響は限定的で、鈕の言うように「金利市場を深刻なまでに妨害する」はずもなかった。余額宝等の理財商品が目覚ましく発展していた2014年1月末でさえも余額宝の資産規模は4000億元強、中国のMMF総資産規模は9532億元で、中国国民の預金総額47・9兆元の2％、人民元預金総額103・4兆元の0・9％を占めるにすぎなかった。また、協議預金の金利は銀行と各企業の協議によって決められるもので、完全に市場に委ねられている。よって、銀行の融資コストの上昇の責任を余額宝に帰すことはできない。さらに、インターネット金融で取り扱うのは主として多様な理財商品、少額融資業務、決済業務である。そのうち従来の銀行業に最も影響を与え得るのは一部の決済業務、キャッシュカード業務、代理業務、資産運用業務等の手数料、仲介料収入であるが、たとえこれらの手数料収入が平均で10％減少したとしても、銀行の営業収入に対する影響は1％にすぎない。

「チーズを持っていかれた」銀行にとっての真の恐怖は余額宝が金融業界全体にもたらす業態の変化である。余額宝それ自体は従来の金融業に致命傷をもたらすには及ばないが、彼らに与えた心理的ショックは実際の影響よりはるかに大きかった。銀行は今でも資本、リソース、信用およびリスク管理能力においてその優位性を保っており、余額宝等のオンライン投資商品がこれに追いつくことは難しい。しかし、そうした金融商品の登場の衝撃を経験した彼らは金融機関の改革や弊害の除去に着手し、UXを改善し、資産運用の敷居を下げた。現在ではオフラインのオンライン化、独自のECプラットフォームの構築、インターネット金融への移行の3点が、銀行がインターネット金融に力を入れる際の「攻めどころ」となっている。

金融の全面的な改革が進む荒波のなかにあっても、銀行をはじめとする既存金融機関は、インターネット金融というイノベーションの経験に学び、常に市場に寄り添うこと、そして、金融商品やサービスモデル、リスク管理を改善し、広い顧客層へのサービスと経済の転換に着実に進めることを忘れなければ、将来的に劣勢に立たされるとは限らないのではないか。

世界最大のMMFに

アリババのような野心的な企業をしても、余額宝が登場から1年でこれほど多くの奇跡を生み出すとは、おそらく想像もつかなかっただろう。しかしそのなかにあった苦楽は余額宝の関係者にしか分かりえないものだった。

リリースからたった8日のうちに、余額宝は2度にわたって天国から地獄に落ちるような目に遭った。

リリースから4日後の6月17日、天弘基金は北京で余額宝リリースの記者会見を行った。その日の午後7時、CCTVのニュース番組「新聞聯播」でアリペイと天弘基金が余額宝をリリースしたことが報道された。「新聞聯播」でファンド会社が取り上げられることは非常に珍しく、祖国明と周暁明は大いに喜んだ。しかし、それから4日後の6月21日、世間に「余額宝が中国証券監督管理委員会に業務停止を命じられた」という噂が流れたのである。

実際のところ、これはメディアの誤解だった。事実はこうだ。証監会は記者会見を開き、余額宝の業務のうち、一部のファンド販売用取引口座についてはまだ監督当局に届け出られていないことを明らかにした。また、監督銀行との協議書も提出されておらず、これは「証券投資ファンド販売管理規則」（証券投資基金銷售管理弁法）第29条および第30条と、「証券投資ファンド販売の決済資金管理に関する暫定規定」（証券投資基金銷售結算資金暫行規定）第9条に違反すると指摘した。会見での証監会の発言のうち、95％は余額宝のイノベーションに関する話で、残りの5％で「余額宝には未解決の問題がある」「アリペイと天弘基金にこれらの改善を期待する」という話に及んだのだという。メディアは最初の95％には触れずに5％の部分だけを報じ、それがＣＣＴＶで「速報」として放送された。これがさらに「証監会から余額宝に停止命令が出るかもしれない」という話に変わり、最後には「停止命令が出た」となったのである。

　しかし、この鉄を打つような厳しい試練は余額宝をさらに強く大きくした。陳亮の説明によると、余額宝はリリースから２６４日間で関連部門の監督を合計43回も受けたという。平均すると６日に１回のペースで、その方法は文書による届出報告や現場視察、現場検査などとさまざまであった。特に、２０１４年１月から３月にかけて開催された「両会」期間中は、たった２カ月の間に中国人民銀行、証監会、審計署〔政府機関と国有企業の財務収支の監査を行う役所〕から合計19回にわたって監督を受けた。しかし、アントフィナンシャルによると、監督者たちの態度は寛容で、実務的かつオープンだったという。さらに彼らは余額宝のサービスシステムや運営の改善の参考となる意見や方法を与えてくれさえした。

　余額宝が遭遇したもう一つの不運は、技術に起因するものだった。リリースから１カ月で余額宝のユーザー数は早くも１０００万人近くになっていた。このスピードは祖国明の予測を超えていた。と同時に、技術面のキャパシティへの懸念が高まっていた。余額宝の初期のシステム設計におけるユーザー数の限界値が１０００万だったからだ。

　当時、天弘基金のＩＴシステムはＩＯＥインフラ（ＩＢＭサーバ、オラクル・データベース、ＥＭＣストレージ）を採用していた。このタイプの集中型システムは分散型処理ができず、拡張能力が限られていた。祖国明の記憶では、当時、毎日の収益計算・分配には平均７～８時間を要していたという。つまり、毎晩12時に計算を始めるとすると、ユーザーが実際に余額宝の収益を見られるようになるのは翌朝９時か10時、場合によっては11時までかかることもあるということだ。この点については多くのユーザーから問い合わせがあったが、カスタマーサービス窓口では「現在技術改良中です」と答えることしかできなかった。実際に問題だったのは技術ではなく、システム構造のせいで処理時間が長くなってしまっていることだった。さらに問題だったのは、余額宝がアリペイ口座と連動していることだ。当時の技術状況から考えても、来るべき「双11」の負荷に決済ツールとして持ち堪えるのは明らかに不可能だった。

　ユーザー数の急伸とインフラ設計能力の欠陥の間で「嬉しい悲鳴」を上げていた祖国明たちであったが、その解決方法は「クラウド化」だけだった。余額宝のリリースから2カ月後の２０１３年8月、アントフィナンシャルと天弘基金は余額宝のクラウド化を決めた。余額宝を全面的にアリババ・クラウドのフレームワークと技術要件に合わせて改良した結果、その計算処理時間は40～60分程度にまで短縮された。ファンドの直販システムをクラウド化するのは、ファンド会社として初めてであるだけでなく、あらゆる金融機関のなかでもおそらく初の試みであった。余額宝のクラウド化の後、アントはさらなる規模の拡大と機能改善に直面することとなったが、すでに高い到達点に立っていた彼らからすればさほどの困難は感じられなかった。

　２０１７年、リリースからたった4年のうちに余額宝は世界最大のＭＭＦとなった。その規模は１６５６億ドルに達し、ユーザー数は3億人を超えた。ただし、余額宝の運用収益率は決して一貫して6％超という高水準をキープしていたわけではない。「銭荒」の後、中国人民銀行の通貨政策の下で資金市場が改善し、銀行の流動性逼迫も解消したことに伴い、余額宝の収益率は下降した。収益率は２０１４年5月には5％を切り、２０１５年7月には4％未満、同年11月には3％未満となった。このような状況下でも余額宝のユーザー数は大幅に減ることはなかった。このことが示すのは、余額宝がすでに爆発的な成長の段階から安定成長期に入ったことである。また、一線都市〔政治、経済上の重要度に基づく都市の等級。一線都市は北京、上海等の中心地を指す〕、二線都市のユーザーが飽和状態になったことで、余額宝は三線都市、四線都市や農村へもサービスを広げ、これによって強い潜在力を持つこととなった。データによると、２０１５年末時点の余額宝ユーザー規模の増加率は前年比で、四線都市で48・1％、五線都市で45・5％、農村地域で65％であった。

ユーザーが離れずに定着していることは、彼らにとって余額宝が単なる理財商品ではなく、資産運用機能や付加価値サービスからさまざまな生活シーンに対応した包括的なソリューションまでを搭載し、収益性、流動性、安全性、利便性すべてを兼ね備えた現金管理ツールとなっていることを証明している。

アントフィナンシャルとアリババのプラットフォームの豊富な利用シーンという強みを活かし、余額宝は〈インターネット＋金融〉の新型インフラとなった。その膨大なユーザー群の存在によって、アントはさらに多くの業際的なイノベーションとエコシステムの進化を実現させた。余額宝があればこそ、アリペイは「決済ツール」から「財布」への転身を遂げられたのであり、アントも常に金融分野への触覚《アンテナ》を伸ばしつづけることが可能となったのだ。

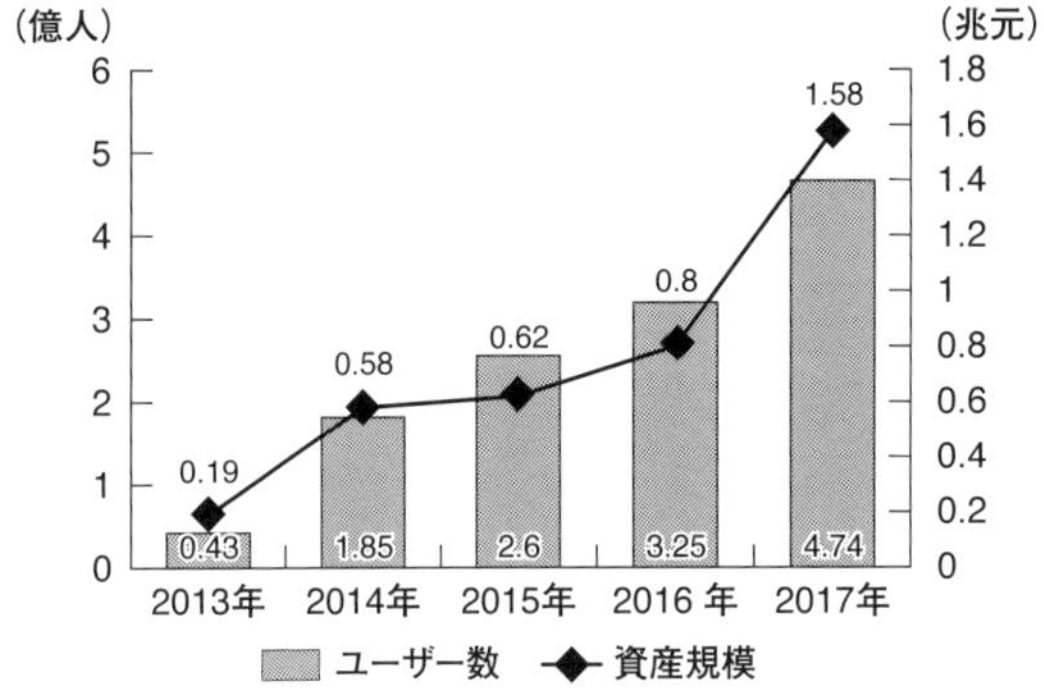

図 3-1　余額宝のユーザー数と資産規模の推移

ゲームチェンジャー・余額宝が生み出した「ナマズ効果」〔ある集団に異質な要素が加わることで活力が高まる現象をいう〕により、一枚岩だった従来の金融システムは根底から揺るがされた。これは既存金融の独占状態に対するイノベーションからの挑戦であり、独占的な金融の下で大衆の利益がないがしろにされてきたことに対するインクルーシブファイナンスからの挑戦である。余額宝の誕生によって、中国の金融抑圧の打破の号令がかけられたのだ。

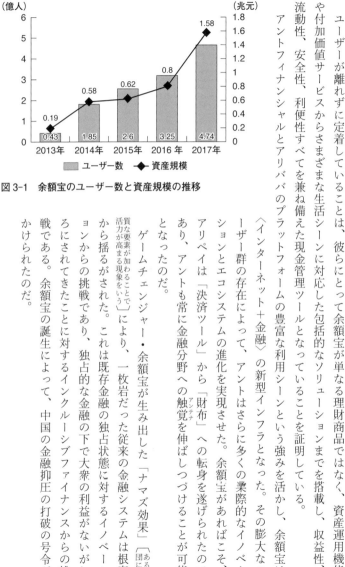

2 招財宝は「諸刃の剣」?

他のインターネット金融企業の類似理財商品の規模が拡大するにつれ、MMF全体の収益率は下がり、余額宝も安定成長期に入った。アリババは2014年4月、定期理財商品をリリースした。「招財宝《ジャオツァイバオ》」である。

エリート家系の招財宝

招財宝の「お家柄」は申し分ない。祖父はアリババ・グループ、父はアントフィナンシャル(当時は阿里小微)、余額宝とは兄弟にあたる。招財宝はリリース時点でタオバオ、アリペイ、天弘基金といった戦略上のパートナーとの契約を結んでおり、世に出るやいなやたちまち勢いづいた。

余額宝が大成功を収め、ユーザーが蓄積されてくると、アリババ内部ではさらに多種類の理財商品を提供する計画が始められた。祖国明によると、余額宝が現金管理ツールとして定着した後、アントフィナンシャルはビッグデータ分析によって「高収益率」という要素が最もユーザーを引きつけることを発見した。例えば、余額宝の収益率が下がった時に株式市場が活況であれば、その間は資金が株式市場に流れる。しかし、株式市況が停滞すると資金はふたたび余額宝に戻ってくる。ユーザーがこの資金を簡単に資金運用に回せるようにするにはどのようなサービスを提供すればよいのか、アントは考えはじめた。

招財宝の最初の構想は、信託期間が決められており、収益率が余額宝を上回る商品、いわゆる「定期理財商品」であった。2013年9月、阿里小微は理財事業部を設立した。理財事業部を作ったからには、その視線が余額宝のようなMMFの理財商品だけに向けられているわけではないことは明らかである。祖国明は言う。「投資したお金をいつでも引き出せる無期限理財商品、信託期間が決められた定期理財商品、将来的には株式も含めたこの三つが揃ってはじめてユーザーの資産運用サイクルは完成する。定期理財商品を出すことは決定しているが、商品のタイプは市場とユーザーのニーズに基づいて決めることになります」。

同年12月13日、招財宝金融信息服務有限公司が正式に設立され（登録資本金1000万元）、翌年4月10日には招財宝金融情報サービスプラットフォームを正式に始動させた。当初、プラットフォーム上の商品は主に小企業向け融資、ファンド商品、保険商品の3種類だった。5月には招財宝の予約機能（137頁参照）がスタートし、6月には投資金額が30分で10億元分に到達するという新記録を打ち立てた。8月25日、阿里小微は4カ月のテスト運営を経て招財宝をリリースした。この時、招財宝プラットフォームは運用開始から4カ月しか経っていなかったが、この短期間で招財宝上の取引額はすでに100億元を超えていた。これは招財宝の理財商品がユーザーのニーズに的中したことの証左と言ってよかろう。

リリースから半年余りで、招財宝上の投資金額は累計300億元を超え、2015年12月までに招財宝プラットフォームでは総計1000万人超の投資家の取引をサポートした。リリースから1年後の2015年4月26日には累計取引額が1000億元の大台を超え、同年7月20日には累計取引額が2038・20億元に到達した。1年半後には、招財宝の取引規模は3500億元まで成長した。

投融資のプラットフォーマー

「招財宝は「余額宝2・0」だ」という人がいる。実際、招財宝と余額宝には実に多くの共通点があるが、まったく異なる個性を備えている。余額宝はアリペイがリリースした現金管理ツールで、ネット販売だ。MMFと結びついており、当座預金型の理財商品に属する。一方、招財宝はアリババのプラットフォーム志向を継承している。信託期間が定められた理財商品の取引プラットフォームであり、招財宝自体は取引に関与しない。

よいプラットフォームの条件は、成功に応じて適切にユーザーへ利益を還元することだ。招財宝がスタート当初から大きな成功を手にしたことは、他のサービスより優れた点があったことを意味する。

招財宝では、理財商品を購入する際に１００％の元本保証が得られることが投資家にとっての大きな吸引力になっている。招財宝は中国投融資担保有限公司を第三者保証機関として引き入れ、衆安在線財産保険公司（衆安保険）と協力してプラットフォーム上のすべての投資行為について元利の全額保証を実現している。不良債権問題が発生しても、保証会社と保険会社が自動的に保証してくれるというわけだ。衆安保険は「中国で最も強気な3頭の馬」と呼ばれるアリババの馬雲（ジャック・マー）、テンセントの馬化騰（ポニー・マー）と保険大手の中国平安保険の馬秋哲によって設立された中国初のインターネット保険会社である。第三者機関による信用強化は投資家の資金の安全性（元本確保の程度）への懸念を完全にクリアした。これはインターネット資産運用への参入障壁に直結する問題であり、招財宝が他の資産運用プラットフォームに勝つ上で不可欠な要因でもあった。

また、投資家は招財宝で購入した理財商品をいつでも現金化でき、しかも購入から現金化までの期間に発生した利息が保証される。例えば、ある人が1万元出して年間収益率7％の招財宝商品を購入し、購入から6カ月後に償還日を待たずに現金化した場合、招財宝では購入後6カ月分の収益に相当する３５０元は消失せず、この投資家が最終的に手にする金額は１・０３５万元となる（招財宝は０・２％を手数料として徴収）。

このシステムは、一般人の定期理財商品に対する常識を打ち破った。言うまでもなく、定期商品の収益率が無期限理財商品に比べて高い理由は、信託期間が固定されている点にあった。収益率は定期預金金利を上回り、期限もフレキシブルとなれば、招財宝の理財商品を選ばない理由はない。いつでも引き出せるようにしたとたん、招財宝は他のインターネット理財商品を打ち負かした。招財宝に対する世間の受容と、余額宝がリリース当初急激に台頭し広く人気を集めたことには、同工異曲の妙がある。

招財宝の躍進の拠りどころとなったのは現金化機能と予約機能である。現金化機能とは、ユーザーが招財宝で購入した理財商品を担保として現金の借入れができる個人ローンで、ユーザー自身が利息と期間を決められるというものだ。一方、予約機能はユーザーが事前に投資金額、期待収益率、信託期間等の条件を設定し、これらの希望に合致する理財商品が売り出されたときに自動で通知を受けられるというサービスだ。あるユーザーが所有する理財商品の譲渡を希望する場合、その利率や信託期間が他のユーザーの希望に合えば招財宝プラットフォームは両者をマッチングし、取引を促す。一つの商品に複数の購入者が集中した場合、システムは自動的に予約順でマッチングを進める。これにより、招財宝は投資家の資金の流動性（現金化のしやすさ）への懸念を完全に解決した。一方では急にお金が必要になったユーザーの資金繰りを助け、もう一方ではユーザーが既有商品を現金化してより高リターンの商品に再投資するよう促し、投資家の収益を最大化できるというわけだ。

理財商品の売り手である金融機関にとっても招財宝は魅力的だ。余額宝は銀行側が一方的に投資側の資金を吸い取るという問題を解決したが、これに対し招財宝は銀行側のリスク、すなわち信託期間のミスマッチが銀行にもたらす流動性リスクを解決したと言える。銀行の稼ぎは預金と融資の差額ではなく、リスクプレミアムである。顧客に資金ニーズがあるとき、銀行は顧客に招財宝で融資を受けるよう勧めることで、顧客が比較的低い融資コストでかつ迅速に融資を受けられるようサポートできるのだ。

無期限理財商品から定期理財商品にいたるまで、招財宝は余額宝よりワンランク上の商品と言えよう。しかし、そのサービス対象は余額宝と同様に小口投資家層が中心となっている。実際の顧客の平均投資金額は約2万元で、金融商品のリスクを見極める判断力や見識は決して豊富とは言えない。したがって、招財宝は金融機関を内部に組み入れ、金融機関にすべての資金ニーズについてリスクを評価させ、それに応じて投資条件を決定している。

当時、阿里小微金融事業部総経理と招財宝CEOを兼任していた袁雷鳴は、「招財宝は情報仲介プラットフォームであり、金融商品の設計、販売、リスク管理等の専門性においては金融機関に敵わない」と断言している。「それゆえ、招財宝は銀行やファンド会社、信託会社、保険会社等の金融機関と提携し、顧客がプラットフォーム上で取引を行う際により正確にリスクの識別や計測、管理が行えるようサポートし、顧客にリスク負担能力を備えさせると同時に、金融機関にも相応のリスクプレミアムを保証します。金融機関がリスクをふるいにかけた後に、一般大衆という個人投資家と向き合えるようにするのです。これが招財宝プラットフォーム全体を貫く理念です」。

招財宝の初志は、投資家と資金調達者をつなぐ金融情報サービスプラットフォームを作ることであり、自らのデータ分析能力と提携金融機関のリスク評価、管理能力を駆使して、大量の顧客がそれぞれ所有する少額の資金によって中小企業をはじめとする少額の資金ニーズを満足させることであった。また、余額宝の収益率が下がり、規模とユーザー数が停滞しはじめた状況下で、招財宝の存在はアリババが「インターネット金融のイノベーション」の旗を掲げ続けることを可能にした。

しかし、どんなに商品設計が完璧でも、中国国内の資産運用市場にふりかかった現実のリスクを免れることはできなかった。招財宝は今まで二度の償還遅延を起こしている。最終的に問題はすべて解決し、投資家の権利は保証されたとはいえ、これにより現金化機能と予約機能が時として諸刃の剣となることが露呈したのであった。

二度の償還遅延

２０１５年10月28日早朝、招財宝プラットフォームは微博の公式アカウントで「８月12日に発生した天津港の倉庫爆発事故を受け、天津市中芸供応鏈管理有限公司（天津中芸）が資金繰り困難に陥った影響で、関連企業の事業への出資者の一部が期限通りに元利を回収することができなくなった」と発表した。招財宝が初めて起こした償還遅延は人々の関心の的となった。

この事件の禍根は２０１５年８月12日に発生した天津濱海新区倉庫爆発事故である。これにより天津中芸は自動車の並行輸入業務を正常に行うことができなくなり、一部取引の売掛金を回収できなくなった結果、資金繰り困難に陥った。この事態を受けて、招財宝プラットフォームはプロジェクト投資者募集情報の発信元である民生銀行や保証保険を提供している大地保険等に連絡し、協力して天津中芸の返済督促とフォローアップを行う約束を取り付けた。また、招財宝は投資家向けのホットラインを開設し、相談業務を行った。そして10月28日夜、招財宝は「プラットフォーム、融資企業、投資者募集情報の発信元、保証保険提供機関による協議の結果、プロジェクトの元利１・２２億元を全額償還した」と発表した。また、投資家は、元の契約で約定された利率に基づいて得られる利息に加え、遅延期間についてもそれと同じ利率で利息を補償として受け取ることができることとされた。最終的に投資家の権利が十全に保証されたところで、一度目の償還遅延は解決をみた。

しかし１年後の２０１６年12月20日、招財宝プラットフォームはふたたび投資プロジェクトの償還遅延の公示を出すこととなった。招財宝プラットフォームで販売された僑興電信、僑興電訊の私募債（合計３・１２億元）がすでに償還期限を迎えながらも、資金繰り困難のため期日通りに償還できなくなったのだ。この広告が出るや、投資家は不安につつまれた。「なぜこれほどの大手のインターネット金融機関さえも不安定なのか?」「保証保険会社2社が協力して信用強化しているというが、それで本当に投資家は守られるのか?」「3億元余りの債務不履行は氷山の一角にすぎないのではないか?」

二度目の償還遅延の発端は2014年12月、僑興グループ傘下の僑興電信、僑興電訊が合同で広東金融高新区股権交易中心有限公司（広東株式取引センター）で10億元の私募債（全7期、償還期間2年）を発行したことであった。広東株式取引センターは招財宝プラットフォームでこれらの私募債を数期に分けて個人投資家に販売し、投資の前提条件として浙商財険が保証証券を発行することとした。さらに、浙商財険は広発銀行恵州支店に信用保証状（L／C）を発行させ、カウンターギャランティーの形で担保を取ることでリスクを下げようとした。また、僑興グループの呉瑞林《ウー・ルイリン》董事長は、「当期債券の元利償還のために、個人資産のすべてを投じて取消不可能の無限責任の連帯保証を担保提供する」と宣言した。

しかし、2年後の2016年12月、僑興グループの流動資産が逼迫した影響で、当初の期日通りに償還を行うことができなかった。保証責任を負う浙商財険は賠償手続きを開始し、L／Cを持って広発銀行恵州支店へ出向いた。ところがなんと、広発銀行は「L／Cは偽物だ」と主張し、現地の公安機関〔日本の警察に相当〕に届け出たのである。こうして事件の核心は浙商財険と広発銀行恵州支店とのL／Cの真偽をめぐる争いへと移った。広発銀行はL／Cに押されている印鑑は偽物だと断言し、一方の浙商財険は自社ウェブサイトで複数の証拠文書を公開して、広発銀行は虚偽を言っていると主張した。広発銀行は広東省で、浙商財険は浙江省でそれぞれ事件を届け出、いずれも立件され調査が行われた。

最終的に、投資家への補償については、招財宝等の各方面が積極的に対応を進めた結果、浙商財険は2017年1月24日に広告を出し、投資家に対し紛争解決を待たずに補償金を支払うことを発表した。と同時に、

「広発銀行も責任を負い、共同で被保険者の利益を保護するよう希望する」とも書き添えた。２０１５年の天津中芸の償還遅延と同様に、僑興の償還遅延についても投資家は最終的に保険会社の補償を得ることとなったが、この私募債の債務不履行が引き起こした紛争は僑興グループ、発行元の広東株式取引センター、販売者の招財宝、保険会社の浙商財険、保証提供者の広発銀行恵州支店のすべてを巻き込んで、紆余曲折の展開をたどることとなった。

実際、招財宝がこのトラブルから得た教訓は少なくなかった。招財宝は一貫して自らを情報サービスプラットフォームと位置づけ、保証責任を負ってこなかった。そのかわりに、投資家がＰ２Ｐプラットフォーム上で元金割れという事態に陥ることを防ぐため、第三者保証機関を引き入れたのだった。招財宝の基本的な考え方は「専門的な事柄は専門家に委ねるよう」というものであり、第三者保証機関を通じて、被り得る損失から投資家を保護することを目的としていた。

僑興の償還遅延トラブルについて、招財宝の関係者は次のように話す。「今回の問題では各社の義務と責任はすべてはっきりしていました。われわれは情報仲介サービス企業であり、業務範囲は発行元の信用性の検証に限られていて、具体的に僑興電信と僑興電訊を審査することはその範囲外でした。資金調達者と投資家のマッチングをお見合いになぞらえるなら、招財宝はお見合い会場を提供しただけであり、仲人の役目を担っていたのは私募債発行元である広東株式取引センターです」。

たしかに、商品を選び、鑑別する役割は専門金融機関が多分に担うべきものだ。しかし、投資家が情報プラットフォームを選ぶ上で根拠となるのはその知名度や信頼性である。多くの投資家が招財宝を選ぶのは、招財宝のブランド力と実力の確かさを信じているからに違いない。たとえ招財宝がただ情報を掲載するだけで、資金フローにノータッチで商品設計にも関与しなかった結果問題が発生したとしても、投資家は惰性的に招財宝を選ぶだろう。招財宝はこのことをどう考えるのか？　招財宝が僑興グループの私募債を売り出した2014年12月時点では、監督当局はまだ債券売買情報仲介業の責任を明文化しておらず、ゆえに当時の招財宝はたしかに法律違反を犯していなかったと言えよう。しかしその後、2016年8月24日に中国銀行業監督管理委員会（銀監会）をはじめとする四つの部門と委員会が国務院の承認を得た上で公布した「インターネット貸借情報仲介機関の業務活動の管理に関する暫定規則」（網絡借貸信息中介機構業務活動管理暫行弁法）では、情報仲介業者もリスク評価を行う責任があることが明確に規定された。

また、招財宝に第三者保証機関を組み入れることで、商品のリスクチェーンは長くなっていた。もし第三者保証機関による保証がなければ、投資家は私募債の抵当のリスクが高いと感じれば利率の高い商品を選ぶだろうし、いっそ投資しないという選択肢もある。しかし、保証保険でリスク保証が提供されれば、投資家は少なからず抵当物のリスクを軽視するようになる。招財宝のこうした体制はもちろん悪意によるものではないだろう。招財宝が投資プロジェクトの審査とリスク管理を第三者金融機関に委任したのは、小口投資家にも保証を与えるためだった。そうした当初の狙いはよかったが、結局、招財宝はユーザーをリスク意識に欠けた、利益ばかりを追求する投資家に仕立て上げてしまったのではなかろうか。不良債権問題が起きれば、「100％の損害賠償」を謳う中国投資担保有限会社と衆安保険が責任を負うこととなり、アリババプラットフォームのブランドにも悪影響を与えかねない。招財宝は資産運用プラットフォームとして、ユーザーがリスクを見極め、担うことができる投資家となるよう導くべきであった。

今回の件では、企業の私募債を複数期に分けて販売する招財宝のやり方も市場の議論を呼んだ。招財宝の現金化はすべて個人ローンを通して行われたが、問題は商品の次の所有者が自分の購入した商品がもともとどのような商品だったのかを判別できないことだった。これにより、流通市場で取引される商品の構造が曖味になり、個人ローンで投資家が参考にできる情報は収益率と償還期間だけという状態となったのだ。こうした情報の不透明さそのものは重大な問題を来さないものの、リスクの程度が分かりにくくなることでユーザーのリスク感覚を薄れさせる恐れがあり、どの理財商品もリスクレベルに差がないというような思いこみを招きかねないことが問題であった。

企業私募債を例に取ってみよう。通常、その規模は数千万元からせいぜい数億元程度で、投資者数は最高でも200人未満に制限されている。そのため、企業私募債においては、投資者が一定の経済力とリスク負担能力を持つ機関投資家であることが求められる。しかし、インターネット金融が盛況な状況下では一般の投資家にもこれに参与する余地が生まれる。今回問題となった僑興の私募債は、発行元によって数期に分けて販売されたが、毎期の投資者数の上限を200人に制限しただけで、投資額の下限は数十万元からたちまち1万元まで下がってしまった。

発行元が私募債を数期に分けたことは、招財宝プラットフォームの現金化機能と相俟って、投資家が購入した理財商品の構造を把握しづらくした。今回の僑興の償還遅延で損失を受けた投資家は数万人と推計されている。そのうち、自分が購入した商品の基盤となる資産がもともと企業私募債であることを知っていた人はたったの5000人ほどだった。招財宝の投資家の多くは余額宝からスライドしてきたユーザーであり、その多くは小口投資家で、投資リスクの管理能力は十分には備わっていない。私募債の一期ごとの投資金額は小さいが、投資プロジェクト全体では大きな資産となる。ゆえに、債務不履行が発生すれば、影響を受ける人や範囲はおのずと多くなる。

招財宝を「保証付きのP2Pプラットフォーム」だと言う人がいる。彼らにとっては、招財宝上の企業私募債は譲渡や分割を経て一般的なP2P商品と実質的な差がなくなっていると認識されているのだ。しかし、招財宝は決して自らがP2Pプラットフォームだとは認めなかった。実際、招財宝元CEOの袁雷鳴は2015年7月に、「招財宝の現時点での戦略ははっきりしています。定期理財商品を販売するB2Cプラットフォームです。将来的にもこの方向性は変わらないでしょうし、B2Cプラットフォームに専念することになるでしょう。他人同士の取引をするP2PやB2Bには手を出しません」と語っている。

招財宝の理想は美しい。しかし、現実の複雑さは決して個々人の意思によってのみ左右されるものではない。インターネット金融業界が怒濤の発展を遂げているその奔流のさなかで、招財宝の美しい理想もまた試練にさらされることとなったのである。

2014年から2015年にかけて、地域性株式取引〔中国資本市場の四板市場。特定区域内のみで流通する株式、債券の取引を行う私募市場〕は勢いよく発展し、各地方政府が取引企業の金融イノベーションを後押ししていた。僑興の私募債は招財宝上で販売された唯一の企業私募債というわけではなく、それ以前にも、天津濱海店頭取引市場（天津濱海柜台交易市場株式会社）や広東株式取引センターといった地域性株式・金融資産の取引プラットフォームが、招財宝上で金融資産をまとめたり分割したりして売り出していた。監督当局は当時すでに中国証監会が発行を監督する私募債について個人投資家による購入を禁止していたが、招財宝と地方取引所が提携して発行した債券は地方の金融管理部門の管轄となるため、制限を受けなかったのだ。

招財宝は以前から自らの保証体制に自信を持っており、かつての取材への回答でも「招財宝は体系的なシステムと基準、ハイレベルの信用強化システムを備えており、投資家の権利および利益の保護を第一に考えています」と発言している。これに対し、あるアナリストの発言は今となれば予言的に響く。「保証があるからといって、債務不履行や情報公開の不徹底といった状況が起こりえないということにはならない」。

その後まもなく、監督当局は管理を強化した。2015年9月、証監会の取引所整理室（清理整頓各類交易場所弁公室）は地方の各級政府の金融サービス業務室（金融服務（工作）弁公室）に対し、「地域性株式市場およびインターネットプラットフォームによる企業私募債の提携販売行為に対する監督強化要請書簡」（関於請加強対区域性股権市場与互聯網平台合作銷售企業私募債行為監管的函。以下「要請書簡」という）を送付した。これら二者の分割譲渡による私募債の販売を制限するこの要請書簡では、私募債の販売モデルにおいて最も突出しているリスクが明記された。一つは、私募債を数期に分けて販売する場合、全期分の投資者数の合計が往々にして200人を超えており、そのなかには実態をごまかして私募債発行の制限人数を無視し、実質上の公募債となっているケースが存在するということだ。二つめのリスクは、販売を行う地域性株式市場とインターネットプラットフォームが実質的に投資者審査を行っておらず、適格投資家制度が形骸化しているということだ。このように、私募債の販売モデルには多くの問題があったが、監督当局は要請書簡でこれを禁止してはおらず、多くの場合指導を受けるだけで済んでいた。

これを受けて、招財宝はただちにプラットフォーム上にある地域性私募債に類似した商品の整理に着手した。招財宝が僑興債を公示した時期から考えれば招財宝は違反を犯してはいないが、2016年になって債務不履行が発生したことは、招財宝の歴史に残る大問題であった。現在、行政による管理は厳格化する傾向にある。招財宝は定期理財商品プラットフォームと位置づけられ、現在売り出されている商品は主に個人ローンと中小企業向け融資で、ユニバーサル保険やファンド、地方取引所が発行する私募債や債券譲渡商品は見当たらない。

招財宝にはかつて大きな期待がかけられていたが、客観的に見ても、その誕生と成長は余額宝のように順風満帆ではなかった。招財宝の現金化機能と予約機能は諸刃の剣であり、招財宝を輝かせる反面、ある部分では招財宝への不信感を招くこととなった。招財宝で発生した二度目の償還遅延は、招財宝プラットフォームの機能や設計に対する過信に加えて、インターネット金融の発展における混乱ぶりや当局の管理・監督の不備をも浮き彫りにする結果となった。

最初の償還遅延が招財宝に漣《さざなみ》を立てたとするならば、二度目の償還遅延は招財宝を強風と鋭い波の吹きつける厳しい立場に立たせたと言えよう。とにもかくにも、招財宝は僑興の償還遅延問題からしっかりと教訓を汲み取らなければならなかった。

3　最終兵器、アントフォーチュン

2015年8月18日、アントフィナンシャル・グループの広告が初めてニューヨークのタイムズスクエアのスクリーン上に現れた。よく見ると、アントフィナンシャルのキャラクターと青色のロゴの他に、「アントフォーチュン」（螞蟻《マーイー》聚宝《ジューバオ》 Ant Fortune）という見慣れない名前がある。その日の夜23時頃、アップルストアにアントフォーチュンのアプリが登場した。

アリペイに次ぐアントフィナンシャルの独立サービスとしてリリースされたのがアントフォーチュンである。アントフォーチュンでは、ユーザーは一つのアカウント（アリペイのアカウントも可）で余額宝、招財宝、ファンド等の各種理財商品の取引を行うことができる。アリペイが細胞分裂をするようにして生み出した財産管理という二つめの業務分野がここに来てようやく大本営を構えたのだ。

なぜアントフォーチュンをリリースしたのか

アントフィナンシャルは設立当初から一貫して資産運用のハードルを下げることに力を注いできた。無期限の余額宝、定期の招財宝、ファンドといった多種の理財商品がそれぞれ成熟してきたことを受け、アントはこうしたさまざまな商品を包括するワンストップ式の資産運用サービスを提供するための準備に入った。

アントの数々の理財商品はすべて、アリペイアプリのセカンドメニューに表示されていた。アリペイは肥大化し、目に見えて使いにくくなっていた。当時アントの財産事業群総裁を務めていた袁雷鳴も、「アリペイの操作が煩雑化したことでユーザーにも影響が出ていた」と語る。祖国明の意見も同様だった。「アントフィナンシャルはそもそも〈インターネット＋金融〉という属性が色濃い。しかも、投資や資産運用は複雑で高度な専門性を要する分野です。投資や資産運用のモジュールをアリペイアプリから取り出してしまえば、アリペイアプリを軽量化でき、ユーザーにとっても分かりよいはずです」。また、技術面でも、余額宝が成功を収めユーザー数が3億人（アリペイユーザーの過半数に相当）に達したことで、アント傘下の理財商品はもはやアリペイに頼らず、余額宝をアクセスの入口とできる条件が備わった。こうしてアントは余額宝から招財宝、そしてアントフォーチュンまでたった2年で三段跳びの発展を遂げ、インターネット資産運用市場の全方位に布石を打った。現在、アントフォーチュンは余額宝、招財宝、ファンド等のサービスを包括し、それぞれ無期限、定期、株式等の権益型の資産運用のニーズに対応している。

図 3-2　タイムズスクエアのアントフィナンシャル広告

アントフォーチュンはモバイル端末での操作性にもこだわった。ユーザーがすきま時間に資産運用ができるよう、より直感的かつスピーディーに操作できるようアプリを作り上げた。こうしたユーザー側の操作性を重視したのは、アントフィナンシャルの実体験によるところが大きい。余額宝ユーザーの70％はモバイル端末からアクセスしており、サービス開始から1年ほどの招財宝でも同じく70％のユーザーがモバイル端末から利用していた。これはつまりモバイル端末からアクセスするユーザーの方がより時間に余裕があり、すきま時間をうまく利用できていて、ほぼいつでもどこでも資産運用ができる環境にあるということだ。アントはこの自由さに目をつけ、ユーザーが暇な時にいつでも資産運用ができるような便利なツールを提供することによってユーザーの突発的な消費や利用を引き出せるはずだと考えた。こうしてアントフォーチュンのアプリがリリースされた。

アントフォーチュンがターゲットとしている顧客は依然として「社会の20％の富を所有する80％の人々」であり、販売商品は主に低リスク・安定型である。アントフォーチュンは買い入れる資産についても低リスクを重視しているため、P2Pを採用しておらず、現在取り扱うのは余額宝、招財宝、公募ファンド、証券会社商品といったアントフィナンシャルの財産業務の既存商品のみだ。「網金社」〔恒生電子、中国投資担保有限公司、アントフィナンシャルが共同で設立したインターネット金融プラットフォーム〕にあるような高リスク、高収益の資産については、パッケージ化して招財宝に出すか、金融機関の保証が得られない限り、アントフォーチュンで取り扱わないこととなっている。ここに「陸金所」(Lufax）や「拍拍貸」（ＰＰＤＡＩ）等とアントフォーチュンとの最大の違いがある。

バージョンアップしつづけるアントフォーチュン

リリース後1年半でアントフォーチュンの登録ユーザー数は累計1・8億人に達し、実名本登録済みのユーザー数は３５００万人を突破した。しかし、アントフィナンシャルはこの成績に満足していなかった。祖国明は２０１６年末時点でもまだアントフォーチュンの基本的な業務、つまり基盤となる取引機能やデータ、コンテンツの蓄積等が不完全だと感じていた。アクティブユーザー数を見ても、アリペイ4・5億人、余額宝3億人に対して、アントフォーチュンは3500万人であり、まだ大いに発展の余地があることは明らかだった。ユーザーの規模が億単位に達しなければ「国民的アプリ」とは言えない。こうした背景の下、アントフォーチュンはスタート以来延々とバージョンアップを繰り返してきた。

そのなかでも、リリース1周年となる2016年8月18日に公開されたバージョン2・0は規模の上でも方向性においても最も大幅な調整が加えられた。特筆すべきは、「聚宝ヘッドラインニュース」や「コミュニティ」（社区）をはじめとするコンテンツを大幅に増やして情報面の強化を図ると同時に、金融ソーシャルメディアへと足を踏み入れたことだ。

ただし、このことはアントフォーチュンの「突然変異」を意味するわけではなかった。それ以前の一連のシステム修正からも、アントフォーチュンの情報コンテンツやコミュニティ（ソーシャルメディア）を重視する姿勢が見て取れる。例えば、2015年12月、アントフォーチュンは情報チャンネルを開設し、良質な経済メディアをそこに招き入れた。また、翌年2月にはファンドのコミュニケーションコーナーを開設し、UGC〔一般ユーザーが制作、生成したコンテンツ〕のサポートを始め、より目につきやすい場所に情報を掲載できるようにした。4月にはアントフォーチュンのコンテンツをアリペイの「生活圏」でシェアできるようにし、また、理財商品の購入者が友人に対しどのような商品を購入したかを見せられる機能を追加した。バージョン2・0はこうした流れを汲むものとして捉えるべきだろう。

財富号、重装備の船出

2017年3月21日、アントフィナンシャルは記者会見を開き、自社運営プラットフォーム「財富号《ツァイフーハオ》」

（Caifuhao）をファンド業界のみに先行的に開放すると発表した。以前のアントフォーチュンはいわば理財商品の総合売り場で、アントフォーチュンがすべての商品を販売する形となっていた。それに対し、財富号はファンド会社が開店、運営する専門店で、ファンド会社が直接顧客に応対する形となる。それまで、アントフォーチュンも顧客とファンド会社の間に立って懸命にサービスを行っていたものの、専門性に限界があり、ファンド会社と顧客は常に隔靴掻痒《かっかそうよう》の感にさいなまれていた。財富号ならば、ファンド会社は自社運営の窓口で直接顧客と交流することができ、より効率的にオーダーメイド型商品やサービスを提供できる。アントフォーチュンは裏方に回り、ファンド会社にインフラ、すなわち基盤的なサポート技術を提供するというわけだ。

祖国明によれば、この「サポート技術」という言葉には二つの要素があるという。一つは、モバイルインターネット時代、デジタル時代に見合う処理能力を備え、なおかつシステマティックな修正やバージョンアップを行う能力を備えた基盤システムだ。例えば、２０１４年11月に公開した金融クラウド技術がそうだ。二つめはデータ処理能力だ。これには高次元のユーザーデータ、動線設計の指導、レベル分けによる運営戦略設計、マーケティングツール、正確かつ精密な商品の投入、データ分析のフォローアップサービス等が含まれる。後述するアントの「芝麻信用」のシステムや、「花唄《ファーベイ》」、「借唄《ジェベイ》」のリスク管理システムも将来的に提携パートナーに提供することが可能だ。

アントフォーチュンも資産配置や資産選別の専門チームを擁しているが、究極的には投資研究、資産・市場分析を本業としているファンド会社には敵わない、と祖国明は言う。アントフォーチュンが財富号というオープンプラットフォームの運営に乗り出したのは、ファンド会社の専門能力を前面に押し出し、ファンド会社が直接顧客と接触できるようにするためだ。ファンド会社はアントフォーチュン上の「コミュニティ」

やモバイルクライアント経由で自社のサービスをユーザーに宣伝することができ、アントフォーチュンのユーザー分析技術を使って顧客ごとにマッチする商品を勧めることもできる。一見、これはロボアドバイザー〔資産運用プランの提案、商品選択、資産運用まですべてＡＩが自動で行うサービス〕のようだが、祖国明が言うように、現在のサービスはまだロボアドバイザーと呼べるレベルに達していない。ロボアドバイザーには非常に高い技術力が求められ、バックヤードでも専門家による強力なサポートが必要だ。アントフォーチュンでも専門チームを組織してＡＩの研究開発を進めており、現時点ではユーザーの開拓、ユーザーとマーケティング会社の自動マッチング、ＡＩ自動応答ロボット等を扱っているが、今後、ユーザー・プロファイリングや資産の判定等の機能も視野に入れつつ、さらに拡大していく見通しだ。ただし、ロボアドバイザーのサービスやモデルは未成熟で、どのプラットフォームにおいてもまだ模索の段階にある。また、技術面の問題のほかにも、ライセンスの取得や行政による監督への適応といった法制面の問題もある。

とはいえ、ロボアドバイザーが将来的な発展の方向性であることには違いない。アントフォーチュンが目指すのは、ユーザー一人ひとりに合った、ＡＩを利用したオーダーメイド型資産運用サービスの実現だ。これはアントフォーチュンだけでできることではなく、提携パートナーの協力を得て作り上げていく必要がある。２０１７年現在、財富号はファンド会社にのみ開放されているが、将来的には銀行、保険、証券等の業界にも開放する予定だ。アントフォーチュンは、金融機関が中国の1億世帯にオーダーメイドの資産運用サービスを提供することを支えようとしている。

「銀行業界と証券業界への開放を第二段階に先送りしたのは、業界の特性や業務プロセスがそれぞれ異なるからです。行政による管理が緩和されれば、これらの業界も徐々に財富号に仲間入りしてくることでしょう。現在、テスト運営段階で財富号に参入しているのは博時基金、興全基金、天弘基金、南方基金、建信基金のファンド会社5社ですが、2017年にはこれを15~20社にまで増やしたいと考えています」。

アントフォーチュンによるファンド業界に向けた財富号の開放は、オープンプラットフォームというコンセプトを資産運用分野で実現するイノベーションでもあった。それ以前は人々と金融機関の間には常に大きな隔たりがあったが、財富号の登場によって、金融機関は販売チャネルを整備し、効率化することでコストを下げることができた。アリペイや余額宝がそうであったように、財富号もまたイノベーションによって障壁を下げたのだ。

3月21日の記者会見で、アントフィナンシャルは自らが「「テックフィン」企業である」ことを強調し、将来的にも一貫して「技術」（テック）を扱い続け、技術によって金融機関の「金融」（フィン）業務をサポートしていくと表明した。この決意は、同社の幹部層が討論を重ねた末に出した結論を反映していた。アントフィナンシャルの井賢棟CEOは、こうした模索や試行は回り道ではなく、成長の過程で当然踏むべき正常なプロセスだったと言う。「われわれは毎日三度、自らを省みます。自らの使命と理想、そしてユーザー価値について思いを新たにし、鏡を見て襟を正すのです」。

アントフィナンシャルが2017年に明かした一連の情報から見るに、同社がソーシャルメディアには手を出さず、ビジネスと金融に焦点を絞ると決めて以降、「オープンであること」がアントの最重要戦略の一つとなったことがうかがえる。2017年6月14日、アントフォーチュンが中国語の社名を「螞蟻聚宝」から「螞蟻財富《マーイーツァイフー》」に変更し（英語名は変更なし）、財富号を正式にリリースすると発表したことも、この流れの上で考えることができるだろう。財富号の開放は、アントフィナンシャルがこの年、金融機関に対してより一層開放性を高めていく上での第一歩であったと言えよう。

しかし、この市場に照準を合わせたのはアントフィナンシャルだけではなかった。同社が財富号のリリースを発表した直後の2017年4月7日、京東金融《ジンドンジンロン》（Jingdong Finance）が一足先に業界初の金融機関向け自社運営プラットフォーム「京東行家」（JD expert）をスタートさせ、初期段階では公募ファンド会社9社が参加した。京東行家もプラットフォームの研究開発や運営、ビッグデータの優位性を頼りに、ビッグデータ、クラウドコンピューティング、機械学習、AIといった技術を用いてサービスを提供している。運営サービス、ユーザーリソースとアクセスの分配、ビッグデータおよび研究開発のサポートという三つの分野のサービスを提供するという点も財富号とほぼ同じであった。インターネット資産運用時代が到来した現在、ほかにも多くのインターネット金融大手がいままさにこの市場に布石を打っているところなのだ。

第4章　インターネット時代の零細企業融資

「銀行が変わらないなら、われわれが銀行を変える」。ジャック・マーのこの気迫のこもった言葉はかつて、銀行業界では「身の程知らず」だと一笑に付されていた。時は過ぎ、状況は変わった。現在すでに零細企業融資という金融分野の奥地にまで深く足を踏み入れているアントフィナンシャルは、既存金融機関にとって軽視できない存在となっている。

零細企業はアリババとアントフィナンシャルが生きていくための広大な土壌である。最も金融サービスを渇望している零細企業は往々にして銀行からは相手にされない。「われわれの敵は他の銀行ではない。自分たちがいかに新しい金融システムを構築し、これまでサービスを受けてこなかった80％の消費者と小企業を支え、サービスを提供できるかという問題だ」とジャック・マーは語る。アリババとアントは「阿里小貸《アーリーシャオダイ》」や「網商銀行《ワンシャンインハン》」（マイバンク）に体現されたビッグデータに基づく信用調査やリスク管理システム、そしてインターネット金融のモデルによって、零細企業融資という世界的な難題に一つの新しい解を出した。

1　アリババと商業銀行の中小企業融資モデル

アリババが零細企業融資の荒野を拓く

「企業を金持ちと貧乏人に分けるなら、インターネットはまさに貧乏人の世界だ。なぜなら、大企業は自社独自の情報ルートを持っており、巨額の広告予算もある。小企業には何もない。小企業こそ最もインターネットを必要としているのだ。私は貧乏人を率いて革命を起こす」。民営の中小企業に活気がある浙江省で生まれ育ったジャック・マーは、中小企業の生存競争や発展をめぐる苦境を深く理解していた。

かつて起業で二度の挫折を味わったマーは、１９９９年９月、杭州のマンションの一室で17人の若者を率いてＢ２ＢのＥＣサイトを立ち上げた。それが「アリババ」（1688.com）だ。彼らの初志は中小企業が「富の門」を叩くための道先案内人になることであった。マーは長らく、中国では市場経済の環境がアメリカとまったく異なると考えていた。中国がＥＣを発展させようとするなら、国内企業の99％を占める中小企業のためにサービスをするほかない。また、中小企業と民間経済は中国経済の高度成長を推し進めるための重要な動力であり、中小企業がＥＣを用いることは一般的な趨勢となるはずだ。こうしたマーの最初の構想、すなわち「中小企業の成功を助ける」という使命はアリババに託されることとなった。それから8年でマーはアリババを世の中が注目する「神話」へと作り上げた。２００７年11月6日、アリババ傘下のＢ２Ｂ事業が香港で上場し、中国初となる世界クラスのインターネット企業が誕生した。アリババは欧米のような大企業化という方向性を捨て、中小企業のためのサービスに専従する道を選んだことで、中国Ｂ２ＢのＥＣモデルで大きな成功を収めたのだ。

同じく２００７年、設立から4年のタオバオは瞬く間にアジア最大のインターネット小売市場になっていた。中小規模のネットショップの多くはアリババのＢ２Ｂプラットフォームで品物を仕入れ、タオバオで販売した。この年、中国のネットショップの数は急速に増加し、３０００万軒を超えた。当時、アリババサイト上での取引は大変活発で、アリババはプラットフォーム上の会員の取引情報、キャッシュフロー、物流情報をすべて確認することができた。そこに、企業の資金不足という問題が徐々に顕在化してきた。会員の中小企業は資金が乏しく、資金調達ルートも十分には確保されていなかった。銀行等の既存金融機関から借りるにも困難が多かった。周知の通り、中小企業の資金難は世界的な難題である。中小企業を顧客の中核とするアリババでは特にこの問題が突出していた。

既存金融機関はよく「貧乏人を嫌い、金持ちを愛する」と揶揄されるが、ほぼすべての金融機関は少数の大企業や中堅企業との取引でまわっており、最も金融サービスを渇望している大多数の零細企業には目もくれない。しかし、金融機関がしているのは「カネの商売」であり、どの企業に融資を行うか決めるにはまずコストと収益を計算する必要がある。融資コストに大差がなくても、大企業を相手にするのと零細企業を相手にするのとでは収益に大きな差が出る。零細企業を冷遇することは金融企業の理性的選択と言えよう。実際のところ、中央から末端に至るまで、多くの金融機関は中小企業融資のために少なからぬ努力をしてきたが、従来の金融の方法では人手の面や地域的な制限、コスト面の制限があり、すべての零細企業をカバーすることはできず、そのために資金不足の問題は依然として解消しないままなのだ。

さらに、折しもこの頃、２００７年から２００８年にかけて世界を震撼させた金融危機の影響で、世界の貿易規模は第二次世界大戦以来最大の下落に遭遇していた。中国でも多くの中小企業の受注量が減り、生産量が激減した。同時に、海外資本が縮小したことで融資が困難になり、国内銀行も全面的に融資を緊縮したため、中小企業が融資を受けることは異様なまでに難しくなっていた。

当時のアリババは、中小企業の貿易業務展開を積極的に支援し、ＣＮＢＣ、ＣＮＮ、ＦＯＸ等のアメリカの主要テレビ局に広告を出して欧米市場でのマーケティングをサポートしていた。また、その一方で、融資の面でも中小企業にさらなる支援を提供することを考えていた。マーがアリババに課した「この世からやりにくい商売をなくす」という使命から考えても、中小企業への融資サービスの提供はアリババの必然的選択であった。

これに先立ち、アリババは5年間にわたって誠信通、タオバオ等のサービスを通じて大量の業者のローデータを蓄積していた。２００２年にはじめた誠信通の会員サービスでは、B２B取引プラットフォーム上のネットショップの信用状況を把握していた。誠信通は買い手と売り手に対し、双方の法人登録情報、企業登録情報、直近の年次検査（工商行政管理局による財務諸表等の検査）の実績を開示すると同時に、取引ごとの詳細や取引双方の貨物、サービスの評価を記録しており、これらの情報をまとめた「誠信通アーカイブス」を作成していた。これを基に、アリババは２００４年３月に「誠信通指数」をリリースした。これはA&V認証情報（企業の登録名、所在地、申請人氏名、所属部門・職位、営業許可証等を含む）、サービス利用度、会員評価、証書および社会的評価の四つの要素で構成される体系的なスコアリングシステムだ。また、アリババは、２００３年にタオバオとアリペイのサービスを始めて以来、タオバオのプラットフォーム上で得た情報を基にネットショップの信用評価システムも構築していた。これらの枠組みとデータがのちに零細企業融資のリスク管理の基礎となったのである。すでに構築に成功していた体系的な信用評価システムと信用データベースを足がかりに、アリババはふたたび荒野の開拓に乗り出した。

銀行との蜜月——四つの企業融資モデル

アリババは当初、自ら融資を行おうとは考えていなかった。信用貸付は大がかりな事業であり、アリババはそこに足を踏み入れる気はなかったのだ。彼らがまず考えたのは、アリババ自身の影響力を利用して大銀行と提携し、アリババが銀行にデータ分析を提供し、銀行が顧客に融資を行うというモデルだった。アリババ・グループが最初に候補にあげた銀行は、四大銀行のなかでも企業向け融資の経験が最も豊富な中国工商銀行、中国建設銀行のトップ2行であった。マーは自らチームを率いて浙江省の建設銀行と工商銀行を訪ね、すぐさま双方との提携合意にこぎつけた。

商業銀行は中小企業に対する理解が不十分であったため、融資の効果も振るわないままだった。マーの話を聞いた商業銀行は、アリババがやろうとしているのは自分たちがずっとやりたいと考えていたことであると気づいた。アリババは３０００万もの中小企業の経営状況、信用状況から細かなニーズまでを熟知している。また、それらを基礎とした信用関係のネットワークを編み上げている。銀行がこの信用ネットワークと結びつけば、信用性が高く、取引が活発で発展の見込みがある10万もの企業を顧客として得ることができ、中小企業もまた、自らの信用を基に成長のための資金を得ることが可能になる。マーが語ったように、銀行ではなくまず信用性の高い企業を先に富ませるという構想は、もはや机上の空論ではなかった。双方の戦略提携協議の期限は5年に決まった。各省の建設銀行と工商銀行の支店は速やかにオンライン融資部門を立ち上げ、アリババ内部でも信用貸付専門チームを立ち上げた。

提携が始まったばかりの蜜月期に双方がこの事業に投じたものは大きかった。建設銀行、工商銀行はアリババの計画に協力しようとしたが、これは彼らにとってグローバル金融のネットワーク化という大きな潮流の下での一大革新だった。２００７年時点で既存銀行がオンライン融資部門を設立するのは容易なことではなかった。

アリババと銀行は議論を重ね、４種類の融資モデルを策定した。最も主要となる一つめの融資モデルは、3社以上の企業が融資連合体を組織して融資を受ける相互保証貸付だ。二つめは、企業がアリババのＢ２Ｂプラットフォームで注文を受け、その受注に基づき銀行に融資を申請するサプライチェーン貸付。三つめは企業のアリババでの信用評価に基づいて融資を申請する純信用貸付。四つめは従来と同じ担保貸付である。

アリババが考案した相互保証貸付は、インターネット上の信用が融資の根拠となり、いかなる担保も必要ないという点で従来の信用貸付のモデルを打ち破るものだった。融資を受けたい企業は３社以上で一つの連合体を作って共同で銀行に融資申請し、同時にリスクを企業間で共同負担をするのだ。これにより銀行は融資のリスクを連合体の企業に転嫁することができる。また、企業間で相互に監督させることでデフォルトの発生リスクを減らすことも期待できる。このとき相互保証貸付はまだ相応規模の検証がなされていなかったが、実際に運用したところ、リスクは比較的低い範囲に抑制された。

２００７年、アリババは建設銀行、工商銀行と協力してそれぞれ「e貸通」「易融通」という融資商品を作り、主に中小のEC企業を対象としてサービスを開始した。２００８年初頭、アリババ傘下のアリペイと建設銀行は提携してタオバオの売り手向けの融資業務を開始し、基準に合格すれば最高10万元の個人向け小口融資を受けることができるようになった。

この提携モデルでは、アリババは銀行に対し企業の信用記録を提供したが、最終的な融資の判断および与信限度額の決定は銀行が行った。銀行がルールを主導するというモデルは当時、欠点はあるものの非難すべきほどのものとは考えられなかった。しかし、アリババのB２Bプラットフォームは結局のところは情報プラットフォームであり、その情報の多くは、売り手が発売した商品数や売り手のサイトへの訪問者数などといった初歩的なデータであった。これらのデータの実質的な価値は、より詳細な取引情報を含む取引データよりはるかに低い。タオバオがアリペイによって大量の取引データを蓄積したところで、リスク管理を重視する銀行にとってはまったく不十分だったのだ。

銀行側が懸念しているのは、取引記録はさまざまな手段で水増しすることができ、完全に実情を反映したものとは限らないという点だ。第三者決済会社から提供された情報を融資の根拠とするには、信憑性の保証が必要だ。また、銀行からすれば、ＥＣ企業が顧客と銀行の金融をコントロールするなどということは妥当とは思われなかった。

こうした銀行の懸念を打ち消すため、アリババと建設銀行は双方がそれぞれ２０００万元を拠出してリスク・プールを構築し、融資総額に占める不良債権の比率が１％未満のときは建設銀行が損失を負担し、１％を超えた場合はアリババと建設銀行がそれぞれ超過部分の50％ずつを負担することとした。２００９年８月時点で、アリババと銀行が共同で融資した金額に占める不良債権の比率は１・１％で、銀監会がそれ以前に公表していた商業銀行の平均不良債権比率１・７％を大幅に下回っていた。

２００９年の春節を前に、阿里金融〔マイクロクレジット業務や消費者金融を担うアリババの組織で、のちにアントフィナンシャルの主要業務に編入された〕の当時の責任者であった胡暁明《フー・シァオミン》はジャック・マーのオフィスを訪ね、この１年余りの業務の進展について報告した。胡が部屋に入ると、マーはちょうど裸足になって木刀を振っているところだった。胡がプロジェクトについて報告し終わると、マーは感激し、木刀を振り回しながら立ち上がって言った。「資金を水に、大企業を木に喩えるなら、従来の銀行の融資はまるで一人の農夫が天秤棒で水桶を担いで木に水をやるようなものだった。しかし、われわれにとって中小企業はいわば果てしなく広がる草原の草なのだ。農夫に一人で水やりをさせるのは実情に合わない。中小企業の資金調達の渇きを潤すために必要なのは灌漑工事だ。溝を掘ったり、土管を敷設したりしなきゃいけない」。マーはこの零細企業融資のプロジェクトを、四川省の都江堰になぞらえて「都江堰プロジェクト」と名付けた。全世界で最も古く、唯一現存し、今なお使い続けられている大規模な灌漑施設として、都江堰は２０００年以上の時を経たいまもその土地の人々に幸福をもたらしており、その名を使うことには深い寓意がある。

銀行との決別――「リスク管理」の壁

銀行と提携してからしばらくすると、アリババは企業の融資審査の通過率が２～３％と非常に低いことに気がついた。銀行には銀行独自のリスク管理の方針があり、既存の融資審査システムの下では絶対的多数の企業が依然として銀行から融資を受けられなかったのだ。結果として、融資を受けられるのはアリババのプラットフォームで最も優良な一部の会員たちだけで、これらの会員たちはプラットフォームにおいても最も資金が不足している層ではなかった。アリババはこれを不満に思い、銀行と交渉を重ねたが、最終的に銀行のリスク管理の方針を変えることは極めて困難だと分かった。そもそも、商業銀行は数百年の歴史がある業界で、厳格な組織があり、そのリスク管理の方法も長年の経験を基に作り上げられたものだ。新興のテクノロジー企業の提言が受け入れられる余地などあるはずもなかった。「実績のないあなたの言うことを私が信じて、あなたの言うやり方で金を貸すなんて、ちょっと無理ですよ」という銀行の言い分はあまりにもっともで、アリババは反駁もできなかった。

アリババは、インターネットプラットフォーム上で銀行同士を競争させれば融資審査の通過率は上がり、この問題を解消できると期待していた。２００９年、アリババは融資プラットフォームを立ち上げ、そこに中国銀行、農村商業銀行、浦発銀行、広発銀行、富登投資信用担保有限公司ならびに大手のマイクロクレジット企業を引き入れた。これと同時に独自のビデオ調査システムを打ち出し、商工業者登録情報等の資料を収集した上で、カメラ認証や調査内容に関する質問等を行い、これらの顧客情報の真実性を二段階で確認することとした。こうして規格化された融資先調査報告を各金融機関に渡して審査させたのだ。

しかしその後、アリババはこれが根本的に理念の問題であって、プラットフォームでは解決できないことに気づいた。例えば、中国銀行は融資先企業に相互保証を行わせるというプロセスを省き、率先して信用貸付を採用したし、富登小貸も既存の融資モデルを放棄する努力をしたが、結果的に融資審査通過率は2％から10％に上がっただけで、通過率が低いという問題を根本から解決するには至らなかった。また、ビデオ調査システムという方法も、銀行員が2人1組で訪問調査を行うという従来の方法に比べれば全体としての効率は倍増するが、アリババプラットフォーム上のすべての企業に対応するのにはたしてどれだけの人員を確保すればよいのかは見当もつかない。3、4年の運営の結果、業績は黒字だったし、ビジネスとしても歪《いびつ》な点はなかったが、アリババは次第に、このモデルでは顧客の資金調達難を根本から解決することはできず、持続不可能だと考えるようになった。

2009年、マーは金融機関と協力してインターネット銀行を設立することを考えはじめた。このアイディアはすぐに浙江省政府の担当部門の責任者の支持を取り付けた。同年末には、アリババは浙江省政府、中国建設銀行との間でインターネット銀行設立についての協議を行い、覚書を交わした。ここにアリババのインターネット銀行の設立の幕が上がった。2010年半ばには、銀監会が専門家チームを杭州に派遣し調査を実施した。アリババの関係者は言う。「当時、私たちはみな計画が順調に進んでいると感じていたし、許可も下りるだろうと思っていました。しかし、結局は挫折することとなってしまいました」。

この計画は最終的に持株比率という陥穽にはまった。建設銀行が、自らも株を保有して経営に関与するという要求を曲げなかったのだ。しかし、アリババからすれば、銀行の持株比率がどんなに小さくても、一旦銀行が経営に関われば、商業銀行の従来のシステムや管理モデルに基づいて運営が行われることは目に見えていた。インターネット銀行をうまくハンドリングするためにも、アリババは自分たちが経営を主導したいと考えており、双方が互いに譲歩しなかったためにこの計画はうやむやになったのだった。

アリババと建設銀行、工商銀行との融資に関する提携も、双方の理念や要求が一致しなかったために次第に弱まっていった。双方とも明確に提携の終了を言いわたすことはしなかったが、アリババが銀行に送りこむ顧客が次第に減っていったことで、協力体制も徐々に崩壊した。最終的に双方は平和裏に提携を解消することを決めた。

一連の試行錯誤を通じて、アリババの誰もが問題の在処をよく理解していた。アリババの要求は、企業の融資審査の通過率を上げ、より多くの企業にサービスを提供することだった。一方、銀行の要求は、アリババから多くの優良な顧客を取り入れることだった。2％という審査通過率は、既存金融機関とアリババがサービスを提供する企業層との間の大きな隔たりを反映していた。銀行が思い描いていた中小企業向け融資とは、融資審査に合格する2％の中小企業をターゲットにしたものであった。それに対し、アリババがサービスを提供したいと考えたのは、より規模の小さい零細企業をも対象に入れた、広範囲にわたるサービスだった。

提携当初、アリババと銀行は互いの業種の違いをはっきりとは理解できておらず、実際に計画を実行するなかで多くの問題に行きあたることとなった。実際のところ、銀行の従来のやり方では、ECプラットフォーム上の零細企業にサービスを提供するというビジネスモデルはもとより成り立つはずがなかったと考えられる。例えば、商業銀行が行員2人を中小企業に派遣して1万元の融資を行った場合、そこから得られる利子は交通費にも満たない。また、アリババやタオバオのモデルを金融業に適用したところで、その効果は卸売業、小売業での成果には遠く及ばないだろう。

アリババはもとより既存銀行間の競争に参加しようとは考えておらず、実際的な問題を解決していくことで、銀行と相互補完関係になることを望んでいた。アリババは銀行が扱ってきた大企業、中堅企業には興味がなかったし、銀行もアリババがサービスを提供したいと考えている零細企業には目もくれなかった。こうして双方は袂を分かつこととなり、アリババは自力で零細企業融資の道を歩みはじめた。

しかし、今回の提携によって建設銀行、工商銀行が得た利益は少なくなかった。２０１０年までに、両行による共同融資総額は４００億元近くに達した（建設銀行が２００億元強、工商銀行が１００億元強）。アリババのプラットフォーム上の企業がこの2行から融資を受けられた例はわずかで、いずれの融資額も数百万元程度だったとはいえ、この提携には相応の価値があったと言えよう。さらに重要なのは、アリババが銀行との提携の経験から銀行の伝統的な経営方法やリスク管理理念を学び、銀行側もまたインターネットへの理解を深めたということだ。これは一種の「相互学習」だったのだ。その効果は、建設銀行と工商銀行がその後、自社のＥＣプラットフォームを立ち上げたこと、アリババがマイクロクレジット企業「阿里小貸」を設立したことにあらわれている。彼らは互いに相手が得意とする領域へと進軍したのだ。

「私はこれまで多くの銀行が「中小企業への融資を行いたい」と言うのを耳にしてきた。こうした声を聞き続けてもう5年になるが、はたしてどれだけの銀行が本当にやっているのかといえば、非常に少数です。銀行が変わらないなら、われわれが銀行を変える」。これは、マーが２００８年に開催された第7回中国起業家サミット（China Entrepreneur Summit）で語った言葉だ。当時、多くの銀行はマーの言葉を気にも留めなかったが、ここでマーが言おうとしたのは、銀行が依然として従来のリスク管理理念を手放さないなら、信用貸付の対象を中小零細へと広げるコストは高すぎるため、さらに多くの中小企業をカバーしたいという銀行の思惑は困難になる、ということだった。

時は過ぎ、状況は変わった。「銀行が変わらないなら、われわれが銀行を変える」というマーの言葉は、今日では世間に広く伝わっている。零細企業融資の領域に足を深く踏み入れているアントフィナンシャルは、既存金融機関にとってもはや軽視できない存在となっている。

2　阿里小貸――インターネットとビッグデータを駆使した零細企業融資

浙江と重慶、二つの阿里小貸

2010年4月8日、杭州市工商局はアリババに対し、EC分野においては中国で初めてとなるマイクロクレジット企業の営業許可証を発行した。同年6月8日、アリババ・グループは浙江阿里巴巴小額貸款股份有限公司（浙江阿里小貸）の設立を宣言し（登録資本金6億元）、2011年6月21日には重慶市で重慶市阿里巴巴小額貸款股份有限公司（重慶阿里小貸）を設立した（登録資本金10億元）。

アリババはマイクロクレジット企業として初めて中国全土での融資資格を認められた。それまで、マイクロクレジット企業の融資業務には地域的な制限が課されていたのだ。アリババが浙江省と重慶市でそれぞれ法人設立した理由もそこにある。浙江省ではマイクロクレジット企業の貸出金額の70%を浙江省内で融資しなければならないという制限が設けられていた。当初から全国業務を視野に入れていたアリババはこれをよしとせず、積極的に各地の監督当局に接触し、突破口を探っていた。最終的に行き当たったのが、金融イノベーションへと踏み出したいと考えていた重慶市だった。双方はすぐに合意に至り、こうしてアリババの二つめのマイクロクレジット企業が重慶に構えられることとなった。それ以降、浙江省内の零細企業への融資は基本的に浙江阿里小貸が行い、浙江省以外については重慶阿里小貸が融資を行うこととなった。現在でこそ全国範囲での融資業務を認められている企業は珍しくはないが、アリババがこの一歩を踏み出した頃はまだこれは容易なことではなく、ここに当時の監督当局のイノベーションに対する理解と寛容さがうかがえる。

阿里小貸は設立当初、銀行からは金融業務要員を、インターネット企業からは技術要員を募っていた。双方の比率はほぼ同じで、異業種から集結した人材が一丸となって零細企業融資の道を模索することとなった。

マーは当初、阿里小貸を立ち上げた同僚たちにこう告げている。「一つの会社に20万元以上を貸し付けた者がいたら解雇する。われわれは小企業に専念しなくてはいけない。大企業への融資は私たちの仕事じゃない。中国と世界に欠けているのは「銀行」ではなく、「零細企業と消費者にサービスを提供する銀行」なんだ」。

当然ながら、貸出金額の上限はその後何度も変化した。マーが融資に上限を設けようとしたのは、阿里小貸が間違った方向へと進むのを防ぐためだった。融資業務を行う企業は通常、資質の優れた企業に融資を行う方向へと自ずと流れていく。その方がリスクは低く高収益で、業績目標も達成しやすいからだ。それだけではない。阿里小貸は、成長し規模を拡大した顧客に対しても融資の上限額を固持した。さすがにサービス対象から除外することこそなかったが、阿里小貸が大企業に直接的に金融サービスを提供することはなく、せいぜいで迂回して川上のサプライヤーや川下の卸売業者といったサプライチェーンを支援する程度だった。なぜなら、貸出金額の条件を緩めることで阿里小貸がその初志から乖離してしまえば、阿里小貸はもはや「小貸」（マイクロクレジット）会社ではなくなってしまうからだ。

「純信用貸付」で零細企業を救う

融資業務を行うためにはまず融資を必要としている顧客の状況を理解しなければならない。手本にできるものがなかった阿里小貸は、大量の顧客を訪問し、実地で調査を行った。アリババB2Bプラットフォーム上の従来型の製造業者や商社、国際貿易企業の多くはインターネット上での取引実績が少なく、訪問調査だけがこれらの顧客層を理解する唯一の方法だったからだ。

訪問調査を重ねるうちに、阿里小貸は、零細企業の従業員数が数人から十数人程度であること、貸出金額のニーズは総じて100万元以下で、特に50万元以下に集中していることに気づいた。また、零細企業の多くはこれまで銀行から融資を受けられなかったし、抵当物も不足しており、担保提供が困難な状況さえ見受けられた。このような企業に相互に保証させあうことは実質的に効果がないばかりか、融資プロセスをさらに煩雑にしてしまう。調査を行うと同時に、アリババは研究機関との提携も進め、浙江大学との共同研究や北京大学との零細企業に関する共同調査により、零細企業に関する調査研究を深化させた。

調査の結果に基づき、阿里小貸は零細企業と個人の起業家を対象として、無担保貸付商品「純信用貸付」をリリースした。申請はオンライン手続きとし、審査も迅速化した。サービス対象は主に誠信通の会員企業や、タオバオ、天猫の売り手といったアリババプラットフォームの会員で、融資商品には「アリババ信用貸付」「タオバオ・天猫注文貸付」「タオバオ・天猫信用貸付」等があった。

阿里小貸は、貸付の80％をタオバオや天猫、聚劃算《ジューファースワン》〔アリババ傘下の集団購入サイト〕の出店者に提供しており、これらは「タオ系貸付」と呼ばれた。残りの20％の貸付は、アリババのB2Bやアリエクスプレスの会員企業等を対象としていた。タオバオ、天猫、聚劃算の出店者については、その業務の全過程がオンライン上で完結しており、アリババ側に経営状況や取引、信用記録等についての詳細なデータがあるため、システムで自動的に評価を算出することができる。また、タオ系貸付の審査、融資はすべてネット上で完結し、地域的な制限もない。さらに、オンラインの審査以外に、第三者機関に委託して審査させる実地調査という手段も設け、徐々に対応エリアを広げていった。

阿里小貸の貸付の特徴は、「少額であること」と「スピーディーであること」だ。融資1件当たりの平均貸出金額は4万元未満で、顧客の与信限度額は平均で約13万元である。オンラインなので融資コストは非常に低く、1元貸すのも１００万元貸すのも大した差が出ない。阿里小貸は融資1件当たりのコストを2・3元まで抑えることに成功した（一般的な銀行の場合は２０００元前後）。また、阿里小貸の基本的な業務モデルは、申請3分、与信1分、関与人員0の「310モデル」だ。借入申請書類の記入・提出から融資審査、貸付、さらに貸付後の融資先企業のキャッシュフローや経営状況のリアルタイム・モニタリングまで、阿里小貸ではほぼすべての手続きがネット上で完了する。借入申請から貸付までの所要時間は最短3分だ。

2012年10月18日、阿里小貸が利率25%オフで総額1億元分の融資を提供するという優待を打ち出すと、わずか36分でその全部が貸し出された。また、その運営コストは無視してよいほどわずかだった。同様の規模の融資を得るのに銀行で最も手軽な融資商品を選んだとしても、事業主は抵当権設定から15日後にならないと資金を手にできない。

与信枠が小さく、迅速な融資を行い、しかもいつでも借入、返済できるという阿里小貸の貸付によって、零細企業は資金の回転期間を大幅に短縮することができた。2013年末時点で、阿里小貸の顧客の資金保有期間は年間平均で123日と長いのに対し、融資期間は平均でわずか120日余りであった。

タオバオや天猫の売り手が最もよく利用する注文貸付を例にとると、出店者が1年を通して注文貸付を利用する回数は平均30回で、毎回の融資期間は平均でたったの4日である。タオバオショップの大部分には在庫がなく、1日の最後に注文をとりまとめて阿里小貸に注文貸付を申請し、翌日に卸売市場に行って品物を受け取り、買い手に発送する。買い手が受け取った商品を確認し代金を支払うと、システムがそこから自動で融資した金額を引き落とし、これで返済完了となる。売り手はまったく自分の資金を持ち出さずに済むのだ。

阿里小貸の主要顧客層は80年代、90年代生まれの若者だが、その80%近くはそれまでまったく融資を受けたことがない層である。つまり、彼らは阿里小貸で人生初の融資を経験しているのだ。

タオバオショップのなかでも融資サービスを利用したことがあるショップとないショップの違いは大きい。

貸付の種類	タオ系貸付	アリババ信用貸付
融資対象	タオバオ、天猫、聚劃算、アリママ、アリエクスプレス等のタオバオ系プラットフォーム上の業者	Ｂ２Ｂ会員企業 「誠信通」会員企業 アリエクスプレス会員企業
融資商品	注文貸付 信用貸付 聚劃算貸付 起業支援貸付 サプライチェーン融資 保証金貸付	「誠信通」信用貸付 阿里注文貸付 海外貿易「網商貸」 アリセキュア（現付宝）*1 アリエクスプレス「快速回款」*2 サプライチェーン融資
全体に占める割合	80％	20％

図 4-1　阿里小貸の「純信用貸付」

*1　アリババの買い手向け取引保証サービス
*2　売り手の売掛金回収期間の短縮を目的とした代金即時回収サービス

例えば、利用実績のあるショップはユーザーランクで最高クラスのクラウン〔上からクラウン（青、金、赤）、ダイヤ、ハートの順に等級化されている〕になれる可能性が数倍高く、閉店率も低く、経営の安定性が非常に高い。融資サービスを受けたことがあるショップの割合は、タオバオでは全店舗数の40～50％で、天猫ではその比率が60％まで上がる。

　これほど高い利用率を実現したのは、阿里小貸のプロモーションによるところが大きい。例えば、「3日以内無条件利息還付」というキャンペーンがある。融資を受けた顧客に対し、融資開始から3日以内であれば無条件で融資の利用中止を認め、しかも元利を返済すれば、その利息分の還付を申請できるというものだ。こうした利用促進は既存金融機関ではおそらく例がないだろう。そのほかにも、阿里小貸は新規の顧客に大幅な優待を実施し、実際にサービスを体験することで融資の流れを知ってもらおうとした。

また、阿里小貸のさまざまな金融サービスは、業者のサイト上での出店、商品の準備、在庫管理からその後のマーケティング、データ管理といったビジネスフローの各段階にしっかりと対応している。例えば、ショップが阿里小貸のキャンペーンに参加すると、阿里小貸はすぐに商品準備の資金として一定額を融資できることを通知し、具体的な割引利率も知らせる。また、アリママ（阿里媽媽）〔出店者を対象としたマーケティング技術プラットフォーム〕で広告枠を確保するのにいくら必要なのか分からないショップや、決済がスムーズにできないショップに対しては、阿里小貸が代理で広告枠を確保し、ショップに立替金額を通知するというサポートも行っている。さらに、阿里小貸は、ショップが注文照会作業をしているタイミングで、注文貸付を利用すれば迅速に売上代金を回収でき、借入利率も優遇されることを知らせる。これらはほんの一例にすぎない。阿里小貸は使用頻度が高いアプリで、直接顧客と接触できるため、他のサイトでも阿里小貸のプラグインを採用しているところは多い。

阿里小貸は２０１３年から徐々に、顧客の信用度によって個別に融資条件を設定する方法を採用していった。それぞれの顧客のリスクと収益の特性に合った最良の条件を決めるためだ。例えば、新規の顧客には「最初は低く後から高く」という体験型の条件設定を採用し、継続的に融資を受けている顧客には「最初は高く後から低く」という長期利用奨励型の条件設定を適用する。信用度が高く融資サービスの利用状況も良好な零細企業に対しては、徐々に融資コストを下げていくのだ。

従来の銀行の融資モデルに比べると、阿里小貸はそれほど人件費がかからず、時間や地域的な制限もクリアしていたので、短時間で多様な顧客に大量に接触することができた。それにより実際に融資を行うまでの時間は大幅に短縮され、融資コストを下げ、資金の回転を加速させることにも成功した。

阿里小貸はビッグデータとインターネットを利用して融資件数を増やし、現代の「金融サービス工場」になることを目標としている。いわばライン生産方式のシステムを構築し、ＥＣプラットフォーム上の零細企業や個人起業家に24時間３６５日ノンストップの融資サービスを提供するのだ。

阿里小貸が急速に成長している状況において、最大の足かせとなっていたのが資金面の制約だ。銀行が預金を吸収したり銀行間取引市場で低コストで資金を調達できたりするのに対し、マイクロクレジット企業は自己資本のみを元手として融資業務を行うしかなかった。銀監会が公示した「マイクロクレジット企業のテスト事業に関する指導意見」（関於小額貸款公司試点的指導意見）では、マイクロクレジット企業の資金源は主に①株主が出資する資本金および寄附金、②金融機関からの借入金とされたが、②は純資産の50％を超えてはならないと決められていた。阿里小貸傘下のマイクロクレジット企業２社の資本金は合計16億元なので、貸付に充てられる資金の上限は24億元となる。このボトルネックを突破するため、阿里小貸は銀行、証券、ファンド、信託、保険等の金融の全分野へと業務を拡大して資金調達ルートを拡充し、また、積極的に資産の証券化を行った。これにより資金の回収を早め、現有資産を活性化して貸付資金の限度額を上げていったのだ。

零細企業融資の成熟した技術と資産取引等による融資能力の拡大によって、阿里小貸は高度成長期に入った。２０１１年６月までの１年間で、阿里小貸は累計４万社の零細企業に貸付を行い、貸出金残高は28億元に達した。そのうち99・９％は１件当たりの貸出金額が50万元以下であった。２０１６年現在、融資先零細企業は４００万社以上、貸出金残高は７０００億元超まで拡大している。

ビッグデータの宝箱を掘る

金融業と情報産業にはいずれも「数字」という共通のＤＮＡがある。金融はもともとデータと不可分だ。

世界中のデータの90%以上はここ数年で生まれたものと言われており、将来さらに爆発的な速度で増えつづけることは間違いない。大量かつ多様なデータから迅速に価値ある情報を得られるのがビッグデータ技術である。ビッグデータ技術の幅広い応用により、金融の電子化とインターネット化が加速され、金融における中抜き、すなわち直接金融への移行が進行した。

アリババはECのさまざまな段階をつなげて一つのビジネス・エコシステムを構築し、商業的価値が極めて高く信頼性の高い取引データを大量に掌握している。同社は現在、中国のインターネットデータの最大の発生源の一つであり、中国で最も将来性のあるビッグデータ企業の一つと目されている。

アリババは自らのビッグデータという地下資源の巨大な潜在価値を認識してからというもの、たえずビッグデータ戦略の布石を打ちつづけてきた。2005年、タオバオはビジネスインテリジェンス部門を立ち上げ、内部向けに財務統計サービスツール「タオデータ」(淘数拠)をリリースした。これがアリババのビッグデータ運用の始まりである。2009年、アリババのデータ技術のフレームワークが大きく進化した。グループ内のすべてのデータを統合し、管理、共有できるようになったのだ。2012年には関連業務を集約して「アリババ・クラウド」(阿里雲《アーリーユン》)として分離し、独立して運営させることにした。また、グループ内のデータベースと大規模な計算資源を1ヶ所に統合するための横断的なバーチャル組織「データ委員会」を設立し、さらにはデータシェアリングプラットフォーム戦略推進の責任者として「最高データ責任者」の役職を設けた。

目下、アリババのデータチームはCEO直属の戦略級チームとされている。ジャック・マーは、アリババと阿里金融が将来的にどちらも本質的にはデータ企業になると考えている。データプラットフォームは情報フローの精鋭部門として、物流やキャッシュフローとともに、たえず拡張していく閉鎖系のエコシステムを構築し、グループ内でデータ関連戦略の決定のサポートを行うだけでなく、外部向けのデータ取引プラットフォームを作ることも可能だ。アリババはこの強大なプラットフォームを頼りに、活力あるエコシステムを発展させた。また、ビッグデータの応用は次第にこのエコシステムを潤す血液の役割を担うようになり、ますますその重要性を増している。

２０１０年、誕生から間もない阿里小貸は、既存金融機関の融資モデルの限界を明確に認識しており、独自の道を切り拓きたいと考えていた。もちろん、彼らが目指していたのはビッグデータによる審査の自動化だが、それは周囲に目を向けずに主観的に進められるようなことではなかった。阿里小貸はすでに大量のデータを手にしていたが、データをいかに活用すべきかが分かっていなければ徒労に終わるだろうし、それどころか転覆する恐れさえある。リスク管理はもとより高度な厳密さを要するものであり、経験に乏しい新興企業が自ら貸付のリスクを管理するなどということは、それこそリスキーだった。

阿里小貸はテスト段階でモデリングを用いた審査を試してみたが、その効果は満足できるものではなかった。サンプル数が不十分だと実際の処理でエラーが多くなるのは明らかで、このままでは「高い授業料」を払うことになるのが目に見えていた。モデリングによる自動審査システムを構築するには、大量に実地研究を行って重要な特性や法則性を導き出す必要があった。また、モデルには最新の状況を即時に反映させる必要があり、たえず調整を加えつづけなければならないことも阿里小貸は認識していた。

したがって、阿里小貸は従来の銀行的なやり方を真似るほかなく、オフラインでの資料収集に着手した。実地調査チームは半年間で数万社の顧客を訪ね、資料を集めた。工場の写真を撮り、従業員の数をかぞえ、銀行取引明細を確認し……こうして収集した大量の情報から、零細企業融資において真に重要な指標は何なのかを分析した。例えば、店舗の顧客へのレスポンスの速さは見落とされやすい項目だが、店舗の顧客重視の度合いやネットショップへの力の入れ具合、顧客情報の信頼性等が反映される重要指標である。既存金融機関の信用調査ではこうした項目は考慮に入れられないだろう。

信用調査において阿里小貸が採用した変数は既存銀行とはまったく異なる。阿里小貸の信用調査システムを、国内で最も権威があり、広く用いられている中国人民銀行の信用調査センターのシステムと対比してみよう。人民銀行の信用調査センターの企業信用調査情報には、企業の基本情報、借入記録、環境保護への取組み、各種社会保障費用および住宅積立金〔雇用者が従業員の住宅購入等の補助を目的として積み立てる資金で、中国では雇用者に納付が義務付けられている〕の納付記録、品質検査記録、給与の支給遅延・未払い記録、通信費の納付記録などが含まれる。一方、阿里小貸の信用調査システムでは、売り手の基本情報、商品取引量、店舗のアクティブ度およびレスポンス速度、顧客満足度、在庫、キャッシュフロー、公共料金の納付記録といった店舗運営に関係するすべてのデータを収集し、このほかにネットショッピングと関連性のあるブログや会話記録、店舗の信用度、口コミでの評価、物流データ、返品・交換記録、認証情報、訴訟紛争状況などといった非構造化データ〔構造定義を持たず、関係モデルに適合しにくいデータ〕も審査に加味される。その後、阿里小貸はさらに、中国の最上級の裁判所である最高人民法院が執行状況を公開している「法院執行網」や工商行政管理総局の企業信用情報システム、電力や水力の使用量等の外部のデータを導入することで、自社の信用調査システムを強化した。顧客の同意が得られれば、さらに税務データや国際取引の輸出戻し税の通関申告データ等も入手できる。

これらのデータに整理、加工、馴化等の操作を加え、常に改良、調整を行うことで、与信の根拠とモデルを作ることができる。阿里小貸はビッグデータ技術とクラウドコンピューティングによって融資先企業の経営状況や信用状況、債務返済能力等を分析し、それに基づいて貸出金額、利率、融資期間を決定している。ビッグデータ分析という利器によって、自動与信における正確な評価と効率的な意思決定を実現したのだ。

２０１１年以降、阿里小貸はまず杭州でサンプルを選び、自動与信のテストを実施した。その後、デフォルト率を注視しつつ、対象都市を嘉興、湖州、紹興等へ広げ、さらに浙江省全体まで拡大した。それから、江蘇省、上海市を含む長江デルタ地域、珠江デルタ地域、山東省、北京市、天津市を含む渤海湾地域へと範囲を広げ、最終的には中国全土をカバーした。２０１３年、阿里小貸は正式に大規模な自動与信をスタートさせた。借入申請を行う企業は、申告書を１枚書いて提出すればすぐに阿里小貸から与信審査結果が通知され、それをそのまま借入申請に使うことができるようになった。

検証を進めていく過程で、阿里小貸は地域ごと、業界ごとに特徴が異なっており、そのすべてに通用する一つの万能策など期待できないことを悟った。それゆえ、開発に費やした２０１１年からの2年間、阿里小貸は、価値あるデータをより多く導入して高度なリスク管理を実現するために、大量の煩雑な作業をこなさなければならなかった。例えば、融資リスクを評価する際、たった数期分の返済記録では基本的な状況しか把握できない。リスクの全貌を把握するためには1年以上の債務返済記録が必要となる。「仮説は大胆に、証拠は繊細に」という言葉の通り、構想を形にするまでの道のりは非常に地道なものだった。

こうして阿里小貸が先例のない道を歩んできたのは、この業種に新たな道を切り拓くためであり、それ相応の「授業料」を支払うこととなった。「いまからふりかえってみると、私たちの歩みはこの上なく愚直で体力の消耗も大きく、おそらく少なからず遠回りもしたのだろうと思います。しかし、当時からすれば、方向性を探るにも手探りでやるしかありませんでした」。当時のアントフィナンシャル零細企業融資事業部で上級研究員を務めていた劉《リョウ》・波《ボー》はこう語った。しかしいまや、アリババ（1688.com）やアリババ国際サイト等のB２Bプラットフォームでは顧客の60％に自動与信を行っており、タオ系貸付にいたってはすべて自動与信で対応している。２０１５年には阿里小貸の自動与信規模は約１００億元にまで成長した。

自動与信を支える豊富な審査モデル

自動与信の実現は阿里小貸ビッグデータチームの最終目標ではなかった。彼らが思い描いていたのは融資前・融資中・融資後の管理、詐欺対策、市場分析、信用調査システム、イノベーション研究といった信用貸付のライフサイクル全体をカバーする管理システムだ。阿里小貸の意思決定システムでは毎日1000万に上る顧客の数千万件分の取引と数千万件の情報、10TB超のデータを処理して数百億元規模の与信枠を算出しており、アウトプットするデータ量は3GBに及ぶ。ビッグデータは阿里小貸の融資業務フローにおいて市場マーケティング、融資審査、与信、貸出金額の支払い、モニタリング、債務返済の督促等をサポートしており、業務上の意思決定の中核に位置している。阿里金融の人員構成もこの状況を証明している。2013年時点の阿里金融の従業員は300人強で、内訳はITエンジニア100人強、データ分析の専門家100人強、残りが営業部門や管理部門の人員であった。

アリババが構築してきた膨大なデータベースと十数年に及び蓄積された経営経験を基盤として、阿里小貸は体系的なリスク管理システムを構築した。このシステムの枠組みはバーゼル合意に則って構築されている。例えば、阿里小貸の財務システムにおいては不良債権のカバレッジ・レシオを450%に設定している。この数字は商業銀行の200～300%よりも高い水準である。モデリングもバーゼル合意を基準としており、顧客情報の把握やリスク管理の品質向上に役立てられている。阿里小貸が開発したモデルは数百に上る。その一部を図4－2に示した。

具体例を挙げると、2013年に阿里小貸がビッグデータを用いて構築した重要モデルの一つに「水文モデル」がある。その名の通り、このモデルは都市の水文管理を参考にして開発されている。例えば、河川の

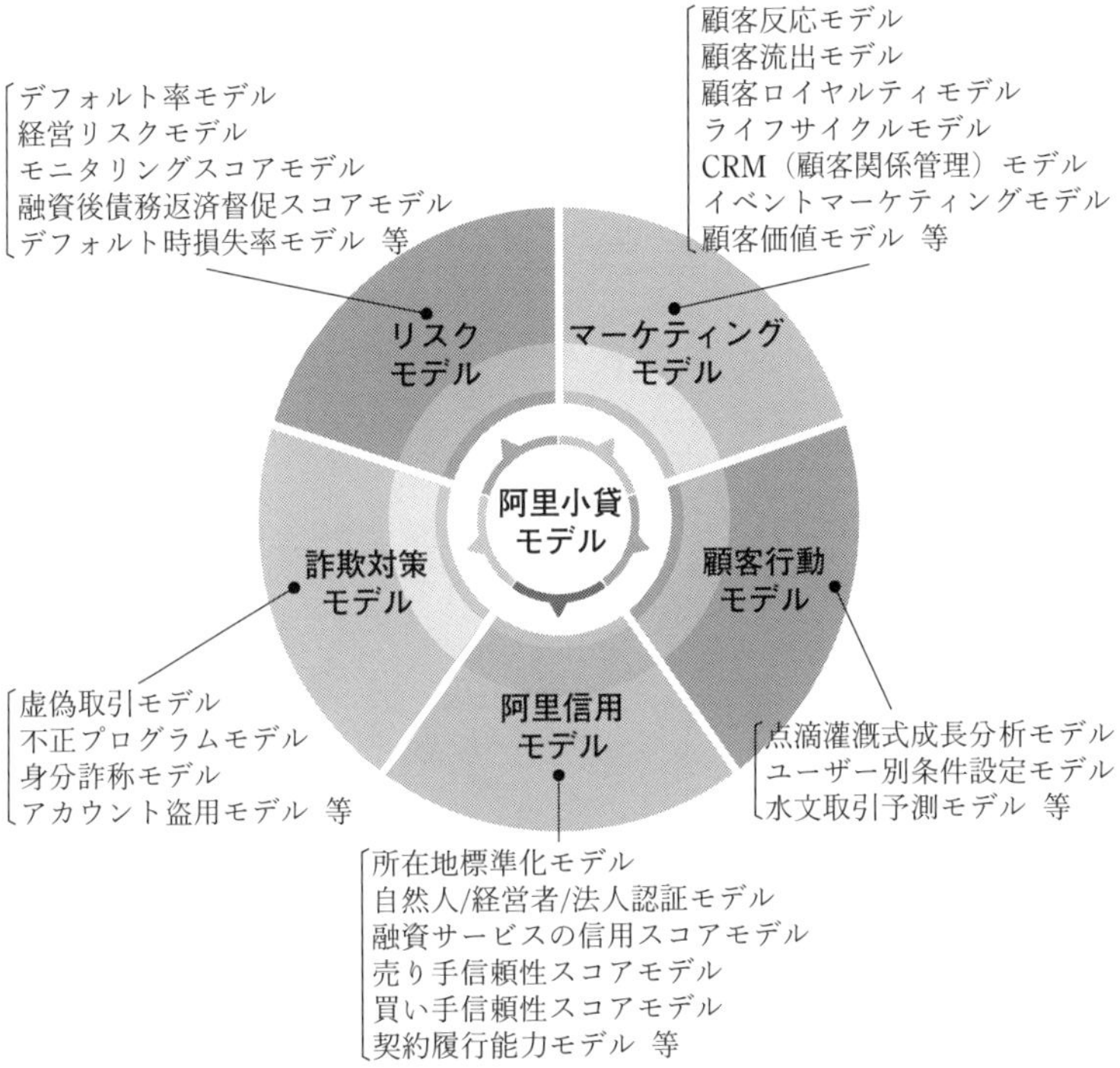

図 4-2　阿里小貸が開発した審査モデルの概略

水位がある数値に達したとする。だが、誰もこの数値だけに基づいて対応措置をとることはできない。それだけでは洪水を防ぐ準備をすべきなのか、何もしなくてよいのかが分からないからだ。また、今後の状況を予測することもできない。翌月の河川水位は高くなるのか、低くなるのか、あるいは洪水防止等の河川管理に影響があるのかどうか、この数値だけでは判断できない。しかし、この数値を過去のデータや周辺の河川のデータと対比させれば、一定の判断ができるようになる。例えば、過去の同時期と比べてこの数値は高いのか低いのか、あるいはどの程度増減しているのか、同時期に周辺の河川の水位はどのように変化したのかなどというふうに見ていけば、それぞれの河川の今後の状況予測が立てられる。

水文モデルとは、ショップの類別や評価等級に基づいて「水文データベース」を構築し、ショップの過去のデータに基づいて年別の比較を行うことで、季節的な変動などによる影響を取り除いた上でショップの成長傾向を予測するものである。

水文モデルを零細企業融資に応用すると、より詳細かつ信頼性の高いデータを基に与信判断を行うことができ、特殊な因子が与信判断に与える影響も平滑化できる。例えば、携帯電話を販売しているショップでは、「双11」の売上額が300万元だった。これは平常時の売上と比べると明らかに高く、このデータだけを見て与信枠を決めようとすれば誤った判断をする可能性が高い。実際にこのショップに水文モデルを適用し、他の時期・季節の経営データや同業ショップのデータと比較分析すれば、このショップの平常時の売上はさほど高くないかもしれないし、過去の「双11」に比べて今年の売上額が低くなっている可能性もある。「双11」期間の売上成長率も他の同業ショップに比べればそれほど高いとは言えない可能性もある。

また、水文モデルによって、零細企業の経営動向、さらには資金ニーズが発生するタイミングや必要額についても予測を立てることができる。ある特定のショップのデータの変化を他の類似ショップのデータの変化と結びつければ、システムはそのショップの将来的な変化を推測することができる。例えば、以前、毎年同じ時期にあるショップの販売額が上昇し、同時期に対外投入額も上昇するという現象が見られた。システムはそれに基づきショップの資金ニーズを分析し、さらに他の類似ショップの過去の融資実績データとも結びつけて、当該ショップが必要とする金額を算出した。

水文モデルによる取引予測によって、阿里小貸は与信判断の確度を上げることに成功し、さらにショップが借入申請をする前にこちら側から売り込みを行うこともできるようになった。資金利用ピークにある顧客に対しては最大レベルの営業を行い、まもなく資金利用ピークを迎える顧客には前もって軽い営業をかけておくのだ。営業活動の内容とフィードバックはすべて記録され、その後顧客反応モデルを通じて改良される。

ユニークなリスク管理システム

ビッグデータを支柱として、阿里小貸はユニークなリスク管理システムを作り上げた。これにより、貸し付けた資金の流れから融資先企業の川上、川下まで、すべてアリババプラットフォーム上でモニタリングできるようになり、かなりの範囲で融資リスクを管理できるようになった。

阿里小貸では、まず、借入申請をする企業はアリババプラットフォームのユーザーでなければならないという厳格な制限を設けている。これにより、阿里小貸はアリババプラットフォームを通じて融資先企業の情報を十分に入手できるのだ。また、貸出金の用途にも厳格な規定を設けており、必ず営業活動のための資金として使用しなければならず、使用期限も設けられている。

また、阿里小貸は融資フローを前期、中期、後期に分け、所々で関門を設け、厳しいチェックを行っている。貸付前の信用調査や信用評価では、アリババプラットフォームで集計された事業者情報を信用評価モデル、デフォルト率モデル、ユーザー別条件設定モデル等に代入し、ビッグデータ技術によって融資先企業の経営状況、信用状況および債務返済能力等を分析し、最終的に当該企業への融資の可否を決め、融資の限度額や利率、期間等を確定する。この過程では、事業者情報の真実性を保証するため、クロスチェックを導入している。

融資審査に通れば、融資先企業は阿里小貸との契約にサインし、法人代表者個人のキャッシュカードとアリペイアカウントを紐付けなければならない。阿里小貸は個人の実名認証およびアリペイ認証を行い、アリペイで貸出金額を融資先に入金する。これにより、阿里小貸は資金の流れをモニタリングすることができるようになる。

融資後についても、阿里小貸はさまざまな方法で融資先企業のキャッシュフローや経営状況等をリアルタイムで監視している。モニタリングスコアモデル、融資後債務返済督促スコアモデルを利用して、貸出金額の用途および運用効率を監視し、期日通りに貸出金を回収する。融資中には発生しうるリスクについて警告を発する。債務返済の方法については、阿里小貸は通常、元利均等返済を採用しており、顧客が期限までに返済金額を銀行口座からアリペイアカウントに移動するか、アリペイアカウントの残高が返済金額以上となっていれば、アリペイのシステムが自動的に融資分を引き落とす。顧客が繰上返済を行う場合は元金の3％を手数料として徴収し、返済が遅れた場合は遅延期間につき利息を正規利率の1・5倍で計算する。

債務返済遅延が発生した場合、阿里小貸では返済督促、資産保全等の対応策を採る。1日でも延滞すれば返済督促を行い、延滞日数が360日以上となった時点で即時全額を清算する。債務不履行の融資先企業にはネットショップ閉鎖やアカウント停止等の措置を講じ、違約コストを上げることでリスクを制御している。2013年12月31日時点での阿里小貸の貸出金残高は120億元超で、デフォルト率は1％未満であった。これは、銀行の大企業、中堅企業のみを対象とした融資のデフォルト率に相当するレベルだ。2012年、中国のトップ10の銀行のデフォルト率は平均で0・82％であった。

劉波は言う。「もちろん、デフォルト率がずっと低い水準に抑制されているというのも、よいこととは言えません。それは新しい試みをまったくしていないことの証左でもあるからです。試行錯誤した段階には不良債権のサンプル数も比較的大きくなります。阿里小貸はまずサンプル数を制御し、リスクを一定範囲内に収めなければなりません。新しい方法を試して成功すれば、サンプル数を拡大し、徐々に範囲を広げます。

もし失敗なら、そのやり方はダメだということなので、背後に潜む原因を突き止めてから再度調整を行います」。これまで阿里小貸でのデフォルト率が最も高かったのは2011年4月で、2％を超えた。2011年3～8月は2％近い状態が続いていたが、それ以外は一貫して1％以下を維持している。この2％という比率も、業界の平均水準を下回っている。

3　網商銀行——クラウド上の銀行

ジャック・マーの銀行設立の夢

民間資本はみな「銀行を設立する」という夢を抱くものだ。ジャック・マーも例外ではない。マーの銀行設立の夢の発端は、1992年までさかのぼる。「私は当時、海博翻訳社という小さな企業を立ち上げていました。当時の給料は100元ちょっとで、私は3万元を借りるために3カ月を費やして、あらゆる伝手をたどりました。抵当に入れられる家財は全部つぎ込んででも融資を受けたかったのですが、銀行からお金を借りることはできませんでした。あの時、もしいつか自分のような事業者ばかりを専門に扱う銀行を作ったら、多くの人の成功を助けられるだろう、と思ったのです。この考えは変わらず私のなかにありつづけています」。マーはこの頃からずっと零細企業専門の銀行をやりたいと考えていた。

しかし、民間資本は、株式を所有しなければ銀行の経営に関わることができないという法律の制限を受ける上、現実的な障害が何重にも存在し、銀行設立の夢は実際のところ、通り抜けられない「ガラス張りの門」のようなものだった。1996年に設立された中国民生銀行は、中国の銀行業改革のモデルケースとして作られた新中国（中華人民共和国）で初めての民営銀行であり、改革開放後の30年間においても唯一の民営銀行であった。

ところが、2013年になると、民営銀行の設立にもわずかながら希望が見えてきた。6月19日、国務院常務会議において、李克強《リー・クーチャン》総理が民間資本によるリスク自己負担型の民営銀行設立の模索について言及し、大きな波紋を呼んだ。7月5日には、国務院は正式に「金融国十条」すなわち「金融の経済構造調整および転換、高度化支援に関する指導意見」（関於金融支持経済結構調整和転型昇級的指導意見）を公布し、関連政策を明確化した。この政策によって、民営銀行設立の門戸が正式に開かれたのだ。

追い風が吹くと、アリババはいても立ってもいられなかった。鳴り物入りで準備を進め、2013年後半には1枚の申請書を浙江省政府の金融服務工作弁公室（金融弁）に提出し、そこから銀監会、国務院へと上げられた。外部でも、アリババが民営銀行の設立に着手するというニュースが広く伝えられ、アリババが真っ先に民営銀行の営業許可を得るだろうという予測が飛び交っていたが、当のアリババはこの件に関しては口をつぐみ、一貫して否定していた。

2013年8月に杭州市金融弁の副主任に着任したばかりだった兪勝法《ユー・ションファー》も、こうしたアリババの動向を把握していた。この年の晩秋、綿密な話し合いを経て、兪勝法はアントフィナンシャルの要請に応じ、その一員となることを決めた。彼の任務は、中国の第一世代となるインターネット銀行の設立準備であった。以前、兪は長年にわたって杭州銀行に勤めており、頭取在任中の業績や評判もよく、アリババのインターネット銀行のトップに立つ人物としては最良の人選であった。ただ、アントのオファーがなければ、兪は杭州市金融弁の次期主任への就任が濃厚だった。熟慮の末、兪は2014年2月に正式に杭州市金融弁副主任の職を辞し、アントフィナンシャルに加わった。

それから約1カ月後、時まさに2014年「両会」開幕直前のある日の夜、兪勝法は銀監会から通知を受け取り、明くる日に北京で極秘の会議が開かれることを知った。彭蕾、胡暁明、兪勝法の３人はすぐさま北京へ飛んだ。極秘の会議、つまり銀監会の内部連絡会において、銀監会側は慎重な口ぶりでこう告げた。「明日、尚福林《シャン・フーリン》主席が外部に向けて民営銀行を5行設立することを発表します。各社には銀監会の要求に照らし、慎重かつ着実に、また積極的に設立準備を進めるよう望みます。ただし、あまり派手にやらないように」。民営銀行は第一歩を踏み出したばかりで、将来的にどうなるかはまだ分からない。今回のことで完全に問題がクリアされたとか、今後徐々に常態化していくだろうなどと考えることはできなかった。

翌日、つまり、２０１４年3月11日の正午、銀監会の尚福林主席は記者会見で、第1弾となる民営銀行５行の試行案はすでに国務院で承認されており、アリババ、テンセントというインターネット二大巨頭がともにその中に名を連ねていることを発表した。ここで補足しておかなければならないのは、民営銀行のテスト事業では共同発起人制が採用され、各銀行につき2人以上の発起人を立てなければならず、同時に、定められた株主1人当たりの持株比率の上限を遵守しなければならないとされていた点だ。また、発起人は法に則ってその有資格性が審査され、審査に合格した後に正式に設立申請を提出することとなっていた。

アリババはたちどころに準備チームを組織した。その当初の心づもりは、既存の阿里小貸を基盤としてインターネット銀行を設立し、そこに阿里小貸の業務をすべて合併するというものだった。そのため、短期間のうちに他の株主との折衝やシステム構築等の準備作業を完了させることができたのだ。

ところがその後、困難に行き当たった。アリババが政府に提出した計画では、アントフィナンシャルの持株比率は67%、つまり3分の2の支配権を持つとしていた。しかし、銀監会はアントの持分の上限を全体の30%までしか認めなかった。回答を目にしたアリババはひどく落胆した。インターネット銀行設立のためのリソースはアリババとアントが１００%負担しているのに、これでは経済的なリターンがあまりに少なく、打撃を受けることは明らかだったからだ。それと同時に、アリババが民営銀行の設立準備に着手する許可を得たというニュースが公表されると、提携先の銀行が各々の意見を出してきた。彼らは、アリババが自ら銀行を運営すれば多くの業務が自社でできるようになり、他の銀行を必要としなくなるのではないかと考えたのだ。実際、このときにはもう設立準備は停滞していた。7月25日、銀監会が情報を出し、すでに3行の民営銀行の設立申請が正式に承認され、誰もが一番乗りだと踏んでいたアリババが今回のチャンスを逃したことが明らかにされると、世間は大変な驚きと疑念に包まれた。

幸運の女神には前髪しかない——。しかし、その中にあってアリババは、第一陣となる民営銀行の準備設立にはまず政治的な意義があると考えるようになった。よくよく考えれば、最初の民営銀行の枠数は銀監会ではなく国務院が決めたものだ。中央はわざわざ政治局会議まで開いて民営銀行設立について話し合っている。今回諦めてやらないということになってしまえば、社会的にも大きな影響が出るだろう。その後、4カ月の停滞期間を経て、アリババはふたたびこのプロジェクトを始動させた。

アリババのインターネット銀行は2014年9月末に設立許可を取得し、2015年5月27日に開業申請の承認を得て、最終的に2015年6月25日に杭州市で「浙江網商銀行《ワンシャンインハン》」(マイバンク)として正式に開業した。設立許可を得てからすでに9カ月の時が経っていた。網商銀行はアントフィナンシャル、復星、万向、寧波金潤、杭州禾博士、金字火腿の6社の株主が発起人となり設立された。登録資本金は40億元で、アントフィナンシャルは株式の30%を所有した。網商銀行の董事長に就任した井賢棟、頭取に就任した兪勝法はいずれもアントフィナンシャルのメンバーであった。

網商銀行の理念は「少額預金、少額融資」で、20万元以下の預金業務と100万元以下の融資業務を取り扱う。のちに計画に調整が加えられ、貸付の上限は500万元に引き上げられたが、中核的な理念は変わっていない。

設立準備の段階から網商銀行は大きな注目を集めていたが、中国初の民営銀行のモデルケースとしては最も開業が遅く、国内最初のインターネット銀行であるテンセント傘下の深圳前海微衆銀行（ウィーバンク）に後れること半年であった。本来であれば、網商銀行はインターネット銀行業においてもトップを独走できるはずだった。なぜなら、アントフィナンシャルには成熟したフィンテックの基盤があり、豊富なインターネット融資業務の経験があったのに対し、技術基盤を主にソーシャルメディア、ゲームに依拠していた微衆銀行は一からシステムを構築していたからだ。

この紆余曲折のなかで、元の計画では網商銀行に完全合併されることとなっていた阿里小貸は、実際には500億元規模の零細企業融資業務のみを網商銀行に組み入れ、1000億元規模の消費者金融業務は阿里小貸に残されることとなった。このことは、網商銀行の経営戦略にも一定の影響を与えた。阿里小貸の既存業務を全部網商銀行に組み入れてしまえば、網商銀行は民営銀行5行のなかで首位に躍り出るはずであったからだ。しばしば比較対象とされる微衆銀行は、ソーシャルメディアの流れを汲んで主に個人向け融資を行っていたが、これは現在のアントの「借唄」に近く、網商銀行とはまったく位置づけが異なっていた。

中国初のクラウド上の銀行

「インターネット銀行が既存銀行の使命を革《あらた》める」——これはかつてアリババが民営銀行の設立に踏み出すときに打ち出したコンセプトだ。しかし、インターネット企業のＤＮＡが色濃く反映された網商銀行の業務の版図が明らかになるにつれて、両者は対立関係というよりは補完的なパートナーとなっていった。「われわれのライバルは他の銀行ではない。自分たちがいかに新しい金融システムを構築し、これまでサービスを受けられなかった80％の消費者と小企業を支え、サービスを提供できるかということだ」。ジャック・マーはいかなる場合にも網商銀行と既存銀行は競争関係にないという点を強調した。頭取の兪勝法も明確な線引きをしていた。「網商銀行は20％の金持ちの顧客群とは決してつきあわない」。

網商銀行の位置づけは非常に明確だ。零細顧客のみを扱い、1件当たり500万元以上の貸付は行わない。インターネットを活用して80％のロングテールの顧客層にサービスを提供することで既存の金融システムに対し有益な補完を行うのだ。網商銀行の株主で、当時のアントフィナンシャルのCEOだった彭蕾は、網商銀行の開業式で同社への期待についてこう述べている。「網商銀行の評価基準となるのは、市場規模でも、ましてや利益率でもありません。サービス対象となる中小企業および膨大な一般消費者の数であり、顧客ロイヤルティです」。

網商銀行は野心あふれる目標を掲げた。今後5年間で1000万の零細企業と数億規模の個人消費者にサービスを提供すると宣言したのだ。ジャック・マーは開業式で、会場の人々に「これは偉大なる理想です」と啖呵を切った。事実、2017年現在、融資業務の顧客数が1000万人を超える銀行は世界中のどこにも存在せず、これは前例のない規模であった。従来の方法や発想では1000万というのはたしかに難しい目標であったが、網商銀行はこの業界に新しい道を切り拓こうとしていた。

いかにしてその「偉大なる理想」を実現するのか？　網商銀行はあくまで既存金融機関とは異なる方法を採った。オフラインの支店や外交員を置かない。現金業務は行わない。小切手や為替手形といった従来の銀行のオフライン業務には手を出さない。ITシステムはすべてアリババ・クラウド上に構築し、ビッグデータでリスク管理を行う。こうして網商銀行は真の意味でのインターネット銀行となったのだ。

網商銀行が提供するサービスは時間的、空間的な制約を受けない。網商銀行のコンセプトは既存金融機関とはまったく異なり、金融シーンに密着し、いつでも金融サービスを提供できるようにすることを核心としている。例えば、零細企業は融資を受ける上で使用効果の適時性を最も重視する。しかし、既存銀行では融資審査があまりにも複雑で時間がかかるため、資金提供を待っているうちにその会社は倒産してしまうだろう。これに対し、網商銀行は、モバイルインターネットの特性を活かし、「すぐに貸す、すぐに着く、すぐに使える」融資サービスを提供している。資金ニーズが生じた零細企業、起業家はスマホを開けばすぐに融資を受けられ、繰上返済もできるし、いつでも完済できる。

特筆すべきなのは、網商銀行が中国で最初の完全にクラウド化された銀行であるということだ。「脱IOE」で中核システムをクラウド上に構築している銀行は、国内を見ても世界を見ても網商銀行が初めてである。この中核システムはアリババが自ら研究開発した金融クラウドコンピューティングおよび「オーシャン・ベース」というデータベースに依拠している。

金融クラウドを基盤として研究開発した銀行の中核システムによって、網商銀行では金融取引と膨大なビッグデータを同時に処理できるようになり、容量拡張の柔軟性も備わった。例えば、資産運用の看板商品が販売される際、従来のITシステムではシステムの負荷耐性が不十分なため、往々にして量を制限して販売される。しかし、クラウドコンピューティングなら、「双11」のような爆発的な取引量に遭遇しても安定した処理が行える。金融クラウドのもう一つの優位性は、高効率を維持すると同時に、大幅に運営コストを下げられることだ。商業銀行は毎年、ITシステムのソフトウェアの入れ替えに1億元以上を費やしている。ある推計によると、銀行が採用している従来のITシステムは、口座1件当たりの維持コストは年間30～100元で、1件当たりの決済コストは約0・06～0・07元である。一方、金融クラウドをベースとしたインターネット銀行システムでは、1アカウント当たりの維持コストは年間約0・5元で、1件当たりの決済コストは約０・０２元まで抑えられる。

網商銀行は、融資業務やリスク管理の面で、阿里小貸の５年分の経験とノウハウを継承している。前述の通り、阿里小貸はビッグデータによってリスクの判別を行っており、２０１５年４月の時点で、貸出金残高は４０００億元超、デフォルト率は一貫して１・５％以下に抑えられていた。網商銀行の融資は約３分で手続きが完了する。１件当たりの融資コストは２元に満たない。一方、従来のオフラインの融資業務は最短でも72時間を要し、１件当たりの融資コストは約２０００元であった。

無担保の純信用貸付は網商銀行の目下の主軸業務である。網商銀行の融資商品ラインは零細企業、個人を対象とした「網商貸《ワンシャンダイ》」と、農村を対象とした「旺農貸《ワンノンダイ》」で構成されている。網商貸はアリババ、アントフィナンシャル系列のＥＣショップおよび50以上の外部プラットフォーム上の事業主をカバーしている。「旺農貸」は「三農」（農村、農民、農業）に特化し、全国の25省区、２・５万の農村の１００万の零細ユーザーをカバーしている。２０１６年の「双11」前後には、網商銀行は１３３万の零細企業に融資を提供し、貸出金額は累計５００億元を超えていた。

融資商品だけでなく、包括的な金融サービスを零細企業に提供したいと考えていた網商銀行は、その後、サプライチェーンの掛売り取引をサポートする「信任付《シンレンフー》」や企業版アリペイ「融易収《ロンイーショウ》」、企業版余額宝「余《ユー》利宝《リーバオ》」、零細企業に無料で詳細な財務データを提供する「網商有数《ワンシャンヨウシュー》」、さらにはいつでも引き出せる定期預金商品「定活宝《ディンフオバオ》」と「随意存《スイイーツン》」を続けざまに世に送り出した。網商銀行は顧客のニーズに迅速に応えるために、スピーディーに商品の更新を行い、市場のニーズに適応したいと考えていた。こうした発想から始まったのが「定活宝」で、実際に２０１６年８月にリリースされた。預入期間は約１カ月で、リリースから１カ月で１００億元の預金があった。

「網商銀行は銀行らしくない」と言う声が聞きたい、と兪勝法は言う。網商銀行は「銀行業務の許可証を持つテクノロジー企業」を自任しており、技術によってすべての銀行業務の動力となることを目標としている。網商銀行の３００人強の従業員のうち、3分の2はデータモデリング等を行う技術スタッフである。通常、大型の国有商業銀行や株式制銀行、あるいは中小規模の商業銀行でも、行員中のエンジニアの比率が10%を超えることはない。網商銀行の社内からは銀行のような雰囲気はほとんど感じられず、オフィス内の配置を含め、完全にインターネット企業の様相である。

　網商銀行にはインターネット企業のＤＮＡがある。ただ、頭に緊箍児《きんこじ》を嵌められた孫悟空よろしく、銀行業務のライセンスを持つ企業として、金融業の監督基準を満たすという前提の下でいかに金融業務を拡大し、安定性とイノベーションのバランスを実現できるのか、という課題があった。この試練を乗り越えるため、網商銀行はまず幹部チームに多くの金融エリートを登用した。前述の通り、初代頭取の兪勝法は杭州銀行頭取、杭州市金融弁副主任の歴任者であり、初代副頭取の趙衛星《ジャオ・ウェイシン》は中国民生銀行、華夏銀行で長年業務経験を積んでいた。主席情報官の唐家《タン・ジアー》はもともと、中国農業銀行本店でソフト開発センターの主任を務めていた。２０１６年末から翌年初頭にかけての高級幹部の人事異動を経て、2代目頭取に就任した黄浩《ホアン・ハオ》は中国建設銀行インターネット金融部門の元総経理で、2代目副頭取となった金暁龍《ジン・シアオロン》はかつて平安銀行のインターネット金融事業部および小企業金融事業部の総裁を務めていた。

　人材を招聘する際、網商銀行が重視するのが1：1：1という比率だ。最初の3分の1は金融機関出身の人材を起用する。彼らは金融サービスの全体的な枠組みやプロセスをよく理解しており、慎重なので、経営においても網商銀行を誤った方向へ向かわせないはずだ。ただし、金融畑の彼らにはインターネット企業のＤＮＡが欠けているため、インターネット銀行の運営モデルへの順応には時間がかかる。次の3分の1は、インターネット関連のバックグラウンドをもつ人材。最後の3分の1は、金融の経験もインターネットの経験もないが、真に想像力にあふれ、若者の心理やニーズを理解している人材がよい。ただ、現時点では最後の3分の1についてはまだ実現していない。

中国で初めて設立を許された民営銀行の一つとして、網商銀行にはインクルーシブファイナンスのサービス化という希望が託されていた。実際、アントフィナンシャルと網商銀行もその実現のための努力を重ねた。網商銀行はインターネット技術を通じて簡単に大量の零細企業や個人ユーザーに接触し、ビッグデータとクラウドコンピューティングによって運営コスト、信用調査コスト、貸倒損失を大幅に低減させることで、インクルーシブファイナンスをスローガンから現実に変えたのだ。

インクルーシブファイナンスという夢を完全に叶えることは、網商銀行単独では難しい。アントフィナンシャルのプラットフォーム志向を引き継いで、業界別のプラットフォームを構築し、多くの金融機関と協力してともにユーザーにサービスを提供するという方向性は、設立準備の段階から非常に明確であった。網商銀行が採用したのは〈自主運営+プラットフォーム〉という方式だ。まず、アリババ、アントフィナンシャルのエコシステム全体にサービスを浸透させ、しっかりと実力を培う。その後に、自らの技術とデータ関連のノウハウを外部の金融機関と共有し、インクルーシブファイナンスの実現と発展を真の意味で促進する、というものだ。

2017年1月、運営開始から1年余りの網商銀行は、自らの成績表を公開した。それによれば、サービス先の零細企業、経営者の数は271万に達し、全国の23の省、自治区、直轄市をカバーして、その規模は中規模の株式制銀行と同等となった。また、貸出累計額は1151億元、貸出金残高は331・93億元（1社当たり1・7万元）で、貸付件数は同業他社をはるかに上回った。デフォルト率は1％未満で、信用リスクは商業銀行の平均水準よりはるかに低かった。

また、２０１６年末時点の網商銀行の貸出金残高のうち11％は農業関連の貸付であった。農業金融の看板商品である「旺農貸」はすでに全国の２・５万近くの農村をカバーしており、「網商有数」も零細企業50万社に財務データを提供し、各社のＣＦＯ（最高財務責任者）の役割を代行していた。特筆すべきは、２０１６年、民間投資が低調だったことを背景として、既存金融機関が大量に住宅ローン融資を行ったのに対し、網商銀行は1年を通して1件たりとも住宅ローンを扱わず、その貸付の全部を零細企業向けに放出したことだ。この年の網商銀行の顧客数は前年比5倍で、融資規模は前年の4倍に増加した。

スモール・バンク、ビッグ・エコシステム

預金業務は商業銀行の根幹を成す。インターネット銀行はオフラインの支店を設けておらず、従来の銀行が行っているような窓口での口座開設はできないため、オンラインでの遠隔手続きとなる。この活路を拓くのがＡＩ技術だ。アントフィナンシャルは、北京曠視科技有限公司（Megvii Technology）が運営する世界トップの顔認証プラットフォーム「Face++Financial」と共同で、ヒトの顔の認証技術を研究開発した。内部的な段階テストでの顔認証の正確度は99・8％に達した。

網商銀行は設立申請の段階で、監督当局にオンライン口座開設の計画を届け出ていた。また、当時まだ実験段階にあった微衆銀行も、２０１５年初頭に、実際に顔認証技術を利用してあるトラック運転手に３・５万元を融資した実績がある。しかし、インターネット銀行の顔認証技術を利用した口座開設は、いまに至るまで監督当局の許可を得られていない。監督当局が態度を示したがらないのは、一つには潜在リスクに対する配慮であり、もう一つの理由は基準が統一されていないことである。これは行政の銀行口座開設の指針に

関わる問題であり、たった数社のインターネット銀行の特殊なニーズに応えて解禁できるほど単純なことではなかったのだ。こうした障壁が解消する兆しはまったくなく、インターネット銀行は資金源に苦しむこととなった。40億元の登録資本金のほかにも使える資金を増やすため、網商銀行は資金調達のルートを広げていった。一つはファンド会社および保険会社の貯蓄型保険であり、二つめは同業者からの短期借入、三つめは資産証券化である。網商銀行は２０１６年にすでに同業者間の預金証書発行資格を取得している。資産証券化は網商銀行の第二の重要な資金ルートであり、最初の証券化商品はまもなく売り出されることとなっている。

また、オンライン口座開設が認められなければ、網商銀行は個人口座システムを構築することができないため、既存銀行が通常行っている清算・決済業務や利息付与、企業と金融機関を結びつけるなどといったサービスを行うことができない。口座システムの構築は、銀行が効率的な運営を行い、総合業務を発展させる上で非常に重要であり、口座システムがなければどう考えても銀行とはいえない。招商銀行の元頭取である馬蔚華《マー・ウェイファー》はかつて「オンライン口座開設が許可されない限り、インターネット銀行は「銀行業務の許可証を持つテクノロジー企業」以上のものになれない」と述べている。オンライン口座開設の解禁の可否は、インターネット銀行の将来的な発展を直接左右する。これが認められなければ、網商銀行や微衆銀行といったインターネット銀行は、現金による預け入れや引き出しができず、振込・送金に制限があるⅡ類口座か、少額の取引や支払いにしか利用できないⅢ類口座しか開設できず〔個人銀行口座管理上の類別。Ⅰ類は銀行員が本人確認を行った上で開設され、すべての口座機能を利用できる。Ⅱ類、Ⅲ類は開設時の銀行員による確認は不要だが、利用できるサービスに制限がある〕、多くの業務について他の銀行の助けを借りなければならなくなる。

この乗り越えようのない壁に直面した網商銀行には、先に始動させていた口座システムとは無関係の融資業務のみを扱うことしかできず、「軽資産、取引型、プラットフォーム化」という戦略に切り換えざるを得なくなった。「軽資産」という方針は、オフライン支店を設けないことによって窓口業務要員の人件費や家賃といった過剰なコスト投入を省くことはもちろんだが、何よりも従来の銀行の資本金モデルには頼らないことを意味している。また、「取引型」が意味するのは資金循環のさらなる迅速化の実現であり、資産規模の拡大によって商業的利益を追求するのはないということだ。目下、預金吸い上げという最低コストでの資金調達が難しい以上、網商銀行は貸出金利と預金金利の利ざやで利益を得るという従来の銀行の利潤モデルは追求せず、取引からサービス料を徴収することとした。現在のところ、網商銀行は大型の国有銀行や株式制銀行、都市商業銀行、農村信用合作社等の各種銀行との間でリスク分担および収益分担について合意を結んでいる。「プラットフォーム化」は、網商銀行のリスク管理、技術サポート、シーンに密着した顧客サービスといった能力を同業の金融機関に開放、共有することで、さらに効率的に金融サービスの需給を引き合わせ、エコシステム化したオープンなプラットフォームを構築する方針を示している。

網商銀行の目標は、今後5年以内に1000万の企業顧客と数億規模の個人ユーザーにサービスを提供することだ。その対象はもちろんアリババとアントのプラットフォームの既存ユーザーに限らない。この壮大な目標は網商銀行だけでは達成できない。網商銀行は、アリババとアントのプラットフォーム志向を継ぐ「スモール・バンク、ビッグ・エコシステム」という目標を掲げた。

アリババは将来的に、ソーシャルデータおよび政府のオープンデータの銀行業に対するさらなる開放を呼びかけ、それにより自社システム外の信用データを補うと考えられる。それと同時に、内部ではは傘下ECのエコシステムのカバー範囲の拡大を加速させるだろう。その中でも最も注目すべきなのは、どのようにして郷鎮〔中国の行政単位、郷は村。鎮は町に相当〕市場や農村市場を開拓していくかということだ。

農村金融は網商銀行の重要な戦略の方向性だ。農村金融というブルーオーシャンを前にしても、網商銀行はオフラインで支店を置くことはないだろうが、アリババの農村へのサービス拡大の波に便乗する可能性はある。アリババは農村版タオバオを立ち上げる「千県万村《チエンシエンワンツン》」計画を推進しており、農村にECと物流のネットワークを敷こうとしている。網商銀行にも、この巨大なネットワークの敷設に乗じて、農村金融サービスというソリューションを提供する余地がある。

しかし、取引データの蓄積にせよ、農村の信用システム全体の構築にせよ、いずれもかなり長い道のりとなることは明らかである。網商銀行はその過程で、政府や社会、あるいはビジネス分野のリソースに積極的に働きかけ、その信用調査や資金を利用するための協力の可能性を探らなければならない。

網商銀行の顧客はアリババのエコシステム内部に限定されていたわけではなかったが、そもそも顧客データがなければ、網商銀行は融資業務を展開できない。ゆえに開業当初、アリババ、タオバオ、天猫等の零細企業や、口碑の加盟店、アリペイユーザーといったアリババのエコシステム内のユーザーを主要ターゲットとしたのだ。現在、アリババのエコシステム内のユーザーはあらゆるシーンで網商銀行のサービスを受けることができるが、アクティブな事業者が700～800万店舗であるのに対し、実際に信用貸付サービスを受けているのは400万～500万店舗であるため、エコシステム外部への展開は必須であった。

実例を挙げると、網商銀行は共同購入サイト「美団網」(meituan.com)と提携し、その加盟店に「網商貸」サービスを提供しており、2016年末時点でその融資規模は10億元に達した。それ以外にも、網商銀行は20以上の物流企業や、フードデリバリーサービス「餓了麼《ウーラマ》」、ライドシェアサービス「滴滴《ディーディー》」をはじめとする50以上のサービスプラットフォームと提携し、飲食、モビリティ、運輸、住宅賃貸、自動車、育児サービス等のさまざまな業種をカバーしている。2016年末には、アリババ系列外への貸付は網商銀行の融資総額の約10%を占めるようになった。

また、アリペイや花唄、借唄等のサービスはアリババ外部にも進出し、多くのプラットフォームと提携している。網商銀行からすれば、こうした提携から得られるデータも、潜在的な顧客群を拡大させる要素であった。網商銀行は2016年5月、外部プラットフォーム提携部を設立した。彼らは事前に提携先の外部プラットフォームとコミュニケーションを取った上で、提携先の商品チームとともに、そのプラットフォームに合う商品の研究開発を進める。その後、リスク・データチームが提携先のデータを入手し、リスクモデルを作る。この3ステップが完了すると、技術開発の段階に入る。双方のシステムをリンクさせることでようやく商品は完成となり、業務に実用化できる状態となる。最終的な業務の実行の可否や規模についてはすべてリスク・データチームが判断する。リスクコントロールができないと判断されれば、その先には進めない。

外部プラットフォームとの提携の最大の難点は時間のサイクルが長いことだ。網商銀行が外部プラットフォームと接触してから最後にローンチするまでには少なくとも半年は必要となる。網商銀行はプラットフォームの経営モデルと顧客の特徴を明確にしなければならない。また、リスク管理は完全にデータ化されるので、データの質はどうか、どのようにリスクモデルを構成するかといった課題に対処しなければならず、そのトレーニングが必要だった。そこで、網商銀行は次のような手順をとることとした。提携協議を締結したら、まず、提携先のデータを金融で使えるデータに変形させる。その後、提携先に合わせてオーダーメイドのリスクモデルを設計する。例えば、ECプラットフォームと運輸プラットフォームとではモデルは異なる。リスクモデルができると、それを具体的な業務のなかにはめ込んでいく。例えば、まず1000人のユーザー限定で融資サービスを提供し、モデルの有効性を計測する。その過程で返済の記録も取る。それに基づき、その後2、3カ月でリスクモデルを完成させるのだ。このように、基本的に5、6カ月かけてようやく提携先プラットフォームに合ったリスクモデルが完成する。そのため、網商銀行のスタートダッシュは既存銀行に比べれば遅々としたものだった。なぜなら、既存銀行の場合、オフラインの信用調査を行えばすぐに審査と融資を進められるからだ。

当然、網商銀行の外部プラットフォームとの提携においては、個々のプラットフォームごとに商品を構築していくことが長期的な方向性となるわけではなかった。アリババほどの規模を擁するプラットフォームは外部にはほとんど見受けられず、ユーザー規模が100万人程度でも比較的大きい方だった。また、そうしたユーザーがすべて網商銀行の顧客に転化するかといえばそうではなく、転化率5％で5万人、10％で10万人のユーザーが増えるにすぎない。さらに、網商銀行の業務の発展性は外部プラットフォームが大きく発展できるかどうかにかかっており、その可能性は未知数であった。そのため、網商銀行はこうした枠を飛び越えて、より広い範囲でサービス対象の可能性を検討したいと考えている。実際に網商銀行の最大のサービス対象となるのは、分散した膨大な数の個人の商工業者だ。現在、商工業者として登記している企業・個人事業主は全国で6000万以上あり、そのうち個人の商工業者は4000万強である。そのたった10％でも網商銀行の顧客にできれば、400万人強のユーザー拡大が望めるというわけだ。しかし、網商銀行にはこうした個人の商工業者に対する知識が不足していた。

網商銀行のリスク・データチームは現在、各地方政府に働きかけ、各地の個人商工業者の社会保険データ、登記データ、税務データ等の入手を進めている。この3種類の情報の正確性、有効性、安定性が確保されれば、これらの業者に少額の与信が行えるようになる。借入申請のプロセスでさらに借主の経営範囲、取引規模等の情報を収集し、基本的なスクリーニングができるようになれば、最終的には自動与信の実現に漕ぎ着けるだろう。こうした与信の方法さえ確立できれば、融資件数の増加に伴って融資金額も徐々に増えていくと考えられる。こうした発想はよいものの、実際にやるとなると大変だ。地方政府の役人の多くには熱意があり、このチャンスを摑んで地元の金融サービスを改善したいという思いもあるだろう。しかし、各部門が自己利益ばかりを主張して嚙み合わないという状況になってしまえば、これを実現するのは容易ではない。目下、網商銀行は突破口を探っているところだ。こうした状況を突破してしまえば、その後は成功モデルの適用範囲を拡大していくだけだ。

第5章　信用を財産に

レンタカーもホテル宿泊もデポジット不要。住宅賃貸の敷金はゼロ。借入申請では借り主の信用が担保になる。たった2年のうちに、信用の利便性と汎用性は中国の人々の生活に浸透した。アントフィナンシャルは「デポジット免除」と「後払い」を武器として多くの業種に楔を打ち込み、消費者と企業との関係性に革命的な変化をもたらした。

アリペイの「信用があるから簡単」というコンセプトを受け継ぐ「芝麻信用《ジーマシンヨン》」は、技術力で社会における信用システムの構築をサポートしている。多様な生活シーンやビジネスシーンをカバーする信用のサイクルを構築することで、広く人々の生活に恩恵をもたらし、金融イノベーションを推し進めている。こうして、信用を重んじる人は物事を進めやすく、信用を失った人は行き詰まるようなシステムが構築されつつある。「信用を財産に」——この理想の下、アントフィナンシャルはひそかに「信用」に変革を引き起こしている。

1　芝麻信用——個人の信用アカウント

信用の種が地に落ち、芽を出した

「われわれは阿里小微の金融サービスとして様々なことに挑戦しました。ですが、われわれが本当にやりたいのは金融ではなく、信用システムなのです」。2013年、中国初のインターネット保険会社である衆安保険の創業式典の場で、ジャック・マーはこのように述べている。「中国に足りないのは金融機関ではなく、一つの体系的な信用システムなのです」。最初にアリペイで売買双方の信用問題を解決してからというもの、アントフィナンシャルはインターネット金融、消費者金融を通じて徐々に信用システムを構築し、現在に至るまで一貫してこの道を模索しつづけている。その過程で、アントは自ら蓄積してきたデータリソースと技術力、経験を提供することで、さらに広範な人々にサービスできないかと考えてきた。社会全体に力を与え、貧富にかかわりなくすべての人々にとって金融を身近なものとし、商売をスマート化し、より効率的な社会を実現することはいかにして可能だろうか？

2012年にはすでに、信用サービスを展開しようというアイディアが醸成されはじめていた。2013年に計画に着手し、2014年に法人設立の準備に入ると、タイミングよく国の政策的なリポートを得ることとなった。「芝麻信用《ジーマシンヨン》」（Zhima Credit）チームは監督当局と積極的に意思疎通を図り、2015年初頭、ついにゴーサインが出された。2015年は中国の個人信用調査の市場化元年といわれている。

2015年は、芝麻信用管理有限公司の胡滔《フー・タオ》総経理にとっても新しいキャリアの出発の年であった。胡滔はかねてからアントフィナンシャルと切っても切れない縁があった。彼女は以前招商銀行に在職しており、ビジネス相手としてアリババと10年近いつきあいがあったのだ。ただ、彼女が芝麻信用への入社を決めたのは、金融業を志したその初心によるところが大きい。銀行はリスク管理に力を入れているため、零細企業に貸付を行うにはオフラインでの業務的な調査という方法しか選択肢がない。しかし、この方法はコストが高すぎる上に、顧客の債務返済確率を計算できない。だが、芝麻信用ならより低コストで信用リスクの識別を行い、銀行がより優れたインクルーシブファイナンスを実現するチャンスをサポートできる。彼女の目にはそう映ったのだ。

２０１５年1月4日、胡滔は長年奉職してきた招商銀行のインターネット・リテールバンキング部を辞し、アントフィナンシャル傘下の芝麻信用に入社した。翌日、人民銀行は「個人信用調査業務の準備に関する通知」（関於做好個人徴信業務準備工作的通知）を公布し、芝麻信用、騰迅徴信、前海徴信等の8つの企業に対し、個人信用調査業務の準備を進めることを許可し、6カ月の準備期間を与えた。この8社の社名を見ると、いずれも「徴信」〔中国語で「信用調査」の意味〕の2文字を冠しており、芝麻信用だけが「信用」にこだわっていた。胡滔は言う。「私たちの初志は、人と人との間の信用問題を解決し、人々が互いをより信用できるようにすることです。ゆえにわれわれは「芝麻信用」と名乗っているのです。芝麻信用は、人々が個人の信用情報をきちんと管理できるようサポートしたいと考えています」。また、「芝麻」〔中国語で「ゴマ」の意味〕という社名の由来については、井賢棟が詳しく説明している。「ゴマと信用は似ています。見た目は小さいが、栄養は抜群に豊富で、重要な作物です。さらに、少しずつでも貯めていけば大きなものになる。「芝麻」と名付けたのは「信用はその一つひとつが貴重で、蓄積することに価値がある」という理念を伝えたかったからです。われわれは、芝麻信用が中国人にまったく新しい「信用の名刺」をもたらし、すべての人々の信用に関する意識の向上を推進し、社会的な信用の体系を構築する一助となることを期待しています」。

信用調査システムの発展の方向性の整理が待たれる

中国ではここ数年、インターネットの追い風を受けてＰ２Ｐレンディングや消費者金融等が爆発的な成長を見せている。一時は規制されていた個人ローンも金融界の新たなブームとなっている。しかし、消費者金融の潜在的ユーザー数が約8億人であるのに対し、信用調査のデータがあるのはたった3億人だ。多くの人にはまだ信用調査のデータがない。従来の信用調査データは、現金の出納記録や貸付、借入等の金融データが中心で、そうした記録のない層をカバーできない。つまり、初めて借入を申請する人々には信用評価を行うことができないのだ。しかし、中国の将来的な経済力拡大の推進力を担うのは紛れもなくこうした新規の借主たちである。

人民銀行の信用調査システムは中国で最も権威のある信用調査データで、金融機関が信用評価を行う際に最初に選ばれるデータ源でもある。これらは主に、銀行や金融機関等の既存の融資機関に提供されている。一方、インターネット金融をはじめとする新しい融資プラットフォームの信用貸付データは、人民銀行の信用調査システムからは乖離しており、同システムから信用評価を入手、使用することはできない。信用調査システムが完全でないこと、信用データが細分化していることによって、金融機関が客観的に個人の信用レベルや債務返済能力を算定することはさらに難しくなっている。これにより、金融機関の経営が圧迫される恐れもあり、デフォルト率やリスクが増大すれば、間接的に借主の資金コストを上げることとなってしまう。

アメリカをはじめとする先進国では、数百年におよぶ発展の歴史を経て、すでに成熟した信用文化と高度に市場化した信用調査システムが形成されている。しかし、中国は同時代にありながらも、信用調査システムは依然として発展の初期段階にあり、立法の遅れ、監督当局の不在、サービス標準化の不備といった問題を抱えている。いち早い発展の方向性の整理、明文化が待たれる。

アメリカ国民にとって、信用は生活のさまざまな面に影響を及ぼすものである。信用記録が悪ければ住宅ローンも借りられず、クレジットカードを申請しても拒否される。また、アメリカでは、航空券の代理店の多くは顧客にクレジットカード決済を義務づけているので、クレジットカードがなかったり凍結されていたりすれば購入できない。逆に、信用記録が優良な顧客は、銀行ローンの利率も低く、さまざまな優待や割引が受けられる。

アメリカの個人消費信用評価会社ＦＩＣＯ（Fair Isaac Corporation）は信用調査およびビッグデータの分野のビッグネームだ。30年を通して、その発展の一歩一歩がアメリカの信用調査システムの構築や改善に影響を与えてきた。現在では、ＦＩＣＯの個人信用スコアリングシステムはアメリカで最も広く利用される信用調査モデルとなっており、アメリカの人口の85％をカバーしている。アメリカの三大民営信用情報機関——エクスペリアン、エクィファクス、トランスユニオンはすべて、アメリカの消費者の信用情報を集めた上で、ＦＩＣＯのモデルを使って消費者の信用スコアをつける。点数は３００～８５０点で、点数が高いほどその消費者の信用レベルが高いことを示している。

ＦＩＣＯ中国エリア総裁の陳《チェン》・健《ジェン》によると、アメリカでは５０００万人の成人に個人信用調査機関による記録がない。そのため、ＦＩＣＯでは「ＦＩＣＯ ＸＤ」というサービスを利用して、通信事業者のデータ、公共料金の納付状況のデータ、金融取引データ等を通じて個人の信用状況を判断している。中国ではこうした「空白地帯」がさらに広いため、ビッグデータによる信用調査やクラウドスコアリングといった手法は、中国のインクルーシブファイナンスにとって必然的選択となってくる。こうした事情を背景に、民間にも個人信用調査システムへの参入の道が開かれるという見方が大勢を占めている。

誰もが芝麻スコアを持っている

開業準備資格を得てから３日後の２０１５年１月８日、芝麻信用管理有限公司は浙江省工商行政管理局に登記し、法人を設立した。急ピッチで準備を進め、同月28日にはいち早く公開テストを開始し、中国初となる個人信用スコア「芝麻スコア」が誕生した。最初、芝麻信用は一部のユーザー限定で公開テストを行っていたが、これがかなりの注目を集め、ウィーチャットのモーメンツ（朋友圏《ポンヨウチュエン》）でスコアを公表するブームが起こった。

芝麻スコアをリリースするまで、芝麻信用チームは大きな不安に包まれていた。それまで中国人は信用スコアリングとは一切無縁だったからだ。まず、多くの人は次のような疑問を持つだろう。「お前、何者？どういう権利があって俺に点数をつけるんだ？」「お前がつけた点数は信頼できるのか？」こうした懸念から、芝麻信用は徐々に対象を拡大しながらテストを進めることとした。1日目の対象者は100万人だった。ネガティブな評価がさほど多くなかったため、2日目は500万人にまで増やした。その結果分かったのは、ユーザーは粗探しするような眼差しで芝麻スコアを見ているわけではなく、むしろユーザーの大多数が大きな興奮をもってこれを迎え入れているということだ。「われわれ中国人もついに信用スコアを手に入れたぞ！」これが彼らの感覚だった。顧客の多くは芝麻信用を気に入っており、大きな期待が寄せられた。なかにはサービスについて自らアイディアを出す人もいたし、多才なユーザーが毛沢東の「沁園春・雪」や『紅楼夢』に出てくる「好了歌」といった漢詩を芝麻信用版にオマージュしたりもした。こうした反応のすべてに芝麻信用チームのメンバーは大きな感動を覚えた。一連の反応から見て取れるのは、中国は信用の失墜を招くような現象で溢れかえっているものの、人々は内心に「信用の種」をきちんと持っているということだ。芝麻スコアは彼らがまさに欲していたものであった。

アントフィナンシャルが長年蓄積してきた技術とデータ能力は、芝麻信用の発展の堅実な基盤を築く上で不可欠であった。芝麻信用が対象とするユーザー群の大部分は、これまで融資を受けたことのない層、クレジットカード申請をしたことがない層、学生、ブルーカラー、個人事業主、フリーランスといった、従来の信用調査機関がカバーしきれなかった一般庶民たちである。信用調査を受けたことのない層のために「信用の空白を埋める」ということが芝麻信用の役割だ。芝麻信用は融資サービスや身分認証、詐欺対策認証以外にもさまざまなシーンで応用されている。例えば、芝麻スコアが600点以上であれば敷金なしで住宅が借りられ、デポジットなしでレンタカー利用やホテル宿泊ができる。また、芝麻スコアを信用評価の根拠として、貸付を申し込むこともできる。このようにして信用によって便利さを享受するユーザーが増える一方で、信用の毀損による違約コストは上昇しつづけている。

誕生以来、順調に前進を続ける芝麻信用だが、芝麻スコアの誕生の背後には、2年近くに及ぶ周到な準備があった。最初、メンバーの信用に対する理解はばらばらであった。例えば、「顧客がタオバオで買い物した時、自分から荷物の受領通知を行わないということが常態化すれば芝麻スコアに影響するのか」という疑問に対し、メンバーの意見は一致していなかった。しかし、自分の身に置きかえて考えてみれば、彼らのようにいつも仕事で忙しい人が受領通知を忘れてしまう可能性は高かった。そもそも、ユーザーが受領確認通知を忘れていたとしても、システムがユーザーに自動で受領確認を行い、代金を振り替える。「自分がされたくないことは他人にもするな」という言葉の通り、この指標を信用評価基準に入れることはなかった。これは数多ある事例の一つにすぎない。

芝麻スコアのリリースから半年、芝麻信用チームはずっとある問題について考えていた。「芝麻スコアは結局、どういった問題を解決できるのだろう?」中国は信用性を重んじる社会であり、統一された指標によって個々人の信用度を測るべきだ、というのは全会一致の意見だった。だが、中国文化は奥が深い。「信用」という2文字にどういった意味が含まれるか——それは人によって異なるのだ。

物事を進めるにあたり、確たる目標がなければ薄っぺらなものになってしまう。胡滔は当時、彼女が最も

読者カード

みすず書房の本をご愛読いただき，まことにありがとうございます．

お求めいただいた書籍タイトル

ご購入書店は

・新刊をご案内する「パブリッシャーズ・レビュー　みすず書房の本棚」（年 4 回 3 月・6 月・9 月・12 月刊，無料）をご希望の方にお送りいたします．

（希望する／希望しない）

★ご希望の方は下の「ご住所」欄も必ず記入してください．

・「みすず書房図書目録」最新版をご希望の方にお送りいたします．

（希望する／希望しない）

★ご希望の方は下の「ご住所」欄も必ず記入してください．

・新刊・イベントなどをご案内する「みすず書房ニュースレター」（Eメール配信・月 2 回）をご希望の方にお送りいたします．

（配信を希望する／希望しない）

★ご希望の方は下の「Eメール」欄も必ず記入してください．

・よろしければご関心のジャンルをお知らせください．
（哲学・思想／宗教／心理／社会科学／社会ノンフィクション／教育／歴史／文学／芸術／自然科学／医学）

（ふりがな） お名前　　　様	〒
ご住所　　都・道・府・県　　市・区・郡	
電話　（　　）	
Eメール	

ご記入いただいた個人情報は正当な目的のためにのみ使用いたします．

ありがとうございました．みすず書房ウェブサイト http://www.msz.co.jp では刊行書の詳細な書誌とともに，新刊，近刊，復刊，イベントなどさまざまなご案内を掲載しています．ご注文・問い合わせにもぜひご利用ください．

郵便はがき

料金受取人払郵便

本郷局承認

3078

差出有効期間
2021年2月
28日まで

113-8790

東京都文京区
本郷2丁目20番7号

みすず書房営業部
行

通信欄

（ご意見・ご感想などお寄せください．小社ウェブサイトでご紹介させていただく場合がございます．あらかじめご了承ください．）

影響を受けた人物として、中国人民大学の呉晶妹《ウー・ジンメイ》教授を挙げている。呉教授は自著『信用三維論』の中で、信用は三つのレベルに分けるべきだと述べている。一つめは「誠実度」で、具体的には道徳的な意味での信用をいう。二つめは「法令遵守度」であり、人々が社会において各種の規範に準じて行動しているかを見る。三つめは「契約履行度」で、債務の履行度、すなわち借りた金をきちんと返すかを見る。

芝麻信用チームはこれを基にして「信用」について整理し、討論を行った。その結果、経済的信用の履行度は信頼に足る指標と見做すことができるという結論に至った。理由としてはまず、経済的信用性はデータ化が可能で、数値化して分析できる。また、予測性も比較的高い。道徳は数値化して点数で評価することは難しく、予測も立てられない。人の道徳的行為は周囲の環境からの影響を受けるからだ。法令遵守度は、その多くが政府の規定する規則や制度に関するものだが、妥当でない制度によって「よい行い」が「法令違反行為」となってしまう可能性もある。芝麻信用チームは最終的に、芝麻スコアが解決するのは経済的信用性の評価の問題であり、広範なデータに基づきユーザーの経済的違約率を予見することだという明確な結論を得た。芝麻信用を生活シーンで利用できるとすれば、それは生活全般においてではなくて、そのなかでもお金が絡む部分、とりわけ個人の信用に対する無理解の産物であるデポジット方式のサービスにおいてである。

インターネット時代においては、いかに取引の信用を確立し、リスク管理を行うかということが、新しいビジネスモデルが直面する中核的な課題となる。以前、企業はデポジットを取ってユーザーの行動を制約することでリスク管理するほかに方法がなかったが、デポジット方式は取引コストが高く、UXも悪い。デポジットが高ければユーザーは不満に思うし、安ければリスクをカバーできない。また、デポジットを気にも留めないユーザーに対しては、まったく制約の効果はない。しかし、信用システムを導入すれば、ユーザーの信頼性の評価という課題を効果的に解決できる。まず、取引双方は、信用スコアに基づいてより優良なショップやサービス先を簡単に選ぶことができ、迅速に信頼関係を結ぶことができる。これにより、取引効率は上がり、リソースの分配を改善することで取引コストも下げられる。また、ルールを守って取引を行うことで自らの信用性を蓄積でき、反対に規約違反をすれば信用にマイナスの影響があらわれる。不道徳行為や違反行為の影響は長きにわたって尾を引く。

「信用システムについて考察を深めれば深めるほど、私たちはこれが自らの能力の限界を超えたことであると思い知りました。わが社の信用チームは人類学者、社会学者、心理学者を訪ねまわりました。もちろん、金融経済学の専門家も不可欠です」。彭蕾はこのように感慨を言葉にした。

芝麻スコアの構成

芝麻信用の初志は、人が何をする上でも「信用があるから簡単」という状態を世界に行き渡らせることであった。

サービスの方向性を明確にした芝麻信用は、次に、経済的信用性の評価にとってどういったデータが有益で、関連性があるかを精査しはじめた。この点では、アントフィナンシャルが5、6年にわたり展開してきたビッグデータ技術を活用した零細企業融資業務において、充分に能力が鍛えられていた。アントフィナンシャルは長年の蓄積と芝麻信用チームがまとめ上げた違約率等の重要指標を結びつけることによって、非常に有効性の高いモデルを短期間のうちに生み出すことに成功した。

従来の信用調査モデルは、過去の融資記録等の相関性の高いデータを得られることを前提としている。しかし、中国の総人口約14億人のうち約10億人に融資実績がないため、従来の信用調査モデルは活躍の場が少ない。そこで、芝麻信用は、ユーザーのインターネット上での消費データおよび行動データを既存金融機関の融資記録と結びつけ、ユーザーの信用性と安定した相関性を示す特徴を掘り起こすことで、ビッグデータに内在する個人の信用評価の価値を発見した。

以前、ビッグデータをめぐってはこんな誤解があった。「ビッグデータとは「データが大きい」という意味で、データが多ければ多いほどよい」。「いかなる事情もすべてビッグデータで予測できる」。芝麻信用のデータチームは、海外の経験を参考に、ビッグデータプラットフォームを用いて分析と比較を行い、市場に流布しているこうした見方が正確ではないことを割り出した。ビッグデータは究極的には商業サービスのためのものだ。解決しなければならない問題と関連性があるデータであることが大前提で、データが総合的になればなるほどよい。芝麻信用のデータチームは130人を擁し、そのうち3分の2はデータと技術関連の要員だ。その中には国外から招聘したＦＩＣＯの主席科学者や、アメリカの三大信用情報機関の一つであるエクィファクスで業務経験を積んだ専門家などもいた。

芝麻信用のデータ源は広範囲にわたる。現在、アリババ系列のタオバオ、天猫、アリペイ、花唄、旅行サイト「フリギー」（飛猪旅行）等から続々とデータが提供されるほか、数百ものデータパートナーを開拓しており、データの90％以上がアントやアリババの系列外から得た情報となっている。そのうち、ポジティブデータにあたるのは教育部〔教育、言語、文字事業を管轄する行政部門で、日本の文部科学省に相当〕の学歴・学籍、各地の公共料金納付、社会保険、積立金、納税等である。ネガティブデータは、最高人民法院が認定した信用失墜被執行者〔履行能力があるにもかかわらず法律上や契約上の義務を履行しない人物〕のリスト、裁判所が関与した経済紛争の判決、業務提携先からフィードバックされた違約情報等である。これらのデータにはクレジットカードローンの返済、ネットショッピング、振込、資産運用、公共料金の納付状況、住宅賃貸契約、住所履歴、社会的人間関係等の各方面の情報が含まれる。単独の情報が直接的、あるいは絶対的にそのユーザーの芝麻スコアを決定することはないが、徐々に蓄積した大量のデータによって一人の人間の信用状況は克明に浮かび上がる。

データの正確性も大変重要である。データが正確でないと客観的かつ公正なスコアリングはできない。クレジットカード等の決済ツールの場合、ユーザーは自由に別のツールに乗り換えることができるのに対し、信用スコアは個々人の行動記録に基づいて蓄積されるものであり、完全にユーザー自身の行為に基づいており、しかも比較的安定している。

外部パートナーが増えるにつれて、芝麻信用はいかにデータの質を保つかという大きな課題に直面した。データパートナーはさまざまな地方からさまざまな方式でさまざまなデータを芝麻信用に提供してくれるが、データの質が保証できなければ信用評価に傷がつく。そこで、芝麻信用は専門チームを結成してデータの保存基準を定め、パートナーのデータ品質をチェックし、基準を満たすデータのみをデータベースに入れることとした。また、ユーザーは自らの学歴・学籍、所属機関、自動車の所有状況等の情報を積極的にアップデートする傾向があるが、芝麻信用は公的ルートや既存の審査モデルを通じてクロスチェックを行い、確認の取れた情報は採用し、虚偽情報の発信者は制裁することとした。例えば、多くのユーザーが登録している電子メールアドレスにも企業情報が含まれる。ユーザーがメール認証を行った後、芝麻信用ではユーザーの所属する企業の状況を解析する。このデータ源は非常に重要である。

膨大なデータの整理・加工の末に、芝麻信用チームは個人の経済的な信用性と強い相関性がある五つのデータを割り出した。すなわち信用履歴、行動傾向、契約等の履行能力、経歴の特性、人間関係である。相関性が最も低いのは交際関係であり、資金のやりとりに基づく関係以外の一般的な友人関係は信用スコアに加味されない。なぜなら、データからは友人の信用度とユーザー自身の信用度の直接的な相関性を証明するのは難しいからだ。逆に、最も相関性が高いのは個々のユーザーの信用履歴と行動傾向である。例えば、ある

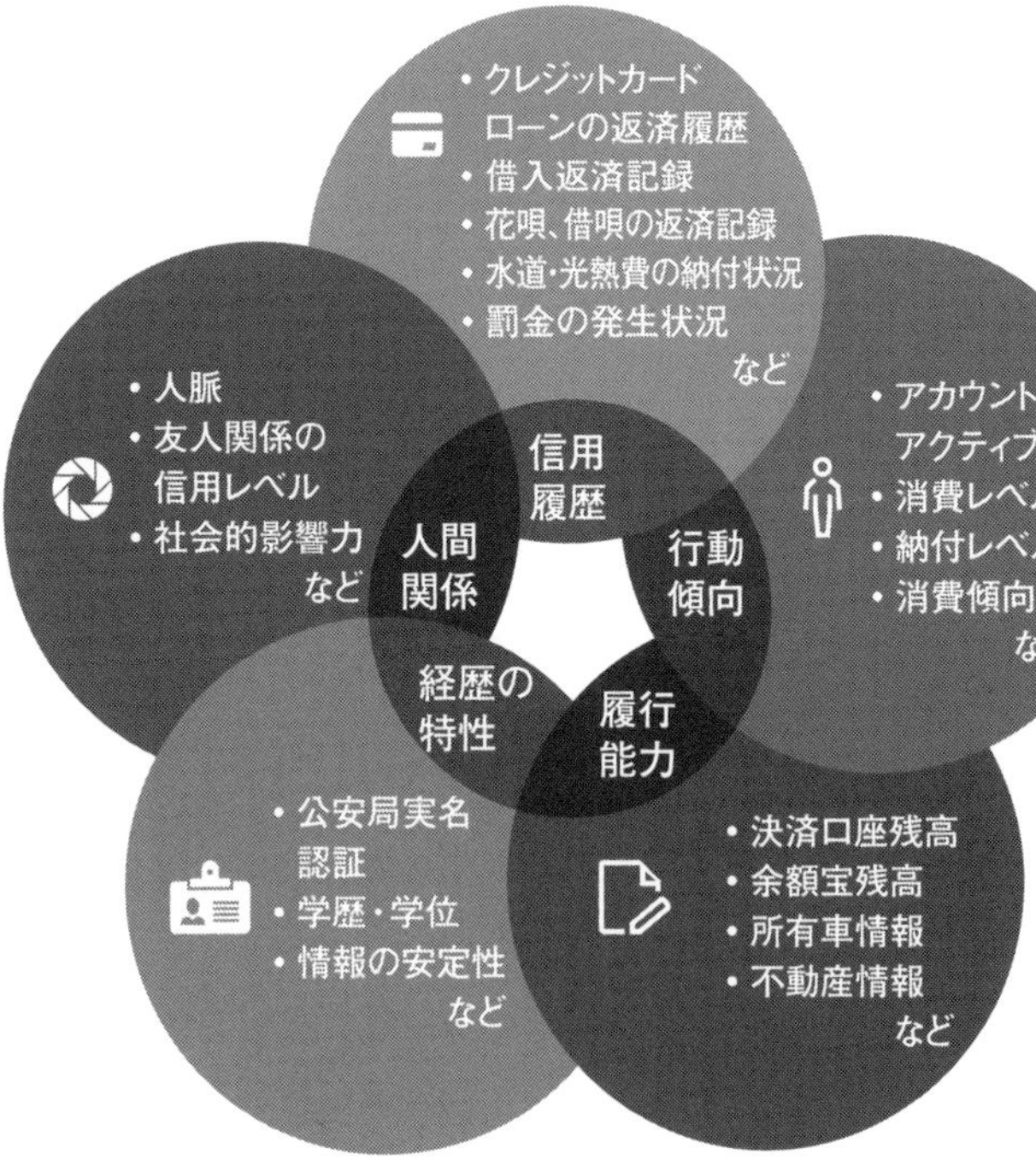

図 5-1　芝麻スコアの構成

人は大変自律的で、収入に合わせて支出を決める。ある人は所得以上に消費する傾向があるが、基本的には返済可能な範囲内での消費である。また別の人は収入能力を超えて過度に消費してしまう、という具合である。サンプル調査に用いた貸借取引データは数千万件に上り、相関性があまり高くない情報はすべて除去された。

各種のデータが芝麻スコアに占める比率はそれぞれ異なる。もちろん、具体的な比率は常に調整、改善される。芝麻スコアの構成において最大の比率を占めるのは信用履歴であり、次いで行動傾向、履行能力、経歴の特性、人間関係である（図5－1を参照）。

芝麻スコアは、ユーザーによる許可、情報収集、データ加工、モデルに基づく演算のプロセスを経て生まれる。芝麻スコア1件当たりの算出速度は0・001秒単位である。ユーザーが情報提供を許可している場合、基本情報、登録情報、アカウントのアクティビティ、支払い履歴および資金状況、人間関係、ブラックリスト、外部アプリの利用状況などといった信用調査の対象となるデータを、信用履歴、行動傾向、履行能力、経歴の特性および人間関係の五つの信用指標に代入する。これらはいずれも信用調査対象の信用の特性を示すものだ。

芝麻信用はFICOの方法を手本として、この五つの信用指標に基づいて個人の信用の全貌を描き出すためのモデルを確立した。24時間稼働のオンライン演算能力をベースとして、機械学習のアルゴリズムやビッグデータのマイニング技術を駆使して芝麻スコアを算出し、信用レベルの高低を分かりやすく表している。ここで強調しておきたいのは、芝麻信用のスコアリングは一定の範囲内だけでなく、広く適用できる汎用性の高いスコアであり、正確性、解釈可能性〔スコア算出に至るまでのプロセスや根拠となる要因を客観的に把握できること〕、安定性を追求しているということだ。

芝麻スコアは最低が350点、最高が950点で、点数が高いほど信用レベルが高く、違約リスクが低いことを示す。例えば、600～650点は信用状態が「良好」で、650～700点は「優秀」、700～950点だと「大変よい」という評価だ。しかし、一度信用を失う行為があれば、芝麻スコアは下がる。芝麻スコアのネガティブ記録はユーザー自身もチェックでき、もし記録に異議があれば抗弁できる。抗弁の内容もネガティブ記録に表示される。また、芝麻信用が収集した、違約が発生した時期、金額、シーン等のネガティブデータについても、ユーザーはいつでもスマホで確認できる。これが一種の監督システムとして機能しており、何らかの誤りが見つかればすぐに顧客からクレームが来るため、芝麻信用とデータパートナーは正しくデータ処理を行い、スコアの正確性を保証しなければならない。芝麻信用のサービス規約では、顧客

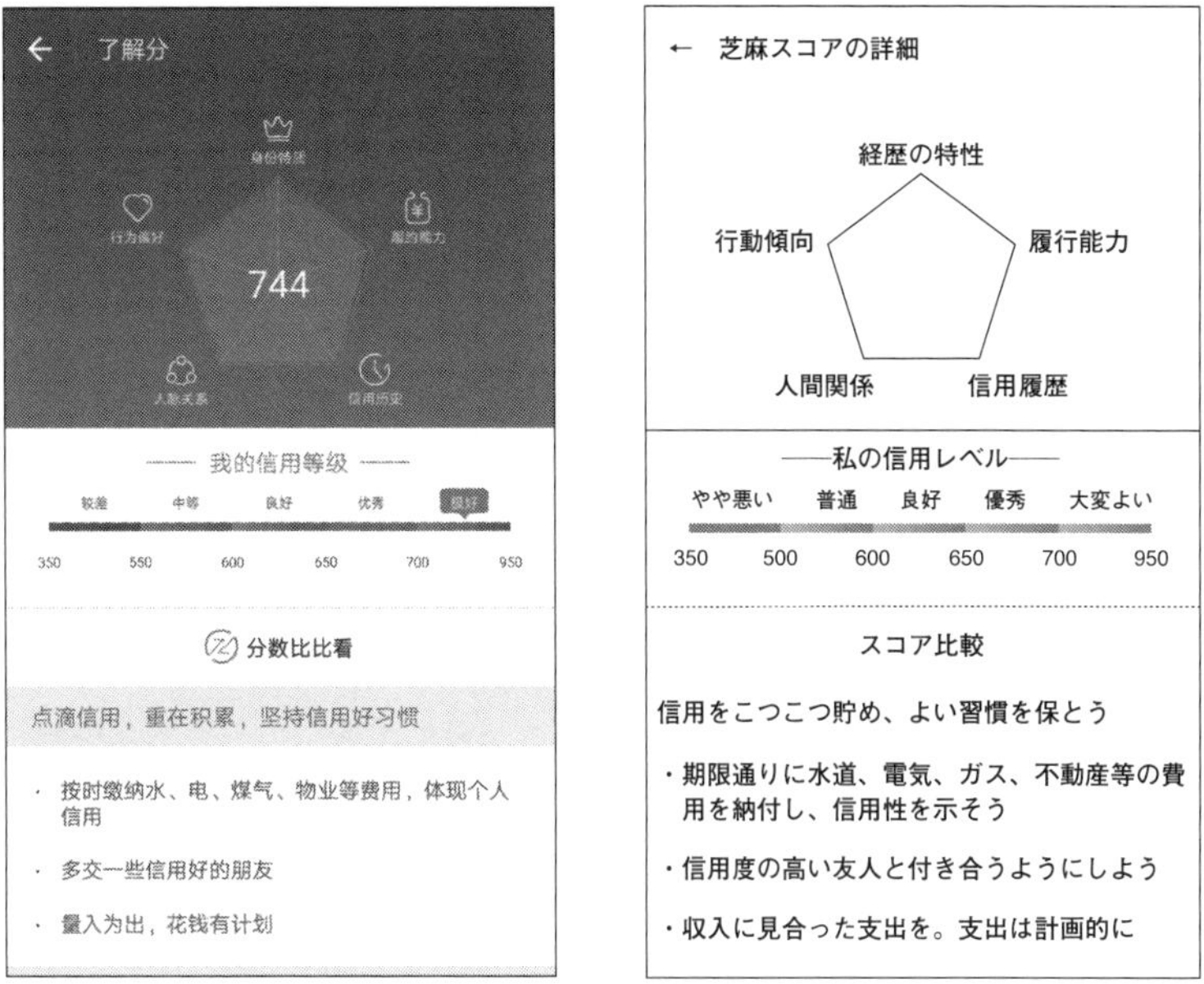

図 5-2　芝麻スコアの詳細表示画面

からの異議申し立てについては、ユーザーがクレームを出してから20営業日以内に正確な回答を出すことを保証している。クレームが出た場合には、芝麻信用とパートナーがローラー作戦で調査し、本当に問題があれば誤ったデータは消去される。

例えば、芝麻信用は2015年7月から最高人民法院と提携し、更新日の翌日には信用失墜被執行者データベースが芝麻信用に同期される体制となっている。この提携を始めてから、毎月数人の顧客からデータに誤りがあるというクレームがあった。顧客側の勘違いである場合もあったが、実際に最高人民法院のデータに誤りがあるケースもあった。各地方の裁判所で記録され、それが上部に伝達される過程で、身分証情報の入力ミスや同姓同名の別人のデータが混入するといったエラーが生じていたのだ。こうしたデータは検証を経て訂正される。消費者との双方向的なやりとりを確保することで、芝麻信用はデータの質について有効な監督機制を敷くことに成功している。

芝麻スコアが融資やクレジットカード申請の審査等に適用されるケースが増えるにつれて、ネット上には「スコアの水増しのコツ」が出回るようになり、なかには「芝麻スコアを上げる手伝いをします」という広告まで現れた。こうした詐欺性のある広告の多くは違法仲介業者によるものであるが、芝麻信用のデータの信頼性と権威はしばしば議論の焦点とされている。スコア水増しに関するこうしたネット上の情報はすべて虚偽である、と芝麻信用の関係者は断言する。芝麻信用のスコアは、個人の信用度を総合的に評価したものであり、同一次元上で管理されている。たとえユーザーが狂ったように買い物をしようと、頻繁に振込操作を実行しようと、そうした行為のスコアへの影響力は微々たるものである。また、こうした不当な行為はモデルによって識別され、信用履歴にマイナスの影響が生じる。つまり、芝麻スコアを急速に上げる方法などないのだ。

2 〈信用＝財産〉時代の到来

消費者金融におけるリスク管理

2016年、「双11」は8年目に入った。当日の売上額は1207億元に達し、世界的な記録を打ち立てた。この年の「双11」が例年と異なっていたのは、インターネット消費者金融サービスが消費を大きく動かす重要な武器となっていたということだ。

その筆頭が、アントフィナンシャル傘下の消費者金融サービス「花唄《ファーベイ》」だ。花唄はクレジットカード機能に似た、後払いができる決済方式である。消費者はタオバオや天猫で買い物をする際、花唄で決済すれば、商品を受け取った翌月の10日に利用額を返済することとなる。花唄は２０１６年の「双11」の前に、ほぼすべてのユーザーに対し、限度額引き上げ通知を出した。一時的に上積みされる金額は1人あたり５・５万元、総額で１００億元に達した。また、花唄は、天猫の「双11」予約購入サイトを利用する消費者に、無利子で最高12回の分割払いを提供すると宣言した。その効果は明らかだった。花唄が「双11」に参加するのはこれで2年目だったが、すでに1億人超のユーザーが花唄を使っていた。その半数を占めるのが90年代生まれのユーザーだ。アリババ・グループが公開したデータによると、「双11」当日の花唄の決済件数は２・１億件を超え、決済総額の20%を担っており、前年から3倍以上成長した。

以前インターネット金融が急速にブーム化したように、いまでは消費者金融がホットワードとなっている。消費者金融という概念自体は新しいものではないが、否定できないのは、インターネット金融の発展こそが消費者金融ブームの最大の功労者であるということだ。インターネット企業の巨頭たちは消費者金融の分野でも力を揮いつづけており、ゲームルールを変え、業態の変化を巻き起こしている。

２０１４年2月、ＥＣ大手の京東商城は個人消費者向けの信用貸付サービス「京東白条《バイティアオ》」の公開テストを始め、同年9月に正式にリリースした。京東白条が提供するのは手数料・頭金ゼロの分割払いサービスで、開始からたった半年でＥＣサイト上の1カ月当たりの注文数が33%増加した。旨味をおぼえた京東はさらに、大学生向けの「校園白条」、自動車購入者向けの「汽車白条」、不動産購入者向けの「白居易」、旅行者向けの「首付遊」等の消費シーンに特化したサービスを次々と打ち出した。

京東白条が後払い方式のネットショッピングのブームを起こしている頃、アントフィナンシャルも消費者金融分野に布石を打っていた。２０１４年12月末、アントは花唄の公開テストを始め、タオバオ系のＥＣプラットフォームをカバーするだけでなく、オンライン、オフラインの両方でさまざまな消費シーンを開拓した。その後、２０１５年４月には、信用貸付サービス「借唄《ジェベイ》」をリリースし、住宅の賃貸やリフォーム、自動車購入等のさまざまな消費シーンに組み込むことで、多様な消費者ニーズを満足させた。また、それらに先立ち、２０１４年７月には天猫での分割払いサービス「天猫分期」を始めている。

京東金融傘下の「白条」とアントフィナンシャル傘下の「花唄」という二大系列のほかにも、垂直統合型のＥＣやＯ２Ｏに依拠した分割払い消費サービスも急速に発展している。大学生をターゲットとした「分期楽」や「趣分期」は大学生の消費者金融市場のほぼ全体を独占している。バイドゥ金融は教育分野に進出し、学習塾をはじめとする百以上の教育訓練機関と提携して教育ローンをはじめた。微衆銀行は少額融資サービス「微粒貸」をはじめた。さらに、ＥＣでの消費を対象とした蘇寧の「任性付」や唯品会の「唯品花」、58趕集網の家賃の月賦サービス「58月付」、旅行サイト途牛旅遊の「首付出発」、住宅リフォームサイト土巴兎の「装修貸」、中古自動車販売サイト優信二手車の「優信金融」等のサービスが続々と登場し、中郵消費者金融公司までもが子どものいる家庭を対象とした「二胎貸」をはじめた。これらはみな、消費者金融の波に乗り遅れまいという気持ちのあらわれと言えよう。

このように、消費者金融市場は大きな盛り上がりをみせているが、注意すべきなのは、信用調査記録は完璧ではなく、消費シーンも限られていて、資金コストが過剰に高くなることの障害は市場の活況化によって解消されるわけではないということだ。消費者金融の潜在リスクを軽視してはならない。消費者金融はつまるところ金融商品であり、堅実なリスク管理が何よりも大事なのだ。しかし、インターネット企業は流行を追いやすく、往々にして基盤となるリスク管理の構築を軽視しがちだ。この数年、一時は猛烈な勢いをみせたものの、のちに持ち逃げ事件が頻発したりプラットフォームが閉鎖されたりしたＰ２Ｐ金融を戒めとすべきだろう。

中国人の多くは人民銀行の信用調査システムの中に組み込まれておらず、人々の消費者金融プラットフォームの利用情報は事業者ごとに管理されているため、消費者金融分野では多重債務の問題がかなり深刻化している。消費者金融プラットフォームの多くは学生、ブルーカラー、農民、サブプライムローンの利用者等といった、クレジットカード未保有者層をターゲットとしている。こうしたユーザーの大半は中低層の消費グループに属しており、充分な信用調査記録もなく、債務返済能力も備わっていない。消費者金融プラットフォームの増加に伴って、こうした業界リスクの存在感は増大する可能性がある。実際、一部の消費者金融プラットフォームには早くも腐敗と変質の兆候が出はじめている。報道によれば、ある金融会社の創始者が、当時中国で最も好調だといわれていたいくつかの消費者金融会社に潜入調査を実施したところ、意外な結果が得られたという。ある第一線のプラットフォームの実際のデフォルト率は10％に達し、いまなお上がりつづけている。つまり、公にされていたデフォルト率は、内部の人間によって偽造されたものだったということだ。また、一部のインターネットプラットフォームでは返済延滞率が50％を超えていた。大部分の企業はまったくリスク管理を行っておらず、彼らが何よりも重視したのは急速にユーザーを蓄積し、次の資金調達を円滑に進めるための「ストーリー」を作ることだった。

ＥＣの二大巨頭であるアリババと京東は、それぞれ「花唄」と「白条」によってインターネット消費者金融分野のトップを走っている。そのリスク管理の中核は、長年蓄積してきたユーザーのオンライン消費のデータを運用することにある。ビッグデータの解析によってリスク管理モデルを統合し、体系的な信用スコアリングシステムを構築することで、消費者への信用貸付を実現しているのだ。

花唄の背後で非常に重要な役割を果たしているのが芝麻信用である。花唄を利用するには芝麻スコアが一定以上の数値に達している必要があり、限度額の引き上げも芝麻スコアと連動している。仮に返済が遅れれば、ユーザーの信用スコアは下がり、アリペイの利用シーンにおいても制限を受ける。ひどい場合には、ユーザーの銀行への借入申請やクレジットカード申請にも影響が出る可能性がある。

花唄のユーザーの60％にはクレジットカードの利用歴がない。もしビッグデータ技術がなければ、従来の信用調査システムに充分な信用記録がない層の信用評価を行うことはできなかったと考えられ、こうして信用を富に変えることも不可能であっただろう。花唄の背後にはリスク管理のための10万以上の指標と１００の予測モデルが存在する。花唄のユーザーには若年層が多いが、デフォルト率は業界平均より低い。

一般的な企業にとって、自社が保有するデータを頼りに信用スコアリングを行うのは難しい。分野によっては消費者金融の成功の可能性は極めて低くなるだろう。例えば、サービス対象となる顧客層、地域が比較的広範で、利用シーンのコントロールが難しく、貸付利率が比較的高くなるブルーカラーへの消費者信用貸付がそうだ。こうしたユーザー層やシーンのリスク管理は非常に難しい。しかし、芝麻信用が提供する信用関連サービスなら、このような状況下でもその大きな空白を埋めることができる。今日までに、芝麻信用ではインターネット金融関連の詐欺行為を１５００万件以上検出しており、消費者金融企業やインターネット金融企業の４５０億元もの損失を未然に防いでいる。

芝麻スコアの生活シーンへの応用——神州租車との提携

芝麻スコアは金融的な属性の強い評価指標であり、開発チームも金融分野でのパフォーマンスについてはまったく心配していなかった。一方、生活シーンについては充分なサンプル数がなく、パフォーマンスがどのようなものになるか自信を持てずにいた。

２０１５年4月、胡滔は芝麻信用の技術チームを率いてアメリカの複数の大手信用情報機関を訪ね歩いた。

そこで彼らは、国内外を問わず、金融シーンから開発したモデルを直接生活シーンに応用している企業は1社もないことに気がついた。芝麻信用チームは、こうした信用情報が生活シーンに応用されていないことが人々の信用の価値認識に直接影響を与えており、信用失墜行為者に対する抑止力と制裁力の不足が、良好な信用意識の育成を難しくしているのではないかと考えた。信用失墜行為者の制裁と信用意識の育成は生活シーンから試してみたい、というのがチームの希望であった。

芝麻スコアはリリース後すぐに応用シーンを獲得した。中国レンタカー大手の神州租車《シェンジョウツーチュー》（CAR）だ。実際のところ、提携パートナー探しは大変だった。芝麻信用がパートナーにリスク補塡を保証しなかったためだ。神州租車が芝麻信用から、信用性の高い顧客にはデポジットなしでレンタカーサービスを提供するよう提案を受けた際も、副総経理の1人からは不安の声があがった。しかし、デポジットの徴収はやむを得ずやっていることであり、顧客の信用性が優れているのであれば、徴収せずともまったく問題ないという結論に至った。

デポジットは従来から多くの企業で習慣的に用いられてきたビジネスモデルの一つだ。デポジットを取ることでユーザーの行動を制約し、リスクコントロールできるだけでなく、デポジットそのものを短期的に経営や資産運用に回すこともできた。そのため、多くの企業は、信用できる顧客であってもデポジット徴収はやめるべきでないと考えていたのだ。こうした状況において、長年業界で通用していたルールを打破し、リスクを冒してでもUXを上げられるかどうか試したい、と考える神州租車のような企業が出てきたことは、非常に得難いことであった。芝麻信用がその後、各分野のキーポイントを突破していく上でも、神州租車は重要な役割を果たすこととなった。

2015年1月30日、神州租車は芝麻信用との提携の下、デポジットなしのレンタカーサービスを正式に開始した。芝麻スコアが600点以上の顧客は、デポジットの支払いも、プリオーソライゼーション〔顧客のクレジットカードが利用可能であるかを確認するために、サービスの利用前にデポジットを一時的にチャージすること〕のためのクレジットカードの提示も免除されることとなった。これにより、全国700店舗以上ある神州租車の直営店で、デポジットが5000元以下の短期レンタカーサービスを予約する場合、3分以内でレンタル手続きができるようになった。

これは初めての試みであり、芝麻スコアの条件をどのように設定すべきかが分からなかったため、双方で相談し、やや広い範囲を対象とする600点以上とした。ところが、このサービスを始めてから2カ月足らずで、双方において、デポジット徴収のレンタルと比べて明らかな貸倒率の上昇が認められた。双方は協議の上、速やかに調整を加え、条件を650点に引き上げたが、問題は依然として解決しなかった。督促を行い、一部の使用料については返済されたが、これでは神州租車にとって全体的な運営コストが高くなりすぎることは明白だった。

胡滔は強い不安にかられていた。もし貸倒率が高止まりすれば、このビジネスモデルは続けられない。神州租車とは提携当初から議論と調整を重ね、最良のプランを研究してきた。芝麻信用は神州租車のサービスに特化した「レンタカースコア」を設けることも考えたが、操作性が悪くなることから断念した。

これと同時期の2015年7月、芝麻信用は最高人民法院と提携し、人民法院の信用失墜被執行者リストが共有されるようになった。これにより、信用失墜被執行者の違約行為の記録は、更新日翌日に当該ユーザーの芝麻信用アカウントに同期されるようになった。芝麻信用はリストに登録されているユーザーに対し、アリペイアプリを通じて法的義務の履行催促を行った。信用失墜被執行者は芝麻スコアを減点されるだけでなく、芝麻信用と提携している事業者での消費行動や買い物でも制限を受けることとなるためだ。

この試みを始めてから1、2カ月が経った頃、芝麻信用チームは、予想外にも1・5万人以上の信用失墜被執行者が債務を返済したことに気づいた。そのうち約3分の1はすでに2、3年にわたり延滞している状態だった。北京市海淀区のある信用失墜被執行者は、5年間も債務不履行状態にあったのだが、神州租車で車を借りようとして拒否されたことではじめて自分が最高人民法院のリストに入っていることに気づき、このままではホテル予約や航空券の購入などで制限を受けることを知ったという。信用不足に起因する悪い影響をできるだけ減らすため、その人物はすぐにお金を集めて債務を返済した。

このように、複数の機関が連携して信用失墜被執行者に制裁を加えることは有効な抑止力となった。芝麻信用が制裁に関与した人数は2017年5月時点で120万人を超えている。この期間中に5・4万人以上の信用失墜被執行者が債務を完済したが、そのうち1万人余りが2、3年にわたって判決を踏み倒しつづけていた信用失墜被執行者であった。こうした結果は最高人民法院の執行局を震撼させた。なぜなら以前、最高人民法院も、飛行機や高速鉄道1等席の利用制限、銀行からの借入制限といった多くの措置を講じて信用失墜被執行者に制裁を加えようと試みたが、当の本人たちはまったく意に介さなかったからだ。信用失墜被執行者たちは自らの芝麻スコアが低く、これによって多くの行動について制限を受けることを知ると、すぐ借金を完済した。なかには、芝麻信用に電話をかけてきて、信用調査の悪い記録を消すことはできないかと問い合わせてくる人もいた。

こうした事態からヒントを得て、芝麻信用と神州租車は、レンタカーの返却状況やレンタル料の支払い状況を顧客にスマホで通知するようにした。また、顧客が銀行に借り入れを申請した際、銀行がこれらの記録を照合できるようにした。こうした措置はレンタカー業界では前代未聞で、神州租車も自社のブラックリストを持っていたが、それを業界の内外にシェアしたことはなかった。芝麻信用がブラックリストの共有を始め、「情報の孤島」を繋ぎあわせて信用の閉鎖系を構築すると、神州租車の貸倒率は明らかに減少した。その後、芝麻信用はさらに、さまざまな客層の特徴に基づいてモデルに大幅な調整を施し、外部データを導入して信用評価を強化した。その結果、神州租車の貸倒率は２０１６年末時点で０・２％未満となった。現在、神州租車のすべてのオフライン店舗でデポジットなしのサービスを進めている。これは双方にとって大変喜ばしい成果であった。

神州租車の「デポジットなしのレンタカーサービス」という方向性が明確になると、同じくレンタカーサービスを手がける一嗨租車も芝麻信用との提携を積極的に検討しはじめた。自社にデポジットなしのサービスがないことで、信用性の高い顧客を大量に失うことを懸念したからだ。これまでに芝麻信用によってレンタカー業界で免除されたデポジットの総額は66億元を超えている。これにより、活用されずにプールされていた資金の量が大幅に減り、巨大な潜在的消費力が解放された。デポジットを廃止すると、レンタルの手続き時間は60～80％短縮され、業界全体での料金未払い率はマイナス52％、規則違反による罰金の未払い率はマイナス27％、車の未返還・紛失率はマイナス46％となった。芝麻信用の導入によってレンタカー業界全体に驚きに満ちた喜びがもたらされた。

デポジット免除と後払いが当たり前に

芝麻スコアの公開テスト開始の翌日の２０１５年1月29日、神州租車との提携とほぼ時を同じくして、アリババ傘下の旅行会社「アリトリップ」（現在は「フリギー」に改称）は、芝麻信用を利用したホテルサービスプラン「信用住《シンヨンジュー》」を打ち出した。アリトリップでホテルを予約する際、芝麻スコアが６００点以上のユーザーはデポジットを免除され、しかも宿泊後の支払いを選択することができるというものだ。チェックアウト時も列に並んだり部屋のチェックを待ったりする必要はなく、カードキーをフロントに出せばシステムが自動的にユーザーのアリペイ口座から部屋代を引き落とす。あるホテルでは、芝麻スコアの導入後、信用性の高い顧客の手続き所要時間は、チェックインは3分から45秒に、チェックアウトは2分から18秒に短縮された。顧客の待ち時間を大幅に解消し、UXとホテルの運営効率の両方を向上させることに成功したのだ。アリトリップは提携前の段階で精算成功率を懸念していたが、テスト期間中に一度も不払いは出なかった。

半年間の芝麻スコアの生活シーンへの応用によって、生活シーンのデータと金融シーンのデータには非常に高い相関性が見られることが判明した。これは、一人の人間の行為に一貫性と安定性があることの証明であった。例えば、レンタカー分野で好ましくない行為が確認されたユーザーは、金融分野でもしばしば遅延が発生していた。これはつまり、ユーザーの人間性を洞察するようなモデルを開発すれば、たとえ金融シーンのサンプルを基に開発を進めたとしても、生活シーンの信用サービスにも適用できるということだ。

２０１５年4月、芝麻信用は不動産情報サービス会社「鏈家《リエンジァー》」傘下の賃貸物件情報サイト「自如《ヅールー》」と提携し、芝麻スコア６００点以上のユーザーに敷金減免のチャンスを付与し、通常年間一括払いとなる家賃を月賦にできるサービスを打ち出した。この恩恵を受けたのは多くの若者たちだ。なぜなら、賃貸契約では通常、賃料1カ月分の敷金と最低賃貸期間である3カ月分の賃料を、賃貸開始時に一括で支払わなければならないこととされており、こうした方法は社会に出たばかりでまだ蓄えのない若者にとって大きな負担だったからだ。その後、ほぼすべての賃貸住宅仲介業者が芝麻信用を訪ねて来て、この方式を採用したいと持ちかけてきた。その中にはマンション民泊や短期の民泊を扱う新興のプラットフォームもいた。個人がウィーチャットのモーメンツで賃貸情報を発信する時にさえ、「芝麻スコア○○点以上は優遇」という一言が付け加えられるようになった。

２０１６年には、シェアリングエコノミーの産物であるシェアサイクルが大都市を中心に急速に普及した。

シェアサイクルサービスはいずれもデポジット方式を採用しており、その金額は99～２９９元程度であった。しかし、ユーザーの急増に伴ってデポジットが雪だるま式に増大すると、事業者側にプールされているこの巨額のデポジットの行方が議論されるようになり、徐々に業界内やユーザーから批判を受けるようになった。

シェアサイクルの流行に先んじて、芝麻信用は２０１５年9月という早い時期に「永安公共自行車」(youôn) と提携して自転車の信用レンタルサービスを始めていた。芝麻スコア６００点以上のユーザーはデポジット免除とし、ＱＲコードをスキャンするだけでいつでもレンタル・返却できる。レンタル料は返却後、アリペイから自動的に引き落とされる。永安は芝麻信用との提携後半年余りで延べ３０００万人へのレンタルを行ったが、紛失数は約40台で、貸倒率は１００万分の1であった。デポジットなしのレンタルは多くの人にとって大変便利なものだった。

シェアサイクルのブームを受けて、すでに豊富な経験をもっていた芝麻信用はおのずと膨大なデポジットがプールされているこの業界に目をつけた。２０１６年11月に「騎唄《チーベイ》」と提携を結び、翌年3月16日には国内最大のシェアサイクルプラットフォーム「ｏｆｏ《オフォ》」が芝麻信用との戦略的提携を発表した。ｏｆｏのサービスでは、上海市のユーザーは芝麻スコアが６５０点以上であれば99元のデポジットが免除され、すぐにレンタサイクルを利用できる。こうした「信用で鍵を開ける」取り組みは今後、北京をはじめとする多くの都市でも進むだろう。ｏｆｏの共同創始者の一人である張巳丁《ジャン・スーディン》は、デポジット免除によるキャッシュフローへの影響については初めから心配していなかったと言う。「私たちが最初にシェアサイクルサービスを実用化した場所は大学のキャンパスでした。学生は学生証、教員は教員証でレンタルでき、デポジットは取っていませんでした。私たちにとってデポジットは大した問題ではないのです。それよりはむしろ、芝麻信用と提携することでサービスの利用のハードルを下げ、ユーザーに便利なレンタサイクルを体験してもらいたいと考えます」。

その後すぐに「小藍単車」も芝麻スコアを導入し、７００点以上のユーザーはデポジットなしで利用できるようにした。それまでに、永安行、騎唄、優拝、北京公共自行車等のシェアサイクルサービスにも芝麻信用が導入され、芝麻スコアで基準を設けてデポジット免除のサービスを行った。現在、このモデルはすでに全国の２１０以上の都市をカバーしている。

かつてレンタカー業界で変革を起こしたように、芝麻信用は「デポジット免除」を武器として扉をこじ開け、レンタサイクル業界に大きな変化をもたらした。また、一見姿を消したように思われたデポジットという存在が、実際にはユーザーにルールに則ったレンタサイクルの利用を促す作用を果たしたことには、重要な社会的意義があったと言えよう。ユーザーのレンタサイクル利用履歴はすべて本人の信用アカウントに記録され、蓄積していく。違約すればデポジット免除資格を失う可能性があるだけでなく、他の利用シーンやサービスでも罰則や制限を受ける恐れもある。芝麻信用はこのような方法で、信用というソフトな制約によってユーザーが自発的にルールに沿ってレンタサイクルを利用するよう促し、悪質なマナー違反を横行させないよう牽制したのだ。デポジット方式から「信用に基づく利用」への移行が完了すれば、シェアサイクルの運営コストはさらに下がり、業界の将来的な持続可能性がより強く期待できるようになる。また、信用を蓄積していくことで、ビッグデータによってスマートシティの新しい統治モデルの有効な道筋を探り出すことが可能になるかもしれない。

デポジット方式を採用していない業界でも、芝麻信用の信用サービスはより広範な生活シーンに応用されている。２０１６年2月、芝麻信用は広州婦女児医療センターと提携して国内初の「信用病院」を開設し、診療費後払いのサービスを打ち出した。芝麻スコアが６５０点以上のユーザーは、病院に行けば順番待ちすることなく受付、診療、検査、薬の受け取り等ができ、安心して診察が受けられる。精算は帰宅後でOKだ。これにより患者は、病院にかかる時間を平均で60%短縮できる。すでにサービス開始から1年が経つが、違約者は1人もいない。さらに興味深いのは、芝麻信用がリンクトインやその中国向けアプリ「赤兎」等のビジネスSNSや、婚活サイトの「百合網」「世紀佳縁」等とも提携し、芝麻信用の認証サービスの導入によって、バーチャルネットワークでの交流においても初対面から信頼できる関係性を構築できるようサポートし、これにより結婚詐欺等を未然に防いでいることだ。もちろん、芝麻スコアが計測するのは主に経済行為における信用であり、ひとりの人間の誠実さを完全に反映することなど望みようがない。

このほかにも、芝麻信用は生活シーンの開拓を進めている。例えば、芝麻スコアが600点以上のユーザーは、リースサービス「信用借還《シンヨンジエホアン》」のサービススポットやオンラインプラットフォームで傘や充電器、ベビーカー、杖、車椅子、農機具をデポジットなしで借りることができる。その他にも玩具や空気清浄機、ドローン、スマートフォン、書籍、衣服等も続々と貸出用品リストに追加されている。

さらに、芝麻信用は「信用+」連盟」を正式に始動させた。その目的は、加盟パートナーとともに信用サービスモデルを作り、サービスフローを改善してUXを向上することだ。連盟は、信用サービスや信用能力、ビッグデータ技術を共有し、ともに新たなイノベーションを進めていくことを宣言している。加盟者は芝麻信用のサービスを1年間無料で使用できる。また、2017年3月、芝麻信用は「全国の信用に基づくデポジット免除サービスに関する報告書」(全国城市信用免押服務報告)を発表し、中国の都市別の信用マップを初めて公開した。これによると、デポジット免除サービスはすでに全国の381の都市をカバーしており、すでに地級市〔中国の地方行政単位で、省・自治区レベルと県レベルの中間に相当〕はすべて「信用都市」となっているという。また、このサービスモデルはすでにホテル、住宅賃貸、民泊、レンタカー、シェアサイクル、医療、市民サービス、農業設備リースの8大業界で適用され、数千万人ものユーザーがデポジット免除のサービスの利便性を享受しているという。免除されたデポジットの総額はすでに340億元を超えている。

「信用に関わりがあり、デポジットの納付やプリオーソライゼーションが求められる分野なら、どこにでも足を運びますよ」と胡滔は言う。「10年後にはすべての都市が「信用都市」となるでしょう」。彼らの言う「信用都市」の条件は、第一に、信用情報が都市全体で共有され、スムーズに流通しており、それが将来的な信用都市の効率的な運営の基盤となることだ。第二に、信用評価システムが健全に機能し、その都市の人々がみな信用記録を持っていること。第三に、人々が信用の利便性を享受でき、後払いのサービスが普及していること。第四に、人々が信用システムを遵守しており、信用を重んじることが奨励され、信用を失えばペナルティを科されることがその社会のルールとなっていることだ。芝麻信用が思い描く未来の「信用都市」では、後払いはすべてのサービスの標準装備となっている。一般庶民の生活スタイルにも大きな変化が生じる。例えば、モビリティサービスの利用時は、降車後に自動で料金が引き落とされる。駐車場でも、出口のバーが上がり車で通り抜けた後に自動で駐車料金が引き落とされる。スマートフォンの利用契約も、常にオンライン状態となる料金プランを選べば、デポジットは免除される。公共サービスの手続きでも、先に事務処理をしてしまい、必要資料は後から提出すればよいというふうになるだろう。

多元的なシーンがリンクすることで、芝麻信用は「コネクター」となった。経済分野を出発点として生活シーンの開拓を進めたことにより、データ源はより豊富になり、また他方では多くのシーンと結びついて新たに相乗効果を生み出した。芝麻信用は一般労働者の生活シーンにおいて、約束を守ることで日々少しずつ信用を蓄積していく役割を担っている。これにより、一般庶民は、信用がもつ効力と価値を認識し、自らの生活においても信用意識を培うことに注意が向くようになるだろう。こうした取り組みは、信用文化を社会

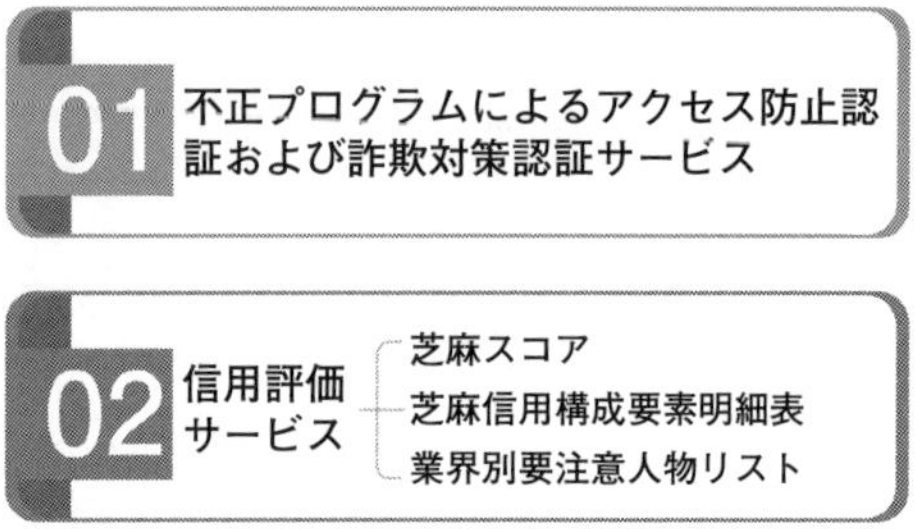

図 5-3　芝麻信用のサービス

レベルで構築することに貢献し、信用を重んじる人は物事をスムーズに進められ、信用を失った人は行き詰まるという社会を現実のものとするだろう。

芝麻信用はスコアリングだけじゃない

信用スコアリングだけでは社会信用評価サービスとして十分とは言えない。芝麻信用では、個人の信用調査から企業の信用調査まで、一連のサービスを取り揃えている。

現時点での芝麻信用のサービスは大きく二つに類別できる。一つは、人間によるアクセスであることを確認するための不正アクセス防止認証と詐欺対策認証のサービスで、顔認証や眼紋認証、虹彩認証等の生体認証技術もこれに該当する。また、携帯電話のショートメールによる認証コードの確認や、「秘密の質問」によるリスクベース認証によってユーザー情報の真実性を審査し、なりすましの申請や悪意のある債務履行遅延の潜在性が認められる顧客を識別するという方法もある。信用評価のフロントエンドに位置するサービスと言えよう。二つめは信用評価サービスで、芝麻スコアや信用の構成要素の明細表（ユーザーの連絡手段の安定性、全体的な消費能力、契約履行状況等を含む）、生活シーンおよび金融シーンでのユーザーの違約情報に基づいて作成される業界別要注意人物リスト等が含まれる。「ブラックリスト」ではなく「要注意人物リスト」とする理由は、芝麻信用はあくまで信用情報機関として違約の事実の提示のみに徹するべきであり、自らをガードマンや警察の役割に位置づけて顧客にレッテルを貼るのは避けるべきだと考えるからだ。違約行為のあった顧客へのサービスの可否はサービス企業自身で決めればよい。これは信用の絶対化による制裁の行き過ぎを回避する方策でもある。また、芝麻信用ではアリババ系列の企業も外部のパートナーも同等の扱いとし、提供する商品やサービスはまったく変えていない。

芝麻スコアに続いて、詐欺対策認証サービス「芝麻蟻盾《ジーマイードゥン》」も金融業界やデジタル家電のネット直販プラットフォーム、Ｏ２Ｏ、モビリティサービス、ネットでの共同購入等で広く使われるようになった。

例えば、中国では、人気の高いスマートフォンの販売は通常、ネットで予約を取って先着順で販売するという方法が採られていた。しかし、転売目的のアカウントが大量に発生し、技術を悪用して正規アカウントよりも早く商品を購入するため、優良ユーザーが購入することが困難になっていた。こうした転売行為は市場の秩序を混乱させ、商品のブランドにもマイナスの影響を与えている。ブローカーによるネットでの転売行為を阻止するため、スマホメーカーのＭＥＩＺＵ（魅族）は芝麻蟻盾を使いはじめた。双方はデータ面でも技術面でもコミュニケーションを重ね、共同で対策を練った。その結果、転売目的のアカウントの比率は10％以下まで下がり、こうした状況を改善することに成功した。

消費者金融、インターネット金融の分野において、詐欺と詐欺対策認証は永遠のテーマだ。芝麻信用がインターネット金融企業にサービスを提供する過程で、借入申請のうち10％に詐欺の疑いがあることが分かった。最も多いのが身分詐称の類で、次いで集団詐欺、その他にはアカウントの盗用、悪意のある債務不履行等がある。多くのインターネット金融企業では、貸倒損失の50％以上が詐欺に起因するもので、あるインターネット消費者金融会社では業務開始から１週間の申請者の70％に集団詐欺の疑いがもたれたという。

非合法的な資金調達等を狙ったインターネット金融詐欺が業界を混乱させていたことから、芝麻信用はインターネット金融に関わることに対して一貫して慎重な姿勢をとっており、実際に、２０１６年７月までに提携を結んだインターネット金融企業は15社以下であった。２０１６年にインターネット金融業界の整備が始まり、玉石混淆だった業界が秩序ある発展へと向かい始めたことで初めて、芝麻信用はこの業界との提携を全面的に開放し、パートナーは５００社以上に増えた。また他方では、インターネット金融業界における多重債務が一般化していた。芝麻信用のデータによると、Ｐ２Ｐの消費者金融のユーザーの11％が、直近6カ月以内に平均で10社以上の企業に借入を申請していた。消費者金融の利用者には不安定な要素が多く、例えば、携帯電話番号を頻繁に変更するなどといった行為が見られる。そのため、芝麻信用の事業者向けサービスではインターネット金融のリスク管理ソリューションを特別に提供している。これには融資前の審査、融資中のリスクの事前警告、融資後の返済督促管理等の対応策が含まれている。

芝麻信用では２０１５年2月から、既存金融機関や一部のＰ２Ｐ、消費者金融企業と提携し、芝麻信用のサービスの応用テストを全面的に開始した。例えば、クレジットカード申請に芝麻スコアを補完的に使うためのテストが行われた。芝麻スコアの高低とクレジットカードローンの返済率は連動しており、その正確性が高いことから、芝麻スコアが６００点以上のユーザーには花唄や招聯金融〔招商銀行とチャイナユニコムが共同設立したインターネット消費者金融会社〕等を通じて融資サービスを提供することとした。また、芝麻信用の信用評価サービスと詐欺対策認証サービスは、趣店、積木盒子、玖富、融３６０といったインターネット金融企業で運用され、リスク管理システムの改善に役立てられている。一部の企業は、ユーザーの許可を得た上で芝麻信用に自社のデータを提供している。

アントフィナンシャルの企業信用調査分野での経験に基づき、芝麻信用は２０１５年末に企業信用調査サービスの実施計画を届け出て、実施の許可を得た。その後、半年以上に及ぶ研究開発の末、２０１６年7月に零細企業の信用評価・予測に特化した「霊芝システム」をリリースした。零細企業のほとんどは、起業の初期段階における金融活動の足跡が少ない。充分な信用情報がないために銀行から融資が受けられず、大企業から信頼を得て提携のチャンスを摑むことも難しいため、零細企業は金融市場では行き詰まりがちだ。霊芝システムはこうした企業に信用調査サービスを提供すると同時に、都合の悪い情報を隠蔽している信用失墜被執行者や悪質企業をあぶり出し、彼らの違約コストを上げることを実現した。

霊芝システムのデータ源は広範にわたる。アリババとアントフィナンシャルからのデータのほかに、商工業、司法、通関、企業納税といった政府系のデータや、通信事業者のデータ、提携先企業からのフィードバックデータ、企業の経営データといったビジネスパートナーからのデータなどがある。これらのデータは高次元で、なおかつ膨大な量がある。零細企業や個人事業者に関する情報は、天猫とタオバオからのデータだけでも数千万件という規模に達している。

現在、芝麻信用の零細企業向け信用調査システムは、企業信用レポート、企業リスク分布図、企業信用評価、企業の要注意リストおよびリスク監視・警告の五つで構成されている。なかでも、リスク分布図が信用調査分野で活用されたのはこれが初めてである。企業のリスクは時に風邪のように伝染するものであり、一企業のリスクが、つながりをもつ一連の企業のリスクを引き起こすこともままある。リスク分布図は伝染病の伝播モデルをモデルとしており、投資関係、経営関係、業界や地域との関係などの複数のレベルで企業関連リスクを評価することで、その企業の関連会社や関連のある個人を列挙するだけでなく、リスクの確率を算出し、当該企業の関連リスクを数量化し、関連零細企業に潜在的な信用リスクを前もって警告することもできる。霊芝システムの知識ベースに蓄積されている企業の関係性データは、現時点で数百億件に上る。

信用失墜行為者に該当する一部の企業は、投資や再編といったあらゆる手段を講じて体裁を変え、新規企業や信用性のある企業に扮する。これに対し、リスク分布図では、複雑に錯綜した企業関係、株主関係を識別してリスクの確率を算出し、必要に応じて警告を発するようになっている。これにより、当該企業に対する融資や業務提携によって違約リスクを被ることを回避できるのだ。

例えば、2015年、設立から1年の深圳のテクノロジー企業が銀行に190万元強の借入を申請した。銀行は資料を作って審査を行ったが、特に問題はなかったため、融資を行った。ところが、債務返済期限が来ると、この企業は元利の返済を拒否し、裁判所から執行命令が出ても債務を履行しようとしなかったのだ。のちに、この企業が踏み倒し常習犯であることを隠蔽していたことが判明した。商工業情報や訴訟関連情報だけを見ても、かすかな手がかりさえ摑めない。しかし、霊芝システムのリスク分布図なら、多くの情報を掘り起こすことができた。まず、この企業の総経理は、杭州市にある情報プログラミング企業の法定代表者を兼任していた。杭州の企業はたびたび金融紛争に関与しており、うち16件については訴えられた側であった。2013〜2014年に5回にわたり信用失墜被執行者に指定されている。また、この企業の監査役も杭州市にあるテクノロジー企業の監査役を兼任しており、やはり33件の金融紛争で訴えられ、2013〜2015年に15回にわたって信用失墜被執行者に指定されていた。もし銀行が貸付前に芝麻信用に依頼し、融資先企業の信用調査情報を入手していれば、事前にリスクの高さを認識できていただろう。実際、芝麻信用のこの企業のリスク分布図では、リスク指数は0・65となっている。リスク指数は0〜1の間で変動し、指数が高いほどリスクが高いことを示す。つまり、この数値は、当該企業の潜在的リスクが極めて高く、違約行為をする可能性が高いことをはっきりと示しているのだ。芝麻信用は、さまざまな次元から分析を行うことでリスクの早期発見を実現しているだけでなく、利用シーンを相互につなぎあわせることで、信用失墜行為をした企業や個人を制裁し、義務の履行を促す役割も担っている。

3　中国の信用システム構築は始まったばかり

ブラックボックス――芝麻信用の個人情報保護対策

芝麻信用は、データ源と利用シーンの開拓を進めていく上で、ある問題に直面した。個人情報が信用調査機関に使われる場合、安全性はどのように保たれているのか？　プライバシーが漏洩する恐れはないのか？

胡滔は「情報セキュリティは芝麻信用の生命線だ」と言う。コストの投下やプロセスの変更を余儀なくされたとしても、最大の努力をもってユーザーの個人情報を保護し、プライバシーを保障しなければならない。芝麻信用はこの誓約を果たした。芝麻信用の情報保管基準は、業界基準のなかでも最高の条件を満たしている。例えば、公安部情報安全等級では３級に認定されているが、これは金融業界では最高レベルだ。また、２０１６年４月には英国規格協会（ＢＳＩ）の評価認証に合格し、中国の信用調査機関としては初めて情報セキュリティマネジメントシステムの国際規格（ISO27001：2013）を取得した。情報セキュリティ分野のＩＳＯ認証取得は、中国の信用調査業界では初の快挙であった。これは世界で最も権威があり、最も厳しいとされ、最も広く採用されている認証基準である。

個人情報とプライバシー保護が広く重視される昨今、芝麻信用は監督当局の要求基準を遵守するだけでなく、自発的に国際基準を採用したり、世界の優れた実践例を取り入れたりすることで、企業管理を十全なものとしようと努力している。最も厳しい基準を採用し、商業上の利便性を犠牲にすることがあったとしても情報の安全性を最優先する方針だ。

芝麻信用は、情報の入手、利用、演算、実用化のすべての過程においてユーザーのプライバシーを厳格に保護しており、データを守るために複数のファイアウォールを設けている。24時間稼働の情報セキュリティの自動モニタリングシステムに自動警報機能がついているのも、情報の安全性を確保するためだ。

ビッグデータという概念が爆発的に注目を集めている今日、データ収集において芝麻信用のように非常に抑制的な態度をとっている組織は珍しい。芝麻信用が解決しようとしているのは、あくまで、経済的な信用リスクの評価である。したがって、芝麻信用はこれに関連するデータのみを収集し、それとは無関係な顧客の通話記録、チャットの記録、位置情報等は採集しないと顧客に誓約している。また、情報の収集を行う前にユーザーにはっきりと分かるよう通知し、何も言わなければ同意したとみなすというようなことはしない。ユーザーから許可を得ない限り、芝麻信用のシステムではそのユーザーに関するデータを各種データ源から引き出すことはしないし、データの入手・利用過程では人間の関与を排し、独立したシステムですべてが完了する体制をとっている。さらに、これらのデータが芝麻信用の内部に保存されることはない。最も重要なのは、すべてのデータ源が合法的であることであり、非合法的に入手されたデータであれば、信用評価にとって価値があったとしても決して採用しない。

データ処理のプロセスでは、プライバシーに関わるデータを匿名化するデータ・マスキングを実施している。システムは、アルゴリズムに則って、ユーザーのデリケートなデータを含まない形で芝麻スコア等を生成する。また、データ開発チームでは、エンジニアたちが自分の処理している情報の全体像を見ることができないよう、ブラインド機能が完備されている。中核メンバーだけは機密情報を匿名化する仕組みを了解しているものの、だからといって彼らがユーザーの情報にアクセスできるわけではなく、コンピューティングの全過程は「ブラックボックス」の中で進行していると言ってよい。最終的にユーザーが芝麻信用の提携先企業でサービス利用を申請する段階では、許諾を受けた事業者が、当該ユーザーの芝麻信用上の情報を確認することとなる。こうした第三者が入手できるのもやはり、マスキングされた後の信用データとなる。

個人信用調査業務の課題

金融とインターネットの衝突と融合が急激に進行するなかでは、事業が立法に先行したり、イノベーションが逆に監督当局を動かすといった現象があちらこちらで起こっている。しかし、人民銀行は、数億人の国民の情報を収集・使用し、なおかつこれを保護するという個人信用調査業務の許可証の発行については、慎重の上にも慎重を期したのであった。

2015年1月5日に個人信用調査業務のテスト運営企業候補として8社の名前が発表されてから2年余りが過ぎたというのに、この業務の認可については依然として「難産」という状況が続いていた。これに関して、人民銀行信用調査局（徴信局）の万存知《ワン・ツンジー》局長は、2017年4月21日に開かれた「個人情報保護および信用調査管理に関する国際フォーラム」の席上で、質問に答えて以下のように述べている。「テスト運営を認められた企業がいまだ許可証を取得できていないのには三つの理由があります。第一に、インターネット金融の整備は依然として進行中であること。第二に、個人情報保護に対する意識が、社会全体において空前の高まりを見せていること。第三に、候補となっている8社の実際の開業準備状況が、市場ニーズや監督当局の要求とまだ大きく乖離していることです」。市場では「まず許可証を交付して、企業が事業を行う段階で管理・監督を行えばよいのではないか」という声もあがっていたが、万存知は「冗談でしょう」と言ってこれを否定した。

また、万存知は、8社のいずれも個人信用調査業務について許可を得られないことについて、共通の問題点を三つ指摘した。第一に、各社が自社独自の閉鎖系のシステムを構築しようとしていることだ。客観的に見れば、これは市場の情報チェーンを分割することであり、情報のカバー範囲が制約されることでサービスの有効性に影響が出かねない。第二の問題点は、8社がいずれも単独の企業あるいはグループによって設立されており、統治機構において第三者信用調査機関としての独立性が備わっているとは言えないという点だ。第三に、8社は信用調査の基本理念や基本ルールに対する理解が不十分で、誤った情報の収集や利用が行われているという問題がある。「監督当局の要求基準に達していない状況では、許可を出すことはできません」と万は言う。人民銀行のこうした態度は、業界と市民に驚きを与えた。8社の中のある企業の幹部などは、「不意打ちを食らった」と話している。

現在、中国において、情報の濫用は非常に深刻な現象となっている。プライバシーの漏洩も、いまや中国全土に共通する深刻な問題だ。多くの企業あるいは個人が、本人の許可を得ることなく勝手に情報を収集したり、場合によっては無理やり許可を取って情報を収集したりするという現実があり、一時的な使用のみを許可された情報をその後も使いつづけるといったことも行われている。

中国は現在、法律・法規による個人のプライバシー保護を行っておらず、信用調査業務に課されているのは「信用調査業務管理条例」(徴信業管理条例)という行政管理条例一つだけだ。公的な監督者が存在せず、企業の自己制御能力が不十分な状況下で、多くの企業がさまざまなルートでデータを収集し、個人情報を大量に保有している。そうした情報はいつ「時限爆弾」になってもおかしくない。

こうした事情は、監督者である人民銀行にとって最大の懸念材料となっている。これに加え、インターネット金融業界が2、3年で猛烈な発展を遂げた後に大量のリスクが露呈すれば、監督当局は一旦歩みを止め、リスクポイントを精査せざるを得なくなるだろう。

芝麻信用にとっても、情報収集の段階には薄氷を踏むような心許なさが伴うという。信用調査業界初となる情報セキュリティ分野のISO取得も、自らを制御するための手段という性格が強い。

また、情報の使用においても、紆余曲折に満ちた模索の道を歩んできた。例えば、２０１５年９月、芝麻信用は、芝麻スコアが７５０点以上のユーザーを対象に、北京首都空港の国内線のＣＩＰ専用保安検査ゲートを利用できるというサービスを実施した。しかし、開始からほどなくして人民銀行から窓口指導を受け、中止せざるを得なくなった。その後、２０１６年10月にアリペイが始めたソーシャルメディアのコミュニティ機能「圏子」が世間の議論を呼んだことは前述の通りだ。一部のコミュニティでは利用できる機能にさまざまな制限が設けられており、投稿できるのは女性ユーザーだけで、男性ユーザーは「いいね！」ボタンを押したりコメントを書いたりすることしかできなかった。さらに、芝麻スコアが７５０点未満のユーザーにはコメントを書きこむ権限さえ与えられていなかった。こうした線引きを行ったことによって、芝麻信用も世間の批判の渦中に立たされることとなった。また、アリペイのバージョン更新後、不正行為によってスコアを上げようとするユーザーが現れると、同業者からは、「アントフィナンシャルは信用調査データを濫用しているのではないか」との疑念さえ向けられた。アリペイはすぐに「圏子」を閉鎖したが、芝麻信用はその後も信用評価の利用の限界線がどこにあるのかを探りつづけなければならなかった。

こうしたトラブルを受けて、芝麻信用はマーケティング目的の情報使用行為を意識的に避けるようになっていった。個人信用調査業務においては（政府と金融機関を除く）債務者の債務情報のみを共有できることとなっているが、監督当局がこのように決めた主な目的は信用リスクを防ぐことであった。つまり、信用サービスの利用シーンは、主として金銭の貸し借りに関わる融資業務であるべきで、広く生活シーンに適用する芝麻信用のそれまでのやり方は、明らかにこれとはかけ離れていた。

芝麻信用が最も苦戦したのが、監督当局が言う「主体独立性」の確保である。この「独立性」とは、株式所有関係、統治機構、業務モデルおよびリスクモデルの設計における独立性を指している。芝麻信用を含む

8社の母体は単独の企業・グループであり、親会社からの独立性が問題視されていた。この点をクリアするため、芝麻信用は2016年7月、親会社からの主体独立性、組織・機構の独立性、事業所の独立性、財務の独立性、システムの独立性、関連取引の管理および業務展開の独立性、データの独立性、内部統制フローの独立、内外の監査、社外取締役の任命といった点から、すでに第三者信用調査機関としての独立性が確保されていることを示そうとしたが、現在から見れば、これらは依然として監督当局の要求を満たしていなかった。いかに独立性を確保するかについては多くの業界関係者が頭を悩ませており、実際にさまざまな意見がある。前述の万存知による三つの指摘は、実質的に、テスト運営候補となった8社の事業主体としての資質から業務の展開までを全面的に否定したようなものだった。

信用調査と信用は、中国において長らく議論の絶えない領域であった。当面は立法が進まないだろうという状況下で、いかに個人信用調査機関を設立し発展させるかについては、監督当局から業界、学界にいたるまでさまざまな考え方があった。アメリカ等の先進国が、数百年にわたる発展と積み重ねの上に完成度の高い信用調査システムを構築したのに対し、中国の信用調査システムはまだ始まったばかりだ。将来的に、比較的長い時間をかけて前進を模索していくこととなるだろう。

「人は信なくば立たず。業は信なくば興らず。国は信なくば衰える」。2012年11月の第18回党大会以降、共産党中央委員会と国務院は「社会信用システム」〔中国政府が主導する全国的な信用評価システム。信義誠実に基づいた行動がなされる社会の形成を促すことを目的として、行政、ビジネス、社会、司法の4分野で信用システムを構築する〕の構築について一連の要求を出し、信用社会の構築を強力に推進していく方針を打ち出した。こうした背景の下で市場ニーズは高まり、信用評価サービスの発展も後押しされた。しかし、中国の信用システムの構築は、既存の枠組みによる制約を受けたことでなかなか軌道に乗らなかった。

否定しがたいのは、中国の信用システム構築には依然としてある問題が存在することだ。芝麻信用をはじめとする8社にはなおも改善を続けていく余地があるものの、信用調査と信用を分けて考えたとき、これらの企業が行ってきた実践には評価できる点がないわけではなかった。「信用」が社会にもたらす客観的価値は広範な意義を持つものであり、国務院が「社会信用システム構築計画綱要（２０１４－２０２０年）」（社会信用体系建設規劃綱要）で掲げた「信用情報の規範に沿った使用および信用サービスシステムを支えとし、誠実さを重んじる文化理念の樹立ならびに誠実という伝統的美徳の発揚を内在的要求として、信用を重んじることを奨励し、信用を失えば制約を受けるという賞罰システムによって社会全体の誠実さへの意識と信用レベルを向上させる」という目標の実現にも役立つはずである。

監督当局がテスト運営企業に徹底的に規範の遵守を課すか、実際の状況に基づいて実践において条件の調整を行うかは、現時点ではまだ見通しが立っていない。しかし、信用調査機関の発展に関する議論の中で、社会の個人情報保護に対する関心が高まったことは確かである。また、信用貸付を行う企業も徐々に独自の信用調査データ源の整備を進めており、テスト運営を認められた8社も、監督当局や市民が求める方向性に寄り添う努力を続けている。これは間違いなくよい傾向だと言えよう。

また、大切なのは、情報の孤島同士をつなぎあわせることだ。これは信用調査市場の整備と成熟のためにも極めて重要である。もし信用調査機関同士がデータを共有しなければ、同一人物や同一企業の信用状況に差が生じることとなる。将来的に、規模の大きい企業の連携やデータの開放・共有、共同で信用調査データの正確性を向上させるなどといった取り組みが、信用調査業界の一つの発展の方向性となるだろう。信用調査システムの構築は1、2社の企業のみで完遂できるものではなく、監督当局と各方面がともに努力し、地道に新たな道を探っていくことが必要である。

万存知はある文章のなかでこのように指摘している。「人民銀行信用調査センターの業務では、現時点でも、また将来的にも、許可証を取得した金融機関以外の債務者の債務情報をすべてカバーするのは難しい。ゆえに、人民銀行信用調査センター以外にも、社会信用調査を行う機構を育成し、主に許可証を取得した金融機関以外の債務者の信用情報の収集や信用調査サービスの提供を担わせることで、人民銀行信用調査センターとは異なる方向へ発展し、相補的に機能することが求められる」。「このような十全な信用調査システムが形成できてこそ、社会の全方位的かつ多層的で多元的な信用調査へのニーズを満足させられるのだ」。

第Ⅲ部　金融の勢力図を塗り替える

第6章　1匹のアリが作る新金融エコシステム

多くの人は〈アリペイ＝アントフィナンシャル〉だと考えているだろう。アリペイは知っていてもアントフィナンシャルは知らない、という人も多い。両者の関係を大雑把に説明するなら「アントフィナンシャルはアリペイの父親」といえるだろうが、アントフィナンシャルが何をする会社なのかを簡潔に言いあらわすのは難しい。

その答えが知りたければ、スマホでアリペイを開いてみることだ。決済、送金、余額宝、アントフォーチュン、借唄、花唄、芝麻信用、螞蟻森林――各種の生活サービス等がずらりと並んでいるのが目に入るだろう。そのすべてがアントフィナンシャルの業務内容だ。

しかし、私たちからは見えない部分もたくさんある。例えば、金融機関や事業者に提供されている各種データや、セキュリティ、マーケティング、融資等のソリューションがそうであり、これらはアントフィナンシャルの中核を成す能力でもある。それらを基盤として、1匹のアリが新たな金融のエコシステムを作り上げたのだ。

1　アリの前世

2014年10月16日午後、アリペイが年に一度開催しているイベント「アリペイ・オープンデー」のステ

図 6-1　アントフィナンシャル経営陣

（左から）陳亮、韓歆毅、樊治銘、彭翼捷、袁雷鳴、彭蕾、井賢棟、兪勝法、曽松柏、陸傑訊、程立

ージに、揃いの黒いTシャツを着た彭蕾《ポン・レイ》、井賢棟《ジン・シェンドン》、程立《チョン・リー》、樊治銘《ファン・ジーミン》、兪勝法《ユー・ションファー》らアントフィナンシャルの経営陣11名が現れた。アントの経営陣として彼女らが公に姿を見せるのはこの日が初めてだった。この日、設立準備開始から1年余りの阿里小微金融服務集団（阿里小微）は「アントフィナンシャル・サービスグループ」（螞蟻金服服務集団）に改称し、ここにアントフィナンシャルが正式に設立された。

　アントフィナンシャルはなぜアリのような小さな生きものを企業のシンボルに選び、社名にまで採用したのだろうか。「このような社名にしたのは、われわれがごく小さなことから始め、アリペイからアントフィナンシャルになるまで一貫して小さな世界に専念してきたこと、広く一般の消費者や零細企業にサービスを届けることこそが自らの任務だと考えたことが理由です。われわれは「小さな」世界にしか興味がありません。アリのようにちっぽけでも、心を一つにして協力すれば、驚くべき力を発揮できます。ゴールへの道の途中であきらめてしまうことは決してありません」。彭蕾董事長はこれまで、「アント」という言葉の含意をこのように説明してきた。この生まれたばかりのアリは、この時点ですでに２００以上の金融機関、１００以上の保険会社と提携し、3億人以上のアクティブユーザーを擁していた。

莫乾山会議

２０１２年9月の網商大会で、ジャック・マーは、２０１３年1月1日からアリババ・グループの構造転換に着手し、プラットフォーム、金融、データの三大業務を再構築すると発表した。これはすなわち、アリババが新たに金融信用システムを作り直すということを意味していた。

アリババの重要な1パーツを担うアリペイは、間違いなくグループの金融戦略の主戦力であった。しかし、彭蕾をはじめとするアリペイの幹部たちは、実際のところアリペイが何をすべきなのかがよく分かっていなかった。「先進国の決済企業はどんなことをやっているのだろう?」と考えた彼女たちは、アメリカへ飛んだ。訪ねたのはモバイル決済企業ＳＱＵＡＲＥだ。この企業はＭＩＴテクノロジーレビューで「スマート・カンパニー50」に選ばれたこともあり、中国からの客人を熱心にもてなした。そして、目も眩むようなＰＰＴを駆使して、「ＳＱＵＡＲＥの中核的優位性は2・75％という低額の決済手数料である」と言いはなった。「このときのことを思い出すと言葉が出ない」と陳亮《チエン・リヤン》は言う。ＳＱＵＡＲＥの手数料率は当時の中国国内の水準の十数倍に相当し、さらに、もし他社がこれよりも低い手数料率を実現すれば、その「中核的優位性」などは跡形もなく消え去ってしまうことはあまりに明らかだった。「千里の道を飛んできて、見られたのがこれとは……」。やりきれない気持ちを抱えて帰国した幹部たちは、アリペイに続くサービスについて膝を詰めて話し合うことにした。

２０１３年の初め、経営陣は莫乾山のリゾートホテル naked Retreats に会し、アリペイが将来的に行う八つのプロジェクトを決めた。そのなかでも最も優先的に進められたのが「2号プロジェクト」、すなわち「余額宝《ユーウーバオ》」で、この年の夏には早くも世間にその名を轟かせるようになった。「余額宝がなぜ「2号プロジェクト」と呼ばれるのか？　それは、２０１２年12月22日という2が並んだ日にそのアイディアが生まれたからです」と陳亮は説明する。そのほかの七つのプロジェクトにも、それぞれに名前がついていた。莫乾山でアイディアが生まれた芝麻信用、網商銀行、招財宝などは、いずれものちにアントフィナンシャルの主要業務となっていった。今日から見れば、まさにこの「莫乾山会議」でアントフィナンシャルの最初期の構想が生まれたと言えよう。

２０１３年3月7日、アリババ・グループは阿里小微金融服務集団を立ち上げ、正式に事業準備に着手することを発表した。阿里小微はアリババ傘下のすべての零細企業・個人消費者向けサービスにおける金融イノベーションを担うこととなり、ＣＥＯには彭蕾が任命された。しかし、設立の見通しが立ったのはその年の10月になってからであった。アリペイの管理チームは、余額宝の成功によってようやく発展の方向性を見出した。その後、他のプロジェクトが次々と実行に移され、それに伴って阿里小微の事業の基本的な枠組みやコンセプトも徐々に形成されはじめた。

アントの基盤を築いた金融イノベーションの歩み

前述の２０１４年10月16日のイベントでは、アントフィナンシャルの傘下ブランドや業務範囲、人事、株式所有構造についても明らかにされた。

人事面では、彭蕾が董事長兼ＣＥＯに任命され、同時に会社の法定代表者とされた。最高財務責任者（ＣＦＯ）には井賢棟、最高技術責任者（ＣＴＯ）には程立、国内事業群の総裁には樊治銘、副総裁に兪勝法がそれぞれ任命された。また、この後1、2年の間に、現在は最高戦略責任者（ＣＳＯ）を務めている陳龍《チェン・ロン》や、零細企業融資・消費者金融事業群の総裁の黄浩《ホアン・ハオ》、保険事業グループ総裁の尹銘《ユン・ミン》、芝麻信用総経理の胡滔《フー・タオ》らが続々とアントフィナンシャルのメンバーに加わった。「既存の管理体制では人材が逼迫していました。人手が足りないということではなく、われわれのそれまでの経験と、新たに展開しようとしている業務・市場との間にギャップがあったのです。新しい人材を引き入れる道のりはとても長いものでした」と陳亮は語る。

現在、企業評価額から見ても、ライセンスの取得数から見ても、アントフィナンシャルは正真正銘、中国で最大のフィンテック企業である。しかし、その設立当初から、このアリはすでにゾウ並の規模を持ちあわせており、業務分野も銀行、保険、決済、資産運用、信用調査等を含む金融の各領域をカバーしていた。具体的に業務ブランドを見ると分かりやすいだろう。アントの傘下には、アリペイ、アリペイウォレット、余額宝、招財宝、阿里小貸、網商銀行がある。つまり、アントフィナンシャルは、アリペイ（中国）ネットワーク技術有限公司や阿里金融の既存業務を引き継ぎ、さらには、設立申請したばかりの網商銀行の業務も担っていたのだ。

ここで改めて、アントフィナンシャルの「前世」ともいえる金融イノベーションの歩みを、時系列順に整理してみよう。

・２００３年、遠隔地取引における売買双方の信用問題を解決するため、タオバオの決済ツールとして「保証取引」を開発し、これが後に「アリペイ」へと発展。モバイルインターネット技術の急速な発展に伴い、アリペイはモバイル業務を重点化。その機運に乗って「アリペイウォレット」が誕生。

・2007年、阿里金融が中国建設銀行、中国工商銀行と提携し、アリババ傘下のECプラットフォームの事業者を対象とした融資サービスを開始。

・2010〜2011年にかけて、阿里金融が浙江省と重慶市でそれぞれマイクロクレジット企業「阿里小貸」を設立。アリババ（B2B）、タオバオ、天猫の三つのプラットフォームの事業者向けに、100万元以下の「注文貸付サービス」と「信用貸付サービス」を開始。

・2013年6月、「余額宝」をリリース。アリペイの送金機能と阿里小貸の融資機能をベースとして、阿里小微が資産運用サービスを開始。投資のハードルの低い理財商品が人気を呼び、4カ月半でユーザー数1600万人を突破。余額宝を支えるファンド「天弘増利宝」も一躍、国内最大規模を誇るファンドに登りつめた。また同時期に、中国平安保険、テンセントと協力してインターネット保険会社「衆安保険」の設立準備に着手。

・2014年4月、資産運用のオープンプラットフォーム「招財宝」をリリース。10月には網商銀行が設立審査に合格。スタートは遅れたものの、一貫してアリババ経営陣の管理下で準備が進められ、オフラインの支店等をもたない生粋のインターネット銀行として世に出た。その基本原理は、EC分野で長年にわたり蓄積してきたインターネット上の膨大なデータを使って個人消費者や零細企業の信用状況を再現し、これに基づき金融サービスを提供するというもの。従来のような金融とインターネットとの単純なかけ合わせとは異なり、網商銀行は「真の意味でのインターネット金融」を手がけようとしていると業界から評価を得た。

このように、アントフィナンシャルの金融業務にはすでに、決済、マイクロクレジット、保険、保証、信託、銀行等の分野をカバーしているのだ。

アリババからの離脱

2014年8月、アリババ・グループは阿里小微と協議を結び、業務の線引きを行った。この協議書では、阿里小微が監督当局の審査に通過し、通常の決済業務を行えることを前提条件として、アリババが自社の中小企業向け融資業務を現金32・19億元で阿里小微に譲渡することが約定された。また、アリババは、ノウハウと関連知的財産権にかかる費用という名目で、阿里小微から7年間にわたり、毎年一定の金額を徴収することとした。既存業務の枠組みの調整を終えると、アリババと阿里小微はさらに、将来的に競争関係とならないことについても合意した。合意書の規定により、阿里小微はアリババが経営に携わるいかなる業務も行うことはできず、そうした業務の論理が外延する業務についても従事を禁じられた。一方、アリババも、信用貸付、保険の提供および代理販売、投資管理および銀行サービスの提供、決済処理サービス、リース業、ファイナンスリースおよびその関連サービス、外貨商品関係取引、値付け・仲買業務、証券、商品先物、ファンド、派生商品およびその他の金融商品の代理販売、信用スコアリングや信用レポートの提供については、阿里小微の企業活動に抵触するため、これに従事することはできないこととされた。

阿里小微が長らく準備段階にとどまり、正式に法人登記できないでいた理由には、こうしたアリババとの複雑な関係性が阿里小微の業務枠組みの調整に影響を与えていたこともあったのかもしれない。ともあれ、ここにすべての準備は整った。2014年10月16日のアントフィナンシャルの設立発表会では、アントフィナンシャルとアリババ・グループが引き続き関連会社であること、ただし両者の間には株式所有による支配関係は存在せず、それぞれ独立した企業体であることが公式に表明された。とはいえ、両者には、生まれな

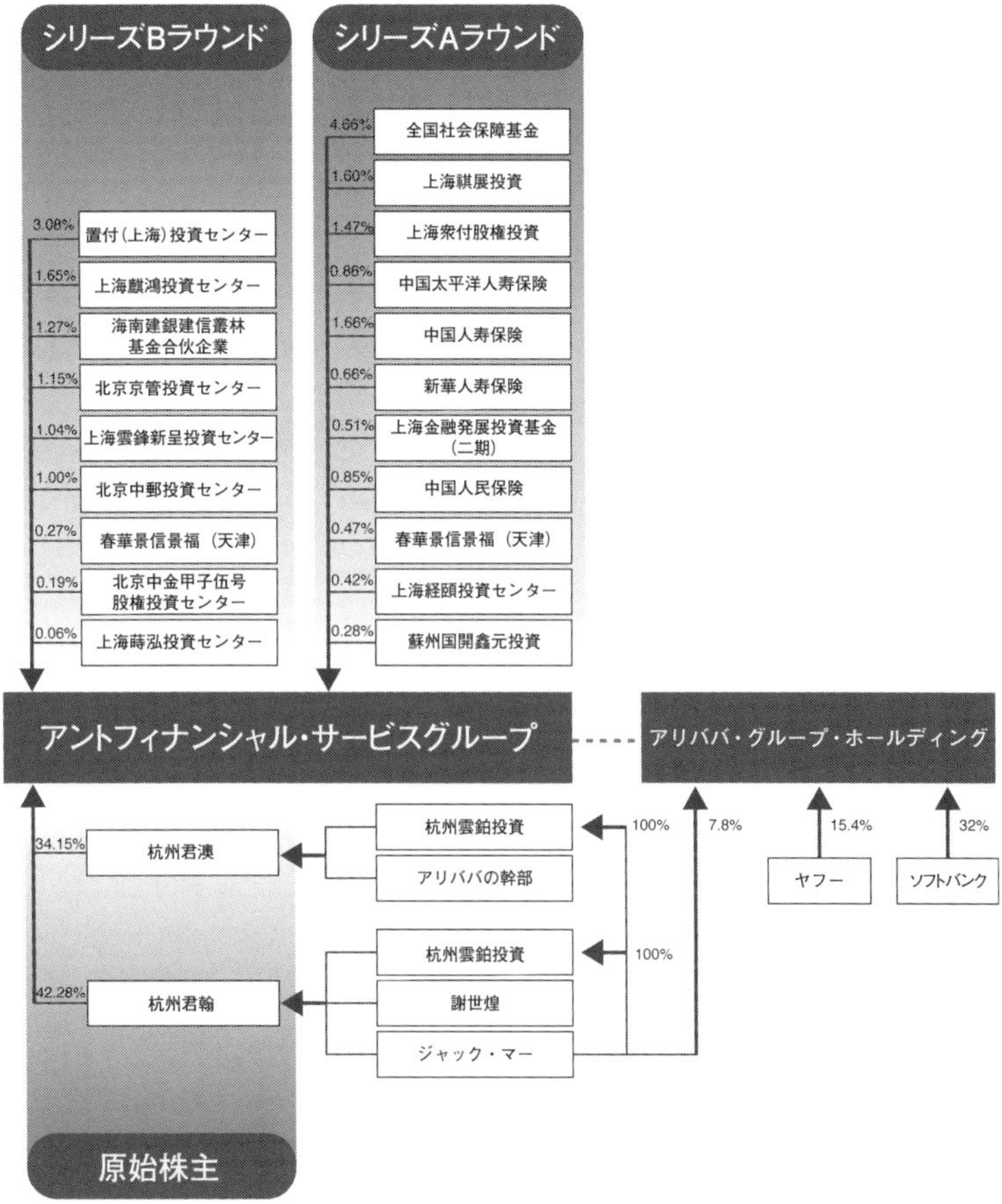

図 6-2　アントフィナンシャルの株式所有構造

過去の株式移動時の追加承諾事項として、アントフィナンシャルは上場時に、アリババに対し、時価総額の 37.5%（ただし 60 億ドルを上限とする）を現金で一括で支払うことが約定されている（第 1 章第 4 節を参照）。

がらにして深い関係がある。図6－2にアントフィナンシャルの株式所有構造を示した。

阿里小微を設立したのは浙江アリババ電子商務有限会社（浙江アリババ）で、阿里小微はアントフィナンシャルの前身に当たる。前述の通り、浙江アリババは２０００年10月、アリババ（中国）ネットワーク技術有限公司の業務上の必要性によって設立され、その業務は主にネットワーク情報サービスの設計、制作、加工や、その関連技術サービスおよびコンサルティングサービスの提供等であった。法定代表者、執行役員、経営者のいずれもジャック・マーが務めた。登録所在地は杭州市西湖区文三路４７７号華星科技大厦9階で、最初の登録資本金は50万元、そのうち5万元はマーが、残りの45万元は偉業（杭州）網絡信息技術有限公司（偉業公司）が出資した。偉業公司は、ソフトウェア開発関連技術のコンサルティングサービスを主要業務とする会社で、当時の法定代表者であった李琪《リー・チー》は、のちにアリババ・グループの最高執行責任者（ＣＯＯ）となる人物である。２００５年3月には、マーが45万元、偉業公司が5万元の増資を行い、浙江アリババの登録資本金は１００万元となった（持株比率は各50％）。同年7月、偉業公司は浙江アリババの経営から離脱し、持分であった資本金全体の30％を総額30万元でマーに譲渡し、残りの20％をアリババ・グループの創業者の一人である謝世煌《シエ・シーホアン》の名義に変更した。その後数度の変更を経て、２０１１年には浙江アリババの登録資本金は７・１１億元に達したが、株式所有構造は変わらず、マーが80％、謝世煌が20％の株式を保有していた。

この間に、「アリペイ株式紛争」が勃発した。アリペイに第三者決済業務のライセンスを取得させるために、マーは２００９年6月と２０１０年8月の2度に分けてアリペイをアリババ・グループから離脱させ、浙江アリババに株式を移転させた。浙江アリババはアリペイの完全子会社化のために全部で３・３億元を支払った。これによりマーは疑義を向けられることとなったが、２０１１年後半には大株主である外資企業のヤフー、ソフトバンクと三者合意を結び、この紛争は決着をみた。

アリババから離脱したアリペイ、そして、アリペイを中核としていた阿里金融を、これからどうするのか？　マーは1年で答えを出した。2012年9月、網商大会でアリババ・グループの三大業務であるプラットフォーム、金融、データの業務構造転換を宣言し、金融分野の取り組みとして、アリペイの親会社となった浙江アリババに阿里小微の設立準備に当たらせたのだ。2014年6月11日、浙江アリババはアントフィナンシャルに改称し、同年10月にはアントフィナンシャル・サービスグループの設立を宣言した。

将来的なアントフィナンシャルの株式の調整については、2013年10月に事実上の説明が行われている。その際は、株式の40%を従業員への配当およびインセンティブに充て、残りの60%を戦略投資家の引き入れに充てることが明らかにされた。また、ジャック・マーの持株状況にも言及され、アント株の持株比率がアリババ・グループ株の持株比率を上回らないことを目安とすることが示された。以前、アリババ・グループが提出した株主募集の説明には、マーの持株比率は8・9%と公表されている。

今日、われわれはすでに、アントフィナンシャル設立までに起こった出来事を総括できる時期にあるのかもしれない。アントフィナンシャル設立の布陣は、2009年にアリペイがアリババを離脱した時にはすでに始まっていたのだ。アリペイの分社化、アリペイの株式の調整、アリペイとアリババ・グループの利益分配協議の変更……アントフィナンシャルの正式な設立に伴って、前述のすべての金融業務に、統一された管理の枠組みとブランドマークが付与された。

一点注意すべきなのは、アントフィナンシャルの目下の企業形態はあくまで国内資本企業であるということだ。これは、アリババが金融業務において、行政上の監督の方針やそこから生じうるリスクを強く意識していることを反映していると言えよう。

2　アリの使命

インターネット金融のオープンなエコシステム

ある企業について語る時、主に問題となるのは、その企業が何をしているかという点だ。アントフィナンシャルの業務については前節でも見てきたとおりだが、さらに理解を深めるため、アントが保有するライセンスを詳しく見ていこう。

公開資料によると、アントフィナンシャルは現在国内で最も多面的に金融業務のライセンスを持ち揃えた企業である（図6－3参照）。既存金融機関も保有しているファンド販売、民営銀行、保険に加え、さらに第三者決済業務の許可証を持ち、また個人信用調査については現在申請中で、その業務のアンテナがほぼすべての金融シーンを指向していることが分かる。

しかし、事実上、これらの業務や許可証はアントフィナンシャルの全体像の氷山の一角にすぎない。アントフィナンシャルの本質はむしろその隠れた部分、すなわち、信用評価システム、リスク管理能力、クラウドサービス等のテクノロジーを駆使した金融機関へのサービスにある。

現在、アントフィナンシャルにとって、図6－3内の許可証がカバーする金融業務のすべてがサービス対象である。許可証の取得は、各種業務を合法的に運営することを目的としている。また、第三者決済、マイクロクレジット等の事業で自社による運営を選んだのは、他の企業が「最初に蟹を食べる人」になりたがらなかったからである。ここで何よりも重要なのは、試験田を一枚一枚耕すような金融業務の積み重ねによって、アントフィナンシャルはその基盤技術能力となるデータを蓄積し、ディープラーニングの条件を獲得したということだ。

許可証の類別	許可証の名称	取得主体	支配形態	持株比率	取得時期
決済	第三者決済 ファンド第三者決済	アリペイ	自社保有		2011年5月 2012年5月
ファンド	ファンド管理	天弘基金	持株	51%	2013年6月
	ファンド販売	数米基金	持株	61%	2015年4月
保険	損害保険 自動車保険 生命保険(申請中)	衆安保険	発起人	16%	2013年3月
	損害保険	国泰産険	持株	60%	2015年9月
銀行	民営銀行	網商銀行	発起人	30%	2014年9月
	少額融資	螞蟻微貸 (元・阿里小貸)	自社保有		2010年4月
その他	個人信用調査(申請中)	芝麻信用	自社保有		

図6-3 アントフィナンシャルの保有ライセンス

出典：公開データに基づき整理。

２０１４年５月９日、阿里小微設立１周年の日に開催された年次大会で、彭蕾は初めて阿里小微の戦略プランを明かした。それは、「インターネット金融のオープンなエコシステムを作る」というものであった。当時大きな勢いをもち、ファンド業界や金融業界の既存概念を覆した余額宝について、彭蕾は「これは阿里小微の戦略的商品でも、ましてや阿里小微のすべてでもなく、インターネット金融のオープンなエコシステムこそが阿里小微の目標である」と強調した。「阿里小微は将来的にオープンプラットフォームを立ち上げ、そこですべての金融機関が自由に事業を展開できるようにしたいと考えています。それと同時に、大量のデータと強大なクラウドコンピューティング能力を持つ阿里小微は、提携先金融機関に自らのクラウドコンピューティング能力とビッグデータ能力を提供し、ＩＴシステムのバージョンアップとコストダウン、効率改善をサポートしていきます」。

当日はジャック・マーもその場に現れた。彼の言葉はより直接的であった。「アリババはプラットフォーム戦略によってタオバオと天猫を成功させました。同様に、阿里小微にもプラットフォーム化という発想が活かされると信じています。

阿里小微の目標は、インターネットの発想と技術でオープンプラットフォームを作り出し、未来社会の金融を支えることであって、自らが前面に飛び出て金融サービスを提供することではありません」。

それから数カ月後のアントフィナンシャル設立発表会でも、CFOに就任した井賢棟が「インターネット金融のオープンなエコシステム」という概念についてさらに詳しく解説している。「未来の金融エコシステムにおいては、協力が競争に勝り、「オープンなエコシステム」がひとつのビジネスモデルとなるでしょう。そして、EC分野におけるアリババのエコシステムと同様に、金融業にも類似のエコシステムが出現するでしょう。それは、クラウドコンピューティングとビッグデータをインフラとし、信用評価システムに依拠して、決済、投融資、資産運用、保険、銀行等の多種多様なプラットフォームの業務を支えるというものです。アントフィナンシャルのエコシステムはすべての金融機関に開かれています」。

のちにアントフィナンシャルが打ち出す「インターネット推進器計画」「春雨計画」「螞雲計画」等で前述の理念を体現していないものはない。こうした方針を踏まえれば、のちにマーが「アントフィナンシャルは「テックフィン」（技術金融）企業である」と明言した理由を理解するのは難しくないだろう。

「利他的であること」「シェアできること」「オープンであること」。これが、インターネット時代に見られる過去のニュービジネスとの違いである。インターネット企業であるアリババから生まれたアントフィナンシャルは、その誕生当初からすでに既存金融機関とは明らかに異なるDNAを持ちあわせていた。ここに、アントフィナンシャルが金融エコシステムを構築する上で独自の生存哲学に従う理由が秘められている。

利他的であること——アントフィナンシャルの究極的価値

“Enabler”——井賢棟はアントフィナンシャルの最終目標をこの一語に集約させる。この語は本来「能力を与える者」という意味だが、彼はむしろ「利他者」（他を利する者）と訳すことが多い。アントフィナンシャルが追求すべき究極的価値とは、「他者のために価値を創造すること」である。この利他主義の最大公約数は、顧客へのサービス、事業の安定化、株主のための価値の創出が渾然一体となった地点にあり、そこからさらに各産業のエコシステムに奉仕して、最終的には社会全体をよりよくすることを目標としている。

アントフィナンシャルの既存金融機関に対する態度にも利他主義があらわれている。余額宝が登場し、資産運用の一般化が実現された時、業界はアリペイを「既存金融の破壊者」とみなした。多くの金融機関は当時、インターネット金融の襲来が彼らの利益を毀損することを恐れていたのである。メディアのインタビューで、「結局のところ、アントフィナンシャルと既存金融機関の関係はいかに位置づけられるのか？」と問われたとき、井賢棟はこう答えている。「私たちは金融機関ではありませんし、具体的な金融業務をしたいとも思いません。われわれはプラットフォーマーです。金融機関と直接渡りあう気はありません」。この言葉から分かるのは、アントフィナンシャルが既存金融機関と互恵的なウィンウィンの関係を築く戦略を採っていることだ。今日、アント傘下のアリペイはすでに２００を超える銀行と提携を結んでおり、アントフォーチュンは90社超のファンド会社を、招財宝は70社超の金融機関をそれぞれのプラットフォームに招き入れている。アントフィナンシャルはあくまで自らをプラットフォーマーと位置づけ、投資や融資のニーズを持つ個人や企業、機関が必要なものをプラットフォームから享受できるようにすることで、互恵的かつ開放的、多元的な金融エコシステムを形成しようとしているのだ。

正式な設立から1年後の２０１５年10月、アントフィナンシャルは「インターネット推進器計画」を発動した。販売チャネル、技術、データ、信用調査、さらには資本面でも金融機関と協力し、5年以内に１００以上の金融機関で、インターネット時代に対応した新型金融機関へのモデルチェンジをサポートすると宣言した。

「実のところ、われわれがやっているのは従来の意味での「企業」ではなく、どちらかといえば一つの「経済体」に近い」と倪行軍は言う。利益共同体の一員としてユーザーとパートナーを成功させれば、アントフィナンシャルにも間違いなく分け前がある。ただ、何にも増して重要なのは、アントフィナンシャルが、将来、企業の生存や発展にとって「利他的であること」が必然的な選択となると信じている、ということだ。

弱肉強食のビジネスの世界では、「利他的であること」は多くの場合、企業倫理への配慮か、あるいは利益を得る手段である。しかし、ジャック・マーは彼独自の「DT（データ技術）時代」という理論で、次のように提唱している。「いままさに時代はITからDTに向かっている。DT時代にはデータが最も中核的な資源となります。現代の工業における水や電気、石油といった資源と同じように重要な存在となるのです。将来、生産力とはコンピューティング能力を意味し、データは生産における最も重要な材料となり、水や電気、石油と同じように公共の資源となるでしょう」。「以前、人々は、自らがめぐりあったチャンスは自分のポケットに隠していました。今日では、こうしたチャンスを自分の金庫に隠しおおせる可能性はないでしょう。世の中のすべては透明になったのです」。マーのいう「インターネットの発想」とは、自己中心的な発想から他者中心の発想へとシフトすることであり、開放性、透明性、共有性を確保して、責任を引き受けることを意味する。

こうした点から考えると、これまでの「お前が死ねば私は生き残る」といったような企業間の関係は、必然的に互恵的なウィンウィンの関係へと取って代わられることとなろう。「利他的であること」は実際、アリババとアントフィナンシャルが時流に順応した末での選択なのだ。

群雄割拠、テクノロジーがすべて

アントフィナンシャルが新金融エコシステムのインフラを建設し、これを育てていくためには、プラットフォーム化によって多くの同業パートナーを引き入れるだけでは不十分である。「利他的であること」というこのユートピア的色彩を帯びた理想は、いかにして実現することができるのだろうか？

井賢棟は、アントフィナンシャルの最大の優位性は、十数年来の信用評価システム構築において、データという資産と能力を蓄積してきたことにあると考えている。アントフィナンシャルのパートナーの間では信用調査データが共有可能であり、連携して投融資のコストとリスクを低減し、よりスピーディーにサービスを提供することが可能になる。

例えば、既存金融機関では、零細企業への貸付は損をする取引だと見られている。政府が政策を出して零細企業への融資を奨励しても、多くの金融機関の態度には依然として変化はない。金融の本質は信用にある。既存金融機関は充分なデータがないために、零細企業の信用性について正確な評価を下すことができない。また、評価を出せたとしても、コストが大きい。しかし、アントフィナンシャルをはじめとするインターネット金融会社は、ビッグデータ技術によってこの難題を解決できる。

アントフィナンシャルの技術部門は、大量のユーザー・アクティビティーと関連データネットワークを通じてモデリングおよび予測を行い、取引と口座のリアルタイム・モニタリングとリクスの事前評価を実現している。これにより、零細企業の信用レベルを判断し、第三者金融機関に実効性のある参考指標を提供している。将来的にビッグデータ技術が広範に利用されるようになれば、金融機関はさらに多く零細企業に金融サービスを開放するようになるだろう。こうして金融が新たな段階に突入すると、金融機関は真に零細企業への「輸血」機能を担い、企業を活性化する存在となって、社会の発展を推し進めるだろう。

クラウドコンピューティング・サービスの「アントフィナンシャル・クラウド」（螞蟻金融雲《マーイージンロンユン》）は「金融専門主義」という立場から技術とリソースの共有を実現している。従来のＩＴの枠組みでは、金融業務の新しい特性、すなわち即時性、小口取引、高頻度に適応するのは難しいが、クラウドコンピューティングなら有効にこの難題を解決できる。２０１５年10月、「インターネット推進器計画」と時を同じくして、アントフィナンシャルは、アントフィナンシャル・クラウドを金融機関向けに正式に開放すると宣言した。アントフィナンシャル・クラウドは５０００台のマシンを一つにつなげたコンピューティングシステムで、金融機関は自社のニーズに応じてサービスを購入し、短時間かつ低コストでシステムを構築することができる。また、金融機関がいち早く先進技術・能力を獲得することを実現し、研究開発コストの節約を叶え、金融機関のサービスの品質と安全性を新たな高みへと引き上げることを叶えるという点も、その優位性の一つである。

クラウドはさらなる可能性を引き出した。２０１６年10月13日の雲栖大会において、アントフィナンシャルは「螞雲計画《マーユン》」の始動を宣言した。これは、アントフィナンシャルとアリババが十余年にわたり蓄積してきたフィンテックとサービス能力を全面的に統合することで、アリババ・クラウドの基盤技術、金融中核サービスのモジュール、利用シーンの連結能力をレベルアップし、将来的に世界中の５万の金融機関へのサービス提供を目指す計画だ。

情報時代である今日において、金融機関のモデルチェンジとレベルアップは必然的な趨勢であるが、外部の先進的な技術力を借りることで人、モノ、カネのコストをかけずにモデルチェンジを遂げることができ、試行錯誤にかかる時間も節約することができる。アントフィナンシャルの技術とデータ能力を外に向けて開放するという方針は、生存、発展を模索する金融機関のニーズに合致したものである。また、こうした背景は、ソーシャルメディアの立ち上げで何度も壁にぶつかったアントフィナンシャルに、技術で勝負することを決心させた要因でもある。アントの牙城は使用頻度の高さでもソーシャルメディアでもなく、テクノロジーであった。

テクノロジーは人のぬくもりを帯びる

「アントフィナンシャルは理想主義を堅持し、未来を支え、創造する」。２０１６年10月16日、アントフィナンシャルの年次大会でジャック・マーはこう言った。この、アントフィナンシャルの「理想主義」とはどのようなものなのだろうか？

零細企業へのサービスはその一つに数えられるだろう。数億社に上る中国の零細事業者の資金ニーズは、せいぜい数千、数百元程度で、なかには数十元というものさえあり、これらはほんの数日間のやりくりに充てられるのだが、この層は従来の金融環境の下では良質なサービスを受けることができなかった。高コストとリスク管理がネックとなり、既存金融機関にはこうした利益の薄い層にサービスを提供する意欲がなかったのだ。

アリババは設立当初から零細企業援助を使命としており、アリババから派生したアントフィナンシャルも、生まれながらにその信条を継承している。とはいえ、なぜアントは金融機関さえ背負いたがらなかったリスクを負ってでも零細企業にサービスしようと考えたのか？

それを実質的に可能にしたのは、ビッグデータとディープラーニング技術であった。アントが既存銀行と異なるのは、リスク管理モデルの開発に大量のインターネットデータを取り入れた点である。データマイニングやモデル開発でも、従来的な統計の手法にとどまらず、徐々に多くの機械学習を取り入れていった。データ分析はもはや業務をサポートするだけでなく、逆にデータから業務の本質をとらえ、業務の全プロセスを駆動させる役割を担っているのだ。

データで業務モデルを動かすことで、アントフィナンシャルはより正確にリスクを識別、管理できるようになり、サービス効率は上がり、コストは低減された。既存銀行が、ややもすると複数回にわたって審査を行い、実際に融資するまでに時間を要するのとは対照的に、アントフィナンシャルはまず借主のリスク評価と与信判断を行い、借主からオンライン申請を受けると、機械が融資を行う。その間たった1秒。人間は関与しない。従来の融資モデルでは1件当たりの融資手続きのコストは約2000元であるが、アントフィナンシャルのデータに基づく融資モデルでは、操作コストが1件当たり約2元に抑えられている。阿里小貸の設立から6年間で、アントフィナンシャルは600万以上の零細企業および起業家に少額融資を行ってきた。

アントフィナンシャルのもう一つの重要なサービス対象は、個人消費者である。アントフィナンシャルは誰もが手の届く資産運用を提唱しており、資産運用のハードルを下げ、社会の一人ひとりが金融による利益を享受できるよう尽力している。

彭蕾はかつて、アントフィナンシャルがユーザーのために創出する価値を、「小さくて美しく、安心感や信頼感、幸福感を帯びた金融」と表現した。「人々は長期的な資産の配分や穏やかな投資を求めており、それによって老人介護や子供の教育、マイホーム購入といった人生の段階的な目標を果たしたいと考えている」と井賢棟は語る。「少額融資のニーズがある顧客が求めているのは、穏やかな幸福であり、一夜にして金持ちになることではないのです。これはわれわれの一種の「信仰」であり、正しい「富」の概念を人々に伝えたいと考えています」。

アントが伝えようとしているのは正しい資産配分の理念だけではない。社歴が9年の陳亮《チエン・リヤン》にとって最も印象深かったのは、彼が入社したばかりの頃に起こったある出来事だ。2008年5月12日、震度8の大地震が四川省汶川を急襲し、50万平方キロメートルにわたって甚大な被害を出して、国中を震撼させた。地震発生時にちょうど杭州市の華星時代広場22階で会議に出席していた陳は、めまいに襲われたが、その時はタバコに酔ったせいだと思っていたという。「その日の夕方になって、人々はようやく今回の地震が重大なものだと知りました」。陳亮たちはすぐにオンライン募金を企画し、翌日の早朝3、4時には簡単な募金ページを開設した。当時のアリペイのアカウント数は1000万規模に達したばかりであったが、アリペイを通じて被災地域に送られた募金総額は2000万元を超えた。これは中国で最初のネット上での募金活動となった。中国のインターネットチャリティはここから始まったのだ。

アントフィナンシャルでもチャリティプラットフォームを立ち上げた。アントのチャリティにはいくつかの種類がある。例えば、「金融＋公益」では、好きなプロジェクトを選んでアリペイ経由で寄付を行える。ユーザーはアカウントページで寄付したプロジェクトの実施状況のフィードバックを確認したり、余額宝で得た利益を寄付にまわしたりすることもできる。「健康＋公益」では、例えば「行走捐《シンゾウジュエン》」（歩いて寄付）の機能を通じて、1日5000歩から企業への寄付金に交換することができる。「都市＋公益」では、アリペイの地域型生活サービスを通じて、ボランティア活動の参加登録をしたり、IPE〔環境情報の公開を促進する中国のNGO〕の環境データを調べたりできる。また、「バリアフリー決済」には、アリペイウォレットでの決済を音声化することで、目の不自由な人にも使えるようにした「聴支付宝」（聴くアリペイ）等の機能があり、障碍者を含むすべてのユーザーがテクノロジーのもたらす利便性を平等に享受できるようにしている。

そのなかでもとりわけよく知られているプロジェクトが、2016年8月にリリースされた「螞蟻森林《マーイーセンリン》」だ。これは、ユーザーの低炭素型の行動に基づいてアリペイに「エコエネルギー」が蓄積されるという機能で、エコエネルギーが一定量に達すると、バーチャル上で木が1本植えられる。ユーザーがバーチャル植樹をすると、アントとそのパートナー企業である内モンゴル自治区の阿拉善《アーラーシャン》SEE基金会（SEE Foundation）が実際に砂漠にサクサウールを植えることとなっている。

商品という観点から見れば、螞蟻森林は炭素排出量取引に着想を得て開設された、ユーザーの「炭素口座」といえる。ユーザーはこれを継続的に使用することで、持続的な環境への貢献ができるようになる。また、厳格なイメージだったチャリティをインターネット化し、簡単で面白みのあるものとすることで参加のハードルを下げ、複雑な操作説明を読まずとも、ソーシャルゲームで遊ぶようにしてチャリティ活動ができるようにしたことも、螞蟻森林の成功の秘訣であった。実際、リリース当初は、外部から「アントフィナンシャルのソーシャル分野での新しい試みなのでは？」と分析されたこともあったが、螞蟻森林のコンセプトはもともと、個人の炭素排出量取引の拡大や炭素口座の設計について討論している時に生まれたものだ。デザイン部のあるデザイナーが、１本の木で炭素排出量取引の概念を可視化し、ユーザーが日々節約した炭素エネルギーでその木の成長を促せるようにできないか、と提案した。その後、広報担当の社員が、ゲーム的要素を取り入れようと提案したことで、螞蟻森林では植樹するだけでなく、友人のエコエネルギーを盗み取ることもできるようになった。この設定はユーザーにとっても新鮮で、より楽しめる商品となった。２００８年に中国で大流行したゲーム「偷菜」（野菜泥棒）はいまでは廃れてしまったが、ネットユーザーの野菜泥棒を面白がる気持ちは依然として残っていたのだ。

最終的に螞蟻森林を大ヒットさせたのは、２０１７年春節の「水やりをして「福」カードを貰おう」というキャンペーンだった。これにより、たった10日ほどで、螞蟻森林のユーザーは1億人以上増えた。このアイディアを出したのは陳亮だ。広報部が立てた元のプランでは、友だちになることでカードをもらえる仕組みだったが、陳亮は「われわれはソーシャルはやらない」と言ってこれを却下したという。

アントフィナンシャルの資料によると、2016年8月のリリースから2017年1月までに、螞蟻森林のユーザーは2億人を超え、累計111万本の木が植えられた。ユーザーのエコな金融行動によってエネルギーをこつこつと貯められることで、エコは財産となり、実際の植樹活動を後押しした。このシステムは国連からも支持を得て、アントフィナンシャルは、国連環境計画・金融イニシアチブに加盟したはじめてのインターネット企業となった。

「適切な市場メカニズムの下、デジタル金融は、消費者や中小企業がよりエコなライフスタイルや経済体を選ぶことを奨励し、後押しすることができるでしょう。私たちはこれを「ボトムアップ式のエコ金融」と呼んでおり、アントフィナンシャルは喜んでこれをリードしたいと思います」と陳龍は言う。アントフィナンシャルのこうした取り組みはすべて広義の「エコ金融」と定義できるだろう。

2017年5月、アントフィナンシャルは持続可能な発展に関するレポートを初めて発表し、自社の社会公益事業に対する成績表を提出した。このレポートの巻頭で、井賢棟は「テクノロジーはこの時代最大の公益である」と述べている。彼の目には、螞蟻森林や「聴支付宝」、ブロックチェーンを使ったチャリティプラットフォームといった企画はすべて、テクノロジーの裏にある人のぬくもりを体現したものに他ならないのだ。

「テクノロジーはこの時代最大の公益である」

アントフィナンシャルの「持続可能な発展に関するレポート2016」から、井賢棟CEOの言葉を抜粋して、この節をしめたい（引用に際し一部変更を加えた）。

＊

最近、シリコンバレーで働くエンジニアとネット面接をしました。終わりにさしかかったとき、私は彼に聞きました。「どうして帰国したいのか」と。すると彼はこう答えました。「あまりに多くの不思議なことが、中国で起きています。それに比べると、いまの私の生活はちょっと退屈です」。

これを聞いた私は、「アントフィナンシャルへようこそ！　一緒にmake a differenceしよう！」とこたえ、彼に合格を出しました。

私が彼に話したいくつかのエピソードをみなさんに紹介したいと思います。

タオバオでビーフジャーキーを売っているある店の主人は、過去5年間で網商銀行から3794回にわたってお金を借りました。平均で毎日2回、金額は最少で3元、最多で5万6000元でした。彼女はおそらく世界の金融市場における二つの新記録の樹立者だろうと思います。「借入金額の最小記録」と「借入頻度の最高記録」です。

また、ある会社の社長が南極旅行に行き、そこで帰りの航空券を買おうとしたのですが、買えませんでした。彼の名前がちょうど信用失墜被執行者リストに載せられた後だったのです。彼の芝麻スコアは暴落し、芝麻信用とつながっているすべてのプラットフォームがサービスを停止しました。慌てた彼は、不動産3件を抵当に入れてお金を返し、ようやく帰国できたということです。

さらにこんな話もあります。2人の強盗が数千元を使って飛行機で杭州に飛び、そこで盗みをはたらきました。続けざまに数軒のコンビニに押し入りましたが、奪ったお金は全部で1000元ほどでした。その後逮捕された彼らは、「お前ら杭州人は現金を使わないのか？」と聞いたそうです。

さて、アントフィナンシャルの社会的責任のレポートの巻頭で、私はなぜこのような関係のなさそうな話をしているのでしょうか。それは、これらのエピソードの背後に、テクノロジーの力が作用しているからです。テクノロジーは、われわれの社会に対する最大の誠意なのです。

人類の進化史と文明史をふりかえったとき、これを極度に単純化すれば、認知と農業、テクノロジーを発展させることで、地球の隅っこに落ちていた1粒の種から生態系の頂点へと急速にのぼりつめた、その進化の歴史だといえます。現在、人類はいわゆる「第三次産業革命」の黄金時代に突入しています。一テクノロジー企業として、私たちが目指し、実際に行っているのは、テクノロジーによって社会を「後退」させることです。ひたすら人類を最初の状態、つまり、シンプルで、平等で、自由な状態へと戻そうとしているのです。

われわれの日常生活において、行列に並ばず、他人に頼らず、外出さえしないで、自分で問題を簡単に解決することは可能でしょうか？　これが「シンプル」ということです。あなたの隣の家のおばあさんと銀行の頭取が、同じように良質で、便利な金融サービスを受けることは可能でしょうか？　これが「平等」ということです。面倒なパスワード管理や、現金、身分証、パスポートにさえも別れを告げ、どこへ行っても自分の「顔」とその背後にある信用データだけで簡単に決済をすることは可能でしょうか？　これが「自由」のあるべき道です。そしてこれらは、われわれがすでに実現しているか、いままさに未来からこちらへ到来しようとしている現象です。

技術の使用ハードルがこの世界に多くの溝をもたらすのではないか、と心配する人もいます。しかし、私が見たところ、テクノロジー企業ほど人を重んじ、人間らしさを大事にしているように感じられます。なぜなら、技術それ自体は中立でありながらも、同時に学習システムでもあり、その背後にいる人物の価値観や人柄が徐々にあらわれるようになるからです。わが社のエンジニアや商品責任者の一人ひとりが、人間性の最も美しい部分、「愛情」と「人と通じ合う気持ち」を持ちつづければ、技術はおのずとこの世界に最大の善意を示してくれることでしょう。

ある人から、「2016年で最も満足している自社商品は何ですか?」と訊ねられました。私の答えはこうです。螞蟻森林が目の不自由な人のために開発した「聴支付宝」と、ブロックチェーンが最初の利用シーンとして選んだ、耳の不自由な子どもたちのために集められた史上最も「透明」な寄付、この二つだと。これらは、テクノロジーの背後にある人のぬくもりと、「テクノロジーはこの時代最大の公益である」という事実を体現しています。

3　投融資のロジック

600億ドル企業——早すぎた評価

2016年4月26日、アントフィナンシャルのシリーズBラウンド融資の結果が出た。調達額は45億ドルで、世界のインターネット業界で最大の私募調達となった。この時点でのアントフィナンシャルの評価額は外部の評価で約600億ドルとされ、世界トップの非上場インターネット企業、そして、国内でも最高評価額を誇る非上場企業となった。

しかし、アントフィナンシャルはもとより評価額を上げることを目標としておらず、ましてやそれがアントのすべてなどとは考えていなかった。これまでの2度の資金調達は、アントフィナンシャルの長期的発展への考慮から行ったものである。この時期尚早ともいえる高評価額は、むしろ、未来の成長の前借りとなってしまい、そのプレッシャーが業務チームに伝われば、ＫＰＩへの意識の偏重を招きやすいため、企業の長期的発展にとっては害の方が大きいのだ。このとき、アントフィナンシャルはまだ2歳になったばかりの子どもであった。

国民企業になる――全国社会保障基金の引き入れ

２０１５年7月3日、アントフィナンシャルは最初の資金調達を完了した。中国中央政府の年金基金である全国社会保障基金（ＮＳＳＦ）は、アント株の5％を取得し、外部株主のなかでは最大の株主となった。この結果は決して意外なものではなく、事実、ＮＳＳＦを引き入れるという考えは以前からあった。

アリババ・グループは国内での上場を阻まれ、２０１４年9月19日にようやくニューヨーク証券取引所への上場を果たした。ただ、これでは中国の一般投資家に制限がかかり、アリババの利益を国内の一般庶民と共有することはできなかった。このことを長らく気にかけていたジャック・マーは、２０１３年、ＮＳＳＦに話をもちかけた。「あなた方の背後には全国の一般庶民のお金がある。阿里小微の株主になることを検討してみませんか？」ＮＳＳＦから見ても、阿里小微はニューエコノミー企業のなかでも最も高い成長力をもつ企業であり、疑いようもなくよい投資先であったため、両者はすぐさま合意に至った。

２０１４年にはＮＳＳＦがアントの株主となることがスケジュールに組み入れられたが、未解決の難題が二つあった。一つは、評価額をどのようにして算出するかだ。それまで、ＮＳＳＦの投資対象はすべて、銀行や中国石油天然気集団、中国石油化工集団のような、既存産業を扱う、キャッシュフローの極めて良好な企業であり、ニューエコノミー分野の企業評価をした実績はなかった。二つめの問題は、国の取り決めによってＮＳＳＦの投資先が、国有企業のなかでも国務院国有資産監督管理委員会と財政部の直属にあたる一部の国有企業のみに限定されていたことであった。ところが、この問題は、２０１５年4月1日に国務院常務会議が「全国社会保障基金の投資範囲の適切な拡大に関する意見」（関於適当拡大全国社会保障基金投資範囲的意見）を承認したことで解決をみた。ＮＳＳＦの直接株式投資の範囲が、中央企業〔中国国有企業のうち中央政府の管理・監督を受ける企業〕の制度改正・改革のテストプロジェクトから、中央企業およびその一級子会社、優良な民営企業を含む地方の中核的競争力を有する業界のリーダー企業にまで拡大されたのだ。これにより、統治構造や運営状況が比較的良好な民間企業も投資範囲に含まれるようになったのである。「われわれは２０１４年から話し合いを始め、２０１５年にようやくシリーズAラウンド融資が始まりました。この間は実のところ、難題が氷解するのを待っていたのです」。アントフィナンシャル投融資業務の副総裁を務める韓歆毅《ハン・シンイー》はこのように漏らす。

アントフィナンシャル株の取得は、ＮＳＳＦにとって初めての民営企業への直接投資であった。この政策によって、ＮＳＳＦも経済構造改革がもたらす利益を共有できるようになったのだ。韓歆毅は言う。「われわれはＮＳＳＦによる戦略投資を通じて、アントフィナンシャルが真の国民企業になることを望んでいます。一般の人々は、アントの提供するさまざまな便利なサービスを享受すると同時に、アントの成長と利益をも共有できるようになるのです」。

アントフィナンシャルの株主たち

2度にわたるアントの資金調達で「勝ち組」となったのは、中国の老舗ブランドであった。ＮＳＳＦ、中国建設銀行、中国郵政グループ、国開金融、それから、四大保険会社である中国人寿保険、中国太平洋人寿保険、新華人寿保険、中国人民保険がそうだ。また、中国の政府系ファンドの代表格である中国投資有限責任公司も、巨額な出資を行った（株式所有構造については前出の図６－２を参照）。

なぜこれらの企業はアントフィナンシャルの外部株主となれたのか？　井賢棟によれば、外部の投資家を選ぶ際に、アントでは主に四つの判断基準を設けたという。まず、投資家が市場化された企業であること。第二に、投資家がアントフィナンシャルと同じビジョンを共有し、ともに実体経済の問題の解決のために努力し、零細企業および個人消費者へのサービスに注力する意志のあること。第三に、その企業が広く消費者の利益を代表しうるものであること。第四に、その企業がアントフィナンシャルとの業務提携によって効果を生み出しうることである。

なかでもとりわけ重要なのは四つめの条件である。２度目の資金調達において、アントフィナンシャルは、巨額の投資能力をもつ投資家を迎え入れることよりも、戦略投資を重視していたということだ。例えば、アントフィナンシャルが株主に迎え入れた四大保険会社は、インターネット保険という新しい分野を開拓する上で助けとなる。また、中国郵政とは、双方が互いに株を持ち合うことで密接な協力を図った。中国郵政は、傘下の中郵資本管理有限公司を通じてアントフィナンシャルの５％未満の株式を保有し、反対にアントフィナンシャルも中国郵政儲蓄銀行に投資し、株主となった。アントフィナンシャルは中国郵政を引き込むことで、協力してインクルーシブファイナンスや農村向け少額融資の基盤を築こうと考えたのだ。実際、双方は農村消費者向けのＥＣや物流等の分野で提携を行っている。さらに、中国投資有限責任公司との提携には、同社の長年の海外投資の経験と優位性が、アントのグローバル化加速のための戦略構想と合致しているという点でも大きな価値があった。

戦略投資のための長期戦略を立てると同時に、アントフィナンシャルは投資家の社会的信望もかなり重視していた。外部株主の多くが中国老舗ブランドとなったのも、これによるところが大きい。韓歆毅は、「われわれは、株主があちらこちらでわが社の旗をひけらかすことを望んでいません。逆に、これらの中国企業は非常に自らの名誉を重んじるため、投資先企業が自社の名前を持ち出して、自分の顔に泥を塗るようなことをしないか、強く気にかけています。この点において、われわれとこれらの企業は一致しているのです」と話す。実際、アントフィナンシャルはこれまでに、さまざまな理由をつけて多くのファンドを拒絶してきた。「率直に言うと、人民元の投資市場は現在、非常に混乱しています。一部の企業については、背後の株式関係がかなり複雑です。われわれはこうした面倒ごとに関わりあいたくないのです」。

戦略投資が未来を拓く——グローバル化と農村金融

２０１５年、アントフィナンシャルは2度にわたりインドの携帯電話付加価値サービス会社One97 Communicationsへの投資を行い、全面的な技術提供とノウハウの共有によって、その傘下のモバイル決済企業ペイティーエム（Paytm）の発展をサポートした。それに先立って、２０１４年12月には、中国郵政儲蓄銀行に２２８・７４億元の戦略投資を行っている。一見無関係のこの2社への投資は、実のところ、アントフィナンシャルの当時の戦略の二つの方向性を反映している。すなわち、グローバル化、そして農村金融である。その本質は言うまでもなくインクルーシブファイナンスの推進にある。

グローバル化の突破口はインドである。アントフィナンシャルは、２０１５年の1月と9月の二度にわたってペイティーエムに対し投資を行った。メディアはその投資総額が9億ドル以上、株式保有率は40％であると報じた。ペイティーエムの9月のシリーズBラウンド融資では、アリババとアントが共同投資した。一般に発展途上国では、本国の金融機関は外資による投資に対して慎重な態度をとる。しかし、インドの政策は比較的緩やかで、外資による株式の保有を、第三者決済企業では49%、ユニバーサルバンク〔商業的な業務と投資的な業務の両方を行う金融機関〕では74%を上限として許容している。このことは、アントがインドをグローバル化における最初の足場とした主な要因の一つである。

ただ、外資の株式所有による第三者決済企業の支配については法律で規制されているため、アントとアリババは〈投資＋密接な協力〉という方法を採った。２社は資金面でペイティーエムをサポートするだけでなく、技術面から運営にいたるまで、全面的な協力関係を結んだ。アントフィナンシャルは技術運営チームをインドに常駐させ、プロジェクトのつなぎ役を担わせた。ペイティーエムも不定期に管理職を杭州に送り、アントと交流し、そこから学ぼうと努めた。１年後、ペイティーエムのユーザー数は１・４億人を超えた。そのうち1億以上がアントとの提携後に増加した新規ユーザーであった。もともとペイティーエムのサービスは決済と携帯電話の通信量チャージだけだったが、アリペイに刺激され、生活サービス、映画チケット、タクシー配車等の多くの機能を追加で組み入れた。

ペイティーエムに投資する際、韓歆毅は次のように述べている。「アントフィナンシャルは世界のさまざまな市場でペイティーエムのような優秀なパートナーを選び、将来的にアリペイの技術基準を輸出していこうと考えています。新興市場のベンチャー企業が一から技術のフレームワークを組み立てなければならない、という事態をなくすためです。具体的には、容量の拡張が容易なクラウドプラットフォームやリスク管理システム、ビッグデータ応用等の提供を考えています」。

その後、アントフィナンシャルの海外への戦略投資は続けざまに成功し、〈戦略投資＋ノウハウの輸出〉という提携モデルは同社のグローバル化戦略における「伝家の宝刀」となった。２０１５年11月、アントフィナンシャルは韓国電信等の企業と提携し、共同でインターネット銀行の「Ｋバンク」を設立した。２０１

６年11月には、アント傘下のアリペイ香港が、タイの電子決済企業アセンド・マネー（Ascend Money）が追加発行した株式を購入し、追加発行後の株式総数の20％を保有した。さらに、２０１７年２月には、フィリピンのデジタル金融企業ミント（Mynt）と韓国のモバイル金融企業カカオペイに投資し、４月にはインドネシアのエムテック（Emtek）グループと合資でモバイル決済企業を設立した。こうしてアントフィナンシャルの東南アジア地域における業務の版図は大幅に拡大された。

次に、農村金融について見ていこう。アントフィナンシャルは、農村末端へのサービスの延伸と信用価値の掘り起こしを目的として、中国郵政儲蓄銀行（郵儲銀行）と提携を結んだ。郵儲銀行の株主募集の説明資料には、「アントフィナンシャルは適用先の状況を鑑み、適用可能な範囲において、郵儲銀行と共同で決済業務、利用シーンの開拓、事業者向けサービス、信用貸付等の構想を研究、立案する」とある。アントは郵儲銀行に自社の金融サービスを提供すると同時に、研究を進め、アントのプラットフォームに適応する郵儲銀行の理財商品開発をサポートすることとした。この提携については政策的背景も無視できない。中国共産党と政府がその年の最優先課題を示す「中央１号文書」では、２００４年以降14回続けて「三農」（農業、農村、農民）が焦点化されており、そのうち11回については、中国郵政の儲蓄業務や郵儲銀行に対して明確な要求が出されていたからだ。

戦略投資によってアントフィナンシャルの農村金融におけるオフライン能力を補填した実践の例としては、中和農信項目管理有限公司（中和農信）との提携が挙げられる。中和農信は中国扶貧基金会によって設立された農村金融サービス企業である。２０１６年12月、アントフィナンシャルは中和農信に戦略投資を行った。中和農信は現在、全国に２８００人の融資業務要員を擁する中国最大の公益性のマイクロクレジット専門企業であるが、カバーする全国２２９県のうち85％が国家級貧困県あるいは省級貧困県〔中国が貧困地域救済を目的として設けている貧困度の基準〕

に該当する。２０１６年11月末時点での中和農信の融資総額は累計１８４億元で、３００万戸の農家に融資を行っている。

中国扶貧基金会の執行副会長で、中和農信の董事長でもある王行最《ワン・シンズイ》は、「中和農信の累積損失率は０・１３%で、融資の質は比較的よい」と話す。報道によると、中和農信が比較的高い回収率を維持できるのには三つの理由があるという。第一に、相互保証モデル（グループ貸付）を採用していることだ。つまり、1軒の農家が単独で融資を受けることはできず、必ず3～5軒が共同で借入を申請しなければならない。第二に、中和農信が融資1件当たりの金額に制限を設けていることだ。２０１７年現在の上限金額は、グループ貸付1件当たり2万元である。実際、２０１６年の中和農信の1件当たり貸出金額は平均1万～6万元程度であり、中和農信は農家の返済能力に見合った金額を貸し付けることで、農家が債務過多に陥ることを回避しているのだ。第三に、中和農信が分割返済を採用していることが挙げられる。融資は一括で行い、融資後から2カ月程度の猶予期限を設け、3カ月目から返済を行わせる。月々の返済額は元金の10分の1に利息をのせた金額となる。このようにすればリスクは分散される。

とはいえ、実際のところ、中和農信と提携協議を始めたとき、韓歆毅は内心躊躇していた。「農村への融資は複雑です。私はかつて農村向け少額融資を行う企業が大規模化した例を知りません。私は、中和農信には貸倒れを制御する能力はないのではないかと懸念していたのです」。しかし、実際に中和農信と協議を進めていくうちに、韓歆毅はその能力にすっかり感服した。山西省で調査を行った際、現地の農民は彼に、親戚や友人から借りてでも中和農信には金を返すのだと話した。「自分が金を返さないと、あの人の面子をつぶしちゃうからな」。「あの人」というのは中和農信の農村融資業務の担当者のことだ。韓歆毅は、中和農信の従業員が全員、その村で「才子」と呼ばれるような人物であることに気づいた。なかには、小学校の元教員や郷の派出所の元所長、村の隅々まで渡り歩く行商人もいた。彼らに共通するのは、現地の状況を知り尽くしていること、そして、地元の人から大きな尊敬の念を寄せられていることだった。「農村部の人々は特に面子を重んじます。もしお金を貸してくれたのが自分の尊敬する人物なら、なんとしてでも期限通りに返そうとするのです。中和農信は本当によく農民のことを理解しています。あの会社には独特のリスク管理モデルがあるのです」と韓は言う。

農村金融の信用調査管理、リスク管理、業務プロセスにおける問題は、農村独自の事情と経済、人々の特徴がからみあって引き起こされていると言える。中和農信であれば、アントフィナンシャルのこの面での欠点をうまく補ってくれるはずだ。中和農信の現在の貸付利率は、全体平均で約12％である。つまり、1万元貸せば1200元の利息が入る。利率は比較的高い。それに対し、銀行貸付の標準利率は現在5％である。したがって、今回のアントフィナンシャルの戦略投資において中和農信にとって大事なのは、融資コストを下げることになる。また、いまのところ中和農信には融資商品しかないが、アントフィナンシャルから資産運用商品や決済サービスといった多様な金融商品を提供することも可能だ。さらに、中和農信が新技術を導入すれば、リスクや管理コストを下げ、サービスのリーチ率を上げることもできるだろう。

優位性強化のための投資

アントフィナンシャルの最初の投資は、その前身である阿里小微の時代にまでさかのぼる。2013年10月、阿里小微は天弘基金管理有限公司の登録資本金2・623億元を11・8億元で引き受け、51％の株式を取得して天弘基金の筆頭株主となった。天弘基金の阿里小微における重要性は第3章で述べた通りである。アリペイの「保証取引」が大量の遊休資本を生んでいたところに、資金の活性化策をもたらしたのが天弘基金であり、これはのちにアントの資産運用業務をささえる中核的支柱となった。天弘基金への投資は、アントフィナンシャルが独立前に行った重要な対外投資の一つに数えられる。それに先立ち、2社が協力して生み出し、2013年6月にアリペイに組み入れられたのが余額宝だ。これにより、天弘基金の規模は5カ月足らずで1000億元に達し、一躍、国内最大規模を誇るファンド会社にのし上がった。余額宝の成功は、一方では一般庶民の資産運用に対する強大なニーズを顕在化し、一方ではアリペイの販売チャネルとしてのポテンシャルを証明した。このことが、のちにアントフィナンシャルが一法人として独立するための根拠となった。販売チャネル、データ、技術というプラットフォームの優位性を活かして、零細企業や一般大衆にインクルーシブファイナンスを提供するという事業には市場がある。その後のアントフィナンシャルの投資戦略はいずれも、自社プラットフォームの優位性を強化するためのものであった。

アントフィナンシャルのもう一つの重要な対外投資としては、2014年の恒生電子への投資が挙げられる。2014年4月、恒生電子の支配株主であった恒生グループは、同社の100%の株式を32・99億元で浙江融信に譲渡し、浙江融信は恒生電子の20・62%の株式を持つこととなった。しかしその後、2015年6月に、アントフィナンシャルは浙江融信の追加発行株式を引き受け、さらに既存株主の持分をすべて買い入れることで、浙江融信の全株式を取得した。この投資額は、アントの数十回に及ぶ投資実績のなかでもいまなお最大金額となっている。

恒生電子は中国最大の金融業界向けITソリューションのサプライヤーで、その顧客は主に、証券会社、公募ファンド、私募ファンド、保険会社等である。恒生電子の証券集中取引システムでのシェアは44%、ファンド、保険、信託投資の取引管理システムでのシェアはそれぞれ90%、88%、86%、銀行の総合資産運用プラットフォームでのシェアは75%で、金融IT企業のなかでも全分野の業務を備えているトップ企業である。報道によると、金融機関の初期の基盤システムは、その多くが恒生電子によって開発されたものである。アントフィナンシャルが恒生電子の株を取得することは、金融業界のバックエンドへの参入を意味していた。今から見れば、アリババ・グループのタオバオ関連の初期の戦略のなかでも最も価値があるのは、タオバオの基盤インフラへの布石であった。恒生電子への投資にも同様の意義がある。

２０１４年10月にアントフィナンシャルが正式に設立されると、対外投資は加速し、その年の残りの2カ月で2件の対外投資を成立させ、２０１５年には14件、２０１６年は9月26日までに12件を成立させている。これら合計28件の投資がカバーする業界はかなり広範で、銀行、株券、証券、保険、ファンド、消費者金融等の金融業務のほかに、飲食、メディア、映画等にも及んでいる。これと同時に、アントフィナンシャルは自らを「インターネット金融サービスのエコシステム」と位置づけ、対外投資と内発的な発展を通じて、決済、資産運用、融資、総合金融、金融インフラという五大業務分野を徐々に作り上げていった。

香港に本部を置く中信里昂証券（ＣＬＳＡ）の企業評価モデルによると、アントフィナンシャルの価値の87％は決済、資産運用、融資に由来する。アントはこれらの事業の絶対多数を自社で保有している。具体的には、資産運用業務にあたる招財宝とアントフォーチュン、融資業務にあたる花唄、借唄等がそうだ。アントの投資先のうち、これら三つの業務に関わるのは、天弘基金と消費者金融会社の「趣分期」のみであり、アントの投資先プロジェクトは特に資産運用業務と融資業務に集中している。

趣分期は２０１５年8月にシリーズEラウンドで2億ドルの資金調達に成功したが、そのリードインベスターとなったのがアントフィナンシャルだ。ある業界関係者によれば、アントが趣分期において特に重視しているのは大学生向けの分割払いプラットフォームとしての機能で、これによりアントの学生ローン市場の空白を埋め、京東金融の「校園白条」に対抗しようとしているという。当時、京東はすでに、同じく学生ローンを扱う「分期楽」に投資していたが、学生ローン関連の事件が急増したことで行政の引き締めが徐々に厳格化し、趣分期はサービス対象を大学外の消費者金融市場に切り替えて、「趣店グループ」と改称していた。外部からは、アントフィナンシャルは趣分期によって消費者金融分野における外堀を築こうとしている、と見られている。また、アントが任命した趣分期董事に着目すると、双方の提携が戦略に重きを置いたものであることが分かる。アントが董事に選んだのは、関連業務ラインの責任者ではなく、投融資部の朱超《ジュー・チャオ》であった。

五大業務分野全体で見ると、アントフィナンシャルの投資先は主に、総合金融業務と金融インフラに集中している。これらはアントの将来的な成長の動力源となる部分である。総合金融業務における投資先は、インターネット金融の資産取引プラットフォーム「網金社」、オンラインファンド販売の「数米基金網」、台湾資本の損害保険会社「国泰産険」、ベンチャー・ＩＴ情報プラットフォーム「36Kr」、不良資産等の資本取引プラットフォーム「天津金融資産交易所」、証券投資情報ソーシャルメディア「金貝塔」である。そのうち、数米基金網と国泰産険についてはアントフィナンシャルが支配権を持っている。

アントフィナンシャルは２０１４年11月に、恒生電子、中国投融資担保有限公司等と共同で「浙江インターネット金融資産取引センター」（浙江互聯網金融資産交易中心）を設立した。同センターが運営するのが資産取引プラットフォームの「網金社」で、主に非標準化債権資産（銀行間市場や証券取引所で取引されていない債券資産）を取り扱う場として位置づけられた。アントフィナンシャルが同センターの董事に任命したのは、当時アントフィナンシャル副総裁で財産事業群総経理を務めていた黄浩《ホアン・ハオ》（現・網商銀行頭取）であった。非標準化債権資産関連では、網金社だけでなく、36Krにも２０１５年10月に１・５億ドルを投資している。

テクノロジー企業としてのアントフィナンシャルの業務システム全体を支えているのは、クラウドコンピューティング、ビッグデータ、信用評価システム等の基盤プラットフォームであり、対外投資においても当然、テクノロジー企業に対する関心は高くなる。２０１４年11月、アントフィナンシャルはシンガポールのモバイルセキュリティソフト開発メーカーV-Keyに１２００万ドルを投資した。２０１６年９月には、アメリカの生体認証ベンチャーEyeVerifyを７０００万ドルで買収し、消費者のオンライン取引データおよび取引における安全性を補強した。２０１６年４月26日、アントフィナンシャルはシリーズBラウンドで45億ドルの資金調達を行った。その重点の一つは技術強化であった。アントが毎年エイプリルフールにオフィシャルサイトで発表してきた「到位」〔ユーザーのニーズを実現してくれる人をマッチングする機能〕、「空付」〔体の一部やポーズ等を登録し、それを読み取ることで支払いをする機能〕、「螞上」〔体にそのユーザーの属性やニーズがタグとなって表示される機能〕などの超絶テクノロジーが現実のものとなった最先端の生活を実現するためにも、技術的支柱がよりいっそう不可欠なものとなっている。

シーン開拓のための投資

アントフィナンシャルの投資のうち、前述の金融関連の投資を攻めの投資、あるいは勢力図拡大のための投資とするならば、「口碑網《コウベイワン》」や「餓了麼《ウーラマ》」、「滴滴出行《ディーディーチューシン》」、オンラインチケット販売サービスの「淘宝電《タオバオディエン》影《イン》」、米ヤム・ブランズ傘下の飲食産業グループ「百盛中国《バイションジョングオ》」といった非金融系の投資は利用シーンへの投資であり、アリペイの市場における地歩を固めるためのものであると言えるだろう。

アントフィナンシャルの決済ポータルや決済シーンに関する投資は、主に、アリペイの変化に伴って行われている。アリペイが「保証取引」ツールから次第にモバイル決済ツールへと発展するにつれて、その成長の可能性も拡大した。アントフィナンシャルＣＳＯの陳龍は、２０１５年７月に、「決済業における競争は将来的に決済以外の領域で起こるでしょう」と発言している。これは、アントフィナンシャルが、アリペイをプラットフォームとして、さらに多くの金融シーン、決済シーンを築きはじめていることを意味していたのだ。

アントのある社員は「決済ツールだけでは顧客ロイヤルティを充分には生み出せない」と話す。アリペイは現在、「オフラインのタオバオ」、つまり、生活サービスのプラットフォームになろうとしている。飲食、娯楽、生活サービス等の事業者を引き入れ、アリペイから直接サービスにアクセスできるようにするのである。

「衣食住行」は消費の四大分野である。なかでも「食」と「行」（交通）は使用頻度が最も高く、競争の場となる分野だ。アントフィナンシャルは２０１６年4月、5月に集中して3件の投資を行った。アリババと共同投資した餓了麼と滴滴出行、そして阿里電影傘下のオンラインチケット販売プラットフォーム「淘票《タオピャオ》票《ピャオ》」である。そのうち、滴滴出行と淘票票は、アリペイアプリのバージョン９・９のトップページに配置された。

アントフィナンシャルは２０１６年9月にも春華資本と共同で、百盛中国に対し４・６億ドルの投資を行った。しかし、この時のアントの投資額は５０００万ドルで、百盛中国の推定評価額１００億ドル（評価額は85億～１０５億ドルとされている）から計算すると、その持株比率はわずか０・５％である。この投資以前から、百盛傘下のＫＦＣやピザハットといったブランドはアリペイ決済の加盟店となっていたため、この投資は決済シーンを拡大するという意味合いが大きかったと考えられる。

明確なのは、アントフィナンシャルが飲食業界への進出を試みているということだ。アントは、口碑網に投資した２０１５年6月に、飲食業界向けのマーケティングクラウドサービスを行う「雅座在線《ヤーツオツアイシエン》」にもシリーズＣラウンドで投資を行っている。雅座在線は２００６年に設立され、ＳａａＳ《サース》〔クラウドのユーザーがソフトウエアの機能を必要な分だけ利用できるサービス提供形態〕に基づく会員制マーケティングサービスを提供している。さらに、２０１６年７月には「二維火《アールウェイフォ》」にも投資している。二維火は２０１３年に設立された、外食シーンのクラウド会計システムに特化した企業である。雅座在線は設立時期が早く、会員システム管理から飲食業界向けのＳａａＳシステムに参入しているのに対し、二維火は決済からの参入であった。アントフィナンシャル以外では、「新美大」〔大衆点評と美団の提携後の名称〕の飲食業界投資でもＳａａＳが対象となっており、「餐行健」「屛芯科技」「天財商龍」に投資を行っている。これらはすべて、各社がさらにディープなシーンへと踏み込んでデータを獲得しようとしていることのあらわれであり、飲食業界の競争の場がＣ（顧客）側からＢ（企業）側へと移りはじめたことも示唆している。

ＳａａＳシステムで集められた売上データを利用すれば、さらに精密に事業者の信用状況を判断することができるため、アントフィナンシャルが扱う少額融資商品との相性がよい。また、新美大も近いうちにデータに基づく電子債権類の金融商品を売り出す予定である。まず、情報化によって飲食店を紐付け、売上データをとることでデリバティブ取引を行い、その後でこのつながりを活かしてフィードバック的に利用シーンへ布石を打つのだ。おそらくこれが、アントフィナンシャルが雅座在線や二維火に投資するロジックであろう。

これらの投資は、アントフィナンシャルの主要業務とは一見無関係に思われるが、その意義は利用シーンの配置と強化にある。ウィーチャットペイ、とりわけＳＮＳチェーンをベースとした「微信紅包」は、アリペイに大きな危機感を抱かせた。ウィーチャットペイは「紅包」（お年玉）を足がかりとして、タクシー配車アプリ「滴滴打車」、口コミ投稿サイト「大衆点評」、ＥＣの京東と提携を結び、モビリティー、飲食、ショッピング等の豊富な決済シーンを獲得している。モバイルインターネット時代においては、ツール的なサービスの代替性は非常に高い。生存競争のためには、アリペイは純粋なツールからプラットフォームへと転換しなければならないのだ。こうした背景の下、アリペイの地位を堅固なものとするために、アントフィナンシャルの2016年上半期の4件の投資が行われたのだった。今後、決済シーン、そしてエコシステムの争いが、アリペイとウィーチャットペイの競争のテーマとなるだろう。

4　進撃のアリ

「戦略は汲みあげるもの。先に決めるものではない」

一瞬にしてすべてが変わる時代である。新しい技術が常に生み出され、使われている。人々のニーズも常に掘り起こされ、満たされる。テクノロジーによって金融エコシステムを再構築しようとするアントフィナンシャルでは、戦略の方向性は常に調整されつづけている。

公開資料を整理すると、アントフィナンシャルの戦略方針が、少なくとも3度にわたって調整されたことが分かる。2014年10月16日、設立からまもないアントフィナンシャルは、「プラットフォーム、農村、グローバル化」の三大成長戦略を発表した。これらの戦略の核心は、より多くのユーザーと利用シーンを巻き込むことであった。

農村戦略を例にとって見てみよう。アントフィナンシャルの主要サービスであるアリペイウォレットは、一、二線都市の人々には比較的普及している。そのため、アントフィナンシャルは、三、四線都市および農村市場へとユーザー層を広げ、さらに多くの人々をモバイル決済シーンに巻き込むことに重点を置いている。アントフィナンシャルは数千社の農村金融機関と提携し、まず、農村ユーザーのためにオンライン決済のルートを開き、オン／オフラインでの消費活動や農業資材購入の支払いのニーズを満足させた。また一方では、金融機関と農家をつないで、農家の消費や農業資材購入等のための資金ニーズを満たし、農村市場における現金決済からモバイル決済への転換を推し進めた。ハード面でも、アントフィナンシャルは通信キャリアとの提携を通して農村市場のインフラ水準を向上させた。

こうした農村人口の巻き込みは全面的に展開された。２０１４年10月、アリババ・グループは「千県万村計画」を開始した。これは、１００億元を投資して、3～5年以内に県レベルのサービスセンターを１０００ヶ所、村レベルのサービススポットを10万ヶ所設置し、アリババ・グループのECネットワークで全国の県の3分の1以上と農村地域の6分の1をカバーするという計画だ。アリババ・グループの農村地域におけるEC業務の拡大と、アントフィナンシャルの農村末端へのサービス拡大は、歩調を揃え、同じ形式で進められた。

利用人口と利用シーンの巻き込みは金融サービスの基礎である。アリババは自らについて「グーグルとは違う」、「われわれはテクノロジー企業だ」と胸を張る。つまり、技術革新でリードするタイプの企業ではなく、技術によってビジネスのフロンティアを開拓するタイプの企業だ、という意味である。この特性はアントフィナンシャルにも踏襲されており、アントは「テクノロジーによって金融のフロンティアを開拓した」と言うこともできるかもしれない。その後2年余りの間に、アントフィナンシャルは「インターネット推進器計画」を始動させてアントフィナンシャル・クラウドを公開し、２０１６年10月には「螞雲計画」へとレベルアップさせた。

２０１６年4月、アントフィナンシャルはシリーズBラウンドでの資金調達を終えると、最新の戦略方針を発表した。そのなかには「緑色金融」、すなわち「エコ金融」戦略が加えられていた。6月14日、アントフィナンシャルは初めて「エコ金融」戦略について解説した。この戦略は二つのレベルからなる。第一に、エコロジーという視点から金融を発展させ、一般庶民が生活レベルで低炭素化のための取り組みに参与できる方法を生み出す。第二に、金融ツールを活用して、環境にやさしい経済成長と環境意識の普及を推進する、というものだ。後者についてもう少し具体的に言うと、アントフィナンシャル傘下の網商銀行が「エコ」の信用ラベルが付いているユーザーに対し貸付優待を実施することで、低炭素型の行動を推奨する。貸付優待には、農村部を対象としたエコカー購入のための融資提供、物流大手「菜鳥物流《ツァイニャオ》」の提携パートナーを対象としたエコ電動車への設備交換サポート等が含まれる。アントは将来的にもエコロジー企業の生産、経営活動をサポートしつづけるという。また、アントフォーチュンでは、現時点で90社超のファンド会社と提携し、ともに「エコ株価指数」を固定したエコ公募ファンド商品を80以上売り出しており、エコファンドへの投資を奨励している。将来的に、ビッグデータのモデルを導入することでエコファンドのリターン率を高めていく計画だ。

ブランディング・パブリックコミュニケーション部総経理の陳亮は、「エコ金融」は広義の概念だという。各地の公共レンタサイクルサービスと共同で実現したコード読み取りによるデポジットなしのシェアサイクルサービスや、「炭素口座」というコンセプトで人々の心に深く入り込んだ螞蟻森林、今後5年間で中国のキャッシュレス社会化を推進するというビジョンにも、こうした「汎エコ金融」の理念が体現されている。

2016年10月16日、アントフィナンシャル設立2周年の年次大会で、井賢棟は彭蕾から役職を引き継ぎ、CEOに就任した。この年次大会で、アントフィナンシャルの成長戦略にふたたび調整が加えられている。最新の戦略は以下の3項目から成る。一つめがグローバル化だ。今後10年間で、アントフィナンシャルは提携パートナーとともに、全世界の20億人にサービスを提供することを掲げている。二つめは、マイクロファイナンスサービスの全面的なレベルアップである。井賢棟の言葉でいえば、アントフィナンシャルは「データ能力で2000万の零細企業のCFOを務める」ことを目標としている。三つめは、信用システムの完全化だ。アントフィナンシャルはすでにビッグデータを用いて体系的な信用システムを構築しているが、今後もその改良を続けていく。井は、このシステムがアントフィナンシャルだけのものではなく、社会全体のものであり、全世界の信用や信頼の問題の解決をもサポートするだろうとも述べている。

「アントフィナンシャルが他の企業と異なるのは、多くの企業では総じてまず戦略をしっかりと練って、それから5年、10年と前進していくのに対し、アントフィナンシャルにとって戦略とは汲みあげるものであって、先に決めてしまうものではない、という点です」。アントフィナンシャルが成長戦略を調整するたびに、外部ではさまざまな解釈がなされる。陳亮は「みんな考えすぎだ」と言う。「この業界は2年先のことを予測するのも困難です。ただ、はっきり言えるのは、われわれは常に方向性を修正し、ピントを合わせていかなければならないということです」。

事実、戦略の調整は過去の否定ではなく、より多くの場合、既存の戦略の内在的要素の拡大である。最新の戦略についても、井賢棟は「零細企業のCFOを務める」という言葉を例にとって、その実際の対象には、農村金融のサービス対象となる農村の起業家や零細事業者も含まれていると話す。「『農村金融』という言葉を出さないからといって農村金融をやらない、ということではないのです。ただ角度を変えて同じものについて述べたにすぎません」。同様の変化は、前述の「エコ金融」についても言える。「自分のやろうとすることをすべて「エコ」という言葉で総括できると認識してなお、それをくりかえし強調する必要はありますか?」と陳亮は言う。

つまるところ、アントフィナンシャルのスタンスは、信用システムおよびリスク管理システムを中核とする共有プラットフォームを構築し、世界に平等な金融サービス、すなわち、インクルーシブファイナンスをもたらすことだと総括できるだろう。「これこそがアントフィナンシャルを貫く理だ」と陳龍は言う。

唯一変わらないのは「変化する」ということ

進撃を続けるこのアリにおいて唯一変わらないのは「変化する」ということだ。2016年9月29日、アントフィナンシャルは「決済事業群」を「アリペイ事業群」に格上げし、その下にユーザー・コミュニティ事業部、事業者サービス・オープンプラットフォーム事業部、アリペイ技術部、農村金融事業部の四つの事業部を設置することを内部に通知した。そのうち、事業者サービス・オープンプラットフォーム事業部とユーザー・コミュニティ事業部は、アリペイ事業群がこの組織変更で新たに立ち上げたものだ。アリペイの内部メールでは、「顧客（消費者と事業者）価値への回帰こそがわれわれの立脚点だ」と説明された。

事業者サービス・オープンプラットフォーム事業部は、ネットショップ事業部、公共サービス事業部、事業者・プラットフォームサービスセンター等の既存部門が合併されたもので、その役割は、オープンプラットフォームによって自社エコシステム内部のパートナーに能力を付与、活性化し、アリペイ提携事業者のカバー範囲を広げることにある。事業者により良質なサービス体験を提供し、より多くのシーンでサービスを提供させることで、ユーザーに便利な生活を提供することが、アリペイの最優先レベルの戦略である。組織変更の1カ月前の8月10日、アリペイを基盤として構築した「アント・オープンプラットフォーム」が正式に公開された。決済、データ、信用、会員サービス、マーケティング、ソーシャル等の12の能力を全面的に開放し、3年以内に少なくとも1００万人の開発者を支援、1０００万の中小の事業者・機関にサービス提供し、オープンな生活サービスのエコシステムを構築する計画を発表した。

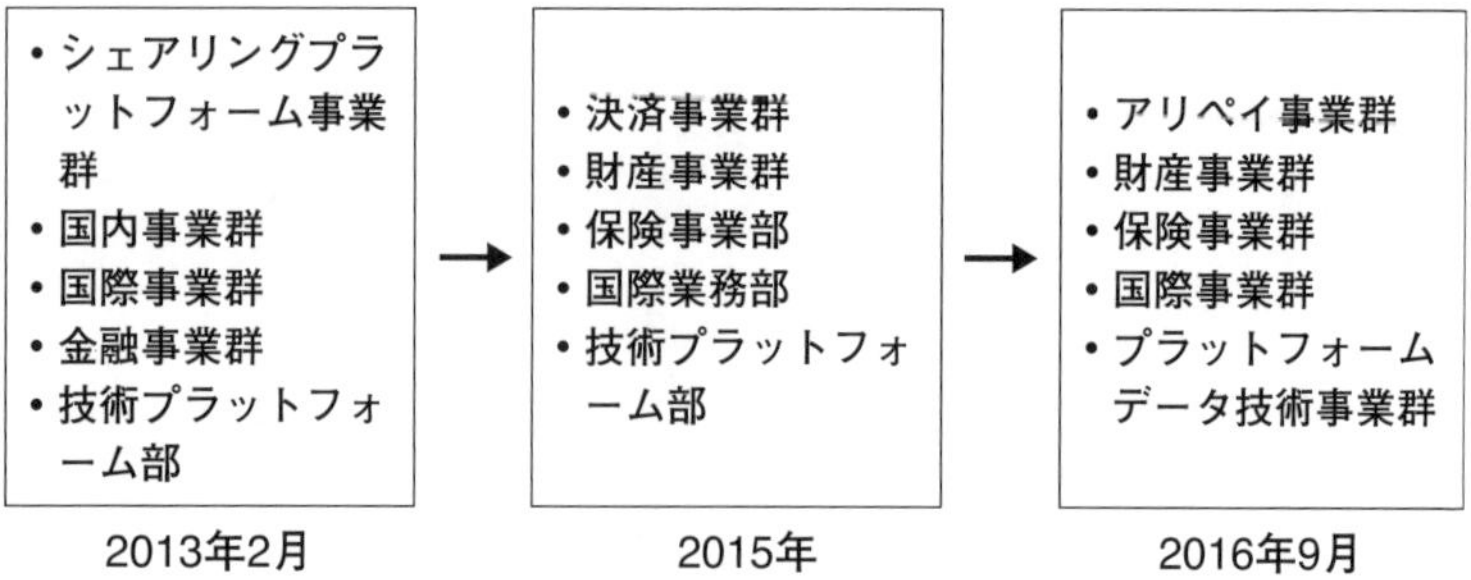

図 6-4　アントフィナンシャルの業務組織の変遷

ユーザー・コミュニティ事業部は、アリペイアプリや基礎的な決済サービスといったアリペイのユーザーエンド商品の開発と運営を担当した。ただし、アリペイが将来的にチャットツールや純粋なソーシャルメディアへと向かうことはなく、あくまで共通の趣味や立場によってコミュニティやグループを形成するような方向性を模索し、生活サービスプラットフォーム戦略の全体を支えていく役割を担うものとして位置づけられている。「アリペイを基盤として、自由でバラエティに富んだオープンプラットフォームを構築し、事業者サービスのソリューションを統合し、金融生活と金融サービスを中心としたソーシャルプラットフォームを新しく作り上げ、ユーザーと事業者に良質かつ完璧なサービスを提供することがわれわれの最も重要な使命であり、目標である」。井賢棟はメールでこのように述べている。アリペイが単なる決済ツールからユーザーの生活シーンを包括するサービスプラットフォームへと発展し、決済がすでにその唯一の中核的業務ではなくなったことは簡単に見て取れる。名称の上ではこの度の変化はわずかなものだが、アリペイ事業群という呼称はよりアリペイ業務チームの現状と未来の方向性に合致したものである。

この調整はまさに、アントフィナンシャルの最新戦略に対応するためのレベルアップであった。井賢棟は前述のメールで、「アリペイを基盤として、安定的かつ活発なプラットフォームを支えるシステムを構築することは、アントフィナンシャルがグローバル化、零細企業向け金融サービス、信用サービスの三大戦略を実行していく上での重要な基礎である」とも述べ、アントフィナンシャルの最新の戦略の方向件を提示した。

2016年10月16日、井賢棟は彭蕾からCEOのバトンを受け取った。これはアントフィナンシャルにとって初めてのCEOの交代であった。アリババの27人のパートナーの一人として、また、最初期にアリババに加入したプロフェッショナルのエリート管理者として、井賢棟はCEO就任前からすでにアントフィナンシャルのCFO、COO、総裁等の職位を歴任してきた。彭蕾と井賢棟はすでに事実上、アントフィナンシャル・グループのナンバーワンとナンバーツーとなっていたのである。

図 6-5　彭蕾（左）と井賢棟

「私は以前は数字にしか興味がなく、実際の業務に携わろうとは思いもしませんでした。ルーシー（彭蕾）が私を職業的な会計士から企業の管理者へと変身させてくれたのです。その過程で、彼女は多分に私を信頼して任せ、またサポートを惜しみませんでした」。井賢棟は彭蕾を心から尊敬し、感謝している。「ルーシーが私を作り上げた。彼女は私のメンターです」。

彭蕾はアリババ・グループの18人の創業メンバーの一人であり、ジャック・マーが最も重視する人物でもある。彼女はその人を見る目の正確さによって、長らくアリペイ、アントフィナンシャルを率い、一つまた一つと奇跡を起こしてきた。また、彼女の強いリードの下で、アントフィナンシャルは設立前後に相次いで金融機関から多くの高級幹部を引き抜いた。中国国際金融有限公司投資銀行部の元執行総経理の韓歆毅、杭州銀行元頭取の俞勝法、招商銀行リテールネットバンク部元総経理の胡滔、中国人寿財産保険公司（中国人寿保険）元副総裁の尹銘、中国建設銀行本店デジタル銀行部元総経理の黄浩などがそうだ。彼女は、手探りで河を渡ろうとしているアントフィナンシャルのために堅実な人材の基礎を築いた。２０１６年にはフォーブスの「世界で最も影響力のある女性１００」にも選ばれている。

それから2カ月後の２０１６年12月17日、アントフィナンシャルは設立後的2年で初めてとなる組織変更と人事異動に着手した。網商銀行の頭取だった俞勝法はアントフィナンシャルのCRO（最高リスク管理責任者）に任命され、アントフィナンシャルのリスク管理を全面的に担当することとなった。また、程立はアントフィナンシャルのCTOに留任されたが、さらに国際事務部のCTOを兼任することとなった。これと同時に、アントフィナンシャル傘下の業務ラインでも「実力者」の異動が始まった。財産事業群総経理の黄浩は零細企業融資・消費者金融事業群の責任者となり、樊治銘は決済事業群から財産事業群に異動となり、責任者を任された。そして、最大の変化が起こったのはアリペイであった。アリペイ事業群は、複数のリーダーで重要事項を合議する組織モデル「班委制」を試行することとした。井賢棟が班長を務め、副班長の曽松柏《ツォン・ソンバイ》は人材戦略を、倪行軍《ニー・シンジュン》は技術面を担当することとなった。委員は3名が任命され、鄒亮《ゾウ・リャン》はショップ向けサービスとオープンプラットフォームを、袁雷鳴《イエン・レイミン》は農村金融を、陶瑩《タオ・イン》は人材戦略をそれぞれ任されることとなった。彼らは目下、アリペイ事業群の中核的役割を担う人物となっている。これはアリババで実践されてきた管理モデルのアントフィナンシャルへの初の導入であった。「班委制」は俞永福《ユー・ヨンフー》によってアリババに導入され、UCブラウザや高徳〔デジタル地図、ナビ、位置情報サービスアプリ〕を統合してアリモバイル事業群を編成する上で重要な役割を果たした。俞永福は「班委制はアリババの組織面でのイノベーションだ」と賞賛している。

井賢棟は内部メールで、「定期的なポストの交代は一貫してアントフィナンシャルの組織の成長および革新のためのよき伝統であり、新たな挑戦のための組織能力を構築する上でも重要な里程標となる」とし、これにより「アントフィナンシャルの全社員により早く、より優れた成長をもたらすだろう」と述べている。また、社員に対しては、自由な発想で未来を作っていってほしいと期待を寄せた。

またこの時期、アントフィナンシャルは国際的な本人確認プラットフォーム構築のためのプロジェクトを立ち上げた。アントフィナンシャル副総裁の陸傑訊《ルー・ジェシュン》が責任者となり、その下には生体認証、セキュリティAI等の技術チームが組織された。アントフィナンシャルは生体認証技術やAI技術を利用して世界的な本人認証プラットフォームを構築し、消費者の本人認証と企業のサービス対象の認証という二つの課題を解決しようと構想している。同時に、このプラットフォームは将来、国際的な信用システムおよびリスク管理システムの重要な基礎となると考えられる。

組織変更が完了すると、アントフィナンシャルは、アリペイとして誕生して以来5期目の3カ年に入る準備に着手した。2004年のアリペイ独立に始まる1期目の3カ年はタオバオ等のアリババ系列企業へのサービスが中心であり、インターネット上の信用システムの構築を行った。2期目にはさらに多くのオンライン事業者へのサービスに乗り出し、消費者にも多種多様なシーンでの決済サービスを提供した。3期目は全面的なモバイル化を実現し、世界最多のサービス対象数を誇るモバイル決済システムを構築した。4期目はアリペイをベースとしてアントフィナンシャル・グループへと昇華し、「ユーザー中心」と「オープンであること」という思想を堅持しつつ、全パートナーと協力して決済、資産運用、信用、保険、零細企業融資等のサービスをユーザーに提供した。2017年、アントフィナンシャルは5期目の3カ年を迎える。

経験を成長の駆動力に

２０１６年にアリペイ「圏子」のトラブルや招財宝の償還遅延といった事件を経験したアントフィナンシャルは、２０１７年の春節後にすべての業務ラインの責任者と管理者層を招集し、グループレベルの戦略会議を開いた。「ソーシャルメディアは扱わない」という重要な戦略決定は、この会議で決められたものだ。その後のメディア取材で、倪行軍は「ビジネスと金融に対する理解力と洞察力。これこそがわれわれの最大の強みだ」と話している。「ビジネスも金融もたえず変化している。アリペイとして独立してから現在に至るまで、アントフィナンシャルは一貫して洞察力と技術力によってビジネスと金融にイノベーションを起こしつづけ、ユーザーにも多くの新しい体験をもたらしてきた。しかし、これらはすべて「使用頻度の高さ」や「ソーシャルメディア」とは無関係だった」。内部関係者によると、アントフィナンシャル内部での「棋譜の並べ直し」は２０１６年末にはすでに始まっていたという。「大小さまざまの戦略会議が何度開かれたか分かりません」。３月21日には、「財富号」リリース発表の会見で、さらなる重大な戦略が示された。「「テックフィン」という位置づけに基づき、アントフィナンシャルは将来的に「テック」（技術）のみを扱い、金融機関がうまく「フィン」（金融）を行えるようサポートしていく」。

こうした動きは、外部からは「アントフィナンシャルが反省し、初心に回帰した」ものと見られた。しかし、井賢棟はこうした見方を積極的には肯定しようとしなかった。「「反省」という言葉は少し重すぎます。われわれは毎日、鏡に向かって襟を正しています。自分たちのミッションやビジョン、ユーザー価値を重んじて日々の業務にあたっているかを問い直すのです。人は常に転びながら前に進んでいくものです。雨や風にさらされてこそ花はよりかぐわしく、寒さに強く、長く咲くようになるように、一つひとつの経験がすべて財産となり、私たちにヒントを与え、さらに強くなるための栄養をもたらしてくれるのです。「反省」という言葉を使うのはよいのです。ですが、心理的に重くなりすぎないようにしなければなりません。私たちは楽観的かつ前向きにこの言葉を捉え、前進するエネルギーに変えています」。

「世間では落第を恥とするが、私はそのために心が動揺するのを恥とする」。井賢棟はこの王陽明の言葉によって常に自分を戒めているという。すべてのことに前向きでなければならず、過去に拘る必要はない。彼は外部が大きく取り立てる「圏子」事件のことに拘ることもさほど望んでいない。一人の管理者として、彼はまず自分自身がこの事件から抜け出てこそ、会社を前進させられると考えている。「実を言うと、あの事件はすでに私の中では過去のものになっています。もうほとんど振り返ることはありません。過去にどのような成功あるいは失敗があろうとも、それを大きく捉えすぎるのはよくありません。過去を変えることは不可能です。前を向かなければ、新しいスタートを切ることも前に進むことも永遠にできません。ですから、私には何の悩みもないのです」。「市場の環境はめまぐるしく変わります。組織に関して言えば、これらの変化を俊敏に捉え、すぐに対応できるか。未来の不確実性をしっかりととらえ、あるいは能動的に未来を形成していくことができるかどうか。こうした能力が非常に重要です。したがって、過去をふり返るよりも重要なのは、前を見て、未来を創る能力を養うことなのです」。

ただ、否定しようがないのは、２０１０年のラクダ大会であれ、２０１６年末からの一連の戦略会議であれ、「棋譜の並べ直し」を全面的かつ踏み込んで行うことで過去を反省することが、アントフィナンシャルの最も独特な文化を形成しているという点だ。その厳しさは社員が泣くまで自分を追い詰めるほどだ。この過程はつらいものだが、この苦痛から逃れる唯一の方法は、過去の過ちによる迷いを絶ち、正しい方向へと邁進しつづけることである。アントフィナンシャルの反省の深さを最も反映するのは、アリペイ事業群の「班委制」における以下の二つの原則かもしれない。

① 管理面の三つの「不要」

・議論しても決まらない、決めたのに行わない、議論が不充分で物事の半分しか決まらないのはすべてダメ。
・レッテルを貼らない。軽々しくイコールとしない。
・他人の話の腰を折らず、最後まで聴く。一方的に説得されるのではなく、コンセンサスを形成する。

② 業務面の三つの「要」と三つの「不要」

「要」

・選択権はユーザーと顧客に委ねよ。
・他人がしたがらないこと、できないこと、うまくできないが仕方なくしていることだけをせよ（人の商売を取らず、共存、共栄せよ）。
・データを戦略決定の主要な根拠とせよ（主観だけで物事を判断するな）。

「不要」

・ユーザーの信頼や安心感を犠牲にするな（これらは最も重要なUXである）。
・神の目で見るな（決して自分が他人よりも賢いと思うな）。
・取捨選択の余地がないようにはするな。

反省は足につながれた鎖ではなく、飛び立つための翼である。反省こそが、アントフィナンシャルが一度、また一度と苦境を脱し、文化と制度を刷新しつづけるための基盤なのだ。

第7章　グローバルな発展の未来図

アントフィナンシャルの設立2周年を祝うパーティーにおいて、彭蕾はこう語った。「舞台は整い、幕が上がりました。しかし、最も素晴らしい演目はまだ始まってもいません。アントフィナンシャルの国際事業群は今日、そのスタートを切りました」。

この日、CEOの職を引き継いだ井賢棟は、アントフィナンシャルのグローバルな発展の未来図を語った。「アントフィナンシャルにはグローバル化のビジョンがあります。われわれは技術によって、世界規模で一般大衆と零細企業へのサービスを向上させるために力を尽くします」。「わが社のチームにはグローバル化の視野と戦略があり、グローバルな人材もいます。将来的な目標は、今後10年でパートナーたちとともに全世界の20億の消費者にサービスを提供することです」。

花といばらのグローバル化の道を、アントフィナンシャルは奮闘しながら前進している。

1　グローバル化の青写真

2012年2月、アントフィナンシャル・グループの前身である阿里小微は、法人設立の準備を進めている最中であった。この独りで飛び立とうとする「子ども」に対し、ジャック・マーは心からの願いをこめてこう言った。「阿里小微には将来、インターネットの発想と技術によって中国と世界の未来の金融を支えられるようになってほしい」。マーの言葉からも分かるように、中国の決済業界およびインターネット金融においてナンバーワンになることは、アントフィナンシャルの夢のすべてではない。未来に目を向け、全世界を見渡し、技術によって世界全体の金融の進化を促すことこそが、この小さなアリの大きな夢である。

アリババという大家族《グループ》の一員であるとはいえ、アントフィナンシャルのグローバルな発展は決して、あらかじめ設計されたルートを段取り通りに進む、といった話ではない。ともすれば、そこには道という道がなく、手探りで川を渡るようなものだという方がより適切かもしれない。

鍵となる2年

アリペイの発展史を振り返ると、2012年は極めて特殊な年といえる。この年、アリペイの業務範囲は当初の決済業務のみから、決済、少額融資、保険、保証等を含む多くの分野へと広がっている。また同年、アリペイは、中国本土以外では初となる香港・マカオで発行された中国銀行のクレジットカードによる決済ルートと、ロシアの決済サービス会社キウイ（QIWI）との提携による初の海外決済ルートを相次いで獲得した。こうした業務範囲の拡大と国外業務の急速な増加により、アリペイの運営管理および組織構築には新たに多くの課題が生まれた。

アリペイでは、国内チームが国内外の二つの業務ラインを一手に引き受けている状態が5年間にわたって続いており、それぞれの専門部署の設立が長らく待望されていたが、2012年11月の国際事業部の設立によってようやくこれが実現することとなった。

組織構造の変動は、往々にして企業の成長戦略の調整を意味する。２０１３年２月22日、アリペイはさらに既存業務をシェアリングプラットフォーム事業群、国内事業群、国際事業群、金融事業群の四つの事業群に分割統合することを発表し、これらは「金融業務四大事業群」と総称されることとなった。アリペイのオフライン業務と国際業務はいずれも国際事業群に編入された。この調整では、アリペイの前線業務は基礎サポートとして位置づけられることとなり、国際事業群の地位が大幅に上昇した。資金、リソースの引き入れによって、国際業務の開拓はかつてない有利な局面を迎えた。２０１３年６月にアリペイの外貨流入ルートができると、タオバオの海外との取引におけるセトルメントの懸念が払拭された。８月、海外ショッピングの税金還付業務を始めたことで、アリペイの海外における価値が高まり、ユーザーを定着させるための重要なブレイクスルーを遂げ、中国人旅行客の海外での購買欲を大いに刺激した。11月、「国際版タオバオ」とも言われるアリエクスプレスにおいて、現地通貨で価格表示ができるようになり、海外ユーザーが通貨換算せずとも見たままの代金を支払うことができるようになったことで、のちの輸出業務の発展の基礎となった。

２０１３年の大躍進がアリペイ、ひいてはのちのアントフィナンシャルのグローバル化の青写真におおよその輪郭を引いたとするなら、その後のアリババ・グループの上場やアントフィナンシャル・グループの正式な設立は、この青写真にしっかりと濃淡をつけたということができよう。

受け継がれるグローバル化の夢

２０１４年９月19日、アリババ・グループは「世界最大のＢ２Ｂ／Ｂ２Ｃプラットフォーム」「世界最大のＥＣ企業」「アメリカ証券市場最大規模のＩＰＯ」といった一連の肩書きを掲げ、ニューヨーク証券取引所に上場した。アリババが上場後に最初にしたことは、「グローバル化」を、グループ全体で形成する「大アリババビジネスエコシステム」の重大な発展戦略として確定させることであった。中国本土と香港の証券市場の遅れた制度設計では、そもそもアリババのグローバルな発展のためのニーズを満たすことができず、それもニューヨークで上場することとなった大きな理由の一つであった。

マーは上場時の公開書簡で次のように語っている。「何年も前、私たちの会社の創業メンバーは、中国人が立ち上げた、全世界のための企業、時代に名を刻む企業を作りたいと渇望していました」。アリババは一つのEC企業というよりはむしろ一つのビジネスエコシステムであり、中国のインターネットの巨頭になることにとどまらず、世界レベルのライバルと肩を並べたいとマーは考えていた。

アリババのビジネスエコシステムの重要な構成員であるアントフィナンシャルのグローバル化戦略にも、アリババ・グループと同じ血脈が受け継がれている。2014年10月16日の設立以来、アントフィナンシャルは、自らが最も得意とする決済業務を足がかりとして海外の各種オフラインシーンへの布石を拡大し、国内外の店舗とユーザーとの接触頻度を高めてきた。

2015年、タイの免税店キングパワー、シンガポールセントーサ島のリゾート・ワールド・セントーサとユニバーサル・スタジオ・シンガポール、日本のドンキホーテ等の有名なオフライン店舗がアリペイとつながった。2016年5月には、アントフィナンシャルとウーバー（Uber）がグローバルな提携を結ぶことを宣言し、さらに7月にはシンガポールで「Alipay+」計画を始動させ、世界規模でパートナーを探し、海外の空港やデパート、飲食シーンを中心としたモバイルサービスのエコシステムを構築すると宣言した。8月にはフランスのインジェニコ（Ingenico）と提携し、アリペイのユーザーがインジェニコのヨーロッパのオフライン事業者にアクセスできるようにし、インジェニコがアリペイの一部の国際決済サービスの処理を分担することとなった。この時点でアリペイは日本、韓国、タイ、シンガポール、フランス等の70以上の国と地域で7万近くのオフライン事業者とつながっており、そのサービス範囲は飲食、スーパーマーケット、デパート、コンビニエンスストア、免税店等をカバーした。さらに、海外で発生した付加価値税の還付、国外の交通カード、ウーバーの海外でのタクシー配車サービス等にも急速に浸透していった。

ダグラス・フェイゲンの入社

自らをグローバル企業と位置づけているアントフィナンシャルは、当然、世界最高レベルの人材をかき集めようとしている。２０１６年6月15日、ゴールドマンサックスでシニアパートナーを務めていたダグラス・フェイゲン（Douglas L. Feagin）は、彭翼捷《ポン・イージエ》の後任として、アントフィナンシャル・グループのシニア副総裁兼国際事業部総裁に就任した。アントフィナンシャルに入社する前、フェイゲンはゴールドマンサックスのアメリカ・ラテンアメリカ地域、アジア地域（日本を除く）金融機関チームの責任者を歴任し、これらの地域の銀行や資産運用、技術、保険等の業界の顧客とのつながりがあった。彼の経験と顧客リソースは、アントフィナンシャルのグローバル化の過程において重要な作用をもたらすに違いなかった。注意深く見ればすぐに分かることだが、フェイゲンの起用もアリババのやり方に倣ったものだ。２０１５年8月、アリババはゴールドマンサックスの元副会長のマイケル・エバンス（Michael Evans）を会社の総裁に任命し、アリババのグローバル化業務を担当させた。フェイゲンとエバンスは以前、ゴールドマンサックスの香港事務所で一緒に働いていた。

フェイゲンの入社は、アントフィナンシャルのグローバル化への決意をさらに具体的に示すものであった。この年の10月24日に開催された決済業界サミット「Money 20/20」の期間中、フェイゲンは、アントフィナンシャルがアメリカ最大の事業者向け電子決済会社ファースト・データ（First Data）およびアメリカ最大の決済用リーダーメーカーのベリフォン（Verifone）と正式に提携を結ぶことを発表した。これにより、２０１６年11月以降、中国人旅行客はアメリカのニューヨークやカリフォルニアの一部の空港免税店でアリペイを使って買い物ができるようになり、現金をドルに両替する必要がなくなった。

こうして、アントフィナンシャルのグローバル化への布石はついに中国人の主要な海外旅行先である国々をカバーし、グローバル化の構想が全面的に展開されることとなった。

2　世界規模のインクルーシブファイナンス

設立2周年の２０１６年10月16日という日は、アントフィナンシャルにとってまた一つの重要な里程標となった。彭蕾は年次大会でＣＥＯの職を辞し、董事長に専念すると宣言した。彼女の後を継いでＣＥＯに任命された井賢棟は、その就任スピーチにおいてグローバル化のビジョンを語った。「アントフィナンシャルの将来的な目標は、今後4年以内に、アントフィナンシャルのユーザーの50％が国内、50％が海外という状況を生み出すことです。また、今後10年で、パートナーたちとともに全世界の20億人の消費者にサービスを提供します」。

このような重要なシーンで井賢棟が提示した目標は、現状から見て遠すぎるものでも、非現実的なものでもなかった。井賢棟の自信の源は彼自身の言葉にもあらわれている。「アントフィナンシャルにはグローバル化というビジョンがあります。われわれは技術によって世界規模で一般大衆と零細企業へのサービスを向上させるために力を尽くします」。「わが社のチームにはグローバル化の視野と戦略があり、グローバルな人材もいます」。

井賢棟は、アリペイとアントフィナンシャルの成功モデルを「アントモデル」と呼んでいる。タオバオの決済ツールとして生まれたアリペイは、第三者決済プラットフォームとしての独立をスタート地点として、技術によって誰もが平等に享受できる、可視的な金融サービスを零細企業と一般消費者にもたらすことに一貫して取り組んできた。しかし、アメリカ、欧州等に厳格な管理制度があり、金融システムが整備され、金融インフラも発達しているのに比べると、中国のアントモデルが技術や応用モデルにおいてリードしているとは決していえない。また、欧米の国々では現金とクレジットカードが主な決済方法であり、この状況は短期的に大きく変化するとは考えられない。アントフィナンシャルが開拓できる余地は決して大きくないのだ。また、中国国内の強力なライバルであるウィーチャットペイの存在も、アントフィナンシャルの一人勝ち状態の存続を難しくしている。アントフィナンシャルは、採算が合い、かつ確実な有効性があるルートを見つけ、迅速に国際市場を開拓しなければならない。

こうした難題を前にしてアントフィナンシャルが出した答えは、まず新興市場、すなわち発展途上国から始め、そこからグローバルな発展への第一歩を踏み出すということだった。

技術輸出で現地をエンパワメントする

はじまりはいつも苦しい。広大な国際市場に目を向けたアントフィナンシャルはすぐに、彼らの最大の課題はウィーチャットペイ等のライバルに競り勝つことなどではなく、現地のユーザーが慣れ親しんだ支払いの習慣や金融の理念に向き合うことであると気づいた。

アントフィナンシャル・グループが正式に設立される前のことだが、アリペイの国際業務チームが２０１４年にブラジル市場の開拓に着手した際、決済習慣の違いによって、ある苦い経験をしている。本格的にブラジル市場に足を踏み入れる前、チームの面々は、ブラジルも多くの西洋国家と同様にクレジットカードが最も代表的な決済ツールであると思いこんでおり、クレジットカードの決済問題を解決しさえすれば現地のユーザーにサービスを提供できるようになるだろうと高をくくっていた。しかし、アリペイのクレジットカードサービスをブラジルで始めたところ、利用ユーザーはほんのわずかしかいなかった。すでに完成された成功モデルが思わぬ苦戦を強いられ、国際業務チームは動揺した。

なぜこのような状況になったのか？　現地のパートナーとの共同調査によって、ブラジルでは国際消費決済に使えるクレジットカードが非常に少ないことが判明した。多くのブラジル人はそもそもクレジットカードを持っていなかったり、持っていたとしても国内のみでしか使用できないものがほとんどであった。さらに調べると、ブラジル人の多くがボレット（Boleto）という決済方法を使っていることが分かった。ボレットとは、中国でも初期の頃に使われていた伝票による決済方法だ。ユーザーがオンラインで注文を出すと注文番号が発行され、その番号を持って郵便局の金融窓口や銀行に行って決済をする。このような「古くさい」決済習慣は現地の実情に根付いており、パートナーの助けを借りなければ真の理解にたどりつくことはできない。また、この定着した現金決済の流れをいかに電子決済やモバイル決済へと向かわせるか、こうした方法が現地の人々に受け入れられ、認識が広まり、新しいスピーディーな決済方式として使われるようにするかといった問題の解決にこそ、アントフィナンシャルのグローバル化の難しさとポテンシャルが共存しているのだ。

アントフィナンシャルはグローバルな発展を模索するなかで重大な転換を遂げた。まず、各国の決済ポータルサービスに投資して、「世界中から代金を受けとり、世界中に代金を払う」ことができる体制を整え、これを戦略的切り口としてその国のＥＣ、金融等の業務の深部へと踏み入れる。同時に、自らも常に技術力を高め、ビジネスモデルを進化させる。そうして新興国の金融機関の恩に報い、現地の顧客に全方位的な金融サービスを提供するというのがアントの選んだ方向性であった。その際、重点的な検討の対象となったのは、比較的早期から問題となっていた国際間のショッピングや税金還付といった業務に対する取引管制、金融法制面の合法性、外貨リスク等の問題だった。

アントフィナンシャルのグローバル化戦略の布陣においては、総合的に見て、技術系の企業への投資に重点が置かれている。例えば、２０１４年11月、アントフィナンシャルはモバイルセキュリティ・暗号化技術を開発するシンガポール企業V-Keyに投資しているが、その目的は自らのモバイル決済のセキュリティ面の能力を補うことにあった。２０１５年11月には、シンガポールの国際証券取引サービス会社M－DAQのリードインベスターとなったが、この投資も先進技術を導入することによって国際決済のUXを向上させることを狙っていた。さらに２０１６年9月、米カンザスシティに本部を置く生体認証技術ベンチャーのEyeVerifyを買収し、「この買収は未来を見据えた投資である」と宣言した。アントフィナンシャルは、生体認証技術の広範な利用によってユーザーのアカウントとデータのセキュリティ保護を強化できると考えており、さらには、生体認証決済の構想も遅かれ早かれ実現できると信じている。

もう一つの重要な方向性は、現地をエンパワメントすることである。新興市場国に狙いを定め、同様の理想を持つ現地のパートナーを探し出し、技術とビジネスモデルの提供を通じてパートナーを現地版アリペイ、現地版アントフィナンシャルに育て上げ、ゆくゆくは力を合わせてともに全世界の一般消費者にサービスを提供する。そのなかでも、インドのペイティーエムとの提携は、アントフィナンシャルが世界中でインクルーシブファイナンスを実践する上でのモデルとなると言ってよかろう。

ペイティーエム――インド版アリペイ

ペイティーエム（Paytm, Pay Through Mobile）は、インド最大のモバイルインターネット企業の一つであるOne 97 Communications傘下の電子決済・EC企業である。当初、ペイティーエムはプリペイド式携帯電話のリチャージサイトにすぎなかった。２０１４年に、インドで立ち上がったばかりであったインターネット金融分野へと進出したのを機に、電子ウォレットをリリースした。

アントフィナンシャル、アリババとペイティーエムとの提携は２０１４年10月に始まった。アリババ上場から間もない頃、ペイティーエムの創始者であるビジャイ・シャルマは杭州を訪れ、ジャック・マー、張勇《ジャン・コン》（ダニエル・チャン）、彭蕾、井賢棟に自らのインクルーシブファイナンスの理想を語った。「私たちはインド最大のモバイル決済プラットフォームをやりたいのです」。アント副総裁の韓歆毅をして「マー先生の往年の面影がある」と言わしめたこの男は、ペイティーエムの目標を伝えた。

この頃、アントフィナンシャルはまさにインドの金融分野への進出を計画しており、新興市場に入り込むためのルート探しに苦心していた。２０００万のユーザーを持つペイティーエムは、当時すでにインド最大のモバイル決済プラットフォームに成長しており、かなり非常に理想的なパートナーであった。双方はただちに合意し、ペイティーエムの親会社One 97 Communicationsに対しまずアントフィナンシャルが投資し、その後アリババが2回に分けて投資して、重要な少数株主となった（持株比率は30〜50％。海外メディアの報道では、アントフィナンシャルとアリババのペイティーエム株の持株比率は計40％とされている）。

インドと中国はしばしば互いに比較対象とされる国だ。アリババとアントフィナンシャルが海外に進出する上で手始めにインドを選んだのは、その広大かつ未開発な市場に目をつけたからである。また、インドのインフラ水準と金融普及率は中国より数段低かったということもある。インドの総人口は約12億人だが、固定電話設置台数は最も多い時でもたったの5000万台で、近年は徐々に減少している。個人宅、商店のブロードバンド開通率もかなり低い。インド政府は以前、「1人1枚キャッシュカードを持とう」というキャンペーンを実施したことがあるが、貧困人口が多く、銀行支店数も決済シーンも少ないため（現在インド全土でPOSレジを設置しているのは120万軒のみ）、最終的には失敗となった。インドのクレジットカード発行枚数は2000万枚、キャッシュカード発行枚数は3億枚で、アクティブユーザーは数千万人規模にとどまっている。アントフィナンシャルにとって、インドで得られるチャンスの方がアメリカや欧州に比べてかなり大きいことは明らかであった。

また、インドの金融抑圧の状況はかなり深刻であるが、金融サービス、金融インフラの後進性は逆にペイティーエム等のモバイルインターネット企業にとってのチャンスも生み出している。決済を例にとると、2015年時点でビザ、マスターカードがインドに進出してから数十年経っているが、カードの総発行枚数は1800万枚未満である。それに対し、ペイティーエムはたった数年間で2・2億人のユーザー数拡大に成功している。これは二大国際クレジットカード会社の顧客数の総和の10倍にあたる。ペイティーエムは2年以内にインドの5億人にサービスを行き渡らせるという目標を立てている。当然、この目標を達成しようとすれば、大量の資本投入と急速な技術更新は不可避である。

「あなたのもっていないものを私はもっている。あなたより優れたものを私はもっている」。こんなウィンウィンの取引があるものだろうか。アントフィナンシャルのモバイル決済分野での成功において、世界で右に出るものはいない。ペイティーエムは業務構造、商品フレームから企業文化にいたるまで、全面的にアントフィナンシャルを手本とした。ペイティーエムの女性幹部キランはこう回想する。「アントフィナンシャルから投資を受けた半年後、交流学習のため杭州へ派遣されました。朝9時から翌日の早朝4時まで討論が続き、私は途中で崩れ落ちて退席しました」。設立の背景や業務モデルから見ても、ペイティーエムは「インド版アリペイ」といって差し障りない。両者の共通点は相違点よりもはるかに多いが、初期の発展の道筋だけは正反対であった。ペイティーエムはネット上での電話料金や付加価値サービス料の支払いといったオンライン決済から始まった。モバイルインターネット時代に入ると、オフラインの決済シーンも開拓し、ガソリンスタンド、コンビニエンスストア、映画館等でも使われるようになった。いわば「ツールを持って利用シーンを探す」やり方だ。一方、アリペイはまず具体的な利用シーンを前提としてツールを探り、その後にファンド、資産運用、保険等の業務を派生させている。オフラインの決済シーンはやはりモバイルインターネット時代に入ってから増えはじめている。両者のスタート時期には早い遅いの違いはあったし、行く道も違ったものの、最終的な着地点は同じであり、幸運なことに適切な時期に互いをパートナーとして見つけ出すことに成功した。

アントフィナンシャルとの提携はペイティーエムにとって少なくとも二つの面で意義があった。一つは技術構造の更新である。複雑な技術原理は差し置くとしても、アリペイがバックヤードで処理しているデータの量はすでに追いつく術もないほどの天文学的な数字に達している。アリペイは現行の技術構造で、２０１6年の「双11」に12万件／秒という決済ピーク値を実現した。もしアントフィナンシャルとの提携がなければ、ペイティーエムは1日当たり数百万件というデータをもとに、基盤構造を一から設計しなければならなかった。それは、サーバを増設して容量を拡張するといった簡単な話ではない。二つめは、決済シーンの参考とできたことである。モバイル決済シーンの獲得は主観で決めるのではなく、相当の期間にわたり一定以上の規模で実践的に模索する必要がある。映画のチケット購入というシーン一つをとっても、ペイティーエムはアントフィナンシャルに何度も教えを請うた。映画が非常に愛されているインドでは、映画チケットの購入はペイティーエムのモバイル決済の目玉ジャンルになっている。

また、アントフィナンシャルにとっても、ペイティーエムの親会社への投資を選んだことによって新規参入国で全額出資子会社を設立する必要がなくなり、その点では大きな意義があった。インドのモバイル決済サービスに全面的に参入しようとすれば、中国単独資本の企業が直面するであろう困難は、インド・中国の合資企業に比べるとはるかに大きい。当時、ペイティーエムはすでにインドの中央銀行が発行する決済銀行の営業許可の第1号を取得しており、インドで決済、貯金、送金、振込等の銀行業務を行うことが許されていた。ペイティーエムへの投資は、アントフィナンシャルがインドのインクルーシブファイナンスに先手を打つことを可能にしたのだった。また、さらに重要なのは、その土地独自の問題の多くは現地企業にしか発見、解決できないということだ。例えば、ペイティーエムがインドのQRコード決済で採用したのは、支払う側（消費者）が店側の受取用QRコードを読み取る方式だ。この方法には二つの大きなメリットがある。一つは、店側の負担を軽減でき、スピーディーな普及が期待できる点だ。コード読み取り用の設備やブロードバンド接続の導入は、インドの小規模商店には高いハードルとなる。この方式なら、店側は印刷したQRコードを提示すれば、それを消費者がスマートフォンで読み取って支払うことができる。二つめは、ユーザー心理に合っているという点だ。店側が顧客のコードを読み取って集金する方式は、UXこそよいものの、読み取るとそのまま代金が引き落とされることとなり、ユーザーは安心感がもてない。ユーザーが店側のQRコードを読み取って支払金額を入力し、確認ボタンを押して支払いを実行するというプロセスが、ユーザーに安心感を与えるのだ。「現地のことは現地の人間に聞け」とはこういうことを言うのだろう。新興市場、あるいは新しい決済手段の普及・推進段階においては、こうした利用シーンの設計は現地の企業でなければできないが、現地企業がアントフィナンシャルのような外来者を手本にして学ぶことにも大きな価値があるのだ。

両者の提携で最も意義深いのは、アントフィナンシャルがインドで確立した「ペイティーエムモデル」、すなわち、投資による経営参加と現地企業の能力向上という提携モデルが、アントの他のグローバル化の布陣においても貴重な手本となることだ。

2015年11月、アントフィナンシャルは技術出資によって、韓国初のインターネット銀行であるKバンクの設立準備に関与し、開業許可を取得した。韓国政府が銀行業務のライセンスを付与したのは23年ぶりのことであった。Kバンクは預金、融資、クレジットカード、資産運用、外貨取扱等のすべての銀行業務に従事する許可を得た。韓国政府は、インターネット銀行という制度の導入によって、消費者にさらに手軽でメリットの大きいインクルーシブファイナンス・サービスを提供したいと考えていた。また、アントフィナンシャルが発起、設立した網商銀行は、2014年に中国では最初期にあたる民営銀行の営業許可証を取得しており、アントの持つ技術と実践経験はちょうど韓国政府のニーズに合致していた。アントフィナンシャルがこの出資において重視していたのは、自らの株主としての立場ではなく、中核システムのクラウド化や身分認証等の顧客確認（KYC）技術の輸出を通じてさらに多くの技術サンプルを獲得し、将来のために蓄積することであった。

2016年11月、アントフィナンシャルはタイの決済・マイクロクレジット企業アセンド・マネーの株式の20％を取得した。アセンド・マネーの子会社の一つであるAscend Nanoは主にミャンマー、インドネシア等で銀行口座を持たない庶民層を対象としてECと電子決済サービスを普及させており、やはり同社の子会社であるTrue Moneyはキャッシュカードサービスや電子ウォレットサービスを提供している。アントフィナンシャルの出資、そして、決済業務と少額融資業務における絶対的な優位性は、アセンド・マネーが東南アジアでオンライン決済や少額融資を実施する上での助けとなるであろう。さらに２０１７年２月には、フィリピンのデジタル金融企業ミントと韓国のモバイル金融企業のカカオペイに出資を行い、４月にはインドネシアのエムテックグループと合資でモバイル決済企業を設立した。こうして、アントフィナンシャルの東南アジア地域における業務の版図は大幅に拡大した。

こうした例にとどまらず、アントフィナンシャルは試行錯誤を重ねるなかで、次第に単一の決済、振込シーンからデータを取得し、ビッグデータをベースとした金融、信用調査、信用貸付等のサービスを提供して利益を得るというビジネスモデルを形成し、それをペイティーエムのようなパートナーや「弟子」を通じて海外に輸出している。２０１７年初頭、ペイティーエムはインド中央銀行の認可を得て、デジタル銀行Paytm Payments Bankを設立することを宣言した。３月にはＥＣ業務を独立させPaytm Mallを立ち上げた。将来的にペイティーエムは余額宝や芝麻信用のようなサービスのリリースも計画しており、買い物、決済、銀行、保険等を包括する総合的な金融サービスシステムへと拡大しようとしている。ペイティーエムの創始者ビジャイ・シェカル・シャルマは言う。「かつて、私たちはみなシリコンバレーから学ぼうとしていました。いまは中国に学ぶのです」。

２０１６年６月のＦＴＣＣ（FINTECH CTO CLUB）で、井賢棟は、アントフィナンシャルのグローバル戦略を次のように総括している。「私たちはいろいろな国に支社や子会社を作ろうとしているのではありません。現地のパートナーに能力をつけさせ、経験や技術を輸出し、彼らが全世界にインクルーシブファイナンス・サービスを提供することをサポートしようとしているのです」。アントフィナンシャルは技術面とビジネスモデルの優位性ゆえに海外の政府や企業の信頼を勝ち得てきたのであり、現地パートナーとの提携によって迅速に海外市場を開き、グローバルな展開の歩調を加速させようとしている。逆に言えば、現地パートナーとの提携があればこそ、アントフィナンシャルは世界規模でインクルーシブファイナンスという夢を実践できるのである。

3　花といばらのグローバル化の道

バイドゥとテンセントの失敗

今日、中国のインターネット経済はすでに後半戦に入っており、いち早くグローバル化を進めることがBAT（バイドゥ、アリババ、テンセント）をはじめとするインターネット大手の共通の選択肢となっている。インターネット企業にとってのグローバル化の意義は、一つには、全世界という範囲で新たな成長点を探すことができ、それにより国内の中核業務の成長のボトルネックに対処できることである。また一方では、世界規模でリソース、人材、テクノロジーを統合し、グローバルな発想によって自らの競争力を高めることもできる。

しかし、歴史的に見れば、中国インターネット企業のグローバル化の道は決して順風満帆ではなく、悲惨ともいうべき打撃さえ受けてきた。バイドゥは日本と欧米で、テンセントは東南アジアでそれぞれ辛酸を嘗めている。このことが示唆するのは、インターネット企業のグローバル化の道には美しい花ばかりが咲きほこっているわけではなく、いばらの道でもあるということだ。

バイドゥは２００６年、海外業務を展開するための最初の足場として日本を選んだ。当時、グーグルがグローバル化を始めてからある程度の期間が過ぎており、多くの国で90％以上のシェアを獲得していたが、中国、ロシア、韓国、日本、チェコの５ヶ国では現地の検索エンジンに後れをとっていた。中国にはバイドゥ、ロシアにはヤンデックス（Yandex）があり、韓国はネイバー（Naver）、チェコはセズナム（Seznam）と、それぞれ自国企業の検索エンジンをもっていた。唯一例外だったのが日本で、ヤフーとグーグルがトップ2となっていた。

バイドゥは日本市場進出に関して楽観していた。バイドゥは中国市場でヤフーチャイナ（雅虎中国）とグーグルの撃退に成功しているのだから、日本市場でも同様にこの成功体験をコピーできるはずだ。実際、バイドゥCEOの李彦宏《リー・イエンホン》（ロビン・リー）は当時、自信をのぞかせていた。「日本市場の競争はそれほど激しくありません。日本市場の構造には長年変化がなく、ヤフーとグーグルという2社の外国企業が牛耳っている状態です。日本の消費者からしても、選択肢が一つ増えるのはよいことでしょう」。「バイドゥは中国市場で彼らをいかに倒すかを知っていますから、日本市場でも自信があります」。

ところが、現実は李彦宏が想像したような美しいものではなかった。今から考えれば、バイドゥが日本進出に用いたサービスには特に排他的な優位性はなく、唯一優位性といえたのは、長年の検索技術の蓄積と、検索サービスを運営してきた経験だけであった。グローバル化の経験がより豊富で、さらに進んだ技術をもっているグーグルや、長年市場シェアの奪取が実現していないビング（Bing）、ヤフーといったライバルに対して、バイドゥにはほとんど勝算はなかった。

2011年、バイドゥは戦略を転換し、欧米へ進出した。さらに、バイドゥアメリカ研究センターを設立し、情報工学者の呉恩達《ウー・エンダー》（アンドリュー・ウー）を上席研究員として迎え入れると発表した。しかし、欧米は新興国や中国市場とはまったく異なる市場であった。グーグルがすでに主導的な地位を占めている市場において、バイドゥのサービスや技術はまったく優位性をもたなかった。この市場に立つことの難しさは、その後の現実が証明していると言えよう。また、バイドゥは欧米で、グーグルが情報サービス業者として中国で遭遇したのと同様に、行政による管理・監督の問題に直面することとなった。特に、アメリカでは、監督制度が中国企業にとって不利となる状況がしばしば見受けられる。そうした事情もバイドゥのアメリカでの業務推進の困難に拍車をかけた。2013年には、セキュリティソフト会社奇虎《チーフー》360がブラウザをリリースしたことにより、バイドゥはモバイルインターネットのポータルサイトとしても危機に追い込まれた。こうした状況を打開すべく、同社はエジプトでアンドロイド向けのブラウザをリリースしたものの、結局うやむやになった。その後、2016年に中国人の海外旅行ニーズが爆発的に増えたことで、バイドゥの地図サービス「百度地図」が海外市場で目覚ましい成績を残した。ここにきてようやくバイドゥのグローバル化業務が挽回を果たしたと言えよう。

BATのもう一つの巨頭、テンセントのグローバル化戦略のスタートはさらに早かった。テンセントは2005年には国際事業部を設置し、アメリカ、インド、ベトナム、イタリア等にも拠点を置いていた。2009年、テンセントはロシアのインターネット企業DSTに3億ドルの資金を注入したが、ロシア市場での収益は微々たるものであった。

同社の最初のキラーコンテンツであるインスタントメッセンジャーソフト「QQ」が国内のPC端末をほぼ網羅した後も、馬化騰《マー・ファートン》CEOにはQQを国際市場に売り出すという考えはなく、こうして最初の世界進出の機会を逃してしまった。2011年にウィーチャットが誕生すると、テンセントはようやく積極的にグローバル化の道を探りはじめ、2013年8月には海外ユーザー数が1億人を突破した。この頃、ウィーチャットの海外業務が独立し、海外事業部が設置されるという情報が盛んに流れていたが、しばらくしてもその動静は聞こえてこなかった。統計によると、ウィーチャットの海外市場は第三世界の国々に集中しており、欧米や日本、韓国のインスタントメッセージャーアプリ市場は依然としてワッツアップ（WhatsApp）、LIN

E、フェイスブック、メッセンジャー（Messenger）に独占されている。現時点で、テンセントが課題としているのは海外ユーザーの獲得であり、まだ利益を生むような商品やブランドの立ち上げには至っていない。ウィーチャットがテンセントのグローバル化の成功の助けとなるか否かは依然として未知数である。

先進国への進出の難しさ

アントフィナンシャルやアリババ、バイドゥ、テンセント等のインターネット企業にとって、グローバル化は夢と不安、試練とチャンスが入り交じった課題である。「夢」とは、インターネットのコミュニケーション効率の高さを利用して世界をさらにフラットにし、地理的な制約を打ち破り、リソースの交換をさらに便利にすることを意味する。「不安」は、リソースが自由に集まる過程で対立が生じ、分裂が起こることへの懸念を指す。

アリババは国内で最初期のB2B取引プラットフォームとして、国内の安価な商品を海外に流すための便利なルートを提供し、インターネットの荒波のなかをすさまじい勢いで発展してきた。のちにアリババは「心変わり」して個人消費市場に少なからぬ労力を投入したが、これはジャック・マーの戦略眼の鋭さを証明するものだった。タオバオの急速な成長によってアリババは足元を固め、さらに天猫へと発展させ、EC業界で揺るぎない地位を築いた。こうした海外資本からの投資を受けているアリババのサポートと、タオバオやアリエクスプレス等に代表される直線的なニーズの後押しを受けたアリペイおよびアントフィナンシャルは、その勢いに乗って高速の発展を遂げ、一挙に業界でのリーダー的地歩を固めたのであった。

特殊な政治的、経済的環境下で成長してきたバイドゥとテンセントという二つのインターネットの巨頭には、アントフィナンシャルのような生まれながらの優位性はなかった。バイドゥはサービスの軸となる競争力において、国際的な試練に対峙しつづけている。テンセントは早々にユーザーデータという優位性を手にしたものの、それはＳＮＳ由来の情報量の少ないデータであり、馴染みのない市場で突破口を探ろうとしたところで、困難に直面するのは当然だった。バイドゥのデータ分析とＡＩはまだ形になっておらず、テンセントの6億というユーザー規模の消費市場の展開モデルもまだ未成熟な状況下で、アリババとアントフィナンシャルのグローバル化展開は目下のところはトップを走っていると言えよう。

アントフィナンシャルは新興市場にとどまらず、先進国に打って出て全面的なグローバル化を実現しようとしているものの、かなり厳しい課題に直面している。２０１７年4月17日、アントフィナンシャルはかねてより買収協議を進めていた世界第2位の米国際送金大手マネーグラム・インターナショナルに対し、36％増の12億ドルで再度買収を提案した。これはアントフィナンシャルが世界的なエコシステムを構築する上で非常に重要な行動である。もし順調に買収できれば、アントフィナンシャルのエコシステムにおける国際送金能力を大幅に増強できるだけでなく、欧米等先進国の決済市場への拡張をさらに進めることができるからだ。ところが、思いがけず米企業ユーロネット・ワールドワイドも買収に乗り出してきたことや、取引審査のプロセスにかなりの時間がかかることが、この買収交渉を難航させた。

決済分野だけを見ても、ペイパル、グーグルウォレット、アップルペイといった国際決済の巨頭が睨みを利かせている。イーベイは２０１５年にペイパルを独立させ、さらなる発展の可能性を探っている。グーグルウォレットはすでにモバイル決済で小さな成功を収めており、ユーザーは銀行のキャッシュカードか口座と紐付けさえすれば、ＮＦＣ決済を導入している店ならどこでもスマホで支払いができるようになった。アップルも２０１７年の世界開発者会議（Worldwide Developers Conference）で、「アップルペイでアリペイを追い越す」という決意を世間に示した。

また、アメリカをはじめとする欧米の電子決済市場は、すでに普及し成熟しているオフラインのクレジットカード決済と小口決済システムＡＣＨ（Automated Clearing House）をベースとして、インターネットメディアに拡大している。その前提となるクレジットカードと銀行小切手は多くのユーザーにとって最も馴染み深いオフライン決済ツールであり、元のシステム下で構築された決済許可、業務フロー、清算、業界基準、リスク管理、大容量情報システムはどれも重大な改変を必要としない。ペイパルやグーグルウォレット、アップルペイが既存の金融システムとの協力や互恵性を重視しているのに対し、アリペイの中国における既存金融機関との競争は激烈であった。しかしその経験は、アメリカをはじめとする国際市場ではほとんど役に立たない。進出先の現地の金融機関や監督当局が受けた衝撃が、アントフィナンシャルに対する冷遇や、さらに厳しい調査、処罰へとつながるのかは未知数である。ただ、確実に言えるのは、中国インターネット決済の獰猛な成長の時代に、銀行と直接つながることによって大量のリソースを蓄積し、多くの銀行決済システムを構築してきたアリペイ、アントフィナンシャルは、中国の金融システムの不備に焦点を絞って多くのサービスを生み出すことには成功したが、ゲームルールが完全に異なる国際市場において中国国内の成功体験をコピーすることは決して容易くはないということだ。

国際的なデータの流通とデータセキュリティの問題も、軽視できない課題の一つである。現在、経済活動や社会サービス、国家の安全保障に関わる大量のデータが、トップレベルのクラウドコンピューティング能力とビッグデータ技術をもつ企業に集中し、膨大なデータが国境を越えて世界各地のデータセンターで保管されており、無視できない規模の安全性リスクを抱えている。実際、ＥＵとアメリカでは越境データ流通の管理制度の整備を強化している。こうした背景の下で、アントフィナンシャルがビザのように世界に数ヶ所だけデータセンターを置くという方法を採ろうとすれば、間違いなく各国でさまざまな壁にぶつかることとなるだろう。長期的に見ても、各国でデータ・ローカライゼーション〔プライバシーの保護や国内産業の保護、安全保障の確保等を目的として、国外へのデータの移転やデータ保管に制限を設けること〕が進むのは必然的な趨勢である。アントフィナンシャルが、中国国内で広く業務を展開することにとどまらず、真のグローバル企業になるためには、技術能力、法制面、業務統合、組織構築のいずれにおいてもさらなる努力が必要となるだろう。

グローバル化の道はたしかに困難だ。アントの先を行った中国インターネット企業の失敗は目の前に迫っている。しかし、アントフィナンシャルからすれば、その先で国際市場の複雑性や各国の政策の不確実性という困難に直面することが分かっていても、歩み始めたこの道を後戻りすることなどできないのだ。

第８章　農村金融の荒野を開墾する

２０１４年、モバイルインターネットが広く普及したことで、農村市場はＥＣ大手にとって魅力的な市場となった。アリババ・グループは「農村版タオバオ」を立ち上げることを掲げて「村淘計画」を始動させ、農村へとサービスを拡大し、市場を開拓した。この計画の共同推進者であるアントフィナンシャルは、決済サービスによって農村金融の扉をこじ開けた。既存金融機関から忘れ去られ、社会の隅に追いやられていた広大な農村金融市場は、アントフィナンシャルに向かって手招きをしているようなものだった。

外から見れば「ブルーオーシャン」と言われる農村金融市場だったが、実際にはやせこけた荒地であった。インフラが脆弱で、信用記録もない農村市場において、いかにして「三農」ユーザーへの融資サービスを実現するかということは、アントフィナンシャルが長年向き合ってきた課題でもあった。

１　決済で農村金融の扉をこじ開ける

中国農村金融の死

河北省邯鄲市大名県万堤鎮孫村の王紅亮《ワン・ホンリャン》は、２０１３年に、十数年分の貯金をはたいて、代々受け継いできた同県王村郷店北村村南の20ヘクタールの土地を転換し、家庭農場〔家族を主な労働力とする大規模化、集約化、商品化された農業生産をいう〕を作った。当初、彼は貸付を受けて、請け負ったほかの土地を含む自分の土地にビニールハウスを建てるつもりだった。ところが銀行は、抵当物の審査が通らなかったので貸付はできないと言ってきた。王紅亮は規模拡大を諦めざるを得なかった。その村の党支部書記孫振山《スン・ジェンシャン》は、「いま、農民がお金を借りるのはとても難しい。融資はもちろんのこと、手続きに走りまわるだけで目眩がします。なので、もし何かあっても、親戚や友人からお金を借ります。銀行には行きません」。

王紅亮の一件は中国の農民の縮図だ。孫振山の言葉も、貸し渋りに悩まされる多くの農民の心情を代弁している。中国の農村金融は長らくやせこけた荒れ地のままだった。中国人民銀行が公布した「中国農村金融サービス報告（２０１４）」によれば、２０１４年末までの全国の農家への貸出金残高は５・４兆元で、総貸出金残高のわずか６・４％である。農村家庭の融資審査合格率は27・６％で、全国平均の40・５％をはるかに下回る。１万人当たりの金融サービス人員の数も、農村は都市部の３２９分の１である。

中国に農村向けの金融サービスがないということではない。実際、ここ数年は、人民銀行と銀監会の監督下にある「正規軍」の金融機関が主導し、農村金融機関という「非正規軍」がこれを補完するという形で、農村金融サービスシステムが基本的には形成されていると言える。しかし、このシステムのサービス能力は決して高くない。「正規軍」のなかでも、中国農業銀行は１９９６年以降、商業化の道を突き進んでいる。商業銀行の「営利性、安全性、流動性」を追求するという経営原則は、農業生産の「分散的、不安定、長期的、ハイリスク」といった特徴と相反していたため、中国農業銀行は次第に農村市場から撤退していったのだ。多くの地域で「三農」へのサービスはすでに空白地帯と化している。また、中国農業発展銀行の主な任務は、国が決定する政策金融を担うことであり、財政による農業資金の支給を代行することとされている。

しかし、食糧の流通体制改革が進むと、農業発展銀行からは農業開発、技術革新、穀物油・綿実油の加工、貧困救済等のための融資能力が徐々に失われ、農村の穀物油・綿実油の貯蔵企業に対する貸付という単一の機能のみを担うようになった。農村信用合作社は本来、「三農」にサービスを提供する主力軍であるはずだが、自らの財産権が不明確なままで、資金力も限定されており、貸付の種類は一つしかない。農村経済が日々拡大するなかで、信用合作社は次第に「三農」の必要とする融資額や融資の種類に対応できなくなっていった。一方の「非正規軍」は、以前から、高利で儲けを独占し、融資を乱発し、行政による監督からは逃亡するといった問題があったため、農村へのサービスを行う事業者としては不適格なだけでなく、巨大なリスクが潜在していた。このような農村金融サービスのシステムの下では、前述したような状況やデータが生まれることも不思議ではない。

しかし、銀行にも無念な思いはあった。銀行は農家に融資をしたくないのではなく、したくてもなかなかできないのである。農村部の信用システムは不完全で、農家の信用情報を信用調査システムに反映するのは困難だ。また、農業関係の融資リスクは高く、収益率は低い。さらに、保証制度も整っていないため、金融機関は不良債券比率を下げるためにも、直接は農家に貸付をしない傾向があるのだ。「銀行は焦げ付きを恐れ、農民は借りたくても信用がない」——これこそが中国の農村金融の実態だ。農民に対する貸し渋りの問題は、中国農村金融を死へと追いやったのだ。

「農村版タオバオ」で一大市場を汲みあげる

「それは最良の時代であり、最悪の時代でもあった」。現在の中国の農村金融の発展を１００年以上前のディケンズのこの言葉で描写することには、まったく違和感がない。農村金融における大幅な需給の乖離は限りないビジネスチャンスを孕んでおり、すでに多くの勢力が農村金融市場という新たなブルーオーシャンに狙いを定めている。

インクルーシブファイナンス・サービスの提供に力を注いでいるアントフィナンシャルも、当然この広大な市場を無視することはできない。２０１４年10月の設立以来、アントフィナンシャルは農村を重要な戦略的方向性の一つとして掲げてきた。その第一歩となるのがアリババ・グループの「千県万村計画」、通称「村淘《ツンタオ》計画」〔「村淘」は「農村淘宝」の略称で農村向けのタオバオを指す〕であった。

２０１４年、モバイルインターネットの広範な普及に伴い、アリペイの各種業務もサービス範囲を社会の低層部へと拡大していった。アントフィナンシャル・グループ設立前の半年間、アリペイとアリペイウォレットの新規ユーザーの増加率は、三、四線都市が一、二線都市を上回っていた。インターネットショッピング市場においても、都市部の増加率は徐々に減速していたが、一方で農村部は活気にあふれていた。２０１４年の「農村におけるインターネットの発展状況に関する研究報告」によると、ネットショッピング市場の拡大に伴い、利用者はすでに全国に広がっている。そのなかでも農村部の利用者数が急速に拡大しており、２０１４年12月までに、農村部のネットユーザー数およびネットショッピング利用者数は７７１４万人に達し、年間成長率は40・6％であった。同時期の農民のインターネットおよびネットショッピングの利用率は43・２％で、前年比で12・1ポイント伸びている。

農村部におけるインターネットの普及とそれに伴うインターネット利用者数の急増は、農村ＥＣ市場の潜在性を増幅させ、多くのＥＣ業者が次々と農村に狙いを定めた。アリババ・グループも例外ではなく、農村ＥＣを強力に推進し、需要の増加が見込まれる市場の開拓に力を尽くした。

アリババは、浙江省麗水市遂昌県で実践された、農村部の現地リソースの優位性を活かしてＥＣを発展させる「遂昌モデル」を参考として、2014年10月に正式に「千県万村計画」を始動した。これは今後3〜5年以内に、100億元を投じて、県レベルのサービスセンターを1000ヶ所、村レベルのサービススポットを10万ヶ所設置するという計画で、農民へのサービス提供と農業のイノベーションによって農村をよりよくしようという構想だ。噛み砕いて言うと、まず、各地の政府との密接な提携を通じて、ECプラットフォームを基礎とした農村タオバオのサービススポットを県、村単位で設置する。同時に、農村タオバオのパートナーを成長させ、ECの優位性を存分に利用して、「ネット上で販売されている商品を農村部へ届け、農産品を都市へ届ける」という双方向的な流通機能を実現することで、インターネットを農村とその外部とをつなぐ架け橋にしようというのがこの計画の趣旨である。

2014年10月29日、「千県万村計画」の下、最初のサービスセンターが杭州市桐廬県に開設された。その後、初のサービススポットである桐廬県富春江鎮金家村サービススポットで農村タオバオの最初の注文を受けた。2016年8月には、農村タオバオは全国29の省区をカバーし、300ヶ所以上のサービスセンターと1・8万ヶ所のサービススポットを設置して、パートナーとその提携事業者「淘幇手《タオバンショウ》」〔農村淘宝のパートナーと消費者の間に立って、代理注文やアフターサービスを提供する事業者〕は2万近くまで増えた。

農村タオバオの誕生後、農村部で決済と金融のニーズが生じるであろうことは、タオバオからアリペイ、アントフィナンシャルへの発展の道筋を知る人には予測がつくだろう。村淘計画により、アントフィナンシャルは決済サービスを農村へと拡大していった。これにより、農村タオバオのパートナーは、アリペイを通じてネット上で農民のための代理購入、代理販売、公共料金等の代理納付サービスを行えるようになった。また、宅配便の発送・受取、ホテル予約、交通チケットの購入なども代理可能になった。

アントフィナンシャルはアリペイを媒体として、世界トップクラスの決済ソリューションによってスマートシティの構築をサポートしようとしている。まず、非現金決済ツールを推進し、多元的に応用することで、農民の公共料金や保険料、携帯電話の通信量チャージといった各種手続きを簡便化する。同時に、都市部での実践で蓄積してきた生活サービスの成功体験を農村と共有し、県政府がすでに確立している公共サービス能力をスマートフォン経由で農民に提供していくのだ。決済や生活関連費用の納付といったアリペイのサービスは、信用記録をもたない農民がオンラインで信用を蓄積することを可能にするものであり、今後、都市部と同等の融資サービスを享受できるようにするための基礎を徐々に形成していると言えよう。また、アントフィナンシャルはオンラインのノウハウをオフラインに応用し、各エリアのオフラインビジネスを活性化させ、アリペイアプリを媒体としてエリア単位でのO２Oを発展させている。例えば、家庭農場、農産物収穫ツアー、農家体験等のレクリエーションシーンの宣伝・参加予約プラットフォームを立ち上げるなど、農村のビジネスモデルの改革を進め、それによって農民の収入を上げているのだ。

２０１7年3月時点で、アリペイの「三農」ユーザーはすでに1・63億人に達している。農村部のインターネットショッピングはより便利になり、農村のECも大きく発展した。村淘計画の実施と農村部におけるアリペイの普及によって、アントフィナンシャルは農村金融の扉をこじ開けたのだ。

2　信用貸付を掌握せよ

井賢棟は２０１４年末、アントフィナンシャルの農村市場進出の計画を明らかにした。その内容は、第一に、農村ユーザーのためのオンライン決済ルートを開通し、オンライン、オフラインでの消費や農業資材の購入ニーズについて便宜を図ること。第二に、金融機関と農家をつなぎ、生活や農業における資金ニーズを満たすことであった。

信用貸付こそが農村金融の真の難所であった。2016年、農村金融事業部ができてから3カ月半が過ぎたとき、当時のトップであった袁雷鳴は、「三農」ユーザー数がアリペイで1・5億人、少額保険で1・2億人に達しているのに対して、信用貸付サービスのユーザーはたったの2200万人にとどまっていることに気がついた。また、中国の農業人口が約9億人であるのに対し、農業総産出額はGDPの10%である。「三農」ユーザーにいかにして有効な融資サービスを提供するかという課題は、そう簡単なものではなかった。

「三農」を細分化する

「己を知り、敵を知れば、百戦危うからず」。中国の「三農」ユーザーに有効な金融サービスを届けるには、この層の金融ニーズを熟知する必要がある。アントフィナンシャル農村金融事業部では、中国の農業や農村の発展の現状について調査研究を行い、農村金融のサービス対象を三つの層に区分した（図8－1参照）。

第1層は、一般農民（農村居住者）、小規模の栽培・畜産農家、帰郷して農村ECに従事する大学生である。そのうち、一般農民の金融ニーズは都市部の住民と変わらず、消費者金融に偏重している。それ以外の二つのグループの資金ニーズも少額で、少なければ数千元、多くても数万元程度である。この層の特徴は、農村人口の80%以上が該当し、数は多いものの、資金ニーズは少ないということだ。

第2層は、農村に拠点を置く零細企業および個人事業者、中規模の栽培・畜産農家である。この層のユーザーの数は第1層に比べて少なく、およそ100万～1000万人規模である。資金ニーズは一定規模に達しているものの、大規模生産のレベルには達していない。それゆえ、ビッグデータによる信用調査で割り出される与信額では、この層の資金ニーズは満足させられず、また、彼らがもつオンラインの信用情報も、ア

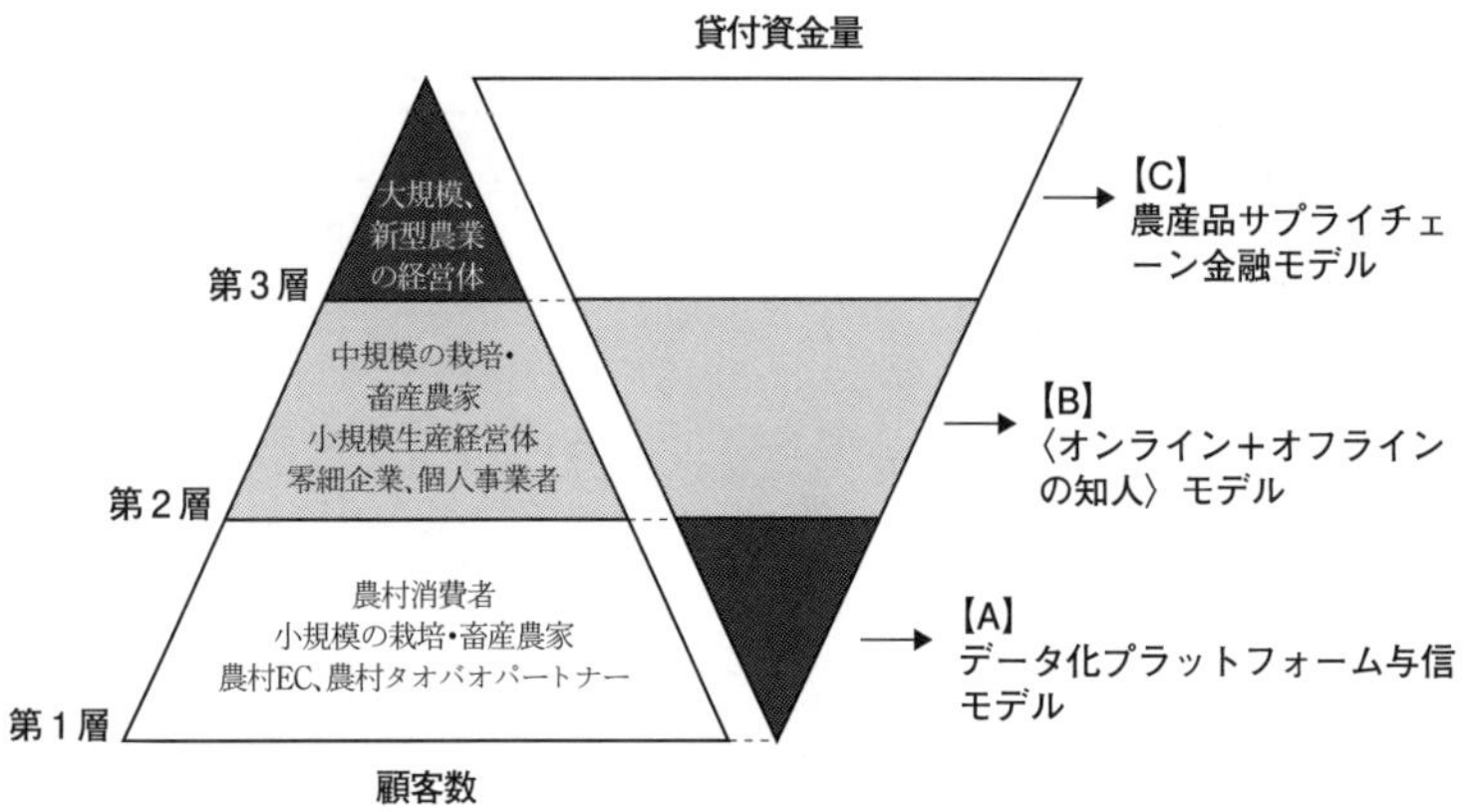

図 8-1　農村金融のサービス対象と融資モデル

ントフィナンシャルが与信判断を行うには不十分である。

第3層のユーザーは、中国農業の現代化という重責を担う、ピラミッドの頂点に位置する大規模の栽培・畜産農家である。この層の特徴は、数十万から数百万と数は少ないものの、資金ニーズが大きいことだ。最も切実なニーズをもつのがこの層である。人口の上では20％にすぎないが、資金ニーズの80％を占める農村の大型顧客への融資という難題を解決しないことには、農村金融が抱える課題の根幹に触れることさえできないのだ。

三つの貸付モデル

顧客群によって融資ニーズはさまざまだ。アントフィナンシャル農村金融事業部は、三つの顧客層に対応した独自の融資モデルを構築している。

A　データ化プラットフォーム与信モデル

第1層には消費者信用貸付で対応する。与信額は、経済が発達した地域の水準をやや下回るレベルである。データ化プラットフォームモデルとは、ビッグデータに依拠した自動与信システムで、タオバオおよび農村タオバオのパートナーに対する貸付は目下このモデルで行われている。また、網商銀行がはじめた「大学生Ｕターン起業援助計画」の大部分もこのモデルが適用されている。

B 〈オンライン＋オフラインの知人〉モデル

第2層に対するソリューションは〈オンライン＋オフラインの知人〉モデルある。「オフラインの知人」とは主に、「千県万村計画」の農村タオバオのパートナーと、アントの提携パートナーである中和農信が長年蓄積してきた農村専門の融資チームの二つを指す。その役割は借主の返済リスクの判断、信用評価の補助である。彼らはその土地の各農家をよく理解しているため、情報化と金融サービスが未発達の県や農村のリスク管理機能を担うことができ、不良債権の発生を効果的に防止できるのである。

中和農信は中国扶貧基金会の少額信用貸付部を前身とし、農村の少額融資分野では20年以上に及ぶ豊富な実践経験を有しており、その下部組織は目下、全国19省２４５県の３７００の郷鎮に分布している。中和農信では独自のリスク管理システムによって、遅延日数が30日を超える不良債権の比率を一貫して１％以下に抑制しており、その中核を担うのがまさにこの「知人モデル」なのだ。

「オフラインの知人」は、農村部の融資リスク評価においてしばしばネックとなる抵当物や保証の不足、農民の信用情報の欠落といった問題を大幅に緩和し、貧困地域に対する農村金融サービスの支援能力を大いに強化してくれる存在なのだ。

一方、オンラインでは、インターネット（主にモバイルインターネット）、ビッグデータ、クラウドコンピューティングによって、運営コストの高さや情報の非対称性、収入金額の確認の困難といった農村金融の課題を解決し、運営コストを効果的に削減し、ビッグデータによるオンラインでのリスク管理を実現している。

アントフィナンシャルがマイクロクレジット業務で長年蓄積してきた経験とデータも、オンライン審査や融資後のモニタリングに応用されている。

2015年11月8日午前、全国有数のカシミヤ加工地である河北省邢台市清河県柳林村にある農村タオバオのサービススポットで、村民の董立芳《ドン・リーファン》はたった3ステップでオンライン融資手続きを完了し、網商銀行から2万元の融資を得た。これは彼女の50年以上の人生において初めての銀行融資であり、この際に適用されたのが〈オンライン＋オフライン知人〉モデルであった。まず、董立芳の世帯収入の状況および信用状況を熟知するスタッフがオフラインで借入申請者への初期評価を行い、彼女に関する基本的な情報、土地や家屋、店舗等の資産証明といった基盤となるデータ情報をオンラインにアップロードする。そして網商銀行がオンラインでデータ分析を行い、資格審査と与信判断を行う。こうして董立芳は申請から1週間足らずで融資を受けることができたのだった。以前ならこれは彼女には想像もできないことだった。

C 〈金融＋EC＋農業生産〉の農産品サプライチェーン金融モデル

第3層のユーザーは中国農業の現代化を担っている。顧客数は最も少ないが、最大の資金ニーズをもつ彼らに対しては、農産品サプライチェーン金融モデルを適用している。

2016年5月25日、アントフィナンシャルは〈金融＋EC＋農業生産〉という閉鎖系の農産品サプライチェーン金融の布陣を初めて外部に明かした。「サプライチェーン金融」とは、サプライチェーン内のすべての構成員（サプライヤー、メーカー、卸業者、小売店および最終ユーザー）を一つの総体と見なし、その中核となる大型企業を中心に据え、その企業の中小サプライヤーに対する評価に基づいて、サプライチェーンの川上、川下から良質な企業を融資対象として選び出し、サプライチェーン全体に体系的な融資を提供することである。

アントフィナンシャルと生鮮食品ＥＣの「易果生鮮」の提携を例に見てみよう。まず、易果生鮮は陝西省周至県の生産組合「北吉果蔬専業合作社」と仕入れ契約を結んだ。易果生鮮の提携先であるアントフィナンシャルは、易果生鮮の仕入伝票に基づいて注文の認証・確認を行い、その後網商銀行から合作社のメンバーである数百軒の果物農家に対し低利で貸付を行った。融資を受けた果物農家は決済ツールによる制御を受け、農村タオバオから指定された農薬、農業資材、農具等の購入に対してのみ借入金を使うことができるシステムとなっている。さらに、アントフィナンシャルは商品保険を提供し、果物農家がタオバオで買った農業資材、農具、農薬等が正規品であることを保証する。そして最終的に、農家が生産した果物は、易果生鮮が加入している天猫の生鮮品部門で販売されることとなる。

このような仕入伝票に基づく閉鎖系の信用貸付モデルでは、申請が出されたその日のうちに融資が借主の手に渡り、他の融資モデルに比べても融資効率が高い。また、オンラインで販売されている農業資材や農具、農薬等にも保証が付き、ＥＣでの購入は農家にとってよりメリットの大きいものだった。さらに重要なのは、このモデルでは、各地域の特色ある産業の発展を促すことができ、産業によって貧困から脱け出すという目標を達成しうるということだ。

サプライチェーンを元にして作られた閉鎖系の融資モデルは、販売・購入のプロセスを掌握しているだけでなく、そこにうまく金融サービスをはめ込むことにも成功している。既存金融機関から融資を受けるのは困難だが、この「三位一体」のプラットフォームなら、商業銀行が採用する格付けによる与信の条件をクリアでき、財産を抵当に入れたり、質権を設定したりする必要もない。融資側にとっても貸付資金の効率はより高くなり、仕組みもシンプルで、利率も民間の水準よりはるかに低く抑えられる。これが農村市場を刺激し、活気づけるための秘策なのだ。

2016年5月以降、アントフィナンシャルは易果生鮮、蒙羊集団、正邦集団、益客集団等の農業分野のトップ企業数社との間で同様の提携を結んでいる。

農村金融の新たな方向性――サプライチェーンモデルへの転換

三つの融資モデルの段階的な進化は、従来の農村金融向けのデジタルサービスから、エコシステム上のより多くのパートナーを動かすサプライチェーンモデルへの転換を示すものであり、同時に、アントフィナンシャルの農村金融が徐々に発展の深度を深めていることを示すものでもある。しかし、農産品サプライチェーンモデルの採用は、袁雷鳴のひらめきによるものではなく、アントフィナンシャルの強みと弱みを精査した末での選択であった。

農村金融事業部の設立から3カ月半後、アントフィナンシャルは、信用貸付サービスの「三農」ユーザー数が2200万人で、少額保険の5分の1未満、アリペイの6分の1未満にとどまっていることに気づいた。また、その顧客は主に農村金融顧客のピラミッドの低層部に属していることも分かった。これは袁雷鳴が期待した結果とは食い違っていた。農村金融事業部が追求しているのは、資金ニーズが大きい大規模農家へのサービスである。低層部の顧客へのサービスは確かにアントフィナンシャルのインクルーシブファイナンスの価値理念を体現したものではあるが、中国農業のモデルチェンジの促進に効果的な金融サービスを提供することも、農業金融の発展を促すための重要な目標であった。また、市場に身を置く一企業としても、立ち上げから間もない市場においてアントフィナンシャルが愚直に低層部の顧客にのみサービスを提供していれば、貸す側も借りる側も利率に圧迫される上、資金効率も悪くなることは目に見えていた。

こうした事情から、農村金融事業部では、網商銀行から農家への信用貸付、アリペイの農民向け決済サービスといった細分化された既存業務を基礎とし、いかにして効果的かつリスク管理が可能な金融サービスを大規模農家に提供できるかを模索しはじめた。これは、農村金融事業部の重点的な発展の方向性でもあった。

アントフィナンシャルは、発達したインターネットプラットフォームと突出したクラウドコンピューティング・サービス、さらには高度に垂直統合された開放性の高い金融サービスシステムを有しており、これらはオープンなプラットフォーム、エコシステムを構築するという発想に支えられている。加えて、アリババ直系のビジネスシステムを支柱とすることから、その実力は強大といってよいだろう。とはいえ、アントフィナンシャルが万能だというわけではない。資金面には弱みがある。中国社会科学院が２０１６年８月に公開した「中国「三農」のインターネット金融の発展に関する報告（２０１６）」によると、２０１４年の「三農」の金融ニーズの不足額は３兆元を超えており、「三農」への金融供給は深刻な不足状態にあるという。この規模の不足分をアントフィナンシャルが持つ資金源のみで補うことは明らかに不可能である。

袁雷鳴によると、アントフィナンシャルが農業金融分野に投じる貸付資金の源泉は主に三つある。一つは網商銀行による融資で、その大部分は銀行間取引に依存している。しかし、網商銀行ではオンライン口座開設ができず、実店舗も持たないため、預金吸収機能を持ってはいるものの、それに過度に依存することはできない。とはいえ、一部の大企業にだけ対面で口座開設を受け付けたり、相手先を訪問して口座開設を行ったりするのは効率面で問題がある。さらに、網商銀行ではすべての銀行機能を利用できるⅠ類口座を開設することはできず、開設可能なⅡ類、Ⅲ類口座の機能には制限が課されているため、預金の吸収は難しいのが実情である。二つめは社会全体からの資金で、招財宝上で投資されたお金がこれに当たる。資金調達プロジェクトを招財宝上で公示するには、保険会社がプロジェクトに対し信用保証保険を提供し、引き受けが認可される必要があるが、これにより都市部の余剰資金を農村地域への投資へと誘導することが可能である。三つめは、決済分野へのプラットフォーム開放によってつながった多くの銀行である。金融機関の参与が得られれば、資金源の圧力もやがて緩和されるだろう。

アントフィナンシャルの優位性は、農家のミクロなニーズを理解していることにあるのではなく、中国農業の発展の方向性、産業の流れを研究、理解し、技術やビッグデータ、信用調査、クラウドコンピューティング、決済といったさまざまなインターネットツールや金融ツールを駆使してサービスとサポートを提供できる点にある。そのため、農業産業のなかでサービスの立ち上げを可能にする柱礎を見つけ出すことが、農村金融の顧客ピラミッドの最上層への資金供給という難題を解決する上での鍵となる。

そこで袁雷鳴が思いいたったのが、中国農村市場で活気をみせている農業トップ企業であった。中国において、これら企業は農村の大規模生産経営の主要な拠りどころとなっており、そうした農家の収入源の拠りどころでもあった。この企業の農家のリスクに対する管理能力はいかなる金融機関よりも優れていた。２０１６年１月に農村金融業務を任されると、袁雷鳴は正大集団（Chia Tai Group）、広東温氏食品集団（ＷＥＮＳ）、中糧集団（ＣＯＦＣＯ）、中国中化集団（Sinochem Group）といった国内の農業トップ企業をひととおり訪問し、自分の判断に確信を得た。これらのトップ企業は専門的な人材と実践経験、広範な提携ネットワークを持ちあわせていた。しかし、農家に金融サービスを提供する上では大きな欠陥があった。彼らのできることは、農家に融資をしてくれる銀行を探すか、保証会社を作ってマイクロクレジット業務をサポートするか、自らが畜産用の子ヒツジや飼料、機械を農家に掛け売りするか、くらいである。いずれの方法を採っても、企業は資金面の圧力にさらされるだけでなく、大きな潜在リスクにも向き合わなければならなくなる。これは明らかに好ましい成長モデルではなかった。

実際、これらの農業企業は農家に対する金融面の支援を渇望していたため、アントフィナンシャルの来訪は大いに歓迎された。双方の要求は合致し、出会いが遅かったことが惜しまれた。アントフィナンシャルの〈金融＋ＥＣ＋農業生産〉という閉鎖系の農産品サプライチェーンモデルのひな形は、このようにして生まれたのだった。

3　追い風を受ける農村金融

「高」（ハイエンド）、「大」（品格の高いこと）、「上」（上等であること）に価値を置く金融という業界は長年、農村とは相容れないと考えられてきた。しかし、この数年のモバイルインターネットの飛躍的発展は、農村金融の窮境を打開する歴史的チャンスをもたらした。２０１６年の「中央1号文書」では、「インターネット金融、モバイル金融が農村において正しく発展するよう導く」ことが必要だと述べられている。２０１６年10月27日、国家発展改革委員会は「全国の農村経済の発展の第13次五カ年計画」（全国農村経済発展〝十三五〟規劃）を公布し、健全な農村金融システム構築の加速をはじめとする三つの具体的な措置を提示した。また、２０１７年の「中央1号文書」でも引き続き農業分野に焦点が当てられており、農村におけるインターネット金融の発展を支持し、金融機関がインターネット技術を用いて農業経営主体に少額預金、少額融資、決済、保険等の金融サービスを提供することを奨励する方針が示された。

農村市場には巨大な金融ニーズが潜在しているが、金融リソースが欠乏している。こうした状況のすべてが、農村金融市場に大きな発展の余地を与えている。農村金融はすでに企業競争の最前線となっており、多くの勢力が農村に照準を合わせている。

アントフィナンシャルの戦略

農村金融は保険、決済、零細企業融資等の多くのニーズに波及する。総体的な金融ソリューションを作り上げ、農村金融の発展促進という重責を担いきるために、アントフィナンシャルは、グループのすべての関連リソースを動かす職能をもち、「三農」市場への金融サービスに特化した部門を立ち上げる必要があった。そうして2016年1月に設立されたのが農村金融事業部である。トップには元財産事業群総裁の袁雷鳴が任命され、個々に独立している各事業ラインをつなぎ、内部と外部のリソースを統合して、「三農」ユーザーに融資、決済、保険、資産運用等を含む総合的な金融サービスを提供する部門として位置づけられた。

しかし、実際のところ、アントフィナンシャルは農村金融事業部の設立前から農村金融分野での布陣に着手していた。阿里小貸の時代にはすでに、そのサービス領域はすでに農村へと広がっており、農村で一定の市場を獲得していた。のちに、網商銀行に零細企業への融資業務が組み込まれると、網商銀行は農村金融を重点業務とすることとなった。当時の網商銀行頭取で、アントフィナンシャル副総裁であった兪勝法は、網商銀行のサービス対象をロングテールの顧客、なかでも農村の消費者に定め、農村金融を網商銀行の重点戦略とした。その戦略を兪勝法は次の三点に要約している。第一に、アリババとアントフィナンシャルの農村戦略に追従すること。第二に、すべての金融機関、特に農村にサービスを提供している金融機関との提携を強化し、提携相手の能力を利用すると同時に、網商銀行側の能力（技術、リスク管理能力等）も提供し、より多くの農村顧客にサービスを提供すること。第三に、政府と社会のリソースを利用し、商業化を進めることでサービスを農村へと拡大することである。

2015年6月の開業から間もなく、網商銀行は「大学生Uターン起業支援計画」を始動し、3年間で総計30億元（各年10億元）の支援金を投入すると表明した。開業から８カ月で、網商銀行は、故郷に戻り起業する大学生や、故郷の発展に志す優秀な青年等の対象者１・４万人に合計４億元近くを融資した。そのうち、国家級、省級貧困県（郷）の申請者の占める割合は約40％であった。この計画は農村に人手と活力をもたらす、いわば農業経済への「造血幹細胞移植」であった。

２０１６年３月28日、アントフィナンシャルは農村金融事業部の設立後に「千県万村計画」を始動し、３〜５年で全国の１０００の県に「『インターネット＋』ビジネス」〔２０１５年の全人代で提唱された、インターネット技術と他産業の連結による産業の発展促進のコンセプト〕、公共サービスおよびベンチャー金融のプラットフォームを整備するという目標を掲げた。これは、アントフィナンシャルのビッグデータと技術能力を各地の末端政府のビッグデータと結びつけることによって、兆単位の社会の貸付リソースを動かすというもので、末端政府の公共サービスの統合と向上、各地の商業のレベル向上を実現し、政府が奨励する「大衆による起業」と「万人によるイノベーション」をバックアップし、経済と市民生活のレベルアップを叶えるための「『インターネット＋』推進器」を提供することを目的としている。この計画は「インターネット＋都市サービス」「インターネット＋生活関連ビジネス」「インターネット＋ベンチャー金融」といった一連のコンテンツをカバーしており、これによってアントフィナンシャルの農村金融業務がさらに深化しつつあることが見てとれる。

２０１６年12月20日、アントフィナンシャルは「穀雨計画」を始動し、農村金融戦略を全面的に推進しはじめた。この計画は、三大業務モデルによって「三農」ユーザーのニーズに全面的に対応し、インクルーシブファイナンスの農村部での定着を推進するというもので、３年間で１０００のトップ企業と共同で大規模農家に金融サービスを提供するという目標が掲げられた。また、パートナーと協力して１０００の県に決済、貸付、保険等を含む総合金融サービスを提供することや、パートナーおよび社会の力を動かして国内のすべての「三農」ユーザーに累計1兆元の融資を提供するという目標も立てられた。

井賢棟CEOは、アントフィナンシャルはこれまでと同様、戦略における開放性を維持し、パートナーと協力して農村にサービスを提供することで、ともに都市と農村の発展の格差を解消し、平等な金融サービスを実現するために努力すると語る。「穀雨計画が春の雨のごとく農村を潤し、農村経済をたくましく成長させられるよう望んでいます」。穀雨計画の始動は、アントフィナンシャルが1年間にわたる潜行と模索を経て、農村金融戦略を正式に実行に移し、実践による検証を経た方法論となろうとしていることを示している。

アントフィナンシャルの提携戦略

他者との協力の方法を熟知するアントフィナンシャルは、農村金融市場に布陣する際も、おのおのの優位性とリソースを充分に発揮させることでウィンウィンの協力関係を築いた。

２０１５年9月11日、アントフィナンシャル傘下の網商銀行、アリペイは、安信農業保険とともに全国初のオンラインの風力インデックス保険を発売した。同月下旬には、台風21号によって被害を受けた農家に対しオンライン申請による損害補償を24時間以内に提供した。

同年12月には、アントフィナンシャルは中国郵政儲蓄銀行の株を取得し、戦略提携を結ぶことを発表した。これに先立ち、ジャック・マーが２０１４年6月に自ら同行の北京本店に赴き、枠組み合意を締結している。双方はその後、「スピード決済」や零細企業融資、金融クラウドコンピューティング等の領域で提携を進めた。周知の通り、郵儲銀行は「三農」、中小企業、地域社会にサービスを行う銀行と位置づけられており、金融サービスを社会に広く行きわたらせることに力を注いでいるという点でアントフィナンシャルと似ている。また、技術、サービスチャネル、顧客群、業務モデル等における両者の相補性も、農村金融と零細企業金融という二大領域における掘り起こしの可能性を広げた。アントによる郵儲銀行株の取得は、農村金融分野で力を揮うという志を明確にするものであった。

２０１６年６月20日、国家級貧困県に指定されている湖南省平江県三市鎮淡水村のとある酒の醸造所で、アントフィナンシャルと中和農信はパートナー提携を結んだことを発表した。特に、「インターネット＋的確な貧困救済」について戦略提携を結び、アントフィナンシャルは中国扶貧基金会に次いで中和農信の２番目の大株主になった。中和農信は現在中国で最大の公益目的のマイクロクレジット専門企業であり、国内19省の２４５県をカバーし、うち81％は国家級もしくは省級の貧困県である。２０１７年３月末までに、中和農信は累計で１７７・７万件の融資実績があり、貸出金額は２１２・４億元に達している。その52・４％は主に農業の発展支援に用いられているという。中和農信との提携によって、アントフィナンシャルは農村金融の深部へと足を踏み入れた。

２０１６年12月20日には、穀雨計画の幕開けとして、中和農信への戦略投資と、中華保険との合資による農聯中鑫科技股份有限公司の設立を発表し、国の農業部〔農業、林業、畜産、漁業の行政管理等を行う行政部門。日本の農林水産省に相当〕と共同で、家庭農場等の新興農家の経営支援プラットフォーム「新型農業経営主体情報直報システム」を開発することも明らかにした。

競争はひっそりと始まった

２０１６年の「中央1号文書」で初めて「インターネット金融、モバイル金融が農村において正しく発展するよう導く」と言明されてからというもの、農村金融はブルーオーシャンと目されるようになり、野心あふれる大小の勢力は、中国経済の毛細血管に入りこもうとあらゆるチャンスを模索した。

現在、京東金融、宜信（CreditEase）、蘇寧金融（FinanceSN）等のインターネット大手が相次いで農村に駆け込み、新しい市場を開拓している。一方、農業から事業を起こした新希望集団（New Hope Group）や正大集団、可溯金融、翼龍貸、領鮮金融、什馬金融も、農村金融分野における地盤を固めようと行動に出ており、農村金融市場では群雄が天下を争う大活劇が演じられている。

京東金融は２０１５年9月、農村金融戦略を明らかにし、サプライチェーンとサービスチェーンの全体において農村金融を行うことを表明した。その後、農村市場向けの消費者金融商品「郷村白条」や農村信用貸付サービス「京農貸」、農村向け資産運用、農産品関連のクラウドファンディング業務などを相次いでスタートさせた。現在、京東はすでに１５００以上の県レベルのサービスセンターと１５００以上の京東幇《ジンドンバン》サービス店〔消費者が大型家電商品の代理注文や商品の受け取り、据付、修理、交換等のサービスを受けられる京東のフランチャイジー〕を設置し、27万人の郷村プロモーターを集め、27万の行政村へのサービスを行っている。

元より金融Ｏ２Ｏにおける優位性があった蘇寧金融は、農村部に広くオフライン店舗を展開した。また、農村に根ざした農業・牧畜業を本体とする新希望集団は、飼料販売から養殖や消費の分野へと順調に拡大していった。同社の劉永好《リウ・ヨンハオ》董事長はシャオミの創始者雷軍《レイ・ジュン》とともに四川希望銀行を設立し、主に零細規模の「三農」を対象としたサービスを展開した。インターネット金融のスター企業である宜信も90以上の農村に融資を提供する店舗を設置し、「宜農貸」「農商貸」「宜信農資租賃」といった農村金融商品を次々に開発した。さらに、翼龍貸は郷鎮に約1万カ所の融資スポットを設立して農村部に総額１００億元を融資し、領鮮金融は養殖分野のサプライチェーン金融に特化し、２０１６年6月までに融資規模が1兆元近くに達した。

巨頭たちがいかなる方法で農村金融に切り込もうと、最終的にはサービスチャネルをめぐる正面衝突となるだろう。将来的にインターネット企業の農村金融分野における競争はさらに激化すると考えられる。

「リスクがない」ところなどない

農村金融はブルーオーシャンであると同時に、噛み砕けない硬い骨でもある。イノベーションには常にさまざまな問題やリスクが伴うものであり、農村金融も例外ではない。従来の金融が農村において直面した多くの問題に、インターネット金融も必ず行き遭うこととなるだろう。

中国における農村金融の発展が直面する最大の問題は、まず、地域ごとに業態が大きく異なることだ。一つのモデルで中国全土の問題を解決できるなどということはなく、リスク管理の方法も成功事例を完全にコピーすれば済むというような話ではない。各地の具体的な状況に基づき、適切な金融業務を行うより他にないのだ。それゆえ、いかにして有効なリスク管理システムを構築するかという問題は、農村金融分野の深部へと進もうとする多くの企業が共同で対処すべき最優先課題となる。リスク管理をさらに精密化、多様化していくことが、アントフィナンシャルやその他の新金融（ニューファイナンス）企業にとって掘り起こしのポイントとなるだろう。

また、農村市場の信用記録が都市部に比べて全面的に欠如していることも、農村金融の信用調査やリスク管理に課題をもたらしている。アントフィナンシャルにせよ、京東金融にせよ、あるいはその他の「三農」に関わる新金融企業にしても、基盤となる信用データが不足しており、サプライチェーン金融や消費者金融で蓄積したデータ記録やリスク管理モデルも、目下は農村金融分野に応用することはできない。アントフィナンシャルがインクルーシブファイナンスを使命とすることは、より広範なユーザーを半永久的にカバーしつづけなければならないことを決定づけており、このことからもデータの問題は常に存在しつづけるものと考えられる。

さらには、いずれの企業でも、農村の実際の状況に対する理解が欠如しているために、金融の専門人材を多く抱えていても農村には派遣できないという問題があり、各企業は広範かつ段階的にパートナーを探す必要がある。これはすべての企業が例外なく直面するであろう障害だと言える。こうした事情から、各企業は現在、単独で事業を進めるか他との提携によって進めるかにかかわらず、基本的には、サービススポットを設置し、第一線の人員はすべて信用調査に充て、サプライチェーンの価値を高めるという方法を採っている。

農村部でのインクルーシブファイナンスは世界的な難題である。グラミン銀行創始者のムハマド・ユヌスは、バングラデシュでマイクロクレジットを始めてから三、四十年かけてようやく１０００億元相当を貸し出した。全世界の農村のインクルーシブファイナンスへのニーズからすれば、この金額さえ九牛一毛にすぎない。これは決して一朝一夕に実現できるものではないのだ。

第9章　オープンプラットフォーム——テクノロジーで金融に奉仕する

アントフィナンシャルが「テックフィン」(TechFin) という言葉を使いはじめた頃、多くの人は、アントフィナンシャルはただ他人が打ち出した「フィンテック」(FinTech) という概念の後ろをついていくのが嫌なだけで、「概念を弄んでいる」にすぎないと考えていた。他人に追従するのが嫌だ、という点は正しい。ただ、「テックフィン」と「フィンテック」は異なる。その判断基準は、自社の金融業務を檻《おり》に閉じ込めていないかどうかである。

アントフィナンシャルは、自分たちが取り組んでいるのは「テクノロジーによる金融の再構築」だと考えている。彼らにとって、「再構築」と「オープンであること」はコインの表裏であり、こうした言葉の裏には、金融を「再構築」する能力と、金融を「オープン」にする勇気の両方を備えているという自負がある。

1　〈インターネット＋保険〉の発展性

コンパクトかつ個性化されたインターネット保険

7年目に突入した「双11」は新しいプレイヤーを迎え入れた。保険業者だ。2016年の「双11」において保険業者は勝者となった。アントフィナンシャルの保険プラットフォームのデータを見ても、「双11」の兆単位に上る売上額が、消費者の購買行動を保障する各種の「消費保険」に支えられていることが分かる。2016年11月11日24時、「消費保険」の契約数は6億件を突破した。これは換算すると1分間に41万件のペースとなり、補償金額は合計224億元を超えた。

注意深い人はすぐに気がついたはずだ。2016年の「双11」期間中、自分のカートのなかに、購入商品といつもの送料保険以外に聞いたこともない保険商品がいくつも入っていたことに。服や帽子を買えば「褪色保険」、靴を買えば「靴底ゴム保険」、果物や野菜を買えば「生鮮品腐敗保険」、メイク商品や基礎化粧品には「化粧品アレルギー保険」、オムツには「オムツかぶれ保険」……というように、購入品にあわせて保険がついてくるのだ。

こうした保険商品は全部で5タイプ、合計30種類以上あり、アントフィナンシャルが中国人民保険、中国人寿保険、中国平安保険、中国太平洋人寿保険、泰康保険等の保険会社9社と共同で提供しているものだ。アントフィナンシャルはこれらをまとめて「消費保険」と呼んでいるが、それぞれ品質保証タイプ、物流保証タイプ、購入後保証タイプ、価格保証タイプ、信用保証タイプの五つに類別される。これらの保険はすべて実際の消費のプロセスから考案されたものであり、消費を効果的に保障するものだ。

しかし、保険の種類の多様さは、各種消費保険商品のリスクに基づく価格設定を難しくしている。2013年にアントフィナンシャルが返品送料保険を始めて間もなく、アントフィナンシャルと提携保険会社はハイリスクな選択をしたために重大な損失を被っている。その原因は非常に単純だった。ユーザーからすれば、0・5元で保険を買うことで保険会社から返品時の送料が支払われるのであれば、その商品の大、中、小の全サイズをひととおり買って、自分にぴったりなものを選び、他を返品してしまうという方法がよいに決まっている。その結果、これは「補償請求可能性がある」案件ではなく、「必ず補償請求が来る」案件となってしまったのである。

こうした問題を把握するため、アントフィナンシャルは保険会社と共同で二つのことを実行した。一つはサンプル量をできるだけ早く増やすことだ。もともと保険は消費者側が購入するものだったが、アントは売り手側に注文1件ごとに返品送料保険を進呈するよう奨励することでサンプル数を増やしていった。保険契約数が増える（リスク率が下がる）と同時に、カスタマーサービスのストレスが20％低減され、取引量が短期的に70％も増えたことは売り手を驚かせた。二つめは、ビッグデータ分析によるユーザー一人ひとりに合わせた価格設定で、返品記録や商品のタイプ、ユーザーの性別等の変数に応じて異なる価格設定を行った。するとすぐに、保険会社の業績は赤字から黒字へと回復した。ユーザーは返品送料無料を保証するショップを選んで商品を買うことができ、売り手も保険によって人件費を下げ、売上を伸ばすことができたため、三者にとって利益のある効果をもたらしたと言えよう。

消費保険と同様に、他の保険についてもユーザーの個性に合わせたオーダーメイドと、リスクに応じた価格設定を行う余地がある。最もよく知られているアカウントセキュリティ保険を例に見てみよう。アリペイでは最低0・88元で100万元の補償を受けることができる。保険料率は100万分の1である。これはアントフィナンシャルがユーザーの行動データの状況に応じて細かい計算を加えることによって実現した数字である。この際、考慮すべき点は二つあった。一つは、アカウントが盗用される可能性。二つめは、ユーザーの消費量、紐付けられたキャッシュカード、消費対象等に基づいてリスク発生率をもとめ、それによって正確な保険料率を算出することであった。言うなれば、この100万分の1という保険料率は、あなたのアリペイアカウントが盗用される可能性が100万分の1であることを意味しているのだ。

次に、アントが保険会社と共同で出している「航空券キャンセル保険」を見てみよう。送料保険と同様、この保険も登場してすぐに不名誉な事態に陥った。賠償率が一時190%まで上がり、保険会社が巨額の損失に圧迫されることとなったのだ。最終的にこの保険を救ったのは、アントフィナンシャルのデータモデリングだった。価格設定モデルを設計する際、アントではまずチケット購入者の年齢、消費習慣、過去のキャンセル記録、チケット購入時期、出発地の天候、各空港の管理レベルといった多くの要素をインプットし、チケット1枚ごとのキャンセル確率を計算する。それにより、ユーザー単位で価格設定を行うルールを開発し、キャンセルの確率が高いユーザーは保険料を高く設定し、反対に低い場合には保険料も低くした。その後のモニタリングによって、アントフィナンシャルはある特定の地点で異常なキャンセル行為が連続的に発生していることを発見した。追跡調査の結果、不正キャンセルの幇助を主要業務とした詐欺ネットワークの存在が明らかになった。この詐欺ネットワークをブラックリストに入れると、航空券キャンセル保険の収益は黒字に転じ、保険会社の保険契約査定の問題も解決された。

さらに、アントフィナンシャルは、2017年5月25日に保険業界に向けて初の「自動車保険スコア」を公開し、アントフィナンシャルのビッグデータ、AI、データモデリング等の技術を保険会社に開放し、より正確な顧客リスクの判別、より合理的な価格設定、より効率的な消費者サービスを実現するための根拠を提供すると宣言した。これにより、今後の自動車保険の価格決定の根拠は、車種や使用年数、装備等の属物的条件から、所有者の婚姻状況、教育程度、職業、消費習慣等の属人的条件へと移行すると考えられる。こうした移行は、アントフィナンシャルの保険データテクノロジー研究所が広範な属人的情報を掘り起こし、それが所有者の潜在リスクレベルを識別する上で役に立つと割り出されたことを根拠としている。例えば、既婚者・育児経験者グループのリスクは多くの場合、単身者よりも低くなる。また、長期間にわたり二つの地点を往復して運転しているグループは、固定の運転ルートがない層に比べて低リスクである。さらには、そのグループの荷物の受け取り場所が固定的であるか否かは事故の発生確率と相関性があるということまで分かっている。

これらの研究に基づいて、アントフィナンシャルは大量の属人的情報をＡＩ等の技術によって掘り起こし、車の所有者に対して精密なプロファイリングとリスクの分析を行うことで、３００〜７００点の範囲で自動車保険スコアとして数値化した。その点数が高いほどリスクが低いことを意味する。こうすれば、保険会社をサポートでき、ユーザーのプライバシーの安全性も保証できる。

ＩＴは保険に何をもたらすのか

その答えはインターネット保険である。これが従来の高額生命保険に取って代わることはないかもしれないが、保証とリスク管理を進化させ、商品の精密化とオーダーメイド化を促進することは間違いない。その背後にある四つの要素、すなわちシーン、データ、運営、技術は一つとして欠かすことができない。

第一の要素である「シーン」とは、インターネットという世界のなかで保険との親和性の高いシーンを探し、関連価値を掘り起こすことを意味する。〈インターネット＋保険〉というコンビネーションによってシーンに特化した新しい保険商品を大量に生み出すことが可能となり、多くの場合、その関連価値も創出しやすい。最も典型的なのは返品送料保険である。

第二の要素が「データ」である。データによって、保険会社の契約査定、価格決定、保証、詐欺対策等をサポートできる。前述の返品送料保険やアカウントセキュリティ保険、航空券キャンセル保険等はすべてこれに該当する。大数の法則は保険業の根幹を成すものだが、これは過去のデータとサンプル調査の上にしか成り立たないため、ユーザー情報が固定的で、保険の種類ごとに差異が大きく、十全なアカウントシステムがない状況下では技術的な陥穽があり、条件が不足している。一方、ユーザーに対する総合的かつ動的な追跡分析能力が備わっているインターネットプラットフォームであれば、大量のデータを収集することが可能なだけでなく、データの次元数が高く、スピーディーで、正確性も高い。ゆえに、保険会社のデータ面の弱点を補うことができるのだ。

消費者の行動研究においてもデータは役に立つ。消費者の購買時間帯の特徴、年齢や性別、保険の購入履歴等のデータは保険会社にとって間違いなく価値を持つものである。具体例を挙げよう。アントフィナンシャル保険チームのデータ分析によると、医療保険の購入の多くは深夜12時半から午前2時の間に集中している。一方、自動車保険の大部分は勤務時間帯に購入されている。これはなぜだろうか？　夜遅くまで起きていると、人は普段より健康問題について考えるようになるのだろうか？　自動車保険の購入には比較的時間がかかるため、多くの人は自分の時間を使うのが嫌で、勤務中にスマートフォンを取り出して保険を見ているのかもしれない。このように、さまざまな行動モデルを分析することで、保険会社は時間帯によって顧客の行動傾向に合わせた商品をプッシュすることができるようになる。

第三の要素は「運営」だ。これは、UXを把握し、それに基づいてアクセスの入口を設置したり、目立たせたり、ユーザー自身で保険金の支払い申請から受け取りまでが行えるルートを確立するなどといった保険運営サービスを指す。例えば、航空便遅延保険では、バックヤードのデータを連結させることによって、システムが自動的にフライトの遅延情報に基づいて補償手続きを完了させ、1分以内に保険金をユーザーの口座に入金する。ユーザーが証明書等を提出する必要は一切ない。モバイルインターネット技術や生体認証技術等を応用すれば、こうした個人保険の自動補償のレベルは将来的に大幅に向上するだろう。

第四の要素は「技術」である。これは、金融クラウドをはじめとする技術サービスを指す。従来の保険は接触頻度の低いサービスを中心としており、保険の購入周期は年に一度か、数年に一度ということもある。しかし、インターネットと保険が結びついたことで、保険サービスの発生頻度は大幅に増えている。例えば消費保険では、２０１６年の「双11」の午後だけでも5億近くの保険証券を発行している。この規模の処理は、保険会社の従来のシステムでは対処しきれないが、金融クラウドであれば問題ない。

これら四つの面でのサービスは、アントフィナンシャルが２０１５年９月に始動させた『インターネット推進器計画』が保険業にもたらした変化である。その過程で、保険業務はアントフィナンシャル内部でも徐々に中核業務の一つへと成長していった。２０１５年９月、アントフィナンシャルは財産事業群から保険業務を独立させ、保険事業部を設立した。その後約1年で、保険事業部は昇格して保険事業群となった。その意図は保険プラットフォームの布石を打つことにあった。

アントフィナンシャル、正確に言えばアリババが保険業務を発展させることを検討しはじめたのは、「万能なタオバオがあるのだから、保険も売れないはずはないだろう」という考えからだった。インターネット保険の実践を積み重ね、インターネット技術の理解が深まったことで、現在のアリペイのクライアント上の「保険サービス」はもはや4年前の「タオバオ保険プラットフォーム」とは大きく様変わりしている。彼らには従来の保険販売ルートだけをカバーすればよいという発想はなく、そうするはずもないだろう。

では、アントフィナンシャルの保険業における役割は何なのか？　アントフィナンシャル副総裁で、保険事業群の総裁も務める尹銘《イン・ミン》は２０１７年5月、会社の内部メールで、彼自身がアントフィナンシャルに入ってからの考え方の変化を初めて語った。それはすなわち、保険会社の販売業務を補佐しようとしたものの保険売買のジレンマに突きあたり、最終的にアントフィナンシャルの保険プラットフォームでも技術面に専念することを決意するまでの道のりであった。

「2015年9月、私はアントフィナンシャルに入社しました。入社間もない頃、私を含む保険業界出身の人間の多くは、習慣的にインターネットを販売ルートの一種として考えており、このようなアクセスの入口を確保できれば、売上を心配する必要もなく、多額の保険料が入ってくるものだと思っていました。しかし、しばらくすると私たちは、保険会社の保険商品を売る手助けはできるが、果たしてそうしたサービスはユーザーに必要だと感じてもらえているのだろうか、と考えるようになりました。また、当時のわれわれの収益は保険業界の3兆元という総収入に比べればごくわずかでしたが、インターネット技術企業として保険業界にどのような貢献ができるかということについても考えはじめていました。このような考えがあったことが、私たちが自己定義を「販売ルート」に改めた理由です」。

尹銘はさらに、当時のアントフィナンシャルの保険事業群の保険業界における役割が、今日ほどに明確ではなかったことについても触れている。「アントフィナンシャルは、保険を売ることを目的としているのではなく、技術によって保険会社と互いのエコシステムの一部になろうとしています。例えば、AI等の技術を用いて全国の消費者に保険教育を施し、広く保険の基本知識を普及させることで保険業界を支援することができます。また、データモデリング等の技術を応用すれば、保険会社がユーザーの生活のさまざまなシーンに接触し、スピーディーにサービスを提供できるようサポートすることもできます」。

尹銘のこうした見方は、アントフィナンシャルの保険サービスプラットフォームに関する考え方の説明として見ることができる。アントフィナンシャルが作ろうとしているのは、融合型のプラットフォームである。そこでもユーザーが保険商品を選ぶという点は変わらないが、これらの商品の背後にはインターネット企業と保険会社の密な連携があり、インターネット技術によって全面的に改良された保険のサービスチェーンがある。

現在すでに、このプラットフォームのひな形はできている。実際、タオバオ保険とアリペイでは2000種類以上の保険商品が累計3・5億人のユーザーに提供されており、アリペイアプリを開けば、ユーザーごとに設定された保険価格やニーズに合わせた商品の提案を見ることができる。構想の大部分がすでにアントフィナンシャルの保険プラットフォーム上である程度体現されているのだ。特に、旅行関係の保険は利用者数、保険契約数、保険料のいずれにおいても高い成長率をみせている。業界内では、旅行保険の急速な成長は、プラットフォーム保険が台頭しはじめた証《あかし》だと言われている。

2　インターネット推進器の進化の道

「プラットフォーマー」の遺伝子

以前、ある専門家が、アリババをEC企業として分類し、他の数千のEC企業と同列に論じていたことがあった。ジャック・マーは断固としてこれを否定した。「アリババはEC企業ではありません。われわれは人々が電子商取引を行うことを助ける企業なのです」。これをビジネスの表現で言い換えるなら、「アリババはプラットフォーマーである」となるだろう。

プラットフォームとは何か？　一つ、古典的な例を出そう。マイクロソフトが初めてIBMのPCに搭載された時、これはIBM商品の部分的な補塡にすぎなかった。しかし、PCにウィンドウズOSを搭載することによって、つまり、ウィンドウズOSがソフトの動作条件となることで、マイクロソフトは次第に一つの完璧なプラットフォームを構築していった。コンピュータソフト業界のプラットフォーマーとなったマイクロソフトの収益力は最終的にIBMを追い越した。

アリババのプラットフォーム志向は、２００４年の第1回中国網商大会ですでにその片鱗を見せていた。ジャック・マーはここで聴衆を奮い立たせるようなスピーチをしている。「アリの軍団はゾウをも倒せる」というのだ。たしかに、アリババは無数のネットショップを集結してできたプラットフォームであった。

しかしこの「集結」というのは、初期バージョンのプラットフォームの概念である。以前、マーク・ザッカーバーグに「フェイスブックの社会に対する最大の貢献は何か?」と聞いた人がいる。彼の答えは“connection”（つながり）であった。その言葉の通り、生命力のあるプラットフォームに必要なのは、プラットフォームと事業者、消費者のあいだの目に見えない接点をつなぐことで取引の成立を促すことができる有機的なつながりである。

アリババは、プラットフォームを進化させる方法を8年以上かけて模索した。２０１３年1月1日、アリババ・グループは事業のモデルチェンジを行い、プラットフォーム、金融、データの三大業務を再構築することを発表した。天下の先たるを恐れないジャック・マーは、その後たびたび「人類はＩＴ時代からＤＴ（データテクノロジー）時代へと進む」という見方を示していた。マーは、ＤＴ時代には「利他的であること」へと核心が移り、アリババが将来的に考えなければならないのは、小企業がより高い競争力を身につけるのをいかに助けられるかであると語った。アリババが目指すのは「能力を授ける」プラットフォームである。

２０１４年9月、アリババはアメリカで上場を果たしたが、これは決して終着地ではない。アリババのデータテクノロジーの道のりは長く、まだ始まったばかりだ。その際マーの後ろに立っていた彭蕾は、アリババのもう一つの舞台を象徴していた。彼女が取り仕切るアントフィナンシャル（当時は「阿里小微」）は、生まれながらにしてアリババのプラットフォーム志向を受け継ぎ、のちにオープンな金融エコシステムを作ることとなったからだ。

インターネット推進器計画

「アリババは最大のＥＣプラットフォームです。アントフィナンシャルもまた金融プラットフォームを目指します」。２０１４年末、アントフィナンシャルのＣＳＯに就任して間もない陳　龍《チェン・ロン》は、彼なりのアントフィナンシャルについて理解を外部に語っている。陳龍の戦略構想において、アントフィナンシャルの金融プラットフォームは少なくとも以下の三つの要素を備えている必要があった。一つは、金融機関の商品販売をサポートする、販売ルートのプラットフォームの性質である。二つめは、自社のデータを外部からのデータと結びつけてパートナーの金融商品のイノベーションをサポートする、データのプラットフォームの性質。三つめが、他の金融機関に技術面のサポートとサービスを提供する、技術のプラットフォームの性質だ。

それからわずか1年後、このプラットフォームは完成した。アントフィナンシャルはこの開放性の高いプロジェクトを「インターネット推進器計画」と命名した。前述の保険プラットフォームはその一部にすぎず、このプロジェクトの全像はプラットフォーム、データ、技術面の能力の全面的な開放を推し進めるというものであった。技術提供も、点から線、線から面へと広がるようにして、個別業務の解決を目的としたものから全体戦略に関わるものへとレベルアップしていった。このプロジェクトによって、アントフィナンシャルは5年以内に１０００以上の金融機関に対し、新金融（ニューファイナンス）への転換のサポートを提供するとしている。

例えば、プラットフォームとしては、アリペイは、その増えつづける利用シーンを活かして、２００行以上の銀行のオンライン決済の成功率とキャッシュカードの利用率の向上をサポートしている。また、アリペイ、招財宝、アントフォーチュンは、ファンドや保険の販売のハードルを下げた。データ面では、データ共有プラットフォーム「ビタミン」（vitamin.alipay.com）を開放し、銀行やファンド、保険等の各種金融機関の研究開発や運営等をサポートしている。このプラットフォーム上ではファンド会社がビッグデータ活用型ファンドの開発を進めることが可能となり、銀行は顧客の査定効率を高めることができる。

インターネット推進器計画の発表から1カ月後、アントフィナンシャルは「アントフィナンシャル・クラウド」（螞蟻金融雲《マーイージンロンユン》）をリリースし、長年蓄積してきたクラウドコンピューティング能力とコンポーネントを金融機関に全面開放することでインターネット推進器計画を大きく前進させた。こうした金融クラウドサービスは金融機関、特に多くの中小金融機関の運営コストとイノベーションコストの削減を叶え、経営効率を向上させるものだ。ここで開放されているリスク管理モデルも、金融機関が金融サービスのリスク評価をするのに役立つ。

アントフィナンシャルの公式サイトにはインターネット推進器計画の三原則が掲げられている。

第一に、「互恵から深い融和へ」。インターネット企業と金融機関は業務上、互恵関係にあり、なおかつ競合関係でもある。ユーザーによりよいサービスを届けようとするなら、インターネット企業は金融機関を転覆させようとするのではなく、利他的な精神をもってより一層これを助けなければならない。アントフィナンシャルは「インターネット推進器」となって金融機関がどのようなユーザーにもよりよいサービスを提供できるようサポートしたいと考えている。それは、業務上の協力だけを意味するのではなく、技術、データ、リスク管理といった面での踏み込んだ戦略的協力や、資金面での協力をも含んでいる。

第二に、「「提携」から「オープン」「シェア」へ」。インターネット企業の多くはいわゆる「閉鎖系」を構築するために、ユーザーを自社システムの内部に固定しようとする。アントフィナンシャルは業務において「閉鎖系」や「堀」を作るのではなく、むしろ自社が持っている能力を積極的に開放、シェアし、金融機関ともにまったく新しい業務形態を模索しようとしている。インターネット推進器計画においてプラットフォーム、データ、技術を開放したこともそうした考えに基づいている。

第三に、「イノベーションの成果で新経済、新業態に奉仕する」。投資主導型の経済に適応する金融から消費主導型の経済に適応する金融への転換という金融の新しい趨勢は、多くのイノベーションのチャンスをもたらすだろう。

２０１６年11月の時点で、アントフィナンシャルは銀行２００行以上、ファンド会社90社以上、保険会社70以上を含む約４００の金融機関と提携を結んでいる。

蝸雲計画の始動

「デジタル技術はインターネット推進器計画において核心的な役割を果たした」。井賢棟ＣＥＯはたびたびこのように話している。アントフィナンシャルの急速な成長の軌跡を観察すると、中国経済が投資主導型から消費主導型へと転換したことや金融市場化改革の迅速な推進といったマクロな要因、そして、ビッグデータ、クラウドコンピューティング、モバイルインターネット等の技術の応用の成熟を背景として、同社が金融の各分野、各プロセスの効率と能力を向上させてきたことが分かる。

インターネット技術の応用や金融クラウドのフレームワーク設計によって、アントフィナンシャルはコスト面における優位性を獲得し、成長の可能性が広がった。また、そのフィンテック企業としての戦略の設定、技術主導のイノベーションという中核的能力、技術提供という将来へ向けた発展方針によって資本市場における評価額は上がり、大きな可能性がもたらされた。

インターネット推進器計画を始動して間もなく、アントフィナンシャルは「アントフィナンシャル・クラウド」を金融業界に開放し、自社のクラウドコンピューティング能力とコンポーネントを共有した。また、インターネット推進器計画の一貫として、金融機関のITインフラのレベルアップをサポートすることを発表し、アジャイル開発によってより安定的かつ安全な、低コストの金融アプリケーションを構築し、金融機関の顧客サービスを向上させると宣言した。

例えば、今日、余額宝を後ろで支える天弘基金は多くの人が知る存在となっているが、もしアントフィナンシャルのクラウドコンピューティング能力によるサポートがなければ、天弘基金は一時的に人々に認知されただけで、その後は忘れられてしまっていたかもしれない。2013年夏、余額宝のリリースから半月で天弘基金のユーザー数は250万人を突破した。しかし同時に、この規模の処理に耐えうるようなバックヤードシステムを確保できないという問題にも直面していた。この時点で、天弘基金は数年分のIT関連予算を数カ月のうちに使い果たしていた。一方、このまま既存のITシステムを使いつづければ、会社はすぐに赤字に転落し、苦境に立たされることは目に見えていた。最終的に彼らが採った解決策は、天弘基金のシステムを金融クラウドに移動することであった。これにより、天弘基金はシステムコストを下げることに成功し、計算時間は8時間から30分に短縮された。ユーザーが朝起きたときに前日の収益を見られるようになったのは、そのおかげなのだ。また、金融機関の振込においても、クラウドに加入した企業の決済1件当たりのシステムコストは0・1元単位から0・01元まで下がり、1口座当たりのコストは従来の数十分の一、貸付1件当たりのコストは1元以下まで削減された。

アントフィナンシャルにはクラウドの枠組みを模索する上での教訓となった経験がある。トラブルは2011年の「双11」に集中的に勃発した。当時、アリペイとリンクしていた銀行システムではIOEが採用されていたのだが、この日に販売量が急増したことでIOE問題（61頁参照）が露呈したのだ。フロントエンドでは焦ったユーザーが決済をできずにおり、バックヤードでは銀行システムの応急処置が不休で進められた。その後、アリペイは技術スキームを第三世代へと移行、すなわちクラウド化する決定を下した。これにより、取引処理能力は毎秒数千件レベルから一気に6万件／秒にまで伸び、そのデータ規模は中国最大の銀行の1秒当たりの並行処理能力の6倍以上に相当した。２０１６年の「双11」には処理能力は12万件／秒に到達している。

　現在、金融業務においては常時オンラインであることや、取引金額は少なく件数が多いことが特徴となりつつある。従来のＩＴシステムは高コストで並行処理能力は低く、拡張性も低い。大部分の金融機関がこうした悩みを抱えており、共通の難題であった。クラウドコンピューティングの分散型計算サービスなら、金融機関が従来のシステムの制約から脱け出すことを可能にするだけでなく、金融機関、特に、財力と技術能力の劣る中小金融機関がこうした変化に対処するためのサポートも可能となったのだ。

　今日、馬雲《マー・ユン》（ジャック・マー）を知らない人がいないように、将来、金融業界では「螞雲《マーユン》」を知らない人はいなくなるかもしれない。２０１６年10月、杭州・雲栖大会で、アントフィナンシャルの程立ＣＴＯは金融クラウドのレベルアップ戦略「螞雲計画」を始動し、将来全世界の5万社の金融機関にサービスを提供すると宣言した。この計画における「レベルアップ」とは、アントフィナンシャルのエコシステムの能力をつなぎ合わせることで、「アリババ金融クラウド」（阿里金融雲《アーリージンロンユン》）をクラウドコンピューティング、ＡＩ、セキュリティ、信用決済、金融エコシステムを一体化させた強大な金融クラウドサービスへと進化させることを意味している。程立は、アントフィナンシャルのフィンテックとエコシステムにおける蓄積によってアリババ金融クラウドを強化すると説明した。アントフィナンシャルの金融サービス能力は、アリババ金融クラウドの演算能力と完全に融合してアリババ金融クラウドを全面的にレベルアップさせ、顧客および提携パートナーにもすぐに開放される予定だ。また、アントフィナンシャルのグローバル化関連の技術力を活用することで、アリババ金融クラウドは強力な国際的な拡大発展能力を持つようになるだろう。

アントフィナンシャル・クラウドと「アリババ・クラウド」(阿里雲《アーリーユン》)の関係については、井賢棟が次のように説明している。「アントフィナンシャル・クラウドはアリババ・クラウドに依拠しています。アリババ・クラウドは基盤構造で、その上部のデータとプラットフォームの組み立て、金融アプリケーションシステムの構築を主にアントフィナンシャル・クラウドで行っています。アントフィナンシャル・クラウドとアリババ・クラウドがともにクラウドというソリューションを世に送り出すことで金融機関にオーダーメイド型のサービスを提供するのです」。

アリババ金融クラウドは過去数年間にわたり、「双11」、余額宝、網商銀行等の実践のなかで何度となく改良と進化を繰り返してきた。例えば、網商銀行は二つのクラウドの統合で得られた能力を存分に活かして、6カ月で完璧な銀行の中核システムを構築し、ビッグデータに基づくインターネット金融サービスの能力を獲得した。また、モバイルサービスは、ユーザーがたった1分でクライアントのフレームワークを生成し、3日で基本的なモバイルアプリを組み立て、1カ月で金融アプリケーションを完成させることを可能にした。これはアリババ金融クラウドがイノベーションのコストとハードルを下げ、イノベーション効率を上げたことの証でもある。

技術輸出はすでにアントフィナンシャルの重要業務の一つになりつつある。同時に、技術輸出アントフィナンシャルがすべてをつなぎ合わせるための重要な「接着剤」であり、さらには、アントフィナンシャルが将来的に高い成長性を維持するための重要な要素でもあるのだ。

3　アントフィナンシャルの未来――徹底して「テクノロジー企業」であること

小さなものに関心を払い、他を利すること、誰でも平等に恩恵を享受できることにこだわるアントフィナンシャルは、その価値観においてもアリババとの一致が見られる。

彭蕾は「世界に、小さく、美しい変化をもたらす」というフレーズを好む。井賢棟は「あなたは誰だ？　どこから来たのか？　どこへ行こうとしているのか？」という三つの哲学的な問いが口癖だ。事実、私たちがサービスとして認識できる決済や資産運用、保険、融資といった個々の具体的な業務に比べると、クラウドコンピューティングやビッグデータ、個人信用調査といった水面下の業務にはより包括的な価値がある。「テクノロジーで金融をエンパワーメントする」というのはその始まりにすぎない。「テクノロジーで金融が商業と生活によりよくサービスし、後押しできるよう助ける」ことこそが、真の発展の方向性である。中国の実体経済における金融への渇望が、技術と金融、そして生活の良性の循環を作り上げるのだ。

例えば、「蟻盾《イードゥン》」（Ant Buckler）は最初、アントフィナンシャルの内部向けに詐欺対策、情報セキュリティ、リスク評価等のサポートを提供するものだった。現在ではリスク管理のためのデータサービスとして、ECや医療システム、デジタル消費等の分野で活用され、ユーザーがサイト訪問者の不正行為や詐欺行為、攻撃のリスクを識別するのを助けている。

P2P、クラウドファンディング、O2Oといった等の新しい業態の出現や、オンライン受付、オンラインショッピングといった既存の業態のインターネット化にともなって、「羊毛党《ヤンマオダン》」〔不正な手段で優待を獲得し、企業から無償でリービスを受けようとする者〕や「刷単《シュワーダン》」（サクラ）、「黄牛《ホアンニョウ》」（転売屋）といった不正行為がネット上でひときわ蔓延るようになった。こうした行為はUXを悪化させるだけでなく、これらのビジネスモデルの持続可能な発展をも阻害するものだ。

サクラと転売屋の対策サービスを例に見てみよう。このサービスはユーザーの行動や基本データ、人間関係のネットワークに基づいて識別を行い、基本的に9割の転売屋の排除に成功し、サクラ率も大きく下げた。特に病院のシステムへの応用ではかなり有効に機能した。中国では診察受付のために長時間並ぶ必要があり、転売屋が介入して受付番号を金で売り買いするという状況がある。このサービスは転売目的の受付申請を効果的に防止し、人々を悩ませてきたこの問題を改善した。

これこそが、われわれが体感できるフィンテックのメリットである。フィンテックそれ自体の発展は第一段階にすぎない。それをいかに利用シーンと結びつけ、人々の生活によりよく貢献するかというのが、重要な第二段階となる。この段階では、単独で利用シーンの開拓を進める企業は凋落し、複数の企業の連携によって構築されたプラットフォームこそが繁栄する。このように見ると、技術を基盤能力とするオープンプラットフォームの構築は、アントフィナンシャルにとって最善の選択であると言ってよさそうだ。

オープンプラットフォーム戦略——アリペイを生活サービスの窓口に

2016年8月10日、アントフィナンシャルはこの年で最も重要と思われる情報を公表した。アントフィナンシャル・グループとして初めてオープンプラットフォーム戦略を打ち出したのだ。それは「春雨計画」と名付けられた。これは企業に向けた行動であり、消費者への直接的なインパクトはなかった。ユーザーの興味を引いたのは、翌日にリリースされた新バージョンのアリペイアプリであった。実は、この両者の背後には因果関係があり、アントフィナンシャルの野心が隠れている。

2016年8月にリリースされ、猛烈な非難を浴びたバージョン9・9のアリペイアプリのことから話そう。以前のバージョンからの変化はかなり大きかった。以前は、映画チケット、携帯電話使用料のリチャージ、振込等のアイコンが格子状に配列され、メインページの大部分を占めていたのに対し、新バージョンでは4個×2列分のスペースが確保されており、ユーザーが自分でアイコンを増やしたり削除したりできるようになった。さらに顕著な変化は、メインページ下部で滝のように流れていくリアルタイム通知、おすすめ情報、そして友人間のコミュニティ機能「生活圏」が新設されたことであった。全体として、新バージョンのアリペイではサービス機能のアイコンは後方に移され、生活サービス関連の要素と使用頻度の高いソーシャルメディアが前面に出されていた。

その意図は極めて明らかである。アリペイのバージョンアップは決してソーシャルメディアの組み入れを目的としたものではなく、生活サービスプラットフォームとなるためのものだった。とはいえ、生活サービスの範囲はあまりに広い。1匹のアリにはそれほど大きな力はないので、ISV（独立系ソフトウェア企業）に開放し、ともにエコシステムを形成することにした。

それまで人々はアリペイを「決済ツール」としてしか認識していなかった。「ツール」であることはつまりアリペイが接触頻度の低いサービスであることを意味しており、使う時に思い出す程度のものだった。しかし、この印象は現在少しずつ変わりつつある。報道によると、現在すでに上海市民の3割はアリペイを使って公共料金を納付しているという。携帯電話の使用料をリチャージする方法も根本的に変化しており、もはや誰も通信キャリアのサイトへは行かず、アリペイを開いてチャージする。また、バックヤードからは夜間、寝る前に多くの人がアリペイを開いて個人の資産運用等の明細を見ていることが確認できる。アリペイは当然こうした生活の変化を把握しており、この変化をできるだけ多くの生活シーン、特にオフラインでも起こしていきたいと考えている。このように、アリペイがツールからプラットフォームへの変貌を遂げられれば、ユーザーがアプリを開く頻度や利用の粘着度（スティッキネス）はさらに高まる可能性がある。

アリペイは何年も前から開放戦略を打ち出しているが、今回みられた決定的な違いは、アントフィナンシャル・グループ全体が傘下の決済、出店、マーケティング、ビッグデータ、信用、AI等の12の能力をまとめて開放し、規格化されたインタフェースをISVに提供することで、レゴブロックを組み立てるようにして生活サービスプラットフォームをつなぎ合わせようとしている点だ。

上海のある法律ITサービス会社を例に挙げよう。2016年末、この企業はアリペイの都市サービスの一つである「法律サービス」に組み込まれ、オンライン法律相談や弁護士探しなどのサービスを提供している。法律サービスへのアクセス数は毎日10万回を上回り、主に労働争議や家庭・婚姻問題、貸借の争議等の相談に応じている。バックヤードではすでに約1万人の弁護士が登録しており、その多くは実務経験5年程度の若手弁護士で、平均で相談100件に対し5件の割合で訴訟に発展している。こうした消費者向けサービスはすべて無料である。また、この会社はアリババのメッセージアプリ「ディントーク」やアリババのクラウドメールボックスと提携し、これらのツールを用いて顧客企業向けに法律サービスを提供しているが、これは有料である。

もし、アリペイというサービスが単独でオープンプラットフォームとなろうとしていたなら、考えられる発展の可能性はここまでであっただろう。しかし、アントフィナンシャルというグループ規模まで広げると、この法律サービス会社はさらに信用、AI、保険等のプラットフォームの機能も使えるようになる。例えば、法律保険を導入すれば、ユーザーが実際に訴訟を起こす際の弁護士費用を軽減できる。また、登録弁護士の資質を審査する際、補助的にその弁護士の信用スコアを参照することができる。また、AIによるカスタマーサービスをオンライン相談に導入し、法律の解読といった類の簡単な質問に答えさせるというようなことも可能だ。

このプラットフォームのおかげで、弁護士たちはアリペイの4・5億人の実名登録ユーザーからの大量のアクセスを獲得している。これは多くのISVが重視する点でもある。マッサージ業界にバックヤードの管理システムを提供する「華佗駕到」や、美容業界に店舗管理ソフトを提供する「博卡」、飲食業界向けの注文用プラグインを制作する「米客」等はすべてこのオープンプラットフォームを通じてより多くの事業者用リソースを獲得している。

第三者のISVはアクセス、ユーザー、プラットフォームの機能等のリソースを獲得し、プラットフォーム側はエコシステムを構築するための材料を手に入れる。両者の利害関係は非常に整然としている。アントフィナンシャルは3年以内に少なくとも100万の開発者をサポートし、1000万の中小・零細企業をサポートすると表明している。オープンプラットフォームのKPI（重要業績評価指標）の基準は、開発者によるアクセス数やGMV（総流通総額）の規模にあるのではなく、プラットフォームのメンバーがどれだけの顧客企業にサービスを提供したか、そして、エコシステム内部のパートナーたちの満足度にこそあるのだ。

アントフィナンシャルが直面する問題の一つは、アリペイアプリというフロントエンドの入口を通じて「サービスが顧客を探す」ことを実現しようとするなら、つまり、AIが最新状況に合わせてユーザーの求める生活サービスを提案する形を叶えるためには、その正確さが最大の課題となるということだ。ロボットは一人ひとりのユーザーについてより深く把握しなければならず、その人物がどんな時にどんなサービスを必要とするのかも把握しなければならない。例えば、あるユーザーにはクレジットカードローンの返済期限や公共料金の納付期限が来たら通知を出す必要があるとか、あるユーザーが「飯点児」で口コミを見てレストランを探す時にはその人の交友関係のなかで人気の高いレストランを推薦する、といったことだ。これを実現するためにはビッグデータを用いた機械学習が必要となる。オープンプラットフォームによって構築されるこのエコシステムに将来的に含まれるサービスのタイプが増えれば増えるほど、蓄積されるデータ量も増え、AIの学習に有利になる。

アリペイは変身している。人々からは徐々に〈アリペイ＝決済〉という認識は失われつつあり、アリペイによってサービスを受ける前後のルートが書き換えられつつある。この後に起こった重大な変化は、アントフィナンシャルにおいて決済事業群がアリペイ事業群に昇格されたことだ。文字の上では「支付」(決済)に1字加えて「支付宝」(アリペイ)となっただけの差だが、これは業務と戦略的位置づけのレベルアップに伴って、アリペイが決済ツールからユーザーの生活シーンを貫くサービスプラットフォームへと発展しようとしていることのあらわれである。決済はもはやアリペイの唯一の中核業務ではない。アントフィナンシャルが今回、組織構造における決済事業群のレベルアップを決めたことは、「オープンエコシステムを中核的戦略として位置づける」という態度の表明に他ならないのだ。

アントフィナンシャルのニュービジネスのロジック

インターネットが動かしているビジネスの世界において「オープン」と「共生」は重要なキーワードであり、同時に、アントフィナンシャルが10億元を投じて「春雨計画」を始動させた理由でもある。

2016年8月10日、アントフィナンシャルは「春雨計画」を始動させた。この計画において、アントフィナンシャルはプラットフォームを開放し、オンライン、オフラインのリソースを活かしてパートナーに全方位的なサポートを提供した。同時に、パートナーに資金を提供し、オフライン決済に利益還元を行うことでこれを奨励することとした。

その2カ月後、アントフィナンシャルは2期目の「春雨計画」を始動させ、さらに開放性を高める姿勢を見せた。アントは1億元を追加投入し、マーケティング資金の提供、新規事業者へのインセンティブ、インセンティブの拡大といった面からサービス事業者をさらに手厚くサポートした。2期目の春雨計画では、アントフィナンシャルのオープンプラットフォームが統括的に経営活動をアレンジする方式から、マーケティング基金をサービス事業者に開放し、それぞれのニーズに基づいて自分で経営活動にフレキシブルに調整を加えられる方式へと大幅に転換された。例えば、飲食分野のサービス事業者は、平日に都市のホワイトカラーを対象としてビジネス街の飲食店でのアリペイ決済時の優待キャンペーンを実施することができる。この方法なら、ピンポイントで営業をかけることが可能だ。

樊治銘はアントフィナンシャルのオープンな共生の理念について次のように解説する。「アントフィナンシャルと提携パートナーは互いのエコシステムの一部となります。つまり、共生関係になるということです。パートナーがうまく商売をできるようにサポートすることがわれわれの生命線なのです。エコシステムのなかで、アントフィナンシャルはプラットフォーム運営に専念し、能力を開放することで開発者やサービス事業者が飲食、日用品、公共サービス等のさまざまなシーンでサービスを行う能力を高めるのです」。

しかし、この種の共生関係において、企業間の境界線はどのように引くべきだろうか？　これはアントフィナンシャルの提携パートナー大会において陳龍が提起した問題だ。あるメディアはこの幕について、この問題を提起した後に陳龍が数十秒間にわたって沈黙したと伝えている。この問いに答えることは簡単ではないのだ。

企業間の境界線というのはすなわち業務や責任の線引きの問題であり、これまでは契約やサプライチェーンの関係、アウトソーシング等によってそれぞれの領域が区切られていた。しかし、ウーバー、エアビーアンドビー（Airbnb）をはじめとするシェアリングエコノミーの出現に伴い、こうした線引きは徐々に曖昧になってきている。

「産業社会の大規模生産では、いつでもどこでも手に入ることや、個性化、豊富さといったこの時代の消費者のニーズに対応できなくなってきています。現在では、モバイルインターネットやビッグデータ技術によってオープンな共有モデルが可能となり、プラットフォーム上の多くの企業の小型化、即時化、多様化したサービスといったニーズを満たしています。これがオープンな共有モデルのビジネスロジックなのです」。日々企業間の境界が曖昧となっていくことに対して陳龍が出した見方は、「共有と、それに続いて生まれる開放性」であった。

アントフィナンシャルのオープンプラットフォームの責任者である宋潔《ソン・ジエ》は、アントフィナンシャルのオープンプラットフォームにおいて開放されるコンテンツは、将来的に増えることはあっても減ることはないと話す。そこでは一貫して公平、公正であることが重んじられ、透明性と秩序、安定性と確実性を保持することが原則として堅持される。また、樊治銘はアントフィナンシャルの開放戦略を4点に集約して説明している。決済という単一の機能の提供から複合的機能の全面開放への変化、高度なデータ能力の開放、市場と事業者の開放、全世界へのサービスの開放である。

「テックフィン」の道

附和雷同を嫌い、自ら概念を立ち上げることに長けたジャック・マーは、一つの新語を造り出した。それが「テックフィン」(TechFin)だ。公開資料によると、テックフィンという言葉が初めて登場したのは、2016年10月にマーが香港紙「南華早報」の年次大会に参加した際だという。マーは次のように述べた。「アントフィナンシャルはフィンテック企業ではなくテックフィン企業であり、テクノロジーによって金融を再構築するのです。再構築であって、改善でも破壊でもありません」。

実のところ、「アントフィナンシャルはテクノロジー企業なのか、金融企業なのか」という問いをめぐる論争は、アントフィナンシャル内部においても止むことがない。アントフィナンシャルはアリペイ時代から一貫して技術を駆使して金融サービスのコストを削減し、効率を上げることに尽力してきた。しかし、ここで重要な問題となるのは、技術とは金融にサービスするものなのか、あるいは金融を変えるものなのかということだ。

技術の位置づけについてはこんなエピソードがある。２０１６年初頭に発行されるアントフィナンシャルの社内誌に寄稿するため、同社の副総裁で主席データ科学者の漆遠起《チー・ユエンチー》が「ＡＩで金融を「助ける」」というタイトルでレポートを書き、ＡＩを副次的な位置づけとしていたのだが、その後ＣＴＯの程立がこのレポートのタイトルを「ＡＩが金融を「駆動する」」に修正し、ＡＩを主導的地位に位置づけたのだ。

２０１７年3月21日、アントフィナンシャルはファンド業界に「財富号」を公開し、ファンド会社がアントフォーチュン上に自社ブランド専用のコーナーを作り、直接ユーザーに接触し、サービスできるよう技術によってサポートすると宣言した。祖国明はその発表の場で、「アントフィナンシャルは将来的に「テック」（技術）のみを扱うこととし、金融機関が「フィン」（金融）を行うのをサポートする」と表明した。ここにアントフィナンシャルの「テックフィン」の位置づけが明確になった。

程立は言う。「「テックフィン」という言葉は、アントフィナンシャルが本質的にテクノロジー企業であり、技術を用いて金融機関を駆動したり、能力を授けたりする存在であることをあらわしています。これはつまり、アントフィナンシャルは何よりもまず技術に専念し、第二段階とし金融機関に対してサービスを提供し、それと同時に技術先行方式でビジネスの問題を解決していくということです。金融が採る方法は多くの場合、パッケージングもしくは細分化ですが、技術は根本から変革を行います。両者は本質的に異なるのです」。また、彭蕾も２０１７年4月に行われた「ハーバード中国フォーラム２０１７」において、アントフィナンシャルが「フィンテック」ではなく「テックフィン」という概念で自己定義する理由を説明している。「アリペイからアントフィナンシャルへの発展は、金融でどれだけお金を稼ぐかではなく、「技術によって金融をさらに包括性を備えたものに変える」といううたった一つのことに専心してきた結果なのです」。陳龍はコスト効率、体験の再構築、オープンとシェアの3点から「テックフィン」を分析する。「技術は立身の基礎です。そして、技術は金融の体験を再構築できるものでなければなりません。アントフィナンシャルは技術に専念し、金融は金融機関に行わせる。そうしてともに協力し、オープンにシェアすることによって顧客のために価値を創造するのです」。

しかし、外部にとっては、「テックフィン」と「フィンテック」の違いを理解するのは簡単ではない。文字の上での定義や描写ではどこまでも抽象的なままである。実例を見てみれば、多少はその概念を理解できるかもしれない。

２０１７年5月25日、アントフィナンシャルは初の「自動車保険スコア」を保険業界に向けて開放し、保険会社が正確に顧客のリスクを識別し、適正な価格設定と効率的なサービスが行えるよう、その根拠を提供すると宣言した。翌26日には、世界初のクラウド型の相互保険会社「信美人寿相互保険会社」(Trust Mutual Life Insurance Company)が開業し、アントフィナンシャルが提供するクラウドコンピューティング、ＡＩ、ビッグデータ、金融レベルの分散型取引フレーム、モバイルアプリケーションプラットフォーム等の技術を後ろ盾として、保険のオーダーメイド化、ユーザー単位の価格設定、ＡＩによる保険コンサルティング等の実現を模索している。また、２０１７年3月に公開された財富号は、その後3カ月強の準備期間を経て6月14

日に正式にリリースされた。最初に10機関が加入し、各社のブランドの窓口を立ち上げ、大量のユーザーと直接コミュニケーションを取れるようになった。これにより、初歩的な形態ではあるものの、ユーザーのニーズに基づいたオーダーメイド型商品が実現し、ユーザーの金融サービス体験は向上した。財富号正式リリースの発表会において、井賢棟は「今後、アントフィナンシャルの技術が一つ成熟するごとに一つずつ開放していく」と述べている。

「実のところ、みなさんが最も知りたいのは、アントフィナンシャルが今後テックフィンという道をどのように進んでいくのか、ということだと思います。率直に言えば、われわれもはっきりと言いあらわすことはできないのです」。韓歆毅《ハン・シンイー》によれば、「テックフィン」はアントフィナンシャルの将来の方向性を明示するものであるが、その具体的な道筋や実践の方法については依然として模索しているところなのだという。「やはり、アントフィナンシャルが具体的に何をやるのかを見ていただくことでしょう。数カ月、あるいは数年後にわれわれの実践をふりかえったときに、「ああ、これがテックフィンだったのか」と分かるときがくるかもしれません」。

アントフィナンシャルの2017年上半期の動きからは、金融機関への同社のオープンプラットフォームの提供が、単に顧客を金融商品へと誘導することのみを目的としているのではなく、技術面やデータ面での能力支援にも及んでいることが分かる。こうした能力はテクノロジー企業にも提供されうる。36Krの報道によると、ファーウェイとシャオミのバックヤードでは、アントフィナンシャルが提供した不正アカウントによる大量購入申し込みの対策措置やリスク管理システムが採用されているという。アリペイと中国建設銀行が最近合意した両社のQRコード決済アプリの相互利用の導入も、従来は金融機関のアプローチ圏外にあった事業者に、銀行がアリペイを通じてアプローチすることを可能にするものと言えよう。

この提携については、樊治銘が直近のインタビューで語っている。「フィンテックの発展にはまだ解決しなければならない問題があります。一つはユーザー側の問題で、投資家の認識がかなり不充分で、適切な理財商品が不足していることです。二つめは企業側の問題です。例えばファンド会社は大変よい商品をもっていますが、最も重要なのはユーザーにアプローチする能力です。銀行は以前、支店をベースとして顧客にアプローチしていましたが、現在ではインターネット、特にモバイルを通じてアプローチするようになっています」。

テックフィン関連のもう一つの問題は、ITが急速に発展する今日においては、ほぼすべてのフィンテック企業がデータと技術能力の開放に乗り出しているということだ。「財富号」を例に挙げると、アントフィナンシャルがこれをリリースする前の2017年4月に、京東金融が金融機関向けの自社運営プラットフォーム「京東行家」をリリースしている。その機能はアントの「財富号」と基本的には変わらない。では、テックフィンは何が特別なのだろうか？　その答えは結局のところ「技術」である。アントフィナンシャルがインターネット金融分野において十年以上にわたり蓄積してきた大量のデータ、全社員の40％を占める技術スタッフ、管理層の4分の1が技術畑出身であること、技術を手段としてユーザーの不満を解決するという技術的発想……そのすべてが、アントフィナンシャルが自らをテクノロジー企業と位置づける自信の源である。程立はアントフィナンシャルにおける技術の位置づけを次の4点に要約する。第一に、技術なしには、アントフィナンシャルの未来もない。第二に、問題にぶつかった時、アントフィナンシャルは技術的発想で解決に当たり、ビジネス的発想で解決しようとしない。第三に、基礎科学研究や、まだ形になっていないビジネスモデルの最先端技術の研究については、アントフィナンシャルは労働力、財力、忍耐を惜しまない。第四に、アントフィナンシャルの戦略決定においては、技術スタッフおよび技術力の影響が極めて大きいことである。

5月27日、ＡＩ分野の世界的泰斗であるマイケル・アーウィン・ジョーダン（Micheal I. Jordan）はアントフィナンシャルと正式に契約を結び、同社が新設した科学シンクタンク（Scientific Advisory Board）の主席に就任した。同日に開催されたイベント「アント・オープンデー」において、井賢棟はアントフィナンシャルが正式に科学シンクタンクを設立し、機械学習、セキュリティ、コンピューティング・インフラ、ブロックチェーン、生体認証等の分野の世界レベルの研究者に加入を呼びかけると宣言した。

ただし、アントフィナンシャルが学術界と提携するのはこれが初めてではない。２０１７年初頭、カリフォルニア大学バークレー校コンピュータ・サイエンス学部はRISELab（Real-Time Intelligent Secure Explainable Systems Lab.）を立ち上げた。その前身はAMPLab（Algorithms Machines People Lab.）で、今日のビッグデータ分析のオープンソースシステムの研究開発を主導してきた組織である。このラボのパートナーリストにはグーグル、マイクロソフト、アマゾン、そしてアントフィナンシャルが名を連ねている。また、２０１６年10月、アントフィナンシャルと清華大学学際情報科学研究所は共同でラボを設立し、金融セキュリティ、ブロックチェーン、ＡＩ、ロボアドバイザー等の分野で研究を進めることとしている。ラボの責任者は同研究院の姚期智《ヤオ・チージー》学院長で、彼は中国系では唯一のチューリング賞受賞者でもある。

中国のモバイルインターネットが、世界的に見ても一発逆転の急激な成長を遂げたことはもはや否定しようのない事実である。しかし、中国とシリコンバレーは今なお「基礎科学」という名の険しい山々で隔てられている。その理由は、中国のインターネット企業によるイノベーションの多くはまだ応用レベルまたは技術レベルに留まっているのに対し、アメリカのイノベーション技術の研究は往々にして理論的基礎から出発し、体系的な思考回路が形成されている。これこそがアメリカ、特にシリコンバレーが過去数十年間にわたり、一貫してイノベーションを牽引してこられた理由である。彼らはベーシックなイノベーションから始め、大学や研究機関と密な連携を保ちつつ、共同でビジネス化を遂げる能力と意欲を持ちあわせているのだ。テクノロジー界のアナリストは、アントフィナンシャルのような中国企業が基礎科学の研究において体系的な布陣を始めたことで、中国のシリコンバレーの夢にようやく足場ができたと話している。

将来的に人類がＩｏＥ（Internet of Everything）時代に突入すれば、金融取引は必ず爆発的な成長を迎えるだろう。程立は、信用の普及、リスクの評価、本人認証、ユーザーの連結といったことがすべて未来の金融を構成する基盤となり、その背後では必ず技術的なサポートと無数の金融機関がともに力を発揮することとなるだろうと考えている。このような未来を見据えているからこそ、アントフィナンシャルは「テックフィン」の道を行くことを決断したのだ。

効率面にも、アントフィナンシャルがテックフィンを選んだ理由がある。投資界では、資本市場がテクノロジー企業にもたらす株価収益率は一貫して金融機関のそれを上回っており、アントフィナンシャルが「テックフィン」というスタンスを表明したことは、上場前の同社の評価値に一定の影響力を与えうるという声が聞かれる。現在、アントフィナンシャルの企業評価額はすでに６００億ドルを超えている。一般的な金融企業であれば成長可能性は最大で3〜5倍といったところだが、「テック」という要素をかけ合わせた場合、アントフィナンシャルの成長可能性はまったくその比ではない。しかし、倪行軍は、アントフィナンシャルにとってはあくまで技術こそが真の牙城であるという。「ここのところ、会社の前途に話が及ぶと、やれソーシャルメディアだの、やれアクセス頻度だのとそればかりですが、この二つを離れたところに企業の活路はないのでしょうか？　そうとは限らないでしょう」。

アントフィナンシャルの技術開発の道はまだ「万里の長征の第一歩を踏み出した」ばかりだ。技術それ自体はさておき、アントフィナンシャルが現在直面している最大の試練は、監督当局とのかけひきである。世界を見渡しても、フィンテックに対する管理・監督は国ごとに異なり、世界的な統一基準がないことが間違いなく全世界的なインクルーシブファイナンスの夢の実現の難度を上げてしまっている。さらに、急速に更新されていく技術は、金融業界の課題を解決すると同時に、金融リスクの伝播を加速させ、金融システムの脆弱性を高めており、企業は金融の安定性という共通の課題にも対処していかなければならない。このような状況下で、企業はいかにして技術を追究していくのか。そして、監督当局はどのようにして管理・監督とイノベーションのバランスを取っていくのだろうか。これには知恵が要るだけでなく、勇気と胆力も必要となる。

あとがき

北京大学デジタル金融研究センターの副主任であり、中国金融四十人フォーラム（China Finance 40 Forum, CF40）事務局長の王海明《ワン・ハイミン》氏は、2016年3月、アントフィナンシャルの井賢棟CEOに、アントフィナンシャルを業界研究事例とした書籍の出版の意図を伝えた。その当時、アントフィナンシャルはすでに国内最大のフィンテック企業となっており、アリペイ、余額宝、芝麻信用といったサービスは人々のよく知るところとなっていた。また、技術主導型の金融の再構築という同社の実践経験は、国内外を問わず非常に価値あるものであった。しかし、その一方で、業界やメディア、一般の人々がアントフィナンシャルという企業の発展の経緯や位置づけ、戦略方針等についても理解していたかといえばそうではなく、それどころか、少なからず誤解があるのが実情であった。そこで、独立した第三者機関がアントフィナンシャルに詳細なインタビューを行い、研究することによって、世間に向けて広くアントフィナンシャルの真実の姿を明らかにし、業界内でも同社に内在する成長のロジックについて理解を深める必要があると考えた。

北京大学デジタル金融研究センターは独立研究機関であり、そこには業界の豊富なリソースと研究力が集結している。同センターの発起者の一つであるCF40およびその傘下の上海新金融研究院は、フィンテック分野の研究において一貫して国内をリードする立場にあり、業界からも高い評価を得ている。本書の企画を伝えた際、アントフィナンシャルの幹部は、自らがすでに成熟した業務モデルと成功体験を蓄積しているとは考えておらず、書籍にするほどの実績には到達していないと答えた。しかし、独立研究機関への敬意と信頼から、北京大学デジタル金融研究センターによるインタビューと研究の提案を快く受け入れてくださった。北京大学デジタル金融研究センターによる検討と立案を経て、本書の執筆チームが組織された。執筆チームは、約1年かけてアントフィナンシャルに関連する内部資料や公開資料を大量に参照し、井賢棟氏、陳龍氏、倪行軍氏、兪勝法氏、胡滔氏、韓歆毅氏、陳亮氏、祖国明氏、袁雷鳴氏をはじめとする十数名の幹部や業務責任者に詳細なインタビューを行った。また、業界関係者にも意見を求め、ようやく本書が完成した。本書の4名の執筆者のうち、廉薇、辺慧、曹鵬程はCF40事務局のメンバーであり、蘇向輝はCF40が天津に設立した北方新金融研究院から参加した。執筆の分担は、第1章の1、3、4節は辺慧、2、5節は曹鵬程、第2章は廉薇、第3章は蘇向輝、第4章、第5章は廉薇、第6章は辺慧、第7章は曹鵬程、第8章は蘇向輝、第9章は辺慧がそれぞれ担当した。

本書を執筆している1年足らずの間にも、アントフィナンシャルは大きな発展と変化を遂げた。そのなかには重大な戦略の調整も含まれている。周知の通り、「圏子」事件や「招財宝」の償還遅延といった問題の勃発は、アントフィナンシャルに一定の打撃を与えるものであった。その後、金融業界のパートナーや監督当局との継続的なコミュニケーションを通じて、アントフィナンシャルは自らの位置づけを再考し、2017年上半期から徐々にその新たな発展の方向性を明らかにしはじめた。それが「テクノロジー企業であることに専念する」ことであり、プラットフォームの力を活かして金融機関をエンパワメントすることで金融を再構築し、広く一般消費者と零細企業を対象とした、良質な金融サービスの提供を叶えるという方向性であった。

急速な発展・転換期にある企業を追跡、研究し、それを著述することの困難は想像に難くないだろう。この間、執筆チームは議論を重ね、執筆の枠組みから詳細にわたるまで調整を繰り返し、本書がアントフィナンシャルの最新の動向を反映したものとなるよう努めた。本書が無事に完成し、こうして出版に至ったことは、北京大学デジタル金融研究センターの黄益平主任、王海明副主任、呂暁慧先生からの多大なる協力と熱心なご指導によるものである。ここに感謝を記したい。また、アントフィナンシャルの広報チームの潘暁凌氏、朱紅軍氏にも感謝したい。彼らはすべてのインタビューを手配し、大量の関係資料を提供してくださっただけでなく、本書に対しても少なからぬ有益な提案をいただいた。本書の執筆において、アントフィナンシャルは一貫して執筆チームの第三者としての立場を尊重し、われわれの考えや判断の独立性を認め、執筆への関与や影響は受けなかったことをここに明記しておきたい。また、中欧国際商学院兼任教授の王君氏、北京大学デジタル金融研究センターの黄卓副主任、北京師範大学金融研究センターの鐘偉主任の御三方からは、本書について貴重な修正意見をいただいた。ここに心からの感謝の意を表したい。そして最後に、中国人民大学出版社の企画編集者の費小琳氏、責任編集者の杜俊紅氏の献身的な仕事に感謝したい。彼女たちが編集者の立場から多岐にわたる的確な指摘を加えてくれたおかげで、本書はより輝きを増すことができた。

本書は、２０１５年10月の北京大学デジタル金融研究センター設立以来、はじめてデジタル金融企業を扱った書籍である。執筆時間に制限があり、また執筆者の経験と研究の限界のために、本書には漏れや不足があることと思われる。読者諸賢には批評と叱正をいただきたい。執筆チームは将来的にアントフィナンシャルの発展状況に基づき本書に修正を加え、再版する予定である。また、北京大学デジタル金融研究センターでは引き続き多くのデジタル企業関連書を出版し、読者や業界の参考としていただきたいと考えている。

２０１７年６月15日

解説　「アリの新たな挑戦」

対外経済貿易大学国際経済研究院教授　西村　友作

外部企業にビジネス基盤となる製品やサービス、システムなどを提供して高い収益を上げる事業者は「プラットフォーマー」と呼ばれている。世界では、GAFA（Google, Apple, Facebook, Amazon）がよく知られており、それぞれ独自のビジネス形態でユーザーの囲い込みを行い、そこから得られるビッグデータを活用し、収益につなげている。

中国の場合、その大きな特徴は、経済活動において最も信用が必要とされる「決済」がプラットフォームとなっている点であろう。その起点となったのが、人と人の信用関係が希薄で、クレジットカードが普及していない社会において、「中国の人々の信用問題に真の解決をもたらした〔……〕「保証取引」に源を発するアリペイ」（14頁）である。

モバイルインターネットの時代に突入し、スマートフォン（スマホ）が社会インフラとなった中国では、スマホにインストールされた決済アプリをプラットフォームとして、これまでなかった新しいタイプのビジネスが次々に生まれ、巨大なエコシステム（生態系）が形成されている。

スマホの爆発的な普及の流れに乗り、アリペイに続いて急成長を遂げたのがテンセントの「ウィーチャットペイ」であり、この二大プラットフォーマーがさまざまな分野で、囲い込みによる熾烈なシェア獲得競争を繰り広げている（第2章参照）。プラットフォーマーはユーザーに自社の決済アプリで支払わせることにより大量の取引データを収集し、それを個々の消費動向に合わせた販売促進、広告事業に活用することができる。また、続々と出てくる新しいビジネスは全てこの決済サービスを前提に設計されており、まさに「決済を制する者が、市場を制す」と言っても過言ではない。

競争で高まる利便性

ウィーチャットペイという強力なライバルの出現により、「アリペイのインターネット決済分野での独占状態は打破された」(92頁)。追われる立場にあるアントフィナンシャルは、「余額宝」、「花唄」、「芝麻信用」といった新しい金融サービスを矢継ぎ早に開発し、ユーザーの囲い込みを行っている(第Ⅱ部参照)。

これにより恩恵を受けたのが国内ユーザーである。例えば、余額宝と花唄を同時に使いこなすことで金利収入を得ることが可能となった。花唄は実際に消費した月の翌月10日までに返済すれば無利子で利用できるため、現金で購入せず、同額をその期間余額宝で運用すれば金利を得ることができる。余額宝のアカウントから直接返済することも可能で、花唄も「余額宝を使えば一定の収益を得ることができる」と謳い、この2サービスの並行利用を奨励している。

芝麻信用のスコアは、アリペイや余額宝、花唄といったアントフィナンシャルが提供する金融サービス利用することで点数が高くなる仕組みになっており、信用スコアが一定基準を超えると、様々な信用サービス(特典)を受けることができる。例えば、借家やホテル、レンタカー、シェア自転車などのデポジットが不要になったり、消費者金融でお金が借りやすくなったりする。花唄の利用の可否や利用限度額もこのスコアによって評価、判断される。また、海外旅行の際のビザの申請手続きが、一部の国については簡単に行うことができるようになる。

個人ユーザーにとってみれば、余額宝と花唄を使うことで金利収入を得ると同時に、芝麻信用のスコアのアップにもつながり、よりよい特典を受けることができる。企業にとっては、芝麻信用を利用することは信用リスクの抑制にも資するため、アリババ・グループ以外の外部企業でも積極的に利用されるようになっている。実際に、芝麻信用が収集する「データの90％以上がアントやアリババの系列外から得た情報となっている」（207頁）。一方、アントフィナンシャルにとっても、多くのデータが集まることで信用評価に関する分析精度も高まる上、自社のビジネスの拡大にもつながる。まさに「三方よし」のモデルが出来上がっていると言えよう。

アントフィナンシャルの金融サービスの恩恵はこれだけにとどまらない。一貫して小さな世界に専念してきたこのテクノロジー企業が生み出す金融イノベーションにより、「「高」（ハイエンド）、「大」（品格の高いこと）、「上」（上等であること）」（327頁）に価値を置く既存金融機関だけでは対応しきれていなかった中小・零細企業融資（第4章参照）や、「既存金融機関から忘れ去られ、社会の隅に追いやられていた広大な農村金融市場」（313頁）に存在した多くの課題も解決へと向かっている。アントフィナンシャルは、中国経済にとって不可欠な存在にまで成長したといえよう。

困難となったグローバル化の「夢」

中国国内で圧倒的な地位を築いてきたアントフィナンシャルは、「技術によって世界全体の金融の進化を促す」という「夢」の実現に向け、積極的にグローバル化を進めている（第7章参照）。

アントフィナンシャルのグローバル化戦略は、金融の発展が遅れており、比較的規制が少ない新興市場を対象にした、〈戦略投資＋ノウハウの輸出〉という提携モデルを採用している。インドでの「ペイティーエム・モデル」の成功を皮切りに、タイ、フィリピン、インドネシアなど東南アジア地域において業務を拡大している。

新興市場への進出を第一歩としてグローバルな発展へと踏み出したアントフィナンシャルは、世界的なエコシステムを構築すべく米国など先進国への進出も試みているが、厳しい現実に直面している。

「国際的なデータの流通とデータセキュリティの問題」（311頁）はかねてからの課題であったが、2018年に入るとさらなる不確定要素が現れた。貿易摩擦に代表される米中二大大国の衝突である。国家の安全保障に関わりかねない大量のデータが中国企業に集中することは、米国にとって到底受け入れられるはずもない。実際に、アントフィナンシャルは米国の国際送金大手マネーグラム・インターナショナルの買収協議を進めてきたが、安全保障上の問題を理由に対米外国投資委員会（Committee on Foreign Investment in the United States, ＣＦＩＵＳ）からの承認が得られず、２０１８年に計画の断念を表明している。

アリを取り巻く規制の強化

急速に変化しているのは国際情勢だけではない。２０１７年後半以降、アリババやアントフィナンシャルを取り巻く中国国内の規制環境も激変している。

企業によるイノベーションに対し開放的な政策をとってきた中国政府は、基本的には新しい試みに対し過度な規制をかけず、問題が表面化した時点で対処するというスタンスをとってきた。しかし最近では、成長スピードが速すぎて事後対応では間に合わなくなってきており、事前に規制を強化する動きがみられるようになっている。

２０１８年8月、電子商取引（ＥＣ）に特化した法律「中華人民共和国電子商務法」が成立し、アリババの中核事業であるＥＣに対する規制強化が始まった。同法は知的財産権や情報開示、納税、広告など幅広い内容を網羅しており、出店者の違法行為を放置したプラットフォーム企業も連帯責任を負うことを規定している。つまり、アリババが運営する「淘宝《タオバオ》」や「天猫《ティエンマオ》」などのＥＣプラットフォームにとっては、出店者に対するモニタリングを強化する必要が生じ、運営コストやリスクの増大は避けられないだろう。

一方、アントフィナンシャルの本業である金融に関しては、さらに厳しく制限を受けることとなる。２０１７年12月に開かれた、中国共産党と国務院が年に一度開催する最高レベルの経済会議である「中央経済工作会議」において、今後3年は金融リスク抑制に重点を置くことが決定された。中国の金融システム全体にまで影響を及ぼしかねないほどの規模にまで拡大したアリペイやウィーチャットペイなどの第三者決済サービスに対しても、中央銀行である中国人民銀行が規制を強めている。

　これまで、第三者決済サービスの口座は直接銀行口座とつながっており（直連モデル）、中国銀聯が運営する「銀《イン》聯《リェン》ネットワーク」（日本の全銀ネットに相当）を経由しないため、中国人民銀行はその実態を把握できず、マネーロンダリングや違法な海外送金などが懸念されていた。このような中で誕生したのが、第三者決済事業者と銀行をつなぐネットワーク「網聯《ワンリェン》」を運営する網聯清算有限公司（NetsUnion Clearing Corporation, ＮＵＣＣ）である。ＮＵＣＣの筆頭株主は12%の株式を保有する中国人民銀行清算総中心（中国人民銀行清算総センター）で、政府系機関が37%を、残りの63%をアリペイやウィーチャットペイなどの第三者決済サービスを運営する第三者決済機関が保有する形となっている。

　具体的には、２０１７年8月に「非銀行決済機関によるネットワーク決済業務の直連モデルから網聯《ワンリェン》プラットフォーム処理方式への移行に関する通知」（関於将非銀行支付機構網絡支付業務由直連模式遷移至網聯平台処理的通知）が中国人民銀行支付結算司より公布され、第三者決済サービスが銀行口座と直接連結するこれまでのモデルは禁止となり、２０１８年6月30日以降は網聯プラットフォームで清算を行うことが義務付けられた。これにより第三者決済サービスのすべての決済情報を当局が把握できるようになった。

　また、２０１８年6月に発表された「決済機関における顧客準備金の集中預入管理関連事項の実施に関する通知」（関於実施支付機構客戸備付金集中存管有関事項的通知）では、利用者が前払いした金額（アリペイやウィーチャットペイのウォレット内に預けているお金）の１００%を指定口座で保全するよう義務付けられた。それまでの保全比率は約50%で、第三者決済業者はその残りを銀行に預けるなどして金利収入を得ていたが、この利子収入はゼロとなる。したがって、これまではこの利子収入を原資として安価な決済サービスを提供することができていたが、今後コストがかさんだ場合には、手数料の引き上げなどが起こる可能性も考えられよう。

監督当局が主導する個人信用情報ネットワークが誕生

アントフィナンシャル傘下の芝麻信用を取り巻く環境も激変している。中国人民銀行に指定された芝麻信用を含む8社のテスト運営企業は、2015年以降、個人信用調査業務を試験的に行ってきたが、なかなか正式なライセンスは交付されなかった（第5章参照）。テスト運営開始から3年を経た2018年2月、ついにライセンス第一号が公布されたが、正式に営業許可を得たのはテスト運営企業の8社ではなく、百行徴信有限公司という新しい会社だった。

この百行徴信の36％の株式を保有し筆頭株主となっているのが、中国政府系の業界団体である中国互聯網金融協会（中国インターネット金融協会）である。一方、残りの64％の株式はテスト運営企業8社がそれぞれ8％ずつ保有しており、中国政府系の中国インターネット金融協会を中心に、3年間テストを行ってきた8社が集結した構図となっている。

百行徴信は通称「信聯《シンリエン》」と呼ばれており、前述の「銀聯《インリエン》」、「網聯《ワンリエン》」と共に、中国人民銀行が主導する金融ネットワークの一部を担うこととなる。具体的には、芝麻信用のメインユーザーのような「これまで融資を受けたことのない層、クレジットカード申請をしたことがない層、学生、ブルーカラー、個人事業主、フリーランスといった従来の信用調査機関がカバーしきれなかった一般庶民たち」（203頁）に関する信用情報のネットワークとなる。

百行徴信は2018年3月に深センで法人登記を済ませ、10月にシステムの雛形が完成し、試運転を開始したばかりで、具体的な業務などの全容は依然として不明なままである。しかし、その方向性は監督を担う中国人民銀行の高官が明らかにしている。2018年5月に開催された「第14回中国信用4・16ハイレベルフォーラム」において万存知・中国人民銀行徴信管理局長は、「事前に個人調査業務を準備してきた8社は、今後単独で信用調査業務に従事することはなく、それらの信用調査機能の一部は切り離され、百行徴信に整理統合される。その他の業務はデータサービス業として存続していくこととなる」と述べている。

つまり、芝麻信用がこれまで3年かけて積み上げてきた信用調査業務のノウハウや個人情報、今後アリババやアントフィナンシャルのサービスを利用した際に残る個人情報なども全てこの百行徴信に集約される可能性ができてきたのである。

テックフィン企業の新たな挑戦

アントフィナンシャルが直面しているのは決して逆風ばかりではなく、追い風となり得る変化も近づいてきている。それは、アントフィナンシャルが手掛けるすべての業務のベースとなっているインターネット環境の変化である。通信速度が現行規格の約100倍といわれている第5世代移動通信システム（5G）の導入が近づいており、2019年には5G対応のスマホが中国メーカー各社から発売される予定となっている。

アントフィナンシャルは「「テック」（技術）のみを扱い、金融機関がうまく「フィン」（金融）を行えるようサポート」する「テックフィン（TechFin）企業」を標榜している（第9章参照）。通信環境の変化は生態系基盤の変化であり、アントフィナンシャルのようなテクノロジー企業にとっては大きなビジネスチャンスとなるであろう。事実、4Gの導入によるモバイル通信回線の高速化により、エコシステムの核となるオンライン決済やわれわれが想像もしなかったようなサービスが相次いで開発され、アントフィナンシャルは大きく発展した。

本書で描かれているように、アントフィナンシャルは様々な困難に直面しては、それを乗り越えることで飛躍的な成長を遂げてきた。「アリのようにちっぽけでも、心を一つにして協力すれば驚くべき力を発揮できます。ゴールへの道の途中であきらめてしまうことは決してありません」（241頁）と彭蕾元董事長が説明する社名の由来からもわかるように、アントのDNAには「不屈の精神」が深く刻み込まれている。

「夢」の実現に向かって挑戦しつづけるアリのさらなる成長を期待したい。

アントフィナンシャル
投資先一覧
(2017年6月時点)

投資時期	単独投資金額	単独持株比率	投資対象		投資目的
2017年4月	—	—	ofo	シェアサイクル	決済ポータル/利用シーン
2017年3月	—	—	永安行(youôn)	シェアサイクルPF	決済ポータル/利用シーン
2016年11月	1億ドル	—	大捜車(SOUCHE)	自動車販売	決済ポータル/利用シーン
2016年9月	0.7億ドル	100%	EyeVerify	〔米〕生体(眼球)認証	金融インフラ
2016年9月	0.5億ドル	約0.5%	百盛中国(Yum China)	飲食産業	決済ポータル/利用シーン
2016年7月	—	—	二維火(2Dfire)	グルメアプリ	飲食SAASシステム
2016年7月	—	—	貝金塔	証券投資情報メディア	総合金融分野
2016年6月	—	20%	アセンド・マネー	〔タイ〕電子決済	グローバル化
2016年6月	2.5億ドル	20%	朝陽永続	資産運用管理PF	金融インフラ
2016年5月	—	—	淘宝電影	映画チケット販売アプリ	決済ポータル/利用シーン
2016年5月	2.5億ドル	—	滴滴出行	配車アプリ	決済ポータル/利用シーン
2016年4月	3.5億ドル	—	餓了麼	フードデリバリサービス	決済ポータル/利用シーン
2016年4月	0.3億ドル	0.32%	浙商銀行(China Zheshang Bank)	銀行	既存金融
2016年3月	—	—	財新伝媒(Caixin Media)	報道	メディア
2016年1月	0.25億ドル	—	杭州恒生智能系統集成	投資コンサルティング、技術開発	金融インフラ
2015年12月	28.74億ドル	0.92%	中国郵政儲蓄銀行	銀行	既存金融
2015年10月	1.5億ドル	20%~30%	36Kr	ベンチャー・IT情報メディア	総合金融分野/メディア
2015年9月	12億人民元	51%	国泰財産保険(Cathay Insurance)	保険	総合金融分野
2015年8月	2億ドル	—	趣店(Qudian)	消費者金融	融資分野
2015年7月	—	—	Bankware	〔韓〕フィンテックベンチャー	金融インフラ
2015年6月	30億人民元	49.60%	口碑網	生活サービスポータルサイト	決済ポータル/利用シーン
2015年6月	—	—	雅座在線	飲食業マーケティングのクラウドサービス	飲食SAASシステム
2015年6月	—	100%	浙江融信	ネットワーク情報サービス開発	金融インフラ
2015年4月	0.95億人民元	60.80%	数米基金網	ファンド販売	総合金融分野
2015年2月	—	—	Paytm	〔インド〕電子決済、EC	グローバル化
2014年11月	—	19.10%	恒生聚源	金融機関・投資者サービス	金融インフラ
2014年11月	0.12億ドル	—	V-key	〔シンガポール〕モバイルセキュリティソフト開発	金融インフラ
2014年10月		アントフィナンシャル設立			
2014年4月	32.99億人民元	20.62%	恒生電子	金融業界向けソフトウェア・ネットワークサービス	金融インフラ
2013年10月	11.8億人民元	51%	天弘基金	ファンド会社	資産運用分野

出典:公開情報に基づき整理。

アントフィナンシャル
株主名簿
（2017 年 6 月時点）

1	杭州君瀚股権投資合伙企業（有限合伙）
2	杭州君澳股権投資合伙企業（有限合伙）
3	全国社会保障基金理事会
4	置付（上海）投資センター（有限合伙）
5	中国人寿保険（集団）公司
6	上海麟鴻投資センター（有限合伙）
7	上海祺展投資センター（有限合伙）
8	上海衆付股権投資管理センター（有限合伙）
9	海南建銀建信叢林基金合伙企業（有限合伙）
10	北京京管投資センター（有限合伙）
11	上海雲鋒新呈投資投資センター（有限合伙）
12	北京中郵投資センター（有限合伙）
13	中国太平洋人寿保険股権有限公司
14	人保資本投資管理有限公司
15	新華人寿保険股権有限公司
16	上海金融発展投資基金第 2 期（1）（有限合伙）
17	春華景信（天津）投資センター（有限合伙）
18	上海経頤投資センター（有限合伙）
19	北京創新成長企業管理有限責任公司
20	蘇州工業園区国開鑫元投資センター（有限合伙）
21	春華景福（天津）投資センター（有限合伙）
22	北京中金甲子伍号股権投資合伙企業（有限合伙）
23	上海蒔泓投資センター（有限合伙）

出典：公開情報に基づき整理。

アントフィナンシャル・サービスグループ
役員名簿
（2017年6月時点）

彭蕾
アントフィナンシャル
董事長

井賢棟
アントフィナンシャル
最高経営責任者（CEO）

程立
アントフィナンシャル
最高技術責任者（CTO）

陳龍
アントフィナンシャル
最高戦略責任者（CSO）

陳磊明
アントフィナンシャル
最高法務責任者（CLO）

曾松柏
アントフィナンシャル
高級副総裁

樊治銘
アントフィナンシャル
コーポレートファイナンス事業群
総裁

黄浩
アントフィナンシャル
零細企業融資・消費者金融事業部
総裁、網商銀行頭取

尹銘
アントフィナンシャル
保険事業群総裁

兪勝法
アントフィナンシャル
最高リスク管理責任者（CRO）

胡滔
芝麻信用総経理
アントフィナンシャル
副総裁

ダグラス・フィーギン
アントフィナンシャル
国際事業群総裁

陸傑訊
アントフィナンシャル
副総裁

趙穎
アントフィナンシャル
副総裁（財務・顧客資金）
国際業務最高執行責任者（COO）

韓歆毅
アントフィナンシャル
副総裁（投融資）

徐浩
アントフィナンシャル
副総裁（対政府関係事務）

陳亮
アントフィナンシャル
ブランディング・パブリック
コミュニケーション部総経理

倪行軍
アントフィナンシャル
業界商品部研究員、アリペイ副社長

著者略歴

廉薇〈リェン・ウェイ〉中国金融40人論壇（CF40）編集部主任．北京大学文学学士，経済学学士，中国人民大学経済学修士．CF40の成果の報告・発表および内部刊行物，書籍，ウェブサイト，ニューメディア等の編集業務を担当．

辺慧〈ビェン・ホイ〉中国金融40人論壇ニューメディア責任者．華南理工大学文学学士，北京大学経営学修士．

蘇向輝〈スー・シアンホイ〉北方新金融研究院編集者．南開大学国際経済貿易学部学士，国際経済貿易学修士．中国の電気機械製品の第11期五カ年計画，第12期五カ年計画の起草に参与し，国務院の委員会にも政策提言を行っている．

曹鵬程〈ツァオ・ポンチョン〉中国金融40人論壇編集者．北京大学歴史学学士，経済学学士．地方政府，コンサルティング会社，シンクタンクでの勤務を経て現職．

訳者略歴

永井麻生子〈ながい・あいこ〉翻訳者．神戸市外国語大学大学院博士課程単位取得退学．訳書（共訳を含む）に『アント・フィナンシャルの成功法則』（中信出版日本），『鴻海帝国の深層』（翔泳社），『シャオミ　Xiaomi　世界最速1兆円IT企業の戦略』『ジャック・マー　アリババの経営哲学』『中国も日本のようになってしまうのか』（ディスカヴァー・トゥエンティワン），『商機を見いだす「鬼」になれ』（CCCメディアハウス），『中国モノマネ工場』（日経BP社），『中国のスティーブ・ジョブズと呼ばれる男　雷軍伝』『アリババ帝国』（東洋経済新報社），『大地の慟哭』（PHP研究所），字幕翻訳に能楽DVD『大和秦曲抄Ⅰ・Ⅱ』（檜書店）がある．

廉薇／辺慧／蘇向輝／曹鵬程
アントフィナンシャル
1匹のアリがつくる新金融エコシステム
永井麻生子訳

2019年 1月24日　第1刷発行
2020年 3月17日　第2刷発行

発行所 株式会社 みすず書房
〒113-0033 東京都文京区本郷2丁目20-7
電話 03-3814-0131(営業) 03-3815-9181(編集)
www.msz.co.jp

本文組版 キャップス
本文印刷・製本所 中央精版印刷
扉・表紙・カバー印刷所 リヒトプランニング

ISBN 978-4-622-08775-5
［アントフィナンシャル］